何景明传

HEJINGMING ZHUAN

韩文根／著

人民出版社

目录

序　一

饶龙隼

我与韩文根先生本来不相识，现因何景明的“中介”联系上了。韩先生近成《何景明传》书稿，托我为他的这部大著写一篇序。我开始感到有点突然，等听韩先生讲明心意后，觉其命序之请，实亦情有可原。

早在七八年之前，我发表《李何论衡》，还应人民文学出版社之约请，编注了一本《何景明诗选》。韩先生因看过这些文字，就认为我是何景明研究专家，因而欲同我结文字之好。我当然乐于玉成其意，也为能结识新文友而高兴。

除了以文会友，相互切磋学艺，还有更深的一层兴味，促使我应允为之作序。回想当年，我着手编《何景明诗选》，是出于一个很朴实的想法。我觉得，近世以来古典文学研究积累了大量的成果，多数研究者也致力于学术成果的推陈出新。但相对而言，高头讲章的编撰偏多，普及实用的写作太少。这样就难免出现产能过剩的现象，而又不能满足非专业读者的需求。若让部分专家学者来参与普及性读物的编写，不仅可以缓解古典文学研究产能过剩之积压，还可以提高普及性读物的学术水准，更好地服务于广大古典文学爱好者。而今捧读韩先生《何景明传》书稿，我认识到编注名家选集仍做得不够，还可用文学创作的方式，来编撰著名作家的传记，以人物故事和艺术化语言，去吸引更多的文学爱好者。因此，我感到责无旁贷，应该撰写这篇序，既为推介这部《何景明传》，也为宣扬此种好的著书方式。

韩先生是河南信阳的地方作家，同时也是当地一所高校的教授。他发表过不少文学作品，又有极纯朴的学术志趣。由这样训练有素的知名作家来写作当地先贤何景明传记，是为得人，令人快慰。遥想500年前光景，何景明凭不世之才，不仅驰誉京都文场，名入“七子”之列，还引导信阳作家群的倡和，使一方创作纳入主流文学。这是庙堂翰苑的盛事，也是地方文苑之幸会。此风流播，迄今未衰：能承其遗风余绪者，盖韩文根先生是也；而阐扬一方文脉使不失坠者，即此韩著《何景明传》是也。

韩著《何景明传》之写作，既广收对何景明的研究成果，又泛采信阳当地的文物逸闻，因此，不失学术的厚实，更有创作的文采。尤其是，其对何景明家庭生活景况的描写，对何景明与亲戚朋友交往的叙述，不仅鲜活生动、意趣横生，还可补充学术研讨之不足。许多人物关系和生活细节，在该传中得到了首次展示。诸如，何景明与其继室王洵姝的爱情故事，何景明谋划康海救李梦阳的情节，何景明与李梦阳因论诗不合而最终反目成仇，以及何景明临终托墓志与李梦阳之道义担当……均写得合情入理，而又感人至深焉。

是为序。

2016年6月20日

序二　追思何景明

宋争辉

何景明是载入史册的文化名人，是信阳的名片。景明园是文化遗迹，也是信阳师范学院的重要景观。我校文学院正在整理和研究何景明的诗文著作，并先期拿出《何景明传》，这是一件大好事。我能为《何景明传》作序，并在第一时间内读到《何景明传》的初稿，甚感欣慰，同时也为《何景明传》的出版表示祝贺！

信阳是一个山清水秀、人杰地灵的地方，从古至今，名人辈出。何景明就是众多历史名人中的佼佼者，他是继司马光之后最具影响力的信阳籍文化人和文学家，是明中叶"前七子"领袖，在中国古代文学史上有着很重要的影响和地位。通过阅读，我们仿佛看到了500年前曾经在这片青山绿水间生活与学习的何景明，这里刻印着他怡情山水、挥毫赋诗的足迹。他的短暂而富有传奇的人生值得我们师院学人去追思、学习和研究。

何景明英年早逝，虽然只活了39岁，但他的人生贡献是多方面的，并"不独以词章名世"。可以从三个方面对他的人生贡献进行追思和概括：一是做人；二是作文；三是重教。

第一，在做人和做官方面，何景明以国家的利益为重，从不计较个人得失。因性耿直，不事迎奉权势，以致仕途不顺，入朝12年不曾升职。但他从不计较这些，始终把国家的利益和朝廷的命运放在第一位。正德二年，因武宗皇帝贪图享乐，不理朝政，宦官干政，在朝廷里掀起了一场以反刘瑾为首的"八虎"行动，何景明已预测到反"八虎"可能会给自己招来杀身之祸，但他不考虑个人的安危，积极投入其中，并写出《上许太宰书》，呈请吏部尚书许进给予支持。正德九年，他对武宗收畜义子和宠用番僧的做法感到有背义理，会给大明王朝造成危害，于是借乾清宫发生大火之机，向皇帝上疏，写就《应诏陈言治安疏》，直陈利害、制之义理，以期引起皇帝的警戒，却没有考虑到会引起皇帝的震怒而遭到贬谪。而在正德七年，蒙古小王子犯边，国内多处农民起义，因皇帝不理朝政，国家内忧外患，心力交瘁的内阁辅臣李东阳请辞致仕。何景明忧国忧民，深为国家的前途和命运担忧，不顾自己人微言轻，以自己在京中文坛的影响，写成《上李西涯书》，陈言挽留李东阳，以致李东阳深受感动。何景明一心为国家的利益着想，从不考虑个人得失的高尚人格仍然具有积极意义，是值得后人称道的。第二，何景明十分重视孝行和亲情。孝文化是中国传统文化之根，何景明可谓是中国孝行的典范。他的父母在同一年的同一个月双双离世，他痛不欲生，为父母守孝期间学先贤，居奇庐，寝苫枕块，食糜粥至断七；他的兄弟情、姐弟情和夫妻情十分深厚，大哥景韶病逝，他为其奔丧，痛哭不止，每逢春节和清明节都要为先人、亡兄和亡妻悼亡；他与姐姐景晴和姐夫孟洋感情深厚，不管他们走到哪里，都是他内心里牵挂最多的。他在孟洋量移汶上时所写的《怀姊》诗中道："逐子东归日，輶轩惜路岐。那堪骨肉泪……庭闱欣见汝，千里重于思。"足见他与景晴之间的姐弟情深。在陕西任上，他的二哥景旸和三哥景晖去看望他时，已经病重的他身体突然像好了一般，感受着亲情给他带来的欢愉，使他忘记了病痛。他在《送兄二首》诗中有："两兄怜小弟，千里会长安"、"风蓬皆万里，骨肉我三人"等句，读罢感人至深，令人动容，也体现了何景明重视兄弟姐妹情谊的传统美德。第三，尊敬师长，始终怀着一颗对老师的感恩之心。在他的求学和入仕经历中曾经得到过李纪、李翰、林翰、刘瑞和李东阳等人的提携和帮助，他入仕后对他们的师恩铭记不忘，多有书信寄赠。弘治八年，12 岁的他随父到渭源读书，临洮知府李纪对他十分欣赏，待之如己出，延师与其子汝佐同读，并亲自指教，这种师父情使何景明永生难忘。正德十年，当他得知李纪病逝的消息时，悲恸不已，为师父作《墓志铭》，之后又作《祭李默庵先生文》曰："正德十年四月，中书舍人何景明闻默庵先生李公之丧，哭之逾旬……"可见他对恩师之情犹重父母，实属难能可贵。他与内阁辅臣李东阳虽然没有直接的师生关系，但他对李东阳的礼敬和尊重胜过师恩之情。在李东阳 65 岁寿诞时,他寄《寿西涯相公》诗为其祝寿;李东阳逝世后,他又作《怀西涯先生》,寄托着他对李东阳的深切怀念。第四,重视朋友情谊。何景明为人谦虚谨慎,能够诚恳对待和尊重每一位和他交往的文友和后进文人,因此他的身边总是聚集着一些知心朋友和才气横溢的年轻文人。特别是在与李梦阳的交往中,他始终将李梦阳当成自己的师友,尊重有加。当李梦阳多次入狱后,他也多次为其奔走和上书施救。在他与李梦阳交恶后,总是想方设法与李梦阳修好,却得不到李梦阳的谅解。正德十四年,他在陕西任上得知李梦阳为朱宸濠题"阳春书院记"事发,再度入狱时,何景明不计前嫌,再度给京中的文友写信为其讼冤和施救,以致李梦阳能够很快出狱。何景明临终前还想着要与李梦阳修好,提出请李梦阳为其写《墓志铭》,他也许知道李梦阳不肯为之,但在生命的最后时刻还是向李梦阳发出了道义上的约请。这种真诚待友、不计前嫌的宽大胸怀充分展现了他的人格魅力。第五,不畏强权,鄙荣利,为官清正廉洁是何景明做人的基本准则。正德七年,何景明复职回京后,名气日盛,皇帝宠幸的义子钱宁慕其名,想与之结交,持古画请何景明题字,何景明掷还之道:"此名画,不可玷污!"师御史客死京中,家贫不能具棺木,权幸太监廖鹏为讨好结交名人雅士,捐赠一棺,何景明拒之曰:"吾友平生不苟受也,岂可因其死而污之地下哉!"自己集约文友捐资为师御史办了丧事。在陕西任上,权幸太监廖鹏弟廖銮镇守关中,其侄廖铠倚仗权势,鱼肉乡里,无恶不作,经常鞭笞路人,见了省台的官轿从不下马,也不让路。何景明从不畏惧这些,当他遇见此恶少见他的官轿不下马时,便让随从将其拉下马,以鞭笞之,狠狠教训了一顿,此恶少从此便有了收敛。出使云南时,云贵边区君长见他是朝廷史臣,特赠犀角、象牙等珍宝,都被他拒绝,陪同的熊太监不能理解,同时也大受感悟。主政陕西教育三年,学子们的家长见何景明为陕西的教育辛劳奔波,日子清贫而艰苦,纷纷为其送钱送物,都被何景明一一谢绝。陕西的老百姓言称何景明是陕西任上历年来少有的清官。他病重辞官归里时,随身所带的俸银不足 30 两,可见这是何等的清贫!他重气节,鄙荣利,不惧强权,为官清贫一世的人格精神无不让人感叹和感动。

在文学创作方面，何景明始终客观公正地看待文学创作的多重性，重视文德及品性，善待后进文人的不同观点和文学主张。初入京时，因其诗才受到当时已名贯京城的李梦阳、边贡等的欣赏，很快便融入到了以李梦阳为首的京城中的气节文人群体中，和康海、李梦阳等一道提倡“文必秦汉、诗必盛唐”的文学复古主张，反对当时台阁体“啴缓冗沓”、“雍容典雅、粉饰太平”等脱离现实的腐糜文风，致使“天下文士翕然从之”。这时的何景明在“七子”文人中年龄最小，且诗的格调高雅清亮，多取材于现实生活，很受当时京中气节文人们的推崇。李梦阳就曾有“是时少年谁能文，太常边丞何舍人”的诗句赞颂何景明等。很快何景明便在京城文人中立足，且呼声高涨，与李梦阳并称“李何”而成为“前七子”的领袖。何景明之所以能够很快在当时的文人中奠定其领袖地位，除他的诗歌创作成就外，还与他的文德和诗风品性有关。第一，他具有谦虚做人的品德。明代弘正年间，是个名家荟萃、人才辈出的文学创作的鼎盛时期，何景明与这些文人间的关系相处融洽，多有唱和。他尊李梦阳为师友，对康海、边贡、王九思、顾璘、何瑭等亦是尊重有加，因此他在京城文友中有很高的声誉。正如康海在《大复集》序中所言：“一时能文之士，凡予所交与者，不可胜计，予顾独以仲默为难能。”以致到正德十二年后，李梦阳与何景明因文争而分襟时，一时倾何者甚众。第二，在文学创作上，何景明一直遵循着文学创作的基本规律，重视文学创作的灵活性、多样性和创新，他的诗歌创作也多以反映社会现实题材为主。在文学复古问题上，他针对李梦阳的守古法而不可变的观点提出“推类及变，开其未发；泯其拟议之迹，以成神圣之功”的尊古法亦应有创新的观点。反对“铸型缩模，而独守尺寸”的“刻意古范”；提倡“富于材积，领会神情，临境构结，不仿形迹”的灵活多样的创作手法。（《与李空同论诗书》）他的这种“尊古而不守古”的思想在当时是具有积极意义的，也从他后期创作的大量诗歌中得到了印证。第三，积极扶持后进文人的创作，能够接受他们的新思想，并对自己早期的创作进行反思。何景明复职后的正德六年至十二年间，京城里汇聚着一大批才华横溢的后进文人，如杨慎、薛蕙、戴钦、李濂、陈沂、胡侍、刘储秀、张治道、孙继芳、张诗、王廷陈等，这些文人都与何景明打成一片，相互唱和。特别是受到以杨慎为首的“六朝派”诗人和“西翰林”等后进诗人的影响，何景明后期的诗歌创作发生了较大的转变。他在《明月篇》自序中写道：“由此观之，子美之诗博涉世故，出于夫妇者常少，致兼雅颂而风人之义或缺，此其调反在四子之下与？”他由专宗杜甫转而兼及“初唐四子”，并指出了杜诗中的不足，而这一诗学思想的转变受到后期文人的大力推崇。

何景明不仅是文学家，也是教育家。他的教育思想贯穿于其文学思想和诗歌创作之中，重视“文以载道”和“经世致用”之学，“疏通文学与经术的源流，将秦汉盛唐文学与宋元以来的关学相衔接，阐明‘文以会道、广道以成教’之旨趣”（饶龙隼《何景明诗选》前言）。他对教育的贡献主要有以下几个方面：第一，他把从严治教作为正本清源之根本。他督学陕西的第一要事就是整顿陕西教育中存在的腐败废弛之风，整顿地方学正、教谕的教育作为，从严治教；要求所属州、府、县各级地方长官以教化民众和人才培养为第一要务。第二，提倡教育公平，要求平民子弟同样接受教育。陕西地域辽阔，一些州县偏远分散，且山路难行，往届提学因其畏难从不去偏远州县调试诸生。何景明到陕西后不畏艰辛，跑遍了大半个陕西，调试偏远州县的生员，使一些贫困生员有机会入学和参加科举考试；并大力发展偏远州县的乡学和社学，使陕西的教育不公平状况得到了改善。第三，改革教育与教学中存在的弊端，认为以八股文取士不利于培养经世治国之才，必须在课程和教学上进行改革。他编写《学约古文》三卷作为正学书院的教材，并亲自给学生上课，要求学生领会诵读，以此提高生员的实用能力。第四，提倡“教人以德行道谊为先”，重视立德树人，并把先贤的德教思想贯穿在他的整个教育思想之中。如他在《与李空同论诗书》中所言：“仆观尧、舜、周、孔、子思、孟氏之书，皆不相沿袭而相发明，是故德日新而道广，此实圣圣传授之心也。”他的这一德教思想对我们今天的教育仍然具有很好的启示作用。

何景明是信阳这片美丽的土地上升起的一颗璀璨的明星。500年前，他与李梦阳一起开一代文风，成为一代文宗；500年后，他的人品、文品以及他为教育事业鞠躬尽瘁的人格精神激励着一代又一代信阳人，也是信阳师范学院的每位学子应该学习和弘扬的。追溯何景明的生平，呈现给我们的是一种久远的人文传统，让我们看到的是这所学校与历史、与这片土地的密切联系。整理、研究何景明的事迹、文献资料，既是一种学术工作，也是一项校园文化建设工作。

韩文根教授怀着强烈的责任感，数年如一日致力于何景明研究，查阅了大量的资料，对何景明的人生轨迹进行了细致的梳理，笔耕不辍，终于完成了洋洋 30 万字的《何景明传》，应为何景明第一部传记，是何景明研究的重要成果，也是对我们校园文化的重要贡献。《何景明传》以翔实的史料再现了何景明的一生，读罢令人深思，也让人感动。

2016 年 6 月 18 日于信阳师范学院

引子

家世

元至正十一年(1351年)春,即将灭亡的蒙元王朝为了维护其封建统治,加大对汉人的压迫和剥削,大肆屠杀汉人,以致天下大乱,民不聊生,各地起义军风起云涌,借以推翻蒙元统治。这时,活动在江淮一带的义军首领韩山童和刘福通等在颍上(安徽阜阳)一带宣布起义,于是便爆发了全国性的抗元战争,而这一战争却给老百姓带来了深重的灾难。韩山童和刘福通的义军头裹红巾,称"红巾军"。因红巾军到处招募兵勇,或搜刮民财,老百姓们避之唯恐不及,不少人背井离乡,逃往他处。

湖北罗田人何泰山,时年六十有余,妻子陈氏,生有四个儿子,依次为隆一、隆二、隆三、隆四。泰山祖上皆以务农为生,四个儿子均已壮年,为了躲避兵役,决意离开罗田北上至武胜关北的大山深处,在那里另辟基业。泰山年轻时曾经到过那里,知道那里是一个山清水秀、山大林密的好去处,更适合人的休养生息。他把这一决定告诉四个儿子,大儿子隆一因身材高大,且力大无穷,不愿随父,却决意当兵,就此与家人告别,此后不知所踪。二儿子隆二,名海,最为孝顺,愿意随父同迁,以好照料和赡养父母。隆三和隆四,因留恋祖上田产,暂行躲避红巾军招募,继续留在了罗田。是年五月,何氏始祖泰山携二子何海来到信阳县肖王乡梅黄村定居。这里曾经是一块风水宝地,相传西汉末年,王莽举兵追赶后来的汉光武帝刘秀，追至梅黄村时看到了刘秀，刘秀见前面是一块平地无处躲藏，不得已便埋头趴在路边的草地上，闭上眼在心里念道："王莽若是看见了，就是大事，王莽若是没看见，径直走了，那就是小事。"而王莽硬是没有看到刘秀。刘秀感到这里是一块福地，救了他一命。他当上皇帝后，便在这里建了两座寺庙，一座叫大寺，一座叫小寺。何氏泰山便在这里开辟基业，耕田劳作，日子过得十分红火。是年，明太祖朱元璋率兵至信阳招兵，在招兵处插了两杆旗子，一杆红旗和一杆白旗，言道：愿为我军者，立红旗下，愿为我民者立白旗下。泰山带儿子何海立于白旗下，立誓以务农为本。此时，隆二何海已娶妻刘氏，生下三个儿子。长子和幼子早夭，次子何鑑勤奋好学，知书达礼，且精通阴阳典术，远近闻名，后被擢升为信阳典术公。

何鑑为人仗义，很结人缘，娶妻刘氏，生有五个儿子，依次起名为仁、义、礼、信、本。何鑑好儒，看重对孩子的培养和教育，在梅黄村开办私塾，请师调教五个儿子。五个儿子中，只有四子何信最为聪明，学习勤奋而刻苦，十几岁便已能熟读四书五经，诗词歌赋皆通。成年后，他有了自己的主见，感到梅黄村离州所在地稍远了些，于是他在信阳州西侧的白坡处选址造屋，并让父母跟着自己住在白坡新居里，其他兄弟依然留住在梅黄村。白坡背靠大复山，面向贤山，中间是一条宽阔的浉河。这里风景秀丽，空气清新，且房舍前有一条从大复山上流下的小溪，长年流水不断。小溪边栽种了许多梅花树，每年腊月间，梅花盛开时，数里外便能闻到梅花的香气，甚是喜人。何信也因此自称为梅溪公。

何信（1443—1509），字文实，号梅溪，陕西临洮府渭源县驿丞，赠封徵仕郎中书舍人，著有《梅溪集》行世。原配卢氏，生二子，即景韶、景旸，并生有一女；继配李氏，生子景晖、景明，生女景晴。

何家三世祖何鑑，学识渊博，擅阴阳地理，看重老庄思想，无为而治，不主张儿子入科取士，四子何信本可以通过科举考试求取功名的，因父亲的干预而失去了科考取士的机会，直到自己出任渭源驿丞后才感觉到无科举出身而入仕的尴尬。自何信起，他严格要求自己的后代刻苦向学，并形成了以科举取士光显何氏门庭之风气。他的四个儿子中，三个举人，一个进士。此后何氏家族中人才辈出，举人和进士频出，成为生活在信阳的一门旺族。

何景韶（1461—1507），何信公长子，字仲律，成化丙午年（1486年）举人，选湖南巴陵县知县，后迁山东东昌府通判，光禄寺少卿。原配邓氏，继配夏氏，又继配邓氏。生二子：岳州、岳阳，均早夭。

何景晹（1465—?），信公次子，字仲升，弘治十一年举人，历官安庆府通判，后迁山东东昌府通判。正德十四年七月，宁王朱宸濠举兵叛乱，兵至安庆时，景晹领兵迎战，贼平，因平叛功绩居多，赐御书褒赏右军都督经历，进光禄寺少卿崇礼祀乡贤。原配张氏，继配王氏。生子一，何士，正德八年举人。历官陕西汉中府汉阳县知县，候选知府。原配王氏，生子一，何洛道。

何景晖（1475—?），信公三子，字仲成，弘治十四年举人，朝试候选第二，授河南省教谕。原配刘氏，生子三，均未取功名。

何景明（1483—1521），信公四子，字仲默，号白坡，又号大复山人。弘治十五年进士，授中书舍人，出任内阁敕制房。正德初，宦官刘瑾擅权，何景明谢病归。刘瑾诛，官复原职，后官至陕西提学副使。何景明是明代"文坛四杰"中的重要人物，也是明代著名的"前七子"之一，与李梦阳并称"文坛领袖"。其性耿直，淡泊名利，对当时的黑暗政治不满，敢于直谏，曾倡导明代文学改革运动，著有辞赋32篇、诗1560首、文章137篇，另有《大复集》36卷。

何景明原配张氏，继配王氏，生子三，女二。长子夫，次子立，三子登。

何信公的四个儿子中，何景明这一门最为兴旺发达。长子夫，举人，任辽东定远左经历；次子立，字予甫，号小坡，嘉靖癸卯（1543年）举人，历任怀远县知县、德安府同知，诰赠礼部左侍郎兼翰林院侍读学士；三子登，字远望，进士，官历河北省教谕，保定府知府。到了何氏始祖下的第七代，何景明的孙子辈更是不凡。何立长子洛文，嘉靖四十年（1561年）举河南乡试第一，四十四年登进士第，为日讲起居官、礼部左侍郎、翰林院侍读学士，拜相。次子何洛书，万历癸酉（1573年）举人，丁丑（1577年）进士，敕授征仕郎翰林院庶吉士、检讨。

何景明的人生虽然短暂，但他对历史的贡献是永久的。他一心扑在任上，没想到自己走得如此匆忙，他的著作未来得及整理。在他走后的第三年（1524 年），他的好友康海收集其著作，以赋、诗、文为序，编辑成集，题曰《何大复集》。康海，弘治十五年状元，与何景明同科进士。康海一生清高，为人仗义，从不事媚俗和吹捧别人，唯独对何景明的人品和文才钦佩有加。正如他在《序》中写道：

弘治时，上兴化重文，士大夫翕然从之，文视昔盛焉。是时仲默为中书舍人，而予以次第为翰林修撰。一时能文之士，凡予所交与者，不可胜计，予独顾以仲默为难能。仲默时方弱冠也，予每见仲默之作，叹曰："嗟乎！文其在兹乎。"夫叙述以明事，要之在实；论辩以稽理，要之在明；文辞以达是二者，要之在近厥指意。凡仲默之作，三者备焉，故予欣慕叹息，非私之也……仲默才高而意宏，德纯而识远，荣辱毁誉，一无所动于中……

康海对何景明钦佩和赞赏是发自内心的，也体现了他与何景明的深厚友谊，整理和刻印其著作寄托着他对何景明深切的哀思。

何景明死后，他的生前好友无不为其动容和惋惜。郏县的王尚絅得到何景明病逝的消息后，便带着女儿英（与何景明的长子夫已订亲）亲自到何景明墓地哭拜；何景明的好友刘朝信、任宏器、马录、张云、孙继芳等先后从任上赶回祭拜，一时间，为何景明写悼亡诗和怀念诗者不计其数。好友王廷相的《悼仲默》诗云："吾友何平叔，同时奉紫微。贞心玉避洁，大道日争辉。凤去桐空在，琴亡调已稀。遗文星斗烂，后进足依稀。"好友郑善夫《哭仲默》诗有"去年孙复死，今年哭何休。宵汉冥交尽，嵩邙正气收"等句。江南四才子之一的陈沂，得知何景明病逝消息后，为其写哀词六首，其中一首有"大复早立身，弱冠已苍颜。置身向偏什，毕命山水间"等句。门人戴冠所写的《哭何大复先生》和《祭何大复先生文》更是写得情真意切、催人泪下。

一代文豪何景明虽已远去，但留给后人的是永久的怀念和追思。

第一章

凤鸣贤山
浉水神童

一

明朝成化末年,皇帝朱见深昏庸无道,在宫内娇宠万贵妃,在宫外宠幸番僧,强设厂卫,使一些敢于直谏的忠臣受到迫害,造成国库空虚、社会动乱、民不聊生。在河南地界,开始有河南西华人刘通带领一帮农民造反,被镇压后不久,河南新郑人李原又号召百万之众在河南内乡起义,直接对抗朝廷。这一年,河南大旱,灾变频起,流民作乱,朝廷派大兵前往镇压,致使战争不断,老百姓苦不堪言。这时,远在甘肃省会宁府任驿丞的河南信阳人何信得知这一消息,心急如焚,担心一家老小在这场战乱中受到伤害,加上妻子李氏已身怀六甲,几近临产,他必须回家伺候一段时间,于是向会宁知府告了半年的假期,日夜兼程,在路上行走月余,回到了信阳。

何信回来无疑给这个家庭带来了无限的宽慰和喜悦。妻子李氏见老爷回来了,立即拖着沉重的身子走了过来,激动之情溢于言表。她凝视着丈夫那清癯的面孔,心疼地道:"老爷,你瘦了!"

何信立马扶住妻子,让她坐在高背椅上,心里生出几分愧疚,道:"夫人,你还好吧?"夫人含笑道:"我还好,就是盼着你早点能回来。"她说着就要起身,说道:"老爷,你歇着,我去给你打洗脸水,看你脸上尽是汗。"何信用双手按住妻子肩头,说道:"夫人,我自己来。"这时,一个女童的声音从身后传来:"爹,您回来了!"何信回过头来,见女儿景晴已端着一盆清水,盆里放着一条干净的夏布毛巾,说道:"爹,您洗脸。"何信看着只有五岁的女儿景晴,手里端着的脸盆在摇摇晃晃,他立即接过女儿手中的脸盆，怜爱地说道："我的乖女儿，你真的懂事了，爹自己来。"李氏夸赞道："晴儿可懂事了，知道心疼娘，给娘端洗脚水，帮她大嫂干家务，可能干了！"何信边洗脸边笑说道："呵呵，有这么有孝心的乖女儿，将来我们老了有依靠了。"

何信洗罢脸，将女儿抱在怀里，问道："乖女儿，想爹吗？"景晴点着头道："想，昨天夜里我还梦到爹了。"这时，一个男孩的声音从外边传进来："娘，娘，是爹回来了吧，我看见枣树下的大红马了！"男孩从外面跑进来，愣了一下，说道："爹，真是您回来了！"说着就扑到爹的怀里。何信抚摸着男孩的头，说道："晖儿，你也想爹了吧？"

男孩道："可想爹呢，娘叫我每天放了学就站在门前的路口上看爹回来没有。"

何信笑了，深情地看了一眼脸上闪过一片红晕的妻子，坐了下来，将两个孩子都抱在怀里，问男孩道："晖儿，最近学习有进步吗？"景晖不语，低头掰弄着手指。

女儿景晴笑着说道："爹，三哥前天挨了王先生的板子，回来还哭了呢！"

何信听说儿子景晖挨了先生的打，便拉着儿子的一只小脏手，道："怎么，学习不用功了吧？应该打。"

李氏道："晖儿，带着妹妹到外边玩去，让你爹歇着！"

景晖乖乖地拉着妹妹要离开，爹爹叫住他们，从包裹里拿出从会宁带回来的麻糖和蜜枣，分给景晴和景晖。景晴把糖果放在桌子上，像个小大人似的对爹说道："爹，您渴了吧，我去给您沏壶茶来。"

爹道："你快跟哥哥去玩吧，别管爹。"

景晴转身跑到后院，叫她大嫂去了。景韶的媳妇邓氏正在后院洗衣服，听说公公回来了，便来客厅见了礼，把地上的洗脸水拿去倒了，又给公公沏来一壶茶，说道："娘，爹好久没回了，您二老好好叙叙吧。"说罢便忙自己的去了。

儿媳走后，李氏又把儿媳夸奖了一番，说道："儿媳孝顺能干，家里的大小事都不让我插手，对韶儿也好，两口子也和睦，这个家还真的少不了她!”听了夫人的话,何信的心里得到了些许的安慰。他对夫人道:“等孩子们都大了,出息了,我们的日子就会好起来的。”

何信是信阳方圆一带有名的饱学之士,自幼受父亲何鑑的教诲,虽然饱读诗书,但却未曾求取功名。这是因为父亲何鑑曾一度在仕途上奋力拼搏,却终不能如愿,只做了一个不入流的小官——信阳县明港巡检。当了巡检后,他深受官场上的尔虞我诈、卑躬屈膝之苦,因此看透人生,不问政事,潜心钻研阴阳易学,后改职做了一名阴阳典术。何信的祖父何海,一生不曾涉足官场,在乡村过着结庐耕织、无忧无虑的田园生活,年八十无疾而终。在何鑑看来,父亲的活法才是一种境界。在他悟出人生的道理之后,他便要求儿子学习祖父,不要涉足官场,做一个有学问的乡村贤士,因此他不让何信参加历年的科举考试。这对于聪明的何信应该是个莫大的遗憾,但何信并没有因此怨恨父亲,反而觉得父亲的做法是对的,也正合了自己的心意。何信在家务农、操持家务,结识了当地的一些文朋好友,闲来没事时,就在浉河边上郊游结社、饮酒赋诗,过着逍遥自在的生活。19 岁时,父亲给他娶了罗山卢氏女为妻。卢氏的父亲卢广与何信的母亲刘氏系表兄妹,这种亲戚关系使何鑑与卢广成为至亲好友。卢广曾在山西大同戍边,为石姓将军之参议,辞职归农后,将女儿许配给何信,何信与卢氏女也算是表亲关系。卢氏女善良贤惠,能诗会画,深得何信的欢心,两个人夫唱妇随,过着幸福平静的生活。卢氏给何信生了两子一女:长子景韶,次子景晹,两个孩子都聪明过人,在方圆百里传为佳话;女嫁罗山王家,亦大户人家。由于何信擅长书法,所作的诗词歌赋流传甚广,在当地产生了很大的影响。成化七年春,何信 30 岁那年,时任河南省布政使的吴节到信阳巡察时听说此人,这位求才若渴的明宣德五年进士立即召见了何信,并让何信赋诗和书法。何信接过纸墨,随即想了一首七绝,拿起笔在宣纸上一挥而就。诗道:

凤鸣贤山望月亭,龙吟浉水鹧鸪声。
梅溪感应花时节,申州府上拜贵人。

老布政使看着这首工整而寓含着谦意的七绝,很是赞赏。他用手捋着颏下的银须,看着这位才气横溢的年轻人,十分喜欢。离开时,他让何信随他到任上，他要给何信派一份公差。何信不好推辞，回家辞别后，便随车进了省城。何信本想遵循父愿，不打算为官府做事，但老布政使的才学和为人让他倾慕不已。为了报答知遇之恩，他决定留在布政使身边当差。吴节十分赏识何信的才学，经常与他商讨政事，派以重任，何信实际上成了布政使吴节的心腹和高参。是年，陕西告灾，朝廷发粟粮万石漕运至河南卫辉，让河南将万石粟粮运过潼关至陕西。万石粟粮需征夫万人和毛驴万头，从河南至陕西近千里，且山路难行，加上大旱，天气炎热，说不定万名征夫和牲畜不过潼关便将有不少人畜乏累而死，这种劳民伤财之事让老布政使吴节不知所措，急召何信商议。何信道："此事不难。"吴节急问道："文实有何计策？"何信道："南阳、汝州两地民众较北地富裕，如今两地缺粮，不若通知两地知府，征夫运粮，让征夫每人出一两银购粟粮一石，免得运送，然后将购粮银两赈济陕地灾荒，此一举两得，免了征夫运粮之苦，何不为之？"吴节抚须大笑道："还是吾老秀才文实有办法。"

还有一次，太监汪直至河南，要求河南都御史以下官员皆匍匐进谒。因受宪宗皇帝和万贵妃宠幸，汪直每到一处，地方官员如见皇上一般。时宪使陈选最恨权奸，立而不跪。汪直大怒，竟不顾体面地抓住陈选的衣服将其推下。陈宪使不畏强权、大骂汪直而被人称颂。陈选走后，汪直余怒未息，要求都御史当庭拟文各州县敬献名马。都御史哪见过此阵势，手抖得不能执笔，惶顾左右，亦不敢让人代笔。正尴尬为难时，何信站出道："此一书吏事耳，都御史、大臣，不当烦都御史也。"说罢接过都御史手中的笔，行文立就。此后，何信的名声大振，虽然没有官职，却很是受人尊敬。就这样，何信在布政使吴节身边工作了三年。忽然有一天家里传来噩耗，妻子病危，让他赶紧回家。何信随即向布政使吴节告了假，连夜往家里赶，当他走进家门时，看到的是两个儿子哭成一团，妻子卢氏已离开人世。何信悲恸不已，安葬了妻子后，他感到愧对妻子和孩子，一连数日把自己关在屋里，闭门谢客。经过一段时间的反思后，他决意辞去公差，在家养育孩子和耕种田桑。时间又过去了一年，虽然有亲朋好友经常来往，但也免不了时常想起死去的妻子和老布政使吴节对他的恩遇。就在这时，罗山的岳母来看望两个外孙，身边还带来一个年轻女子。这女子姓李,山东聊城人,年方18岁,是何信前妻卢氏的姨表妹。岳母有意撮合,将自己的姨外甥女嫁给何信,目的是不想让自己的两个外孙日后受苦。岳母的良苦用心何信心里明白,也十分感激岳母。就这样,何信续娶了李氏,一年后,李氏生下儿子景晖。不久,河南省布政使吴节被召回京任太常寺卿,他临走时为何信谋得一份官职,出任陕西省会宁府驿丞,让他一个月内到职。在这期间,何信的思想发生了重大转变,他开始认识到只有求取功名、进身官场,才能封妻荫子和光宗耀祖,他要给自己的子孙做个表率,答应前往任职。就这样,他把自己的家庭托付给在家务农的大侄子何景旺,让他时常关照自己的家小,便再一次告别妻小,赶赴会宁任职。谁知这一任就是八年,虽然每年春节能回来一次,但总是聚少离多。这次回来,妻子已近临产,自己还是没有在妻子身边陪伴过一天,他深感愧对妻子和孩子,打算这次一定要等妻子满月,伺候一段时间后再去到职。

二

成化十九年(1483年)八月六日凌晨,当一抹晨曦从信阳东边的山顶探出头时,贤山的密林里传来叽叽喳喳的鸟叫声伴随着一阵婴儿的啼哭声打破了这清晨的宁静,何信的妻子李氏的第三个孩子降生了。这孩子不同凡响,他的哭声清脆响亮,仿佛要向世人宣告,他来了,他来到这个世界上就是要向世人传播他的声音。就在他出生前的半个时辰,他的母亲李氏在阵痛之后忽然睡着了,她醒来时告诉丈夫她做了一个奇怪的梦,梦见有一轮红日落入她的怀中,紧接着儿子就顺利地出生了。何信大喜,认为夫人这个梦是个好的征兆,这个儿子的前途一定会像太阳一样光明,他随即给儿子取名叫景明。

何景明自幼聪明过人,三岁时在哥姐的教导下即能背诵唐宋诗词数十首,能把南宋王应麟的《三字经》一字不差地背下来,尽管他还不明白其中的意思。他的聪颖和非凡的记忆力使他的哥哥和姐姐们十分疼爱他,他仿佛是天生的读书人,每天都缠着哥姐们教他读书识字,给他讲故事,在他幼小的心灵里已经萌发了对学习的热爱和对知识的渴求。这时他大哥景韶已经27岁了,已经是做了父亲的人了,由于父亲长年在外为官,家里的重担就落在了景韶的肩上。大哥为人正直,聪明好学,十分孝敬父母和疼爱弟妹,几次错过了进入乡试的机会。何景明的二姐景晴,虽然没有进过正规学堂,由于受父亲和哥哥的教导和熏陶,加上天资聪颖,能识文断字,能熟练背诵《三字经》、《孝经》、《女儿经》等,仿佛就是一个知书达礼的小才女。及至十四五岁时,她已经是一位贤惠善良、琴棋书画样样皆通的"白坡才女"了,来向何家提亲的人络绎不绝,都被景晴回绝了。景晴十分钦佩大哥的才学,她为大哥多次错过参加科考的机会而惋惜。这一年,她对大哥说,她要和母亲、大嫂一起承担家里所有的家务,让大哥安心复习,参加明年的秋试。景韶看着妹妹漂亮的小脸蛋和那双乌黑明亮的眸子,笑着说道:"这不是你女孩儿操心的事,大哥甘愿当布衣贤士,景旸、景晖和四弟是我们何家的希望,好好培养他们,大哥已打消了求取功名的念头了!"景晴看着大哥,扑闪着一双乌黑明亮的大眼睛,似是生气地道:"不行,大哥不应有这种想法,大哥曾经告诫过我,大丈夫当志存高远,求取功名才是人生之正道,若论大哥的才气,一考必中,家里的事就不用大哥操心了,妹虽愚钝,但孝敬母亲、料理家务、给母亲和嫂嫂打个下手是能够胜任的,请大哥放心去复习参加明年的秋试,给弟弟们做个表率。"听了妹妹这番话,景韶十分感动,他没想到只有18岁的妹妹能说出这样一番话来,他心有所悟,心存感激地看着成熟而懂事的妹妹,点了点头。

功夫不负有心人,经过近一年的刻苦努力,第二年乡试,景韶终于如愿以偿,中了举人。回到家里,亲朋好友前来祝贺,尤其是妹妹景晴,仿佛是自己中了举人一般,像个小百灵鸟似的在大人和同伴间张扬着大哥中举的事。景韶的媳妇邓氏更是万分高兴,她希望丈夫能出人头地,在她的主持下,还杀了一头肥猪,大宴宾客三日。

何景韶中了举人的消息在当地很快传开,信阳州知州也前来祝贺。当问及何景韶是否参加成化二十二年春季的会试时,何景韶决然地说道,他不打算继续考了,再让他去操心复习应考,对于他这样的家庭,他实在耗不起,他要为弟弟们铺路,给他们创造一个好的前程。这一年,何景韶经过吏部考察录用,被派往湖南岳州府巴陵县任知县,后擢升为东昌府通判。在景韶外出为官不久,景旸也娶了媳妇,是贤山脚下二号桥张家的女儿,张氏聪明能干,料理家务是一把好手。家里的日常花销由父亲和大哥从任上寄回来,加上有一些田租的收入,日子过得还算殷实。自此以后,何景旸便挑起了这个家庭的担子。

时间在不知不觉中又过去了几年。这一年何景明六岁,他更加聪明懂事了,而且记忆力惊人,已经能认识两千多个汉字,能够背诵一百多首唐诗。这年腊月的一天上午,二哥景旸在家里写春联,这时三哥景晖带着邑庠同学孟洋来家里玩。这孟洋的祖父曾做过信阳州的指挥佥事,因征虏有功,被朝廷封为明威将军。父亲孟山生性耿介,不屈于物,自号为乐静公,一生不为官场所动,喜欢俭素自持,爱与文人寒士往来,与何信很有交情,两家来往甚密。孟家住贤山脚下,有良田数十顷,算是当地的大户人家。孟洋自幼聪明,七八岁便与何家的景旸、景晖混得很熟,经常来何家玩耍,得到大哥景韶、二哥景旸的教诲。孟洋来何家喜欢与景晴在一块玩,孟洋大景晴一岁,但景晴懂事早,反应快,仿佛是个小大人似的,小伙伴们在一块玩耍时,大家都听她指挥。这景晴和孟洋七八岁时在一块玩耍倒觉得没什么,如今都已经懂事了,两个人便朦朦胧胧地产生出一些情愫来,如几天不见面,景晴总喜欢向景晖打听孟洋的消息,这孟洋如果隔了几天不来,总想找理由来何家看望景晴。二哥景旸对孟洋和妹妹两个人产生的一些感情早已看在眼里,只是他们还小,不便揭穿。他很喜欢孟洋,因为孟洋勤奋好学,憨厚诚实,懂礼貌而且十分听话,他认为这样的孩子将来一定有出息,所以他经常在有意或无意中提供机会让景晴和孟洋培养感情,希望妹妹将来能和孟洋结为伉俪。

景旸把纸墨都准备好了,把景晖和孟洋叫了过来,不一会,妹妹景晴也带着小弟景明走了进来,景旸便让他们都来参与写对联。景旸道:“你们听着,今年的春联由我们大家来写,这里除了小弟外,每个人各写两副,其中有一副是原创,要求必带‘贤山’二字,另一副可以借用唐诗。”大家同意后,景旸最先写,他的对联是:“贤山春动万物复苏,梅溪冰释百花盛开。”这副对联寓意着对父亲梅溪公的祝福。景晴的对联是:“春到贤山民居家家张灯结彩，风动浉水百姓人人喜笑颜开。”此联十分喜庆，大家都叫好。孟洋的对联是：“冬阳缕缕暖照贤山增风景，春雨绵绵喜迎佳节天放晴。”此联对仗工整，大家也叫好。六岁的小景明看着对联，忽闪着乌黑的小眼睛，说道：“我知道了，这对联是写给我姐姐的，你们看，有我姐姐的名字哩！”景晴的脸立即绯红了，伸手打了孟洋一下，说：“好你个孟洋，别有用心是吧！”孟洋憨憨地笑道：“对你何大小姐不是别有用心，而是刻刻在心的！”大家都笑了。景旸抚摸着景明的头道：“还是小弟聪明，这孟洋差点把我们都骗了。”这时景晖的对联一直写不出来，在一旁苦思冥想，他的学习不如二哥景旸和妹妹景晴，也不如孟洋，他看着窗外的贤山上被冰凌冻结的树梢，便想出了上联：“贤山冰凌千树银花，”却写不出下联来。大家都过来看，一时也没有好的对句。这时小景明在一旁奶声奶气地道：“浉河开冻春意盎然。”此联一出，大家顿觉惊奇，没想到只有六岁的景明竟能对出如此的句子。此事一时间在当地传开了，大家都称何景明是个小神童，有不少人慕名而来，要看看这位小神童到底长什么样。

何景明七岁时，在姐姐景晴和二哥景旸的教导下，读完了吕本中的《蒙童训》、朱熹的《小学》以及四书五经中的《论语》、《尚书》等课本，能背诵三百多首唐诗。特别是对王应麟的《三字经》能背能解，十分懂事和听话，仿佛是一个知书达礼的小学士。

弘治八年（1495 年）春，13 岁的何景明随父亲来到陕西临洮府渭源驿跟着父亲读书。临洮是中国历史文化圣地，人杰地灵，人才辈出。相传老子飞升临洮，生息繁衍，是中国最大姓氏李姓的发祥地。从老子第九世孙李崇首任秦国陇西郡守到唐朝开国皇帝李渊之后，共出了李姓帝王 27 位，宰相 12 人，侯王将帅、郡守县令和文化名人数以千计。何信带儿子景明到临洮是想让儿子感受这里的历史气蕴和接受这里的人文熏陶。来到任上的第二天，他便带着儿子去拜望临洮知府李纪。何信虽然只是一个驿丞，但与知府李纪是要好的朋友，两人经常在一起下棋赋诗、喝酒聊天，可谓是无话不谈。父子俩来到李府，见了李大人，何景明也没有多少拘束，自觉地跪拜道：“知府大人在上，请受晚生叩拜。”李纪哈哈大笑道：

“贤侄快请起来，不必多礼。”何景明站了起来，李纪将他叫到身边，抚摸着他的头道：“往后不要叫我知府大人，我长你爹两岁，就叫我李伯父好了。”何景明“嗯”着答应道。

李纪见何信还站在一旁，立即赐座，并叫丫环沏了两杯茶过来。何信这才将手里拎着的一个编制精致的紫藤方盒递上，道：“这是从家里带过来的两斤信阳毛尖，请知府大人品尝。”

李纪用双手接过，说道：“这可是好东西哟，大文豪苏轼曾经说过，‘淮南茶，信阳第一。’感谢梅溪公这等美意，本知府收下了。”

何信道：“菲薄得很，不成敬意。”

李纪很爱茶，也懂茶，他看着何信道：“我可要拆封了。”何信立即接过茶盒，道：“勿劳默庵兄动手。”他说着拆去封签，从紫藤盒里取出两听做工精细的雕花竹筒，启开一听的蜡封筒盖，打开里面的防潮纸，绿莹莹的芽尖带着一股香气扩散开来。李纪赞道：“好茶！”他说着拿过案几上的一套紫砂茶具，往茶壶里撮了些毛尖，倒入开水，将第一道水倒在一个小碗里，谓之洗茶，然后沏上现烧的开水，少顷，取开壶盖，见水面上漂浮着一层若隐若现的丝绒般细毫，清香扑鼻。他往紫砂杯里倒了一杯，轻啜了一口，立即感到有一种清高纯厚之香气浸入肺脾，甘甜而绵长。李纪频频点头道：“真乃好茶！”他说罢看着何信道：“梅溪公可曾知道苏子瞻的《和钱安道惠寄建茶》诗吗？”何信道：“惭愧，我还真不知道哩。”

站在一旁的何景明看了一眼父亲，又看看李伯父，说道：“伯父，我知道这首赞茶诗。”

李纪有些疑惑地看着何景明，道：“你知道？背来听听。”

何景明向前站了一步，背诵道：“我官于南今几时，尝尽溪茶与山茗。胸中似记故人面，口不能言心自省。森然可学不可慢，骨清肉腻和且正。雪花雨脚何足道，啜过始知真味永。”听完何景明的背诵，李纪感到很惊奇，问道：“你小小年纪怎么知道这首诗？”何景明知道这首诗是他的姐姐景晴与孟洋在一块喝茶时曾经背诵过的一首诗，他便记下了，没想到在这里却派上了用场。

何信笑道：“犬子自幼就聪明，六七岁便能背诵三百多首唐诗，如今已读完四书五经，有些章节还会背诵。”李纪听说后有意想考一下何景明，随手拿起案几上的一本孔颖达注疏的《尚书正义》，翻到一页“微子”章，说道：“微子你能背吗？”何景明清了一下嗓子，朗声背道：“微子若曰：‘师父、少师！殷其弗或乱正四方。我祖底遂陈于上，我用沈酗于酒，用乱败厥德于下。殷罔不小大，好草窃奸宄，卿士师师非度。凡有罪辜，乃罔恒获。小民方兴，相为敌仇。今殷其沦丧，若涉大水，其无津涯。殷随丧，越至于今！’”

李纪大赞何景明天资聪颖，记忆力超凡。他细观何景明的面相，见小景明天庭饱满，印堂清亮，两眉清长超过双目，皮肤虽黝黑，却细腻如缎，他拉住何景明的一只手，看了又看，点头道：“梅溪兄，此儿贵也！”

何信道：“承蒙默庵兄夸奖，不知日后如何？”

李纪道：“大凡爱学者，而学之能进，必前途无量也！”两人说着话，何景明在一旁专心致志地翻看着司马光的《资治通鉴》。快近中午时，李夫人毛氏走了进来，何信拉着儿子与夫人见礼，毛氏连忙拉起跪拜在地的何景明，问道：“侄儿今年几岁了？”

何信道：“犬子今年十一。”

毛夫人高兴地说道：“太好了，跟吾儿汝佐同庚，往后你们可以在一起同窗共读了。”夫人的话立即让李纪顿有所悟。他的儿子李汝佐喜贪玩，学不专心，如今在邑庠又受到几个不爱学习的顽童的影响，让他很是苦恼。他便对何信道：“看何儿资质不凡，我想专请先生来教何儿和我家汝佐，你看如何？”

何信立马答应道：“默庵兄如此看重犬子，我真是感激不尽！”就这样，何景明便在李知府家住了下来，李纪请了当地有名的夏先生专教何景明和李汝佐，还有府衙里几个部属的孩子。何景明吃住在李家，李纪每天都关心他和儿子的学习，督促他们进步。毛夫人也对何景明视同己出，嘘寒问暖，使何景明在这个家里感受到了亲人般的温暖，他刻苦学习的精神也感动了李纪和夫人毛氏。儿子李汝佐在受到何景明的影响之后，学习也刻苦认真起来，并有了明显进步，这使李纪和夫人十分欣慰。在夏先生的指导下，何景明重温了以前学过的“五经”“四书”，以及《春秋》之学。

经过先生的讲解，使他对古代经典之学从一知半解到完全理解，他仿佛醍醐灌顶般地大彻大悟，学习的劲头更足了。

一天，李纪来学馆察看孩子们的学习情况，恰遇夏先生离开了，他便站在窗外，见孩子们在教室里追逐玩耍，嬉戏打闹，唯独何景明在认真默诵课文，他的儿子李汝佐就坐在景明的旁边，几次想站起来，被何景明拉住了，道："坐下，刚才先生讲的这篇课文你再背诵一遍。"李汝佐没有去玩耍，而是乖乖地坐下来背诵课文。这使李纪大为吃惊，没想到自己一向顽皮的儿子竟如此信服何儿，他禁不住脱口说道："何儿，麟凤也！"

何信的驿站设在渭源，离临洮府有一个时辰的路程，他每隔十天半月过来看一趟儿子，也顺便带来些从南方贩运过来的大米。每当听到李纪夸赞自己的儿子时，他的心里总是乐滋滋的。他们何家自高祖泰山之后几代都是读书人，可都是以务农为生。自己的父亲何鉴开始涉足官场，却

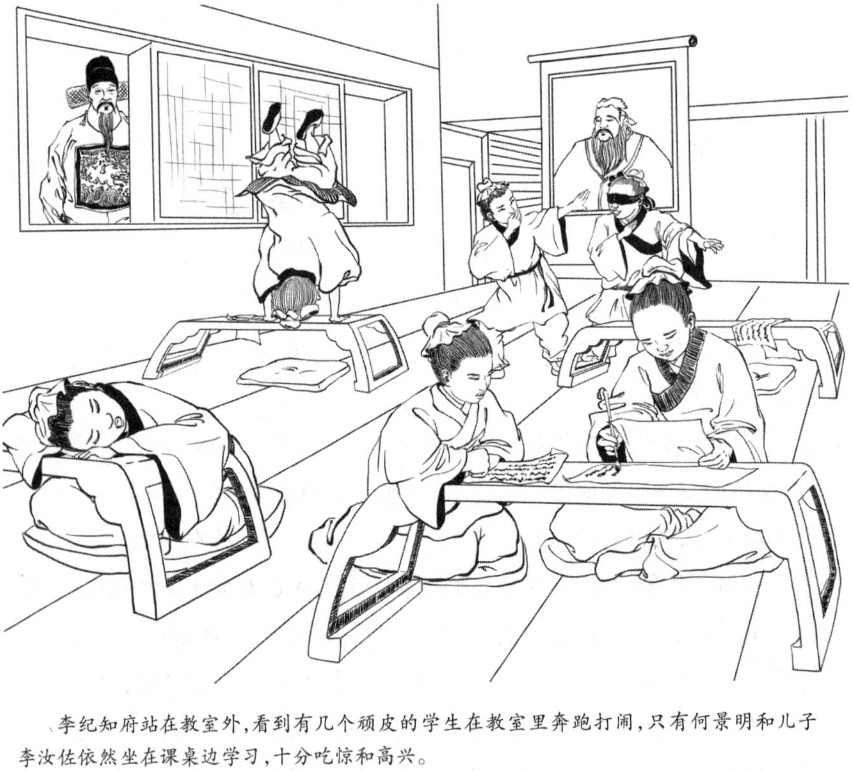

李纪知府站在教室外，看到有几个顽皮的学生在教室里奔跑打闹，只有何景明和儿子李汝佐依然坐在课桌边学习，十分吃惊和高兴。

只做了个不入流的阴阳学典术。而自己呢，虽然曾一度看破红尘，但终未能免俗，如今也只是个驿丞。大儿子景韶、二儿子景晹虽然也很聪明，要想让他们光宗耀祖已不太可能，三儿子景晖更不必说，资质平平，只有小儿子景明，是他何家的希望，一定要好好培养他，使他日后能够出人头地，为何家争光。为了让儿子能进一步接受这大西北的人文熏陶，他决定带儿子从临洮到渭源再到他曾经任过职的会宁走一趟，这里的历史气蕴和人文环境会对儿子日后成才产生影响。他把想法告诉李纪后，李知府大为赞赏，并准许何信一个月假期带景明和自己的儿子一块出游，还特派了一辆马车和一名公差跟随。此时正是阳春三月，百花盛开之时，他们从临洮出发，感受着古狄道千年文明和历史的积淀。在渭源，何景明感受到了渭源的河山大川与人文气氛融为一体的氛围。他们游览了鸟鼠洞、秀峰岩石窑以及首阳山、灞陵桥等风景名胜，更让何景明难以忘怀的是那些刻印在渭源石壁上的诸如王昌龄、岑参等名人大家的千古绝唱。在会宁，给何景明印象最深的是每到一处，都能听到一片琅琅读书声。父亲告诉他，在小小会宁，据记载自兴科举至今已有 11 位进士和 50 多位举人，有“进士之乡”的美称。这使何景明大为感触，他想起了韩愈的一首《符读书城南》诗：“木之就规矩，在梓匠轮舆。人之能为人，由腹有读书。诗书勤乃有，不勤腹空虚。欲知学之力，贤愚同一初。”他深切感受到读书对一个人的重要性。

一个月的出游，何景明领略了陇西厚重的历史文化和民俗风情，也是一年多来他在学习上过度付出后的一次身体和心理上的放松。他感受到了大自然的无限风光，也吸纳了大西北人不屈不挠的奋斗精神。他发誓：一定不能辜负父母、哥姐以及李伯父对他的良苦用心。他告诉李汝佐：“学习一定不能懈怠，只有通过不断地努力学习，才能实现人生的理想和目标。”

三

弘治九年（1496 年）春，天降暴雨，黄河在阳谷县张秋镇一带决口，水患成灾，阳谷县以东一片汪洋，老百姓流离失所，民不聊生。孝宗皇帝接到报告后，急派浙江布政使刘大夏前往治理黄河决口。治河前需要祭拜河神，就在人们将祭品进行焚烧时，一些还没来得及焚烧的祭品变成似一张张人脸。消息一经传出，人们都认为这是上天发出的警示。在这前后，明孝宗朱祐樘宠幸宦官及外戚，断塞忠臣言路，使黄河治理中的一些“硕鼠”当道，敢于直谏的刘大夏、杨茂元等62人先后被逮捕，制造了震惊朝野的“弘治冤狱”。这一年的一天夜晚，有几个毛贼潜入渭源驿站偷走包裹，何信立即带领几个驿差追赶，包裹被追回了，但因天黑路滑，何信跌进一个石坑里，将右脚的外踝骨摔折。李知府得到消息后立即带着当地名医接骨李和景明一起前来探望。接骨李用熟练轻柔的手法给何信做了捏骨，将摔折的碎骨捏复原位，然后用夹板固定。接骨李对何信道：“踝乃身之支点，踝骨破碎必须静卧两个月方可下床试步，请何大人一定耐心休养。”随即开了三十服李氏祖传接骨药令每日一剂煎服。李知府立即安排渭源县丞专派两名驿差伺候，直到何大人踝骨康复。何景明看着李纪道：“伯父大人，此事就不必劳驿差了，明儿在家伺候爹吧。”何信道：“明儿要以学习为重，爹只是伤筋动骨，只须静养便可，你跟李伯父回临洮安心学习，不要挂记爹。”何景明不从，坚持要留下来伺候爹，李纪被他的孝心所感动，同意他留下来伺候一段时间。就这样，何景明在渭源伺候爹一月有余，直到母亲随同三哥景晖和三嫂一同来到渭源后，何景明才回到临洮继续学习。

这年秋天，何信的骨折已基本愈合，能丢下拐杖行走了，但却留下了痼疾，不能行走远路，每逢天阴下雨都会疼痛。八月，景晖的妻子在渭源父亲的宅第生下一女，起名渭女。何景明尽管不愿耽误自己的学习时间，但每隔几天都要回渭源看望父母和哥嫂，特别是对小侄女渭女疼爱有加，不时放下学习来逗引小侄女。

弘治九年七月到十年七月的一年时间，是何信最高兴的日子，每当他看到夫人和孩子还有小孙女在身边时，这种天伦之乐使他感到了无比的幸福。他希望有一天能卸掉这个驿丞职，安心地回到老家颐养天年。而就在这时，意想不到的事情发生了，促使何信作出了辞官归梓的决定。

是年八月，孝宗皇帝朱祐樘因感体力不支，为了保命长生，听信奸佞李广的惑言，迷信仙佛，修炼斋醮之术，召用番僧、方士，研究符咒祷祀之事，不理朝政，重蹈他的父亲宪宗皇帝宠幸番僧的老路。为了炼制丹药，他任命李广为钦差大臣前往陕西渭源采购名贵药材。这李广倚仗皇帝宠幸，飞扬跋扈，所到之处搜刮民财，全不把地方官员放在眼里。来到渭源后，他提出要在翌日午时在老君山下举行祭祀仪式，凡七品以上官员可以骑马或乘轿，七品以下官员一律步行。何信因脚踝有伤不能远行，他不想因自己不能跟随让钦差震怒，便立即向知府李纪写了一份辞职回乡的辞呈。李知府有意挽留，因县丞已把参加步行者名单提交给了李广，当李纪向李广请求让何信乘轿参与祭祀时，李广勃然大怒，一定要严惩何信。李纪只好把何信的辞呈交给李广，李广立即在辞呈上批道："准何信辞渭源驿丞，遣归务农。"

何信看了李广的批复，轻松地吁了一口气，终于结束了 24 年的牙官生涯，他要带着家人回到信阳老家，从此过上那种清风明月、田园牧歌式的自在生活。此次离职，他没有丁点儿的沮丧，反而似有一种失而复得的渴望和兴奋。何信生性耿直、为官清廉，任驿丞多年，只靠薪俸维持家计，两袖清风，离任时竟无钱购置车马，打算与妻儿相扶同行。知府李纪知道何信的为人和家庭窘迫，慷慨相助车马，并赠送白银 50 两。何信感激道："李公对我何家恩重如山，何家日后必当衔环相报！公赠车马我收下了，这银两断然不能再要了！"

李纪道："实在菲薄，难于出手。梅溪公请勿推辞，此菲薄银两是给何儿读书用的，希望何儿早日及第，实乃李纪之心愿也。"何信见李默庵如此情真意切，感激之情溢于言表，只好诚心收下了。

临行那天，临洮知府李纪携妻儿和卫队一行，将何信一家送至十里长亭，并设宴为其饯行。席间，李纪举起酒杯，对何家人道："来，我们共饮此杯。"说罢，自己率先一饮而尽。之后，他又给自己和景明各倒了一杯，道："何儿，我的小友，咱俩单饮此杯。"

何景明被李伯父的真情所感动，说道："李伯父，此时此刻我不知用何等语言来表达我的感激之情，我想借用钱起的一首诗回赠给恩公。"他说完背诵道：

雨露满儒服，天子知子虚。
还劳五经笥，更访百家书。
赠别倾文苑，光华比使车。
晓云随客散，寒树出关疏。
相见应朝夕，归期在玉除。

何景明诵完诗，将杯中酒一饮而尽。李纪十分赞赏地大笑道：“好，唐朝大诗人钱起的这首诗借得好！”他把杯中酒饮尽后，有意想考考自己的儿子，便看着汝佐道：“佐儿，你能说一下钱起这首诗的意思吗？”这首诗对于李汝佐来说并不陌生，此前何景明曾给他讲过这首诗。此诗是说李伯父对他的教诲使他读到了许多原先没有读过的书，使他的知识大增，他今后要更加努力学习，以回报李伯父的大恩。李汝佐不慌不忙，胸有成竹道：“这首诗出自钱起《送集贤崔八叔承恩括图书》，意思是感谢崔八叔对他的指教和让他博览群书，使他丰富了学识、增长了智慧，并对自己寒窗苦读后的归宿寄予着希望。这最后一句‘归期在玉除’，说明何兄有远大抱负，将来会在进入朝廷的玉阶上相见。”

听了儿子如此解释，李纪赞许地看了一眼儿子，声如洪钟般笑道：“好啊，我儿解释得好，也希望你将来能与何儿在京城的玉阶上相见！”说罢，又亲自给两个孩子斟满酒，说道：“你们两个也碰一杯，希望你们如愿以偿！”

何景明与李汝佐对看了一眼，举杯而尽。

临行时，何景明忽然生出几分伤感，他想起这三年来李家人对他的关爱和呵护，李伯父博大的胸怀和高贵无私的品质给他留下了深刻的印记，特别是跟汝佐共读的日子里，汝佐尊他为兄长，处处依顺着他，对他言听计从。父亲对他们管教甚严，不允许他们外出玩耍，怕影响他们的学习。李汝佐经常向母亲要些零花钱，晚上偷偷带着景明到街上吃小吃。临洮有名的洮河金片鱼、麻豆包、热凉面和糖酥饼等名吃他都尝遍了，有一次汝佐带他出去吃小吃后被父亲发现了，汝佐挨了打，他不但不后悔，还调皮地篡改苏东坡的打油诗，吟道：“无竹令人俗，无鱼令人瘦；与兄同食鱼,不怕'暴栗'揍。"何景明听罢,也禁不住哈哈大笑起来。现在就要与这位情同手足的兄弟分别了,不知何日再能相见。两个少年依依不舍,他们相拥在一起,洒泪而别。

弘治十年(1497 年)十月,何信携家人从陕西渭源回到了信阳。当他们踏进信阳这块土地时,清新的空气混合着家乡泥土的气息扑面而来,他们呼吸着这久别的空气,看着沿途已被收割的稻田和有几分苍凉的秋色,不远处有古筝之声传了过来,何景明有几分激动,也有几分感慨。他向车内的父母和小侄女看了一眼,轻轻拉住枣红马的缰绳,让马车缓缓停在入城的高墙下,赋诗道:

驻马高城畔,酣歌送落梅。
风霜十月尽,杯酒众宾回。
柳色含春动,笳声向晚催。
故园无限意,行车为迟还。

回到信阳后,何信想到小儿子景明这几年一直在外游学,尽管他已学完了四书五经,并能解说《春秋》了,但对日后求取功名还存在着差距,于是他让景明再入州学继续读书,以便参加下一次的童生考试。

州邑庠的司教贾善明和赵元泽两位先生十分看重何景明,学习上处处提携着他,要求学生以何景明为榜样。在州学里,何景明天资聪颖,在同学中很有威信,很多同学都围在他的身边,成为他的好朋友。与何景明一起在邑庠上学的有孟洋、马录、何景晖、任宏器、刘朝信、张云、袁镕(惟学)等。这些人中,除孟洋、马录、任宏器和张云均比何景明年龄稍长几岁外,其余年龄相仿。在他们中间,何景明、张云、孟洋、马录先后进士及第,任宏器、刘朝信、袁镕均为举人。

何景明除了白天在邑庠里读书外,自己还在自家建立了一个家庭书舍,收集珍藏了许多书籍,起名叫"白坡书舍",夜晚回书舍自学。经过一段时间的努力,学识大有长进。

何信自辞官归梓后,仿佛卸掉了千斤重担,一下子轻松了许多,心地也开阔了。他在自家前的小溪旁又栽种了许多梅花树,这梅花树生命力顽强,当年腊月就缀满了梅花。他捡起了父亲何鑑做阴阳典术时的书籍,潜心钻研，希望能从中找到快乐。但是他的内心里也不时有些忧虑，他的大儿子景韶已在巴陵为官多年，为他们何家争了不少的光，可二儿子景暘、三儿子景晖至今还像没有扎根的浮萍，屡试不第。他这次回来，一定要鼓励他们不要放弃，一定要考取功名，为何家光宗耀祖。一天午后，他坐在小溪边晒太阳，手里拿着一本元朝刘秉忠撰的《玉尺经》正在细心研读，一个苍劲的声音传过来，他回头见是他的大侄子何景旺。这景旺是他大叔父何仁的大孙子，时年67岁，长何信13岁。他精神矍铄、银丝飘髯，对阴阳八卦颇有研究。他向何信鞠躬施礼道："四叔，今日天气晴好，我看你气色不错，但脸上写着一丝忧虑，是为二兄弟担心吧？"

何信见大侄子景旺过来，便笑道："看来什么事也瞒不过你这位老侄子的。"

何景旺道："四叔，我们老何家的地脉正罩住您老四房呢，您还忧虑什么呀？"何信心里也很清楚，当年父亲在世时给他自己选了一块墓地，就在大复山东侧的半山上，在上方偏西侧20丈处，墓向正对着对面的沙口，有流沙相冲而地气不旺。父亲选的墓穴在山间一个圆形的土丘上，远看像一轮满月，土丘朝向东南，正对着山下的三口水潭，父亲说这块地名"三潭映月"，葬下后必有贵人出世。父亲还告诉他：每年12个月，每月都有生气和死气之位，并交给他一份12个月乘生避死时刻图。父亲死后他按照乘生避死时刻图的乘生气时辰下葬了父亲。父亲何鑑殁于成化十四年八月三日卯时，五年后的八月六日辰时自己的小儿子景明出生。这兴许合父亲所言，明儿就是他们何家的贵人了。想到这些，心里不免有些激动和兴奋。他拉过一张椅子让景旺坐下，给景旺倒了一杯茶。景旺喝着茶，捋着颏下的银须，说道："四叔，小弟聪慧过人，知书达礼，满腹的学识和志气，实在让我这个老朽兄敬佩不已！上次他去看我，我跟他聊了一会，他谈吐不凡，举手投足带着一股贵气，日后必成大器，将来必是我们老何家的希望啊！"何信道："借老侄吉言，日后如何，要看他自己的造化了。"何信知道，老侄是个心无芥蒂的人，乐善好施，他长年在外，老侄没少给他家帮助和照顾，特别是在夫人和三儿子、儿媳到渭源的这一年时间里，家里的田地都是他帮助景暘打理的。何信很感激地看着景旺道："老侄不要走了,我这里还有一瓶古河州老窖,今晚我跟老侄好好喝两杯。”景旺喜爱喝酒,于是用带着几分沙哑的嗓音笑道:“好啊,愚侄就不走了,愿听四叔聆教。”

何景明对这位长兄有《长歌行赠旺兄》诗,赞道:“兄为吾祖之长孙,能将孝义持家门。耕凿不随时俗改,衣冠颇有古风存。我家东岗旧乡土,谷有田场桑有圃。诸弟谊华逐城市,兄也萧条守环堵。仆童驯雅妻更良,男女膝下皆成行。女长适人止近里,男大为农不出乡。只今汝年六十七,我翁为叔汝为侄。岁时相看如父子,登堂过室礼不失。弟昔省兄尽兄欢,夜秉灯烛罗杯盘。兄前劝饮嫂劝餐,留我一月相盘桓……”此诗道出了何景明对老堂兄何景旺的感激之情和崇敬之心。

这一年,何景明 15 岁,已经是一位知书达礼、刻苦向学和积极上进的少年了,他把所有精力都用在学习上,准备在来年的秋试上一举成功。

第二章

科举及第 节义人生

一

明代的科举考试制度基本是沿袭宋代，实行的是童生、举人、进士三级考试。童生考试分县试、府试和院试三个阶段，院试由各省学政主持，院试合格者为生员（秀才），取得生员资格者通过考试成绩优秀者为贡生。贡生参加由各省提学官主持的一年一次的岁考，按成绩分为六等，列为一、二等者才能进入乡试，乡试也叫秋试。乡试一般在省城举行，每三年一次，乡试合格者称为“举人”，取得举人资格后才可参加第二年春季在京城举行的会试，即进士考试。

何景明此前并没有参加县、州、府的童生考试，因此，他还必须参加每三年一次的生员资格考试。而就在这一年，朝廷有个新的规定，为了及早甄拔人才，发现新人，对于未曾进入儒学取得生员资格的优秀学生，可以直接参加当年由各省提学官主持的岁考，考试合格者可以参加下一年的乡试。这一规定对于何景明来说无疑是让他提前进入仕途的一个极好的机会。这一天，大哥景韶从巴陵任上回来了，三年多未见自己的小弟，如今小弟已经长成一个大小伙子了，只是身体有些羸弱。景韶心疼地看着小弟道：“小弟能刻苦学习实令长兄感动，但也不必拘泥于古人的‘悬梁刺股’的作法，适当的玩乐也是必要的。等秋试后你到大哥任上，大哥给你调理一下身体。”

何景明感激地看着大哥道：“感谢大哥关心，小弟早就想到大哥任上听大哥教诲。自从渭源回来后，就没有狠下苦功，平时看的闲杂书多些，大哥这次回来，能当面聆听大哥金训，实小弟之幸也。”何景韶听景明如此说，深为小弟的成熟和长进感到欣慰。

晚上，父亲安排了一桌酒席，庆贺大儿子景韶回家团聚，一家人喜气洋洋地坐在一起。景韶把从任上带回来的洞庭春泥窖打开，顿时有一股浓郁的酒香在客厅里漂荡开来。何景韶先给父母各斟了一杯，然后依次给兄妹和弟媳都斟上。三弟景晖平时喜欢喝酒，连声赞道："大哥带回的真乃好酒！"还没等大家举杯便已把杯中酒一饮而尽了。

妹妹景晴道："三哥这可不行，父母大人都还没有举杯你却先饮了，应该罚酒。"

景晖将酒壶拿在手中，给自己的杯中斟满酒，举起酒杯道："我甘愿受罚，来，大家干杯。"景晖想多喝一杯酒的举动把大家都逗笑了。父亲举起酒杯，看着家人，脸上洋溢着少有的幸福的微笑，说道："韶儿从任上回来了，今天是我们全家人团聚的大好日子，来，干杯！"父亲将杯中酒一饮而尽。

那天晚上，景晖喝醉了，父亲也有些醉了，话也多了起来，他一遍遍地叫着小儿子的乳名："明儿，明儿，你一定要努力啊，你是我们何家的希望啊！"

何景明走过来，扶着爹的一只胳膊，说道："爹，您今天酒喝得太多了，我扶你去歇着吧。"何信说道："不，我没醉，我高兴，你一定要努力啊，你是我们何家的希望啊！"何景明并没有因爹的话多而感到心烦，安慰爹道："爹，您放心，孩儿会努力的，一定考过明年的秋试。"

父亲摇摇晃晃倚着景明的肩膀，说道："明儿，你这么说爹就放心了！"

何景明把爹扶进卧室里，让他坐在一张圆靠背的太师椅上，道："爹，您先坐一会儿，孩儿去打盆热水给您洗了脚再休息吧。"说着便出了房间。

这时，景韶走进爹的卧室，给爹端过来一杯热茶，见爹微眯着双眼，便道："爹，您怎么样？喝杯茶吧。"何信听见是大儿子的声音，连忙坐直身子，说道："韶儿，你坐吧，陪爹说会儿话。"

何景韶把茶杯递到爹的手里，坐了下来。这时，景明端着一盆热水走了进来，见了大哥，招呼道："大哥也在。"说着便把木盆放下，给爹脱去鞋袜。

何信道："明儿，爹见你晚上也喝了不少酒，你去歇着，爹自己洗。"

何景明道："爹，您只管让孩儿给您洗脚，我没喝多。"

何景明说着将爹的脚放进热水里，慢慢地揉搓着，何信顿时感到有一股热气顺着脚心向上延伸，身上的寒气随着脚底的发热和酒的冲劲慢慢驱散开了，头脑也清醒了许多。

景明给爹洗完脚，又细心地给爹穿上鞋袜，他知道爹暂时还不会睡，还要跟大哥说会儿话的。于是他对爹说："爹，您跟大哥几年没见了，叙会儿话吧，明儿下去了。"说着便将洗脚水端去倒了。

何景韶看到小弟对父亲的一片孝心，实在很感动，便对爹道："爹，看到小弟这么孝顺，我这个做大哥的真的很惭愧，我还从没有给爹洗过一次脚呢！"

何信笑道："要你洗什么脚啊，你现在是我们何家的荣耀，七品县令，我跟你祖父在官场几十年都未曾上过品，你是给我们何家争了光的。"

景韶有些内疚地说道："爹，儿子只是一个七品芝麻官，不足挂齿啊！"

何信看着大儿子那方正而成熟稳重的脸，心里忽地生出一些伤感和愧疚来。他的大儿子景韶十分聪明，小的时候就记忆力超群，只是自己长年在外，很少顾及家庭，也没有顾及到他的学习，及至他成人后，又给他娶了媳妇，挑起了家庭的重担，他把心都操在弟妹们的学习上了，自己却没有机会去求取功名。在他自己的刻苦努力下虽然中了举人，可他为了减轻家庭负担却放弃了进京会试的机会。如果自己没有在外做官，在家里支持大儿子一路考下去，这个儿子一定不是现在的官位。想到这里，他的眼睛湿润了，说道："儿子，是爹对不起你！"

何景韶知道爹此时此刻心里所想，便笑着道："爹，儿子很好，虽然官不大，但这么多年也聚敛了一些人气，岳州知府杨大人对我很看重，已经将我这几年在任上所做的成绩上报了朝廷，兴许能够得到升迁的，请爹放心。"听了大儿子景韶的话，何信的心里宽慰了许多。

何景韶这次回来是为了在家过春节的,直到过罢元宵节方才离开。在家的这段日子里,他的主要任务就是给几个弟弟讲解四书五经的一些重点和难点,以及他在任上的学习心得和考试“八股文”的一些知识。而在何家,包括孟洋在内共有四个人要参加明年的秋试。老二景旸、老三景晖、老四景明以及何家的准女婿孟洋,他们白天都在邑庠里学习,晚上回到家里的白坡书舍听景韶给他们讲课。

何景韶给他们详细地讲解了八股文的规范格式,并结合他搜集整理的几年来朝廷会试的八股文范文,逐一地分析和讲解,告诉他们如何破题、承题、起讲、入手,如何起股、中股、后股和束股等内容,这些都是他们此前没有认真注意的关键之处。何景明深感大哥的良苦用心和为他们的考试所作的付出。

弘治十一年八月,河南省准备在开封举行每三年一次的秋试。在此之前,朝廷派御史李瀚巡按河南的秋试。李瀚进士出身,编撰刻印《遗山文集》四十卷,是个学者型的官员。这一天,李瀚与河南提学等官员来汝宁调试诸生,何景明、景旸、孟洋、戴谊和马录等均在调试之内,老三景晖被抽掉了,未能参加调试。

这一年河南大旱,何家一行三人驾着一辆马车来到汝宁,他们沿途看到的是在焦渴的土地上枯死的干禾。时值七月初,大地上蒸腾着一股股热浪,一些拖家带口的逃荒者不时在大路上行走着,不知他们要到何方。兄弟三人内心不免有些惆怅。来到汝宁后,他们找到一家离汝宁府考院较近的旅馆住下,准备接受第二天要进行的由御史亲自主持的考前调试,但兄弟三人都不知道要接受调试的内容是什么。二哥景旸是参加过一次秋试的,但上次的秋试不是考前调试,而是通过当年在州里举行的岁考,在取得科举生员资格之后直接参加第二年的乡试,今年却增加了一项考前调试的内容。吃罢晚饭,兄弟三人都感到很困乏,躺在各自的床上想着心事。这时,二哥景旸从床上坐了起来,说道:“你们起来,我们商量一下吧。”于是,兄弟三人凑在一起,昏黄的烛光在他们的脸上跳动着,他们的额头上都渗出了汗珠。

景旸道:“这种调试大概就是考前测试,应该不会考八股文什么的,有可能是当庭赋诗，也有可能是励志文或者词赋之类，估计时间不会太久。”

孟洋道：“二哥说得极是。”他看着何景明，用一块手帕轻轻擦了一下景明额头上的汗，然后给自己擦了擦，道：“明弟，你有何高见?”

何景明虽然把头凑过去，但心里却想着下午来时在路上碰到的干旱景象，并没有听清孟洋问他什么。他抬起头来问道：“什么，你们说什么?”

孟洋和景旸都哈哈大笑。

孟洋道：“明弟这是‘结庐在人境，而无车马喧。问君何能尔，心远地自偏’啊!”

何景明自己也禁不住笑了。

兄弟三人一夜无话。

第二天一早，他们都早早地起了床，三人相约沿着汝河岸边缓步而行。七月的清晨，午夜的凉爽已消散了白天的酷热，一些早起的人们在河边的官道上急匆匆地行走着，也有一些文人雅士信步而行，不时驻足观赏着汝河岸边的景色。可是，由于大旱，汝河有的地方出现了干涸，露出褐色的河床，几只白鹭在浅水中觅食着鱼虾，倒显得有几分悠闲自得。

何景明一向注重对古诗词的研究，背诵的诗词也比景旸和孟洋多。他忽然想起了北宋词人秦少游的一首《汝水行》，他吟诵道：茫茫汝水抱城根，野色偷春入烧痕。千点湘妃枝上泪，一声杜宇水边魂。遥怜鸿隙陂穿路，尚想元和贼负恩。粉堞女墙都已尽，恍如陶侃梦天门。庖烟起处认孤村，天色清寒不见痕。车辋湖边梅溅泪，壶公祠畔月销魂。

孟洋也读过这首诗，但他并不喜欢秦观这位风流才子的情爱诗，所以记忆并不深刻。他说道：“明弟，我不喜欢秦观这种软绵柔情的诗，特别是像你刚才背诵的这首情爱诗，什么‘车辋湖边梅溅泪，壶公祠畔月销魂’，听了让人如同食蝇，你以后也不要看这样的诗了。”

何景旸附和道：“望之说得对，往后少看这样的诗，没准日后对你的诗风有影响哩。”

何景明回头看了一眼两位兄长，心里很不以为然，他知道孟洋是一个正人君子，记得孟洋与景晴订婚的那一天，姐姐让孟洋解释《论语》中的"颜渊问仁"时说道："'子曰：非礼勿视，非礼勿听，非礼勿言，非礼勿动'的话，请孟君解释给我听。"孟洋道："这最好理解了，不该看的不要看，不该听的不要听，不该说的话不要说，不该做的事情不要做。"景晴道："如果这些不该做的事情你都做了，怎么办？"孟洋道"准夫人的意思不就是要让我不被声色所惑吗？我向准夫人保证，有你这位河东狮的监督，我孟有涯此生与女色绝缘了！"景晴打了孟洋一下，说道："谁是河东狮了?!"

何景明有几分感激地道："承蒙二位兄长指教，小弟今后不看就是了。"

三人回到旅馆已是卯时三刻，他们吃了早饭便赶到试院门前，那里已经聚集了许多接受调试的学生。辰时二刻，试院的大门缓缓打开，一个头戴方巾的训导手里拿着一份点名册，将参加头场调试的60名生员点名让进考场，然后有两个衙役将红色的木质大门紧紧关上，景旸、景明和孟洋都在头场接受调试的60名考生之内。考场设在试院的大院子里，院子里生长着几棵茂密的百年樟树，伞样的枝丫向四周伸延，给试院投下了一片巨大的阴凉。树荫下分排摆放着60张单人课桌，每桌相隔三尺盈余，被调试的诸生按号入座。在考场的正前方是一个长方形台子，台上坐着御史李瀚和省府提学以及汝宁府学正、训导等官员。考生入座后，训导官宣读考试规则和考场纪律：一、考生不准夹带东西，不得交头接耳；二、考试时间为四足刻；三、铜锣一响正式开考、铜锣二响考试终止；四、考试体裁一律用《赋》，题目自定，《赋》不得少于五百字；五、《赋》写完后不得提前退场，如果确定提前交卷者可以举手，由监考官收取试卷，等候考试结束；六、如有违反上述规定者，取消本年的秋试资格。

训导官宣读完毕，第一声铜锣敲响，考试开始。

坐在头排三号座位上的何景明抬头看了一眼台上，见主考官头戴乌纱、身穿刺绣仙鹤的深蓝色二品锦袍，国字型脸上透示着久经官场的正气和文士的儒雅。何景明的心里生出一丝敬畏。这时，李御史正用眼睛看着何景明，并与身旁的提学官说着什么。

何景明低下头思考着，很快一个题目跳进他的脑海，他立即挥毫在试卷纸上写出三个字《忧旱赋》。这是他来时在路上看到的景象，干旱给老百姓带来的灾难使他忧虑和同情。他顿时文思泉涌，笔走银蛇，在刚过两刻钟的时间里将一篇500字的《忧旱赋》一气呵成。看了两遍，没有发现错误，便举手交卷。

《忧旱赋》写道：

惟徂暑之届兹兮，气蒸蕴而虫虫。二仪旷以弗交兮，阳骄亢而阴蒙。下泉液之不流兮，上濡泽之莫降叶。云师逝而安征兮，怨雨伯之无功。山岜岜以頳颜兮，野萧条而无色。痛嘉谷之不实兮，耻稿莠之蒙域。……念穷鳏之在下兮，恒日夜而望惠。……天之恤民兮，岂为是而终遗。顾神理之泯泯兮，庶昭谌以享之。敔沾溉之灵泽兮，苏百物而复猤。怵大命之近只兮，聊以厌生民之所期。

乱曰：高天亢兮阳郁蒸，草木落兮禾不成。禾不成兮食已匮，人憔悴之何为生。南有名山兮下灵场，龟蛇萃兮蛟龙翔。坎击鼓兮舞成行，荐明禋兮输款诚。沉美璧兮不爱牲。降甘澍兮敷永宁。

御史李瀚见何景明年龄小本就好奇，已经在台上注意到了这个皮肤微黑的白衣少年了，加上刚过两刻就见他举手交卷，以为这少年实乃逢场作戏，是来体验考场经验，不会写出什么好文章的。当第一份试卷递到他的面前时，他不禁为之震惊：一篇《忧旱赋》写得如行云流水，文字间透着一股灵气。特别是主题鲜明，借当前的大旱来抒发内心的忧虑，忧国忧民，实乃难得。文章结构严谨、一气呵成，尤其可贵的是，他的行楷柔中带刚，干净利落，大有“二王”风范，实在不像是出自一个十多岁少年之手。李瀚御史看罢，禁不住拍案叫绝，慨然叹道：“太妙了！吾不知信阳山水有何灵绝之处，竟然能出此少年奇才，难得，难得啊！”

考试结束后，李御史要召见每位优秀生员，当面调试，何景明第一个被召见。他见何景明虽然个头矮小，但生得眉目清秀，谈吐儒雅，有礼有节，且文思敏捷，所提问题都能一一应答。李御史十分高兴，夸赞道：“很好，少年才子，希望你继续努力，好好做人，一定要记住先师孔子的一句话：‘见贤思齐焉，见不贤而内自省也。’”

何景明叩谢了御史大人，也深深记住了御史大人的谆谆教导。

这一次调试，景旸和孟洋都被李御史召见并当面指导。调试结束后，李瀚御史还专程到信阳巡察，与信阳郡守张珙谈起何景明，大加赞赏，并考察了信阳的官学，还带着一行官员到何景明的住处白坡考察，询问了何景明的学习情况和家庭的生活状况。

一时间，何景明的名字在整个信阳，乃至整个汝宁府都传开了。

然而，这给何景明的压力更大了，这种压力也就成了他的学习动力，他学习更加刻苦努力，并发誓要在当年的秋试中夺魁。

二

弘治十一年（1498 年）八月初，信阳喜降秋雨，干渴的土地在一夜之间喝足了甘露，仿佛是一位失去了昔日风韵的老妪，一下子恢复了美丽的容颜，皮肤变得光洁靓丽起来。人们无不为这场甘霖感到欣喜若狂。八月初一这天，景旸、景明和孟洋三人从信阳起身，前往开封参加今年的秋试。同他们一起前往开封参加秋试的还有马录和戴谊，其他一些考生先于他们到达开封。时年戴谊年已 46 岁，是第三次参加秋试了，何景明十分钦佩这位老先生，一路上对他照顾有加。戴谊的儿子戴冠，如今在州学庠序里读书，学习十分刻苦用功，戴谊时常告诫儿子要向何景明学习，他之所以屡败屡考，是要给儿子作表率，他也相信自己的实力，一定能够中举。

雨后的天气比较凉爽，他们一路上比较轻松。八月初七他们来到了开封。

古城开封，明朝之前有七个王朝在此建都，到了宋朝，开封已成为中国建都史上最繁华的大都市了。戴谊、马录和他们兄弟三人乘坐的马车进入开封市内已经是傍晚时分，熙熙攘攘的行人和车辆来往穿梭，使入夜前的开封大街显得异常繁忙和热闹。二哥景旸三年前来开封参加过秋试，对贡院就近的旅馆印象较深，他径直将马车赶到开封东南方贡院附近的一家名叫“秋闱”的旅馆，想必这家旅馆是为了赚取考生的食宿钱取“秋闱”之名。旅馆的老板很客气，将信阳来的一行五人招进馆内，立即让店小二将马牵到马厩里喂料，戴谊和马录住在一楼的双人间，兄弟三人住楼上一个洁静宽敞的大房间，老板说道："三位秀才，赶得好不如赶得巧啊，只剩下这个三人间了。"二哥景旸客气了一番，让老板给送些开水和洗脸水过来。老板答应着去了。不一会儿，店小二将开水和洗脸水拎了上来，三人洗过脸，景明给两位兄长和自己各沏了一杯茶，坐下来休息，这时才感到身上的困倦和疲乏，于是对两个兄长道："两位兄长先喝茶聊一会儿，我得躺一会儿，两刻钟，别叫我。"两位兄长都知道四弟的习惯，只要困倦了，在再繁杂的地方他都能小憩一会儿，而且能睡着。这种习惯是他学习效率比别人高的一个秘方。孟洋多次想学习景明这一习惯，就是不行而不得不放弃。不一会儿，景明便发出了轻微的鼾声，景旸和孟洋相视而笑。

刚到两刻钟，何景明就醒了，伸了个懒腰，坐了起来，说道："两位兄长，你们还在这里，没有出去吃饭？"

孟洋笑道："明弟不睡好，我们哪敢去吃饭啦！"三人说着来到楼下，见戴、马二人已不在房间，知道他们已先去吃饭了，便出了旅馆。

这时，天已慢慢地黑下来了。他们顺着南门大街往里走，拐进一条繁华街市。街市上灯火通明，各种小吃和名吃应有尽有。二哥景旸带他们进了一家装修儒雅取名为"仕范之家"的酒楼，店小二把他们带到二楼一个雅间里坐了下来。这时，景明见雅间的墙壁上挂了一个条幅，上面书写着唐朝李贺的一首诗："男儿何不带吴钩，收取关山五十州？请君暂上凌烟阁，若个书生万户侯？"书体模仿怀素的行草，张弛有度、挥洒自如，看来并非一般的模仿者。何景明看着这首诗，不免心情有些沉重起来。他不是为这首诗的意境和诗人的怀才不遇而伤感，而是为这位才华横溢的"鬼才"英年早逝而伤怀。李贺一生多病，郁郁不得志，才华横溢却因规避"家讳"而未能参加会试，因其诗而名声远扬。每当读到李贺的诗时，他总感到有一种清逸之气从胸中腾起，使他对这位年轻诗人钦佩有加。然而使他伤感的是，李贺年仅 27 岁便离开了人世，真是太可惜了！想到此，他的心里居然升起一层难已排解的阴郁之气，眼睛里似乎有一层泪水在泛起。

孟洋见景明看着条幅暗自伤神的样子，知道他是为条幅中的李贺而触景生情了，于是说道："明弟何苦替古人忧心呢？李白的诗云：'古人今人若流水，共看明月皆如此。唯愿当歌对酒时，月光常照金樽里。'"说罢，酒保已经将酒菜端了上来。孟洋笑道："二哥今晚这么破费，看来这举人是一定要考中了，不然对不起二哥今晚这桌酒菜了。"

景明见了这些诱人食欲的菜肴，心情也好了，说道："二哥主要是偏向你的，知道你爱吃肉，这东坡肉可是专为你点的。"

景旸道："为谁点的都不重要，关键是大家一定要吃好，后天晚上我们就要进到号房里去了，那里可不像在外边，不但没有好吃的，还是要吃大苦的。现在吃好了，我们才有可能一举中的。"景旸说罢，举起酒杯，兄弟三人将酒杯碰在一起，一饮而尽。

吃罢了晚饭，店小二将杯盘收了，又沏了一壶茶过来，道："三位相公请用茶。"他给三人各倒了一杯道："赶得好不如赶得巧，今天是我们店主喜得贵子的日子，他要我们给每个餐间的客人送一壶茶，这可是地道的信阳毛尖，听说是清明前采摘的，请三位相公品尝。"

何景明对茶还没有细心研究，二哥景旸和孟洋是懂茶的。他俩看了看汤色，将茶放在鼻端闻了闻，景旸道："看来店小二并没有夸张，的确是信阳毛尖。"正说着，一个头戴四方巾，身穿青灰色圆领衫，蓄着山羊胡子的中年男人走了进来，他左手提着一个柳条方筐，筐内装着纸、笔、墨、砚文房四宝等物什，右手摇晃着一把折扇，道："三位秀才，一定是来省城秋试的吧？本人测字看相，问卜前程，我看三位的气运不错，不想预测一下你们这次秋试的结果吗？"

何景明因受荀子《天论》思想的影响，不太相信算命测字，刚要回绝，被孟洋止住了，孟洋道："能测得准吗？"

相士道："三位可随便写出一字，如测得不准，分文不取；如测得准，请赏个酒水钱。哪位先来？"

二哥景旸也打算回绝，但见孟洋急于想测试一下，便没有说什么。但他却有些担心：兄弟三人如有一人测得不好，就会给考试带来不利。不过他也知道，这些相士无非是想借考生的求胜心切讨些银子罢了，不会向坏里说的。于是说道:“我们三人是兄弟,共测一字,你看如何?”

相士道:“当然可以的。”

孟洋道:“二哥你是兄长,这一字由你来出吧。”

景旸看着景明,道:“还是小弟出字吧。”

何景明虽然不太相信,但并没有拒绝出字,他是想看看这个相士到底是如何测字的。于是他接过相士递来的纸片,用笔在上面写了一个“景”字。

相士看着纸片上的字,颠来倒去地看了许久,然后放下纸片,拍手道:“恭喜三位,贺喜三位,这景字乃三星高照,三位今秋全中!”

景旸与孟洋对看了一眼,尽管不太相信,但还是心中一喜,问道:“怎么讲?”

相士指着纸片上的“景”字道:“这‘景’字右边加个‘彡’是‘影’字,‘彡’乃‘三’也;‘景’上为‘日’,‘日’下为‘京’,意思就是今年的秋试之后,三人均可入京参加会试,你们说这是不是可喜可贺啊?”

孟洋听了相士的分析,微胖的脸上溢满了兴奋的光彩,连忙点头道:“有道理,有道理!”

何景旸什么也没有说,给了相士足有一两的碎银。回到旅店后,三个人的心情大振。何景明没想到自己随意出了辈分中的一个景字,竟然被测字先生解释得如此形象吉祥,他真实地感受到了古人创造文字的奥妙。由于在酒店里喝了几杯新茶,加上心情高兴,三个人全没了睡意。何景明忽然想起自己的大哥来,大哥中举后却放弃了会试,可大哥还是做了巴陵知县,说明中举后依样可以做官。于是说道:“我觉得中了举人即可,也不必为会试再奔忙了,这中了举人同样可以做官的,我们的大哥就是范例嘛。”

景旸道:“四弟所言差矣,从宋朝开始实行的是非进士不入翰林,举人通过会试三次不中或直接放弃会试的举人,可以通过省府申报到吏部,充任低级官员,大哥就是属于这一类的。所以,为了振兴我们何孟两家,为了光宗耀祖,我们必须去京城参加会试。”

孟洋道:“二哥说得对,我们必须进士及第。”

第二天初八日，兄弟三人一觉睡到中午巳时，起来吃过午饭后，景暘邀戴谊和马录到街上购买应试物品，于是他们一同来到街上。戴谊和马录自己准备去了，何景暘带着兄弟二人到街上买了三份够第一天吃的饹饼、熟鸡蛋、柑橘、茶酒，以及蜡烛、蚊香、火镰、笔墨和空白纸张等物品，分装在三个柳条编织的考篮里，这是他们将在号舍里度过两天两夜参加考试的所需物品。有二哥景暘在，孟洋和景明就不用操心了，包括进去后要注意的事项，景暘都给他们一一讲到了。孟洋感激道："这次我兄弟三人如同时中举，二哥功不可没啊！"

到了下午申时前后，贡院门前已经聚满了手拎考篮的考生。何景明、景暘、孟洋、戴谊和马录赶到时已是申时末了。何景明和孟洋都是第一次来到这里，他们对贡院的庄严和神圣有一种莫大的崇敬之感，因为在这里决定着一个人的荣辱和成败，也决定着一个人的前途和未来。他们站在贡院的大门外，见大门正上方悬挂着书写"贡院"二字的墨字匾额，在正门两侧又分左右两门，共有三门，每门的两侧有一耳房，他们听二哥说过，考生入大门必须经过耳房接受监考人员的稽查和搜身，如发现问题立即被逐出大门之外。他们排在考生的队伍中静等着大门的打开。过了大约有一刻钟，随着一阵铜锣敲响，贡院的大门打开了，在门外排着三条长队的考生在若干个外帘官的带领下向贡院里走。他们在耳房经过检查搜身后向里走去，经过书写"龙门"二字的二道门再往里，是致公堂和明远楼，这里是主考官和监考人员办公的场所。从明远楼往后是一座虹桥，桥长约三丈，桥下是一道人工鸿沟，约一丈宽，由东往西将贡院分成前后两部分，鸿沟内的水清澈见底，可见鱼儿在水中游弋。桥头有一扇黑漆铁栏栅大门，栅门的两侧连着带尖棱的铁栏栅，铁栏栅再连着高大的围墙，围墙上插满了荆棘；墙的四角各有一岗楼，每一楼上有三个号军可向考场瞭望。围墙内是一排排的号舍，足有两千余间。号舍的最后边是一排琉璃瓦房，是内帘官员和正副主考阅卷办公的地方。号舍的正前方是高大的明远楼，监临人员站在明远楼上，居高临下，能把全闱内的考场情况一览无余。

号舍的编号是按巷排的序号和《千字文》的顺序逐一编排的，何景明、景暘抽取的号舍都在第一排,何景明坐的是“文”字号,景暘坐“金”字号,孟洋坐第二排“发”字号。马录和戴谊均排在十排之后了。

何景明是第一次进秋试的考场,见号舍约四尺见方,高约八尺,舍内上下错落放着两块约一尺二寸宽的木板,这既是考生的桌子又是睡觉的床,上面落满了灰尘。考场规定,考生进入考场半个时辰内可以在号舍间相互走动,以便考生熟悉考场环境和打扫号舍内的卫生。景暘先帮两个弟弟把他们的号舍打扫干净,告诉他们道:“考试的时间较宽裕,夜晚子时才能发放考卷,现在离发考卷还有两个半时辰,你们抓紧歇息,子时后做题才不会犯困。”景暘给两个弟弟安排好后才回到自己的号舍。

二哥走后,何景明将上边的一块木板取了下来,和下面的木板拼在一块,他躺在上面还要把脚蜷起来,心想:这孟洋的大个头该如何睡呢?正想着,孟洋已走了过来,景明让他坐在木板上,笑道:“望之兄,你看这板床,对我这小个头还凑合,对你可就有些不厚道了。”

孟洋调侃道:“少卧为佳,实在要卧就做一回大蚂虾。”孟洋的调侃把景明也逗得哈哈大笑。

孟洋有几分得意地道:“明弟,我预感到了,这次我们三人必中。”景明看着孟洋,道:“你真以为相士测字灵验吗?”孟洋有些神秘地说道:“我们抽的号舍也很吉利,你看,二哥抽的是‘金生丽水’的‘金’字号,你抽的是‘始制文字’的‘文’字号,我抽的是‘盖此身发’的‘发’字号,看来这《千字文》最好的字号被我兄弟三人抽到了,这还不足以说明上天在保佑我们吗?”

何景明知道,这是孟洋的一种必胜心理所产生的作用,喜欢把一切事情往好的方面想,这是他和二哥很难做到的。于是说道:“你跟二哥的舍号一个‘金’,一个‘发’,‘金’可理解为‘金榜题名’,‘发’可理解为‘由此发迹’,那我的‘文’字号又能理解成什么呢?”

孟洋道:“论文才你比我和二哥都强,这‘文’字对你最贴切也最吉祥,文者‘文制天下’也,你说这能不是好预兆吗?”孟洋说完站了起来,向何景明拱手道:“明弟,姊夫告辞了,预祝成功!”

何景明将孟洋送出号舍,一直看着孟洋的身影消失在号舍的尽头。

这时,天已经黑了下来,号舍里的蚊子嗡嗡乱飞,何景明想起了二哥给他们准备的蚊香,取出来点了一盘放在角落里,蚊烟飘散着一股艾香味,蚊子顿时便稀疏了。

何景明半卧在号板上,看着满天繁星,半圆的月亮静止在天幕上,把清辉洒在这个庄严、神秘而又令士子们期盼成功的秋试考场上,他的内心里生出许多感慨来。他迫切希望能像相士预测的那样,让他们三人能在这次秋试中同时考中,再一同参加京城的会试,那该是多么快意的事啊!他想起了比自己大18岁的二哥景旸和大自己5岁的孟洋,如果这一次自己没考中而他们两个都考中了,自己也是万分高兴的,他在心里为他们祝福。

这时,明远楼上的宫灯点亮了,红色的灯光把号舍的墙壁照得朦胧一片,宫灯下有人在来回走动,一个声音在喊:"闭帘啰!"紧接着三声炮响,外帘和内帘门关闭,落锁。少顷,明远楼上一个监临官拎着一个铜锣敲打了三下,大声喊道:"士子们,歇息了,子时开考!"

一切都归于平静了,考场里异常安静。天气有些闷热,何景明一时难以入睡,他干脆把身上的夏布对襟衫脱了,光着上身躺在木板上,闭着双眼,将八股文的规范和格式在心中默念了一遍,不知不觉睡着了。

子时前一刻钟,有人在号舍前喊道:"士子们,掌灯,发考卷了。"

何景明立即坐了起来,穿好衣服,把蜡烛点燃了,放好木板,坐了下来。这时,他见号舍外相隔不远便有一个身穿皂色衣裤的号军站在那里,近距离盯视着每个考生的一举一动。不一会,有两个监临人员走了过来,往他的木板上丢了一份经过主考官签封的纸袋,其中一个说道:"这是你本场次的考试卷,请你验收。"何景明将考试卷翻看了一下,见签封完好,便在监临官递来的考生名单上签上自己的名字。

拆开试卷,见试卷上有一页纸要填写考生姓名,家庭住址,祖父母、父母以及兄弟等信息。景明填好后,见考试题目是《四书》中的"启贤能敬承禹之道"。要求就此题作三篇八股文,试帖诗二首。此话出自《孟子·万章上》,万章问曰:"人有言,'至于禹而德衰,不传于贤而传于子。'有诸?"孟子以"启贤能敬承禹之道"的观点回答了万章的这段问话。

何景明看了题目心中一喜，他早已把孟子的《万章上》烂熟于胸了，而八股文对他来说也早已是轻车熟路的，所以他不慌不忙地开始作答。按照二哥的嘱咐，为了保证卷面干净和没有错别字，一定要先打草稿，然后再誊写到试卷上，以便主考官在阅卷时根据卷面的整洁度适当加分。他按照二哥的嘱咐，先在草稿纸上按照八股文的格式开始破题、承题、起讲、入题、出题、起股、落下的顺序一路做下来，并没有遇到多大难度，大约到了寅时末，他做完了第一篇八股文，反复默诵了六七遍，修改了几次，觉得没有一点问题之后，方才誊写到试卷上。这时天已大亮了，他吃了些东西后，想去茅厕方便，便拿起靠在墙角边一个牌子，将写着"出恭"二字的一面向号舍外举了一下，立即有一个号军走过来，将他带到东头围墙下的茅厕里方便。在他经过身边的号舍时，所见到的考生都在那里埋头做题，没一人向号外张望。重入号舍后，见第二题选自《中庸·舜其大孝》篇中的"子曰：舜其大孝也与！德为圣人，尊为天子，富有四海之内"。第三题选自《论语·尧曰》中的"尧曰：咨！尔舜！天之历数在尔躬，允执其中。四海困穷，天禄永终"。此三道八股文题都取自《四书》中的"孟子"、"中庸"和"论语"，都是论及先贤圣德的。这在何景明看来，有了做第一题的经验，后两道题就不会太难了，如果有些难度就是在论及先贤的德行时不能雷同，这也看出了本次考官秋试命题之奥妙。何景明略算了一下，感到这秋试的时间真是太过于充裕了，两天两夜做三篇八股文和两首试帖诗，无论如何也是用不完的。于是他收好试卷，将木板拼在一起，睡起觉来。

约莫过了两个时辰，他睁开眼一看，已是正午时分，日照当空，低矮的号舍在日头的暴晒下蒸腾着一股股热气，他感到有些酷热难当。他想起了二哥景暘和孟洋，不知他们考得怎么样了。他知道，二哥心细，考虑问题总是面面俱到，他担心二哥做题会过于冗繁，不凝练；孟洋有时比较大意，随意性强，担心会有些地方考虑不周全，这些都可能影响考官量分。天气这么热，他还担心有些发胖的孟洋因受不了天气的酷热而影响考试的发挥。担心归担心，但考试终归是自己把握，万一考不好，也只能怪自己了。想到此，他也没有再多想了，静下心来做题。及至初十的上午辰时，他已把第一场考试所有的题都做完了。大约在巳时初，是第一次放牌时间,他便交卷出了考场。

古代的考试拖的时间长,每场考试需放牌三次,所谓放牌,就是让考完试的考生交卷出场。一般是午前放第一牌,午后放第二牌,傍晚约在申时之后放第三次牌。如果从第一次放牌到第三次放牌的时间算,何景明交卷提前近三个半时辰。

何景明交卷后回到了旅馆,向店家要了盆热水洗了个澡,吃了些东西后便躺在床上休息,这时孟洋也回来了,他是第二次放牌时出来的,见了何景明便急切地问:“明弟,怎么样,考得不错吧?”

何景明从床上坐了起来,问道:“先说说你考得怎么样了?”

孟洋一脸的得意,信心十足地道:“我感觉很好,如果你跟二哥都能考中,我是没有什么问题的,我相信相士的预测。”

景明了解孟洋,是个憨厚实在人,说话比较靠谱,便道:“看来姊夫是成竹在胸了。”他说着沉吟了一下,说道:“我担心的是二哥,二哥一定要考中啊!”看到景明的担忧,孟洋脸上的兴奋一下子消退了,气氛变得凝重起来。难怪景明这么担心二哥,这位二舅哥的确不容易,自从大哥景韶到巴陵任上后,何家的重担便落到他的肩上,何家虽然有父子在外为官,却很少顾及到家庭。由于名声在外,地方官府和当地的一些绅士也经常有人来家光顾,客来送往、红白喜事都靠二哥顶着一家的门风,如果这次考不中,二哥可能就要从此放弃了。孟洋和景明互看了一眼,都在想着同一个心事,都没有说话。孟洋首先打破沉默,拿起桌子上没喝完的杜康白酒,倒了两杯,递一杯给何景明,说道:“明弟,二哥这么细心的人不会考不中的,来,为二哥一举中的干杯!”

何景明与孟洋碰了一下杯,将酒一饮而尽。

不一会,马录上来,一脸的沮丧,孟洋急问道:“君卿兄,考得怎么样?”

马录道:“感觉不好,肯定是考砸了!”

何景明道:“君卿兄,你行事稳重,不用担心,肯定会过的。”

马录道:“讨明弟吉言,但愿能过吧。”

傍晚时分,二哥回来了,他是拖着疲惫的身子走进房间的。景明和孟洋立即跑过来，一人拉住二哥的一只胳膊，急问："二哥，怎么样？"

景暘没有说话，被他俩扶着坐在一张椅子上。景明立即给二哥倒了一杯茶，孟洋拿过一把扇子给二哥扇着。

景暘喝了一杯茶后，说道："二位贤弟不用为二哥担心，我感觉这一次的考试还不错，放第二次牌时已经做完了，只是没有誊抄到卷子上，这会儿只是感觉有些累罢了。"

何景明和孟洋松了一口气。

景暘说道："我得洗个澡，换一下衣服，晚上我们再去好好吃一顿。"

何景明和孟洋见二哥心情高兴，早已把刚才的不快忘到九霄云外了。

戴谊是最后回到旅馆的，他不像景暘那样低调，信心满怀，高谈阔论，大家都不知道他今年能否考过。

第二天中午，景暘又带着二人到街上采购了两天的应试用物，于十一日下午酉时一刻入场，三人重新抽号入舍。何景明坐第二排的"凤"字号，孟洋坐第二排的"良"字号，景暘坐第三排的"宫"字号。一切都与第一场一样，半夜子时开卷。何景明打开试卷，见考题是《五经》题，其中《尚书》一道，《春秋》、《礼记》各一道，写八股文三篇，拟诏、诰、表三题，判题五道。何景明沉静下来，异常轻松地把第二场考题做完，他计算了一下时间，大概比第一场还提前了半个时辰，十三日上午第一次放牌时交卷出场。孟洋亦是第二次放牌时出场，景暘还是最后一次放牌出场。第三场考试与第一、二场入场和开卷时间一致，考题是"策问"五道，写五篇议论文，不受八股文限制，但要根据题意展开议论。如先发问，然后再论，以论带问，论与问之间有因果逻辑关系，主要是议论当朝时政，提出对策。何景明很喜欢做这样的文章，不受限制，可以提出自己的观点和想法，所以做起来也就感到得心应手。

兄弟三人交卷的时间跟前两场一样，到了十六号下午酉时考试结束，所有的考生出场，考场大门关闭，接下来就是等待秋试放榜了。

秋试放榜的时间一般在农历九月初，桂花开放的时节。孟洋想在省城等候放榜，何景明则不想等候这么久，说道："我看还是回去吧，是你的跑不了，不是你的等也不会来。如果再等这么些日子，万一没有考中，不是白等了?”

景暘觉得景明说得有道理,便说道:“四弟所言极是,如果没有考中,回家反而不好言说,现在回去,若是没中,也只是没有收到喜报而已。”

孟洋见兄弟俩都这么说,便不再坚持,只好回家等候放榜的消息了。

回到信阳白坡,一家人都在期盼着中榜的消息。终于在九月初九重阳节那天,整个白坡岭上的桂花树都缀满了金灿灿的花骨朵,空气中飘散着浓郁的桂花的清香,一些来白坡登高和游玩的人们无不为今年桂花的异常开放赞叹不已。就在这时,一队人马从白坡前面的官道上走过来,他们敲锣打鼓,径直来到何家。骑在马上的是信阳州的孙教谕,名正,是何家的老熟人,他手里拿着一张大红喜报,从马上跳下来。高声喊道:“喜报,喜报,何家二兄弟同榜中举,何家小儿子景明高中第三魁,二儿子景暘第十六名!”

早已等在门前的何家人立即燃放爆竹,迎接喜榜。

何家老爷何信向孙教谕施礼,接过喜报,把孙教谕一行迎进屋内待茶。

何景暘终于长吁了一口气,半个月来的等待终于等来了一个圆满的结果。这时他却有些担心,不知孟洋是否中榜,他走到孙教谕的面前,施礼道:“承蒙教谕大人亲临寒舍报喜,我与小弟景明万分感激。学生冒昧奉问大人,我家妹夫孟洋不知是否中榜,还望教谕大人告知。”

孙教谕道:“孟洋、马录均未中。”他说着在何家人中寻找着,忽然问道:“你们何家四公子,小新科举人何景明怎么没见来?”

何信立即派人去找,发现他还在床上睡觉。来叫何景明的是二嫂张氏。张氏为丈夫景暘能够中举高兴不已,她希望景暘能够像大哥一样谋得一官半职,她也能像大嫂一样,经常到丈夫任上住些日子,回到娘家时能够得到娘家姐妹们的夸奖羡慕,那该是何等的荣幸啊!当喜报到家的那一刻,她激动得眼泪都流出来了。当她看到景明还在床上睡觉,觉得很奇怪,这四弟怎么这么不在意,这么大的喜事竟然还能睡得着。她推搡着景明道:“四弟,你高中三魁了,为何不高兴?快起来,孙教谕要见你呢!”

景明懒懒地道:“有什么好高兴的,我本来就知道会考中的。”他担心不起来有些失礼,便转过身来道:“有劳二嫂转告孙大人,就说景明伤了风寒,头疼得厉害,不方便叩见,请二哥代为小弟拜谢,望孙大人见谅!”

张氏只得按景明说的回禀了孙教谕。孙教谕一行离开时,何信从家里取出一锭银子交给孙教谕,说是让兄弟们买酒喝。孙教谕客气了一番,便收下了。何景晹送孙教谕出门时问道:“不知戴谊老兄这一次过了没有?”

孙教谕道:“不错,戴谊这次高中了,喜报已先送达,老小子接到喜报时像孩子似的一蹦老高。此次中举的还有信阳指挥同知袁公勋之子袁镕。”

何景晹也为戴谊高兴,只是为孟洋和马录惋惜。

何家双喜临门,兄弟俩同时中举,这在当地是绝无仅有的,特别是年仅16岁的何景明在这次秋试中高中第三名,在当地乃至全省都引起了不小的轰动。一连数日何家宾客盈门,前来恭贺的人络绎不绝。这些人多是冲着何景明来的,大家都称他为神童,希望得到何景明的书法,带回家中贴在墙上,告诫自己的孩子:这是16岁小举人何景明的书法,看人家多么了得,小小年纪便中了举人,而且书法也是这么漂亮,应该好好向人家学习。这对于那些不太愿意学习的孩子有很好的激励和警示作用。这下可忙坏了何景明,通过各种关系来向他求字的人一拨又一拨,何景明碍于情面也不好拒绝,有时一天书写草书多达一百多张。

何景明出名了,但他的压力也更大了。他和二哥景晹要一同参加明年春的入京会试。为了避免家里的繁杂和迎来送往,兄弟二人商量决定到距家60里的竖山寺苦心修读,力争在明年春天的会试中能够同时进士及第。

是年,秋试失败后的孟洋,回来后一度精神不振,无心向学。父亲孟山心里很是着急,便向何家提亲,希望通过完婚,让景晴督促孟洋学习。何家立马答应下来,择了个良辰吉日,让景晴和孟洋完了婚。婚后,二人相亲相爱,孟洋的精神振作了起来,何景晴督促得紧,孟洋恢复了学习考试的信心。不久,景晴让他陪同景暘和景明到坚山寺修读一段时间,那里的环境幽静,适合学习,加上有二哥和四弟,相互激励会更好一些。孟洋只得依了景晴,同景明和景暘上了坚山寺。

三

信阳西北角的坚山寺,是一座几近荒废的古寺。此寺始建于北魏时期,相传有两位僧人路经此地,其中一位高僧见此山风景秀丽,便坐下来休息,忽见有祥云飘至头上,释放着五彩光环,定而勿去。高僧仰头道:“此祥云宝地矣,若在此处建寺则可保一方万世平安!”高僧说罢便坐化于此。此事传到了当时的信阳郡守耳朵里,为保地方平安,他决定赈款建寺。寺建成后一度香火不断,到了后周时期便荒废凋落了。元大德三年,信阳知州陈海枫至坚山寺为其儿子烧香祈福,希望自己的两个儿子能在当年的秋试中双双胜出,结果他如愿以偿,两个儿子当年便同榜中举。为了能让儿子在这一风景秀丽的清静之地安心攻读,他便在坚山寺的西侧修建了一幢书舍,可以吃住在山上,后来便成为一些文人学子们学习和休闲的向往之地。

何景明兄弟三人来到坚山寺已是傍晚时分,他们见寺后有一尖山兀立,峰壁如削,尖峰之下古木荫浓,古寺被掩映在绿树丛中,寺后有玉皇阁和祖师殿。来寺里的香客较少,寺里只有三个僧人,因何景明兄弟三人的到来,立即给这座几近荒凉的寺庙带来了生气。他们打扫了书舍,将银两交给寺庙住持,请一僧人专门负责他们的生活饮食。兄弟三人在坚山寺苦心修读三月有余,到农历腊月底才回到信阳。

每当回想起在坚山寺修读的日子,兄弟三人总是感慨万千。因为在这段日子里,虽然他们每天都抽出时间苦心读书,但也没少花时间在山上游玩。坚山寺上的无底石洞、寺前的小溪和寺后的尖峰山等,每一处景致都留下了他们的足迹。特别是何景明,十分喜欢这里的青山绿水和古寺晨钟,并从内心里产生了一种对清静无为的向往。这在他入仕后几登坚山寺时的诗中可见他当时的心迹。

登坚山寺

西峰插天起，绝顶寺门开。
云里一僧住，山中无客来。
落花平讲席，积草遍香台。
我欲闻清梵，焚香坐不回。

游坚山寺

闻尔西岩上，经行此路艰。
风高吹独立，云细袅难攀。
目送千峰尽，身随一鸟还。
更传僧八十，终日闭松关。

孟洋进士及第后重登坚山寺有《宿坚山寺何仲默有读书楼》一首：

山深微见月，夜久独闻泉。
海内无多地，人间有别天。
松岩花雨落，云开梵音悬。
为问登楼客，长安何处眠。

弘治十二年(1499年)春，何景明、何景旸、张云、戴谊同赴京城会试。此前他们都做了充分准备，满以为会试能够成功，谁知天不遂人愿，四人在这一年的会试中同时落榜。这一结果给一向自信的何景明不小的打击，他并不知道自己错在哪里，他只觉得自己的八股文做得很好，每一道四书五经题都做了很好的阐释，不会有错，可偏偏就出了错。更让他难过的是二哥景旸，他下的功夫比自己还大，特别是考前一段时间里，他几乎是废寝忘食，可结果还是和自己一样，名落孙山。

此次不第后，景旸决定不再参加下一次的春试了，戴谊因年纪大也不愿再折腾了，二人向主考官呈交了接受遴选入仕的申请书，回家等候消息。何景明和张云并没有气馁，立誓要在下一次的会试中一举成功。就在大家准备离开京城时，国子监祭酒林瀚大人派人找到何景明下榻的旅馆，言称何景明虽未进士及第，因其成绩异常优秀，被选入太学游学。于是，何景明与二哥景旸、张云、戴谊做了暂时告别，便留在了京城太学继续学习。

太学，是国家的最高学府，宋代以前，太学收录的学生都是官宦子弟，培养的是贵族学生，到了明代，太祖朱元璋乃平民出身，提出太学应接受平民中的有才士子入学。弘治年间，由内阁大学士李东阳等提议，在会试中落选的士子中不乏优秀人才，这些学子大多是可造之材，可根据考试成绩选优秀者入太学深造，由朝廷提供食宿及一切费用。何景明能入太学学习，对他未来的发展起到了至关重要的作用。

何景明在太学里虽然只学习了三个月，但却使他大开了眼界，也使他明白了自己为什么进士落第的原因。那一天，太学祭酒林瀚先生召见了他，当他第一次见到林瀚时，便被这位亲切而又具阳刚正气的学者官员所折服。他给林大人跪拜时，林大人并没有摆出一副官架子来接受他的跪拜，而是从椅子上站了起来，躬身扶起他道："请免礼。"继而说道："何生文章极佳，只是文中多用了奇字，不合时宜而已，若论何生的才气，此次会试中第是没有问题的，而常以奇字答题以显示其才学者是年轻人的通病，文贵形质朴、文贵意含蓄是答题和作文的第一要义，也是主考官衡量考生是否成熟的重要标志，故人称'文如其人'即是此意也。"

何景明听了林先生的一席话，立时茅塞顿开，方知道自己没有考中的原因了。他虚心接受了林瀚大人话语中流露出的对他的批评。说道："学生浅薄，承蒙函丈教诲，学生没齿不忘，谨记明教，今后一定改正。"

在太学的三个月时间里，他三听林瀚大人讲解"春秋左传"，林大人知识渊博，对"春秋左传"的独到见解有别于常师所释之理，对他的启发极大。后来他了解到，林大人乃官宦世家，著述颇丰，特别是所著《经筵讲章》，以其独到的见解，深入浅出地探究经书中的微言大义，借助历史，以古证今，对太学生们学习经筵之道影响甚大。

在短暂的听讲和学习中，何景明很少有时间观游京城这座最高学府。一天，他从讲堂里出来，经过彝伦堂前，见有一石碑，碑上篆刻着大学士李贤的《修建国学疏》，他细读上面的篆刻，见石碑上写道：

窃惟太学者，天下贡士所萃，乃育贤成材之地。故天下之士所以贤、所以材，胥此焉出，贤材所以盛、所以衰，胥此焉系。然则生民之休戚、风俗之美恶、国家之安危，岂不皆关于此哉！

……

永乐初年，驾临北京，太学之设，因元之旧，凡百规制，未暇增新。洪熙、宣德以来，因仍未举，至其教戒居养之道，颓然废弛，不遑介意。师儒之职，率皆庸常，学行荒疏，无所矜式。虽有遗规，不过承虚名、为文具、踵因循、应故事而已。于是天下之士入太学者，蔑教戒之严，无居养之正，置礼仪为外物，轻廉耻如锱铢。所习如此，一旦居官，不过志于富贵而已，尚何望其尊主庇民、建功立业乎！

今陛下春秋鼎盛，缵成大统，其废弛而不举者莫甚于太学。伏愿皇上兴废举坠，乞敕该部计料兴工，一新太学，作养秀才，重选师儒，厚加眷注。将见数年之后，贤才济济，文风大振，生民于是乎安，天下于是乎治。我太祖养贤及民之效复见于今日，太平之盛，不期自至，而国家社稷永享无穷之福矣……

看到这则《国学疏》，何景明才知道国家兴建太学之重要所在，如果早年来太学学习，那将对他的人生更具启迪意义。当他看完《国学疏》正待离去时，见身后站着刚刚给他讲完《左传・十二经》的刘瑞先生。刘先生在他身后已经站了许久，一直等何景明看完《国学疏》后才问道："何生，看了这《国学疏》有何感想？"何景明道："回先生，学生感受至深，不入太学不知国学之博雅，犹井底之蛙未见天之大也！"

刘瑞哈哈大笑道："说得贴切生动，有此之想必眼界大开，日后必有大作为也。"刘瑞很是欣赏何景明，请何景明到其宅邸会话，设酒款待，何景明对刘瑞先生的礼贤下士和平易近人很是感动。刘瑞先生未带家眷，一个人住在一个宅院里，当他得知何景明还住在街头旅馆时，便让何景明搬到他的宅邸住。何景明在京城游学三个多月，大部分时间住在刘瑞先生的宅邸里。此后二人便建立了深厚的师生情。

刘瑞（？—1516），字德符，号五清，四川内江人，弘治九年进士，选庶吉士，官至监察御史，南京礼部右侍郎。为官清正廉洁，性情耿直。何景明出仕后在京中待职，不久刘瑞晋职为右副都御史。

何景明在太学的学习结束后，林瀚先生专为这一批短期游学的学子们开了一个欢送宴会，亲自举杯为学生们敬酒。酒后他挥舞狼毫，当庭赋诗道：

汉武元朔太学成，国之大学奉庠生。
仕途经济常相伴，不学焉能入翰林。
莫失少年花时节，学不厌废才为真。
自古人生求真学，何愁前路无征程。

林先生将诗写好，签上祭酒林瀚书于弘治十二年已未字样，并把何景明叫到跟前，道："请何生代诸生收藏此诗吧。"何景明深感林瀚先生对自己的欣赏和器重，他也决心在未来的人生路上奋力拼搏，一定做到像林先生诗中所说的那样，"求得真学"。

对林先生的知遇之恩，何景明一直铭刻在心。此后他与林瀚先生经常有书信往来，他们之间建立了深厚的师生之谊。

林瀚（1434—1519），字亨大，号泉山，福建闽县人。明成化二年进士，授庶吉士。后授编修，于成化十一年参修《通鉴纲目》，两年后擢修撰。正德元年四月，敕兼南京兵部尚书，参赞机务。著有《经筵讲章》、《泉山奏议》、《泉山集》等著作。林先生与何景明交往时已有65岁，何景明对这位恩师十分敬佩。在林瀚年高离任时，他写的《奉寄泉山先生》诗云：

馆阁三朝旧，江湖万里长。
北山高硉矹，南斗极光芒。
皓首归难挽，苍生意未忘。
春风旧桃李，何日傍门墙。

从这首五言诗中可以看出，何景明对这位老师的做官做人及文才尤为敬重，他以"何日傍门墙"之句，希望自己能够向先生学习，真诚地拜在先生的门下。在林瀚先生八十寿诞时，还专门赋诗《寿泉山先生》以示庆贺。

何景明在太学里受到林瀚祭酒的推崇和器重，并赠诗慰藉和鼓励，这在当时是前所未有的。他虽然进士落第，却一时名声大振，已在京城崭露才华。从京师返信阳途经黄河时，在渡船上看着奔腾不息的滔滔河水，回想着在京城的这段日子，他仿佛从失望中看到了希望，他触景生情，作《渡河》诗，云："夙征肇延津，明晨临大河。洪源下积石，砥柱屹嵯峨。……人生寡恒居，奚异波上槎。岂无舟楫志？漂泊当奈何！”

回到信阳后，何景明开始闭门读书，但也经常与二哥景暘和姊夫孟洋在一起探讨学习心得。有时也到姊夫孟洋家住几天，与姐姐景晴叙叙姐弟之情，有时也会会同学和朋友。日子很快就在不知不觉中过去了几个月。到了腊月二十几日，大哥从巴陵任上回家过春节，景明和大哥聊到了他在京城考试落第以及受到林瀚先生的恩遇之事，大哥道：“林瀚先生能如此看重吾弟，说明弟之才为先生所爱，弟今后一定要克勤克谨，切不可辜负林先生之厚爱啊！”

何景明点头道：“弟谨记长兄之言，立志下次能够进士及第。”

春节之后，景明随大哥至巴陵任上，一方面能够接受大哥的教诲，另一方面能够习得一些官场经验。他在巴陵的一年时间里，大哥景韶除了给他讲解四书五经等诸多知识和考试要点外，更多是给他讲解做人之道，在他还没有踏入仕途时便知道一些官场上的做人准则，使他很是受益。

这一时期，何景明除了刻苦学习外，经常去登岳阳楼，每当他读到范仲淹的《岳阳楼记》时，总是惊叹范文正公的才情气质，无与伦比，范公竟然用短短不足 500 字，把岳阳楼的来龙去脉，自然景色描绘得如高山流水，气势磅礴，真不愧为大手笔。特别是在读到其中“至若春和景明，波澜不惊，上下天光，一碧万顷”时，自己的“景明”二字竟在文字之上，他心里暗自高兴。他泛舟洞庭湖，常被洞庭湖的自然风光和水天一色的美景所倾倒。他想起了李白一首《游洞庭》：“南湖秋水夜无烟，耐可乘流直上天？且就洞庭赊月色，将船买酒白云边。”自己竟一时无有更好的佳句。

弘治十四年（1501 年）八月，何景明从巴陵回到信阳。在家里一段时间，他总是感到心里清静不下来，希望能有一个安静的环境静心读书，于是他又想到了坚山寺，这个清静得令人向往的地方，他熟悉那里的一草一木，熟悉那里的僧人和住持，他决定再上坚山寺，再在那里刻苦修读一段时间，对迎接明年春天的会试将更有把握。

这一年的秋试，孟洋和马录同时中举。孟洋的父亲孟山大宴宾客三天，以示庆贺，也是激励孟洋来年春试能够进士及第。

入秋的坚山，层林尽染、姹紫嫣红，何景明被这秋天的美景所陶醉。

一天中午,他站在寺院前的一个红枫树下读五经之首篇《诗经》,随手翻至《邶风·静女》,背诵道:"静女其姝,俟我于城隅。爱而不见,搔首踟蹰。"下面的一段忽然想不起来了,这时,忽见一妙龄女子搀扶着一个中年妇人从山下走来,正好从他身边经过。他听那女子吟道:"静女其娈,贻我彤管。彤管有炜,说怿女美。"那女子见何景明正惊讶地看着她,接着背道:"自牧归荑,洵美且异,匪女之为美,美人之贻。"吟罢对何景明莞尔一笑,便搀扶着中年妇女向寺院里走去。何景明没想到,诗经上的这首爱情诗竟然被这小女子如此流畅地背诵下来。这首诗写的是一对情人幽期密会的欢乐,静女的俊俏而又活泼大方的性格十分撩人喜爱,男青年的钟情淳朴使静女一见钟情,送给他一把鲜艳的彤管草,表达了对男青年的爱慕之情。看她并不像是一个大家闺秀,而像是一个美丽俊俏的小村姑,她怎么会背诵这首诗呢?他感到很好奇,这小女子何许人也?

何景明目光所及之处,见那女子与中年妇女正在大殿里烧香许愿,然后跪伏在蒲团之上,十分虔诚地祷告着。大殿一侧端坐着一僧人正在敲打着木鱼,有节律的敲击声清脆悦耳,给这寂静得有些荒凉的古寺带来了一些喧闹之声。过了许久,那女子扶着中年妇女从寺院里出来,何景明这才留意看那女子。见她约二八芳龄,皮肤白皙,着一身芙蓉色滚边细纱上衣和长裤,脚穿一双桃色绒球绣花鞋,漂亮的脸蛋上有一双乌黑明亮的大眼睛透示着女孩儿少有的智慧和聪明。何景明的心怦怦跳动起来,忙低下头去。那女子款步来到他的面前,道了个万福,道:"敢问公子就是名扬整个汝宁府的何景明何公子吗?"

何景明慌忙抬起头来道:"扬名不敢,在下正是何景明。请问你是怎么知道的?"

女子莞尔笑道:"刚才向寺僧打听到的。久闻公子大名,今日相见,真乃小女子三生之幸也!"

何景明见这女子落落大方,聪慧善良,两人似曾相识,一见如故,完全没有了男女授受不亲的感觉。女子说她叫王洵姝,唐河县小王庄人,同她一起来的是她的母亲。何景明立即向站在一旁的王母问好。王母没想到一直挂在女儿口中的何景明竟能与女儿在这里相见,她也希望女儿能跟何公子多聊一会儿，便道："姝儿在这儿跟何公子聊吧，母亲再到寺里向寺僧打听些事儿。"说着就向寺里走去。

何景明带王洵姝到书舍里坐了下来，给她沏了一杯茶。洵姝告诉他，他们王家原是当地的大户人家，父亲在她十岁那年就去世了，母亲带着她和弟弟过着还算平静的日子。这次到坚山寺是来还愿的。弟弟王琤今年13岁了，学习一直不努力，去年来坚山寺许的愿，今年他似乎开了窍，通过了县试，母亲和所有的亲戚都为此而高兴，便让她跟母亲一起来山上还愿，真是太巧了，没想到能幸遇何公子。之后，二人又聊了许久，聊得更多的是王洵姝对何景明的倾慕之情。分别时，王洵姝从怀中取出一个盈尺素纱丝绢，上面写着一首小诗，说道："何公子，小女子不才，也常读诗词歌赋，自己学写的一首小诗，全当敝帚自珍。请勿见笑，送给何公子吧。"

何景明接过素绢，见上面用红丝线绣着一首小诗，展开念道：

在一座古寺庙的院子里，王洵姝向何景明介绍她的母亲。

何时能消闺中愁，尝君梦里写银钩。
贤山雨后生奇景，秀峰兀立出彩头。
平女朝看早慧男，夜伴素笺在衾裯。
欲把香匣送与君，犹恐明月难遮羞。

何景明读完此诗不觉有些面热心跳，王氏女所写的这首诗竟然是专门写给他的。他抬起头来看了一眼王洵姝，她也正在含情脉脉地看着他，从她的眼神里向他传达着少女特有的那种情愫，这是何景明此前从没有感觉到的。分别时，王洵姝有些依依不舍，因为何景明这个名字在她的心目中已经萦绕了好些年，只因自己是女儿身，不能参加科考，要不然他们就是最好的朋友了。她曾经一遍一遍地告诫弟弟，何景明16岁就中了举人，要向何景明学习，可弟弟就是没有把学习当一回事。她希望能够再次见到何景明，到时带着弟弟王琤当面向何景明求教。何景明点头答应了王洵姝，他对这位此前从未见过面的漂亮文静的女子产生了好感，也希望今后能够再见到她。

王洵姝走后，何景明反复看着她赠给他的那方素绢，没想到有这么一个多情的才女在暗恋着他，而诗中居然还隐藏着他何景明的名字。如果不是父母已经给他订下了一门亲，他定会央求父母托媒人去王家求婚的，可是现在是不可能的了，父母给他订的这门亲是自己的表亲张姓女儿，小名叫梅。张梅的太姥姥即何景明的姑奶奶，两家走动频繁，何景明小时与张梅经常在一起玩耍。张梅自幼聪明乖巧，父亲中过秀才，是当地的私塾先生，张梅跟着父亲学习，能够识文断字，精通诗词歌赋，十四五岁时已出落得亭亭玉立、楚楚动人了。何景明中举人后，父亲何信便托侄子何景旺保媒，说成这门亲事，张家人自然是喜不自禁，希望两个孩子早日完婚。可是何景明没有答应，他立志要等到自己进士及第之后再完婚，何家父母答应了儿子的请求，盼着儿子在下一次的春试时能够成功。

四

弘治十五年（1502年），在孝宗皇帝的主持下，由太子太傅吏部尚书兼谨身殿大学士徐溥、太子太保礼部尚书兼武英殿大学士刘健、吏部右侍郎兼翰林院大学士李东阳担纲的《大明会典》，一百八十卷，历时六年之久的浩繁巨典编纂完成。孝宗皇帝大喜，令各部衙门放假一日，以示欢庆。而就在这一年的春天，每三年一次的科考会试在京城举行。来自全国各地的考生会聚京城，整个京城洋溢着节日的气氛。这一天，何景明与张云、孟洋、马录还有另外两名信阳籍考生一同来到了京城。

何景明一行来到了京城，在离贡院不远的一家客栈住了下来，在这里，他们又遇到了河南省怀庆考生何瑭。何瑭天资聪颖，弘治十四年河南乡试第一名，两人相见后十分投机，很快便成了无话不谈的好朋友。会试和秋试均为九天，会试是在春天，考试时间是农历二月初九、二月十二、二月十五。由于是在春天，气候温暖，比起秋试来，春试要舒服得多。第一场的考题是两道“四书”题，第一题是：“子在齐闻韶，三月不知肉味，曰：‘不图为乐之至于斯也。’”，这段话出自《论语·述而第七》；第二题是：“凡有血气者，莫不尊亲。故曰配天。”出自《中庸·三十一章》，要求作八股文三篇。何景明对这两段话是早已烂熟于心的，他没有费多少劲就把三篇八股文做完了。这一次他吸取了上一次的教训，不再用生僻字了。第二场考题是：“方里有井”一节，出自《孟子·滕文公上》，还有四道“五经”题，共作八股文五篇。头两场的考试对考生是否被录取起决定性的作用，何景明均做了很好的解答。第三场考试是策问五道，外加试帖诗一首。何景明根据题意的要求，对每道策问题都做了很好的回答和阐释，自我感觉良好。

从考场出来，何景明像陡然卸掉了身上的担子，轻松地吁了一口气。

晚上，他与孟洋、马录、张云、何瑭和信阳籍的另两位考生来到一家餐馆，那里的餐桌都快坐满了，大多是来京城会试的考生，气氛十分热闹，他们在靠窗边一个不显眼的圆桌边坐了下来。

酒保拿菜单过来，张云接过菜单道：“各位，今天我来做东，请大家美餐一顿。”

何瑭道：“不，今天我来请大家。”

何景明笑道：“二位学兄争着请客，想必这一次定要金榜题名了！”

张云道："要论金榜题名，首当是你何景明了，谁不知你是我们信阳的神童和才子呢?"

何景明道："那已经是老皇历了，既然季升兄这么看重我，今天这顿酒该我请了。"

信阳籍考生张琦道："你们都别争了，我建议还是让季升兄请吧，他的老爹是信阳知州，而这一次会试他的把握最大，所以该由他请了。"

听张琦这么一说，大家就不再争了。不一会，酒保将菜肴拿上桌子，还有一坛杜康老酒。这时，一个考生模样的年轻人走了过来，问道："请问学兄们是从河南来的吗?"何瑭道："正是，兄台您是……"来者道："在下王廷相，河南仪封人，咱们是同乡。"

大家都站起身来，道："河南老乡，快请坐。"

王廷相坐了下来，问道："请问学兄中可有何景明?"

何景明有几分疑惑地答道："在下就是，王兄为何知道小弟微名?"

王廷相哈哈笑道："何仲默可不是微名啊，愚兄在太学游学期间就听说过你的大名了。太学祭酒林瀚先生对仲默兄十分器重，结业典礼上，林祭酒当庭作诗相赠何仲默，这可是前所未有的殊荣啊，仲默兄的名字当时就在太学里传开了!"

大家不约而同地看着何景明。何瑭道："没想到何仲默竟然有过如此之辉煌，祝贺！祝贺!"

何景明自然是谦虚了一番，介绍了他在太学短暂的游学经历。

这时，菜上齐了，大家共同举杯，互相预祝高中皇榜。

何景明一行会试之后一直逗留在京城，等待会试结果。三月十二日，公布了被录取的会员名单，共297名，何景明、王廷相、王尚絅、何瑭、张云都名列其中，而孟洋、马录和张琦等均未被录取。被公布为会员的考生，已经通过了进士资格考试，还要过最后一关，三月十五日，由孝宗皇帝亲自主持的殿试在紫禁城内的保和殿举行，因为这一次决定一、二、三甲进士出身资格，也是由皇帝亲自策问，所以大家都很看重。头天晚上，张云带着何景明拜望了他父亲的好友，时任礼部郎中的张子淳。张子淳与张云父亲是四川老乡，亦是同科进士，二人关系密切。张云进京时父亲让他带给好友张子淳一封书信，让其关照和指导儿子。张云为人沉稳，且聪明过人，弘治八年举人，时年16岁，早何景明一届。张云十分钦佩何景明，觉得何的才气超过自己，所以他拉着何景明一起来拜见张子淳。张子淳看了好友张珙的书信后，对二人很是客气，指导二人明日殿试时应注意的事项。晚上，怕二人回旅馆不安全，特意安排部属将二人留宿在礼部郎中署。何景明作有《殿试宿礼部张子淳郎中署奉和马张二光禄乔直阁诸公》，诗云："东殿春朝晚，南宫夜突深。锁闱犹月色，开阁更松阴……"入京后，何景明与张子淳多有交往，尊张子淳为师友。

第二天殿试，担任何景明的主考官是侍郎吴宽和大学士刘机，因二人对何景明的殿试成绩不是很满意，排名时将何景明的名字排在第三甲第173名，张云的殿试成绩比何景明好，排在二甲第48名。

三月十七日清晨，紫禁城太和殿举行了隆重的进士登第典礼，状元康海率诸进士接受皇帝的召见并谢恩。

按照惯例，进士登第后，第一甲的一、二、三名和第二、三甲的第一名被必然录用外，其余进士按潜质录用为庶吉士，进翰林院学习一段时间，然后委派为各种官职。这段时间是各进士花钱托关系、找门路的时间，可何景明生性耿直，不喜欢拉关系和求人，所以他没有被录用为庶吉士。

何景明并没有因为自己未被录用为庶吉士而感到沮丧，并为同科被录用为庶吉士的好友王廷相、何瑭、王尚絅和张云感到高兴。在京城逗留的一段时间里，他与王廷相、何瑭、王尚絅等一起结识了当时名震京城的文坛才子李梦阳和同科状元康海。

李梦阳（1472—1529），字献吉，号空同，庆安府安化县人，后移居开封。弘治六年（1493年）癸丑科进士。因性耿直、不畏强权和敢于仗义执言，仕途上不顺，曾一度被诬陷入狱。何景明与李梦阳真可谓是一见如故，两人有共同的话题和共同的志向，见面后就有说不完的话题。李梦阳长何景明11岁，何景明对其十分尊重和钦佩。临别的那天，李梦阳为其设宴饯行，何景明、康海、王尚絅、何瑭、王廷相等新科进士和时任翰林院检讨的王九思、边贡等一帮留京的文人都参加了送行。年仅20岁的何景明在这些文人中间年龄最小，他尊称他们为兄长，大家也都看重何景明的文学才气。这些文人相聚,无拘礼节,开怀畅饮,何景明因感激李梦阳的热情款待和各位文友的助兴相陪,喝得酩酊大醉。

弘治十五年(1502 年)仲夏的一天,何景明从京城回到了信阳。在信阳的这段日子里,每天迎接着前来为他祝贺的地方官员和一些亲朋好友,他感到有些疲惫和无聊,常常躲到堂兄景旺家或姊夫孟洋家回避,他只想帮助家里多干些活儿,多为父母尽些孝道。这期间,他也时常想起在京城里的一帮文人及和他们初始建立的友谊,他希望自己能早日受到朝廷的召见。

第三章

仕途多舛　力革文风

一

弘治十五年(1502年)八月中旬,信阳下了一场秋雨,天空放晴,正准备开镰的一畦畦稻田在金色的阳光下闪耀着动人的金黄。在离白坡不远的贤山和大腹山上已是层林尽染、姹紫嫣红,仿佛在迎接一个盛大的庆典而把信阳装扮得如此多姿多彩。

这一天,是何景明进士及第后的又一大喜日子,是他与表亲张氏女完婚的日子,也是何景明人生中最重要的时刻,但是他在激动和兴奋之余,内心里又不免弥漫起一层忧虑。自己虽然进士及第,但却没有授实职,还不能养活自己的妻子,每当想到此,心里总有些闷闷不乐。当看到全家上下喜气洋洋,宾客和亲朋好友前来祝贺时,他立即抛开了心头的不快,笑脸相迎。

婚后的日子既平淡又繁忙,何景明每天除了学习看书,就是喝酒会朋友,他的身边围聚着如戴冠、樊鹏、李桐等一批才气横溢的文学青年,他们自称是何景明的学生,何景明也对他们进行悉心指导。这一段时间,何景明的白坡书舍成了这些年轻人学习的场所,也有些家长带着孩子来向何景明求教,何景明对他们总是有求必应。

一天上午,何景明正准备出门会朋友,见门前来了一辆官轿和几个随从,州学的孙教谕亦在其中。官轿在何家门前停下,孙教谕上前拱手道:“何进士请留步,新任信阳州知州孙大人来访。”

何景明听说过,前不久,前任知州张珙退职定居信阳,新任知州湖南华容人孙荣即刻到任,没想孙大人这么快就来访。正想着,身着五品官服的孙荣已从轿子里走了出来。孙先生年约五十，面容清瘦而精神饱满，他满面笑容地向何景明走过来，拱手道："何进士，当今才子，久闻大名，今日拜访，甚幸、甚幸啊！"

何景明笑道："孙大人过奖了，晚生只一普通士子，孙大人亲自过访，甚幸。"说着，把孙大人一行迎进屋内。

在外忙活的何信听说孙知州来访，立即回来与孙荣相见。孙荣道："久闻梅溪公教子有方，四个儿子均很了得，贵长子何景韶我们多有交往，为官正派，机警过人，而四子景明更是绝顶聪明，16岁中举，20岁中进士，实在是佩服至极！"

何信道："孙知州过奖了，往后还多仰仗关照。"

孙荣道："我今日来拜访，却有一事相求。"他说着对身边一年轻人道："这是犬子继芳，字世其，与梅溪公四子景明同庚，却没有景明之才，学习亦很刻苦，却不得法，想请贵公子景明给予指导和传授些心得，不知梅溪公意下如何？"

何信道："孙大人何必客气，直接吩咐便是。"

就在何信与孙荣说话间，何景明早已与孙继芳接上了话。何景明见孙继芳中等个头，眉目清秀，性格略显内向，但两眼中却透着一股灵气。何景明对孙荣道："孙大人请放心，今后我与世其以兄弟相称，互相学习便是。"说着便将孙继芳带进书舍去了。

何信安排午宴招待孙荣一行，孙荣也让随从将带来的一箱酒和礼品搬了进来，何信再三感谢并将礼品收下。

何景明将孙继芳带进书舍里，问了一些学习和考试的情况，发现孙继芳掌握的基础知识很扎实，所提问题都能够对答如流，只是考试时太过紧张，发挥不好，所以在湖南的秋试未过。何景明向孙继芳讲了一些自己的学习和考试经验，孙继芳的悟性极高，何景明赞道："此子日后必中进士。"此后，何景明向孙继芳介绍了戴冠、樊鹏、李桐、任宏器、刘朝信等学生和文友，很快，孙继芳便与信阳文友们打成一片，成为了好朋友。

转眼间几个月便过去了，这种平淡而又忙碌的日子终究也不是个事，而且左邻右舍的人也常在一起议论，说什么何家的四公子考中了进士而没有受到朝廷的任命,还跟普通老百姓一样,这不是白考了吗?还有人认为,肯定是这何景明在考中之后又犯了什么事,被遣送回家,等等。这些话传到何景明的耳朵里,何景明也没法解释清楚,心里不免有些焦急。就在这时,他接到京城几位好友的来信,让他进京到翰林院做些编外工作,等候任命,以便文友们能够相聚。

何景明把朋友邀请进京的事告诉了父亲,父亲也正为儿子赋闲在家受到左邻右舍猜疑的事犯愁,听儿子这么一说,立马同意,凑足了儿子进京的银两,并催促景明刻日进京。

弘治十六年(1503 年)初春的一天,何景明携夫人张氏动身进京。临行那天,姐姐景晴和孟洋前来送行。孟洋拉着景明的手道:"贤弟在家的这段日子,姊夫只因准备下一期的会试不敢耽误,也没来好好陪伴贤弟,希望贤弟至京后早日受到陛下召见,委以官职,姊夫两年后进京会试时再与贤弟相见。"

何景明有几分动容,连连点头道:"盼望姊夫一举中第,携夫人进京任职,我们姐弟也好早日在京城相聚。"

何景明的话让姐姐景晴十分感动和向往,她看着孟洋笑道:"望之你听到了没有?我可等着这一天啊!"孟洋道:"夫人你就放心吧,我的努力不会白费的,会让你在京城与明弟相聚的。"

父母和家人与何景明依依惜别。

二哥景旸和孟洋以及何景明的好友和学生将其送到十里长亭,景明与二哥景旸相拥而泣。景旸自中举后,一直没有得到朝廷的补缺任用,心里虽然也有些焦急,好在自己在家能够理家耕田,孝敬双亲,只是希望四弟能够早日受到朝廷的任命,于是说道:"四弟此次进京一定不要随性,也要学会一些官场之道,谨慎做人,希望能够早日受到朝廷重用,这是二哥也是全家人的心愿。"

何景明道:"二哥尽管放心,小弟不会像以前那样随性了,只是小弟不能顾及家庭,不能堂前尽孝,这些都落在二哥的肩上,小弟对二哥的感激之情难于言表。等我在京城安顿之后,条件略有改善我便将父母接到京城,让二老享享清福,尽尽我的孝心。"

景旸道:“这样甚好。”

何景明走了,大家一直目送着,直到他和夫人乘坐的马车在进京的官道上消失才转回。

四月初,何景明携夫人张氏来到京城。

何景明通过好友王廷相,找到在京城任职多年且人脉较熟的边贡,他们在绳匠胡同为何景明租了一套四合小院作为何景明的寓所,刚好边贡和王廷相也在这条胡同里居住,他们相隔都不太远。

这天晚上,王廷相在绳匠胡同一家名叫醉仙楼的酒馆设宴为何景明接风洗尘。李梦阳、边贡、王九思、朱应登、康海、王尚絅以及何瑭、张云、李时等在京的文友参加了这次接风宴。是年,在京的文人中李梦阳、边贡最为有名,他们的文章和诗歌已经名贯都邑。他们二人都是文渊阁大学士李东阳的学生,在文学上也受到李东阳的提携,这对他们的名气也产生了很大的影响。这天晚上,何景明没有多喝酒。他感到自己在文学创作上还很欠缺,在李梦阳、王九思和边贡这些已在朝廷任职多年的文人面前,自己还只能算是学生,因此对他们十分尊重,尊称他们是自己的良师益友,表现得十分谦虚,这也使李梦阳和边贡等十分高兴,大家喝得大醉而归。

晚上没有喝过多的酒,何景明第二天一早便起来了,站在租居的小院里,呼吸着清新的空气,想着一些心事。夫人张氏早就起来了,已经把院子打扫得干干净净。他们租居的这个四合小院有正房四间,中间是客厅,两边是卧室,外加一间书房,小院的右侧是两间耳房,一间是厨房,一间放杂物。院子中间有一个不大的花坛,花坛里栽种着一丛天竹,天竹的外围栽了一圈玫瑰花,鲜艳的玫瑰花在晨露的滋润下更显得娇艳可爱。

这一天,由李梦阳、边贡和王九思等出面向内阁推荐何景明,提出若论何景明的才学足以能够委任以实职,以改变他目前的窘状。而内阁首辅刘健对何景明三甲进士及其排名本就有些看法,提出暂缓安排,致使何景明的任职搁浅。刘健是个传统守旧之人,他自己不善诗文,也看不起那些以文才著称的年轻人。他曾公开对进入翰林院的庶吉士们讲:“做学问有三事,第一是寻绎义理,以消融胸次;第二是考求典故,以经论天下;

第三才是文章。好笑后生辈才科举,就去作诗。作诗何用?好似李杜,而李杜也只是两个酒汉。撇下许多优秀人物不学,却去学醉汉。”这就足见他对文学的排斥。在弘治十一年,李梦阳在家守父母孝六年期满,还京就职时,就曾受到过刘健阁老的百般阻挠,他以同样的态度训斥李梦阳:“后生不务实,即使诗写到李白、杜甫那样的程度,也只不过是个酒徒而已!”刘阁老的话立即遭到了年轻气盛的李梦阳的反驳:“刘阁老,容晚辈不敬。您老这样说是因噎废食啊!”尽管李梦阳是内阁大学士李东阳的门生,很受李东阳的器重,但在职务安排上还是受到了排挤,仅是一个正六品的户部山东主事。何景明的职务未能解决,李梦阳和边贡等文友心中很是不快。几天后,何景明在康海、王廷相等的陪同下拜见了他们的主考官吴宽。这吴宽乃成化八年状元,其文才超群,曾被阁臣谢迁两次荐举入内阁,因与首辅刘健有隙而未能入阁。据《明史 · 吴宽传》记载:“时词臣望重者,宽为最,谢迁次之。迁既入阁,尝为刘健言,欲引宽共政,健固不从。及迁引退,举宽自代,亦不录用。中外皆为之惜,而宽甚安之,曰:‘吾初望不及此也’。”此时,吴宽已是礼部尚书,何景明等称其为先生。按照明代科举制度的程序,主持会试的官员,要总阅会试的试卷,分别取去,核定名次,将其取中的会员报送皇帝。这样就构成了主考官与进士之间的师生关系。吴宽对何景明的印象很深刻,何景明之所以被判定在第三甲靠后,是因为何景明的论题文辞犀利,切中时弊的词句用得太多。而当时评卷标准是要求论题的文字要精美,以为朝廷歌功颂德和粉饰太平的文章为上品,所以何景明的论题显然不合当时朝廷的评卷胃口,吴宽也为何景明感到惋惜。按照当时的规定,一切官员的任命必须报请内阁,经内阁商定后再由内阁首辅报请皇帝御批。于是,吴宽同意何景明留在礼部仪制清吏司协助员外郎负责历年科举考试卷宗的归档和整理工作,薪酬由礼部作为编外人员支出,只能维持在京城的最低生活。尽管这样,何景明依然很高兴,当天晚上,他在醉仙楼回请了在京城的文友。在这些文友中除了徐祯卿还未入京外,被后世称之为“前七子”的六位均在场。同时,他们还请来了在京城已经很有名气的兵部员外郎何孟春等京城文友。那天晚上,何景明十分高兴,频频给大家敬酒,竟然把自己喝得酩酊大醉。

初入京师，加上未有实际职务，何景明为人低调，在文学上也很少张扬个性，但他对文学的见解常常受到文友们的推崇，更多的时间是和文友们在一块集会、喝酒。

在这期间，何景明经常去看望他的老师林瀚和刘瑞二位先生。林瀚时任吏部右侍郎，他对何景明的任职很是关心，只是一直未能如愿。何景明也并没有很在意，像他这样没有实职的新科进士在京的还有好几人。好在京城的好友们经常与他相聚和交往，他也慢慢适应了这样的闲散生活。

一天下午，何景明从礼部清史司下班回家，刚出礼部衙门，便碰见刚下班回家的工部都水清史司员外郎的钱荣。这钱荣是弘治六年进士，与五清先生刘瑞关系甚密。早在弘治十二年何景明在京太学游学时就曾受过钱先生的关照。钱荣十分欣赏何景明的才学，几次请何景明到家饮酒，并称何景明为小兄弟。何景明见是钱荣，立即高兴起来，一定要请钱荣到餐馆吃饭。

钱荣道："不用了，你老嫂子中午炖了一只麻婆鸭，这会儿肯定炖好了，走，上我家去，晚上咱俩喝两杯。"

何景明也不客气，便跟着钱荣到了钱宅。钱夫人见先生带回一个年轻人，知道是先生看重的人，甚是热情。

何景明知道，钱先生前几年在京城一直是独居的，他只有一个女儿，女儿出嫁后夫人才被接来京城的。钱先生为官清廉，生活俭朴，家里陈设十分简陋。入座之后，钱夫人将早已炖好的麻婆鸭端上桌子，还有几样精制的江南风味的小菜。钱荣拿出一瓶古井贡酒，开瓶与何景明对饮，饮酒间他向何景明讲了他经常奉朝廷之命到各地巡河浚川筑堤，拒收地方官员贿赂钱物，所到之处甚受百姓欢迎，而权豪多恶之，等等，让何景明很是钦敬。饮罢酒，钱荣话多了起来，他向何景明讲述了他家乡锡山的典故，说的是吴国始祖周太伯在锡山下浚筑河川以泽百姓的事，并请何景明作词以铭志。是夜，何景明借着酒兴，欣然命笔，作《伯川词并序》云："伯川者，周太伯所遗也。水部钱君家于川上，世敦让节，至水部亦修文义，有绍芳烈。将候宦成，归于伯川之上。命余作词，歌以乐志。——锡山之下兮伯之河，水鳞鳞兮石峨峨。子之室兮水阿，结绿蘅兮葺荷……”何景明依据钱荣所述，不假思索，一气呵成。钱荣抚掌赞道：“何仲默，真乃才子也！”

钱荣，字世恩，江苏无锡人，弘治六年（1493 年）进士，历官户部主事，工部郎中。正德三年，刘瑾乱政时，请疏归养。著有《一得斋诗草》、《伯川集》等著作。

是夜，何景明很晚才回到家中。

同年十月，李梦阳奉命代表朝廷犒赏边地宁夏镇驻军，何景明为李梦阳设宴饯行。李梦阳从京城出发，途经开封到庆阳。开封是他生活和成长地，庆阳是他的出生地。他在两处稍事停留，然后转道宁夏，行程数千里，直到第二年五月才返回京师。

李梦阳走后，何景明心里似曾有些失落。他在和李梦阳的接触中，对李梦阳已经有了很深的了解，他觉得李梦阳是一位心直口快而且具有正义感的人，在京城的年轻文人中，他的文才堪称第一。正是因为这样，他也常常以京中文首自居，也经常因别人对他的观点提出不同的看法而与人争得面红耳赤，最终还是以他的意见正确而平息争论。每当发生争论时，何景明总是作为一个旁观者静静地听，他从他们的争论中受到了启发，也提高了他对文学理论和诗歌创作更深刻的认识。正是因为他的低调和谦虚，他在京城这帮文人中有很好的人气，李梦阳也很喜欢何景明，他与李梦阳的友谊也日渐加深。

一天中午，何景明在家中无事，坐在书房里看书，品尝着学生戴冠托人从信阳带来的秋茶。这时有人在外敲门，夫人张氏开门，见来人不是别人，而是新任翰林院编修康海。何景明立即从书房里出来，笑迎道：“呵呵，怪不得我今天的心情如此高兴，原来是对山兄光临寒舍，快请！”

康海被何景明带到书房坐了下来，张氏给他沏了一杯秋茶，秋茶的清香立即在房间里飘荡开来。康海轻啜了一口，道：“好茶，是你们信阳茶吧？”何景明道：“是我的一个朋友托人从老家带过来的。对山兄如果不嫌这秋茶涩舌苦口，走时带一斤回去。”何景明说着从柜子里取出一个竹制的茶盒放在桌子上，康海见茶盒上贴着一个写着“信阳名茶”的红纸封皮，说道:“茶和酒都是文人的嗜好,记得孟浩然当年在仕途最失意的时候写过一首《清明即事》诗道:‘帝里重清明,人心自愁思。……空堂坐相忆,酌茗聊代醉’。这茶和酒一样,亦可以借茶浇愁啊!”

何景明道:“对山兄所言极是,茶可清心寡欲,可明智消愁,与酒不同的是酒乃蒙心而糊智,是以昏醉解愁。”

康海笑道:“仲默兄见解精辟,这也正是历代文人所爱之处。”他说着看着杯中茶道:“人生即如茶,这茶叶在水中飘荡沉浮一段时间之后便沉到杯底,叶片全都舒展开来,就如人在仕途上的沉浮挣扎,最终还是要返回故里的,就像这茶叶片一样,真正免去了仕途之累,才能放开手足,自由地伸展,干自己想干的事,说自己想说的话,那才是人生的一种境界啊!”

何景明对康海的话似有所悟,也隐约感到康海是借茶叶的飘荡沉浮来安慰自己的。于是笑道:“对山兄不愧是状元之才,这番话缓解了小弟一时困扰在心头的阴霾。谁都知道仕途的风险,可历代的文人哪个不是冲着这个风险而百折不挠地奋斗和追求的?想当年于谦,官至宰相,尽忠报国,刚正不阿,为大明王朝的生死存亡作过重大的贡献,到头来还不是落得个被陷害致死。小弟想得开,仕途不济我也并没有太在意,大不了学五柳先生去吧,过上一种田园牧歌式的生活,正如对山兄所言,真可谓是人生的一种境界呢!”

康海笑道:“仲默兄有文人之大气,乃开明之士,只因朝风不振,阁臣守旧,才使仲默的前程受阻,若论仲默的才情,授实职是指日可待的。”

之后两人谈了许多诗歌创作上的事,都认为改革当前文学创作上的腐糜之风是当务之急。临别时,康海从袖中取出一个白布棉袋放在桌子上,道:“请仲默兄不要见外,这是一些碎银两,是愚兄的一点心意,权当仲默和弟妹的一点茶水之资,请一定笑纳。”

何景明知道康海家庭条件并不太好,父亲曾做过平阳知府,已故去多年,家中还有母亲需要奉养。康海生性耿直、为人仗义,他也知道康海的这份心意,坚辞不受,康海道:“仲默切莫嫌少,如若不受,却不是看不起我康对山吗?”

何景明见康海如此说,不好再推辞,只得收下。康海临走时,拿起何景明送给他的茶叶，说道："仲默兄的茶叶我拿走了，回头我再过来看你。"

送走了康海，何景明见布袋里约有三十两银子，这的确能解决他在京城一段时间的生活问题，他让夫人收好，这份情谊他是一定要还的。他想起了诗仙李白在最穷困的时候也曾多次受到诗坛好友孟浩然、贺知章等的资助。只是因他桀骜不驯、不事权贵的性格导致他一生仕途不顺，不得已而仗剑出游，到头来只落得一个千古留名的"饮者"。想到自己虽无李白之才，但忧国忧民的情怀和为国效力的远大抱负是一样的。一个人如若仕途不顺，纵然有济世之才，也只能是空怀一腔热血，无法书写自己精彩的人生。想到此，何景明不免有些郁郁不乐。夫人张氏每当看到丈夫心情郁闷时，总是百般温柔体贴，逗丈夫开心，而当离开丈夫时，常常独自落泪。张氏是个性格坚强而且能吃苦耐劳的女人，虽然来京的时间不长，却与何景明在京中文友的夫人们经常来往，与李梦阳夫人左氏、王廷相夫人刘氏等交往甚密。但她从未因自己的丈夫未授实职感到低人一等，自卑自弃，她总是显得开朗快乐、谦和礼让，使这些文友的夫人们都很喜欢她。

每当何景明在为仕途多舛而苦闷时，只要夫人来到身边，给他端上一杯香茶，说几句体己的话，他心头的阴霾便很快消散，眼前浮现的总是希望和光明。

二

弘治十七年（1504年）三月，太皇太后驾崩。孝宗皇帝十分悲恸。孝宗皇帝系宫女纪氏庶出，幼年备受曲折。当年宪宗皇帝宠幸万贵妃，万贵妃不能生育，凡是宫中嫔妃有怀孕生子者一律遭受迫害。孝宗朱祐樘生母被迫害致死后，朱祐樘被门监张敏和被万贵妃排挤废掉的吴皇后秘密收养，直到六岁时才与宪宗帝相认，立为太子。为了躲避万贵妃的迫害，朱祐樘被寄养在祖母周太后的仁寿宫内，受到祖母的百般疼爱和庇护，才免遭迫害。周太皇太后宾天后，孝宗皇帝决定在朝阳门外修建一座正寿宫，以示纪念已故的生母、太皇太后及吴皇后，并在此信奉佛老之术。由于孝宗在弘治晚期过度信奉佛术，少问朝政，致使弘治末年统治者中的奢靡之风日渐滋长，而“弘治中兴”的大好时局也逐渐失去。这时，一些有正义感的大臣们纷纷上书，要求重用贤能、擢拔新人，复兴弘治大业。就在这一年的七月，何景明终于有了出头之日，被钦命为中书舍人。

何景明终于结束了在京城一年半的编外工作，从此踏入仕途，开始了他的仕宦生活。这天下午，在京的文友十多个人相约来到何家，何景明家里一下子聚集了这么多前来祝贺的文人诗友，小四合院里热闹起来，欢声笑语不断。何景明热情接待他们，夫人张氏将事先准备好的瓜子水果悉数摆上，诗友们品着香茶，嗑着瓜子，谈论着诗歌创作风格，气氛十分热烈。不一会，户部主事李梦阳也来了。李梦阳的到来，使气氛更加热烈。在京城的一帮文人堆里，除了老一辈的李东阳仍扛着文学的大旗外，年轻一辈的文人中李梦阳的人气最高，他也最受李东阳的欣赏，其诗学思想也深受李东阳的影响。他拱手道：“何舍人，恭贺，恭贺！”何景明谦恭道：

何景明家的四合院内，十多个文人站在院子里，场面热闹。

“承蒙献吉兄和各位仁兄的鼎力相助，才有我何仲默的今天，万分感谢，万分感谢！”何景明的谦恭和诚恳受到文友们的赞许，大家都很喜欢这帮文友中年龄最小的何景明。

晚上，何景明在醉仙楼设宴款待各位文友。席间，大家畅所欲言，力倡文学改革。李梦阳道：“当今诗文尚存在着赘繁冗沓、千篇一律的弊端，我等应力革当前的应制时颂、平庸乏味之作，恢复盛唐的诗歌创作风格，以救其痿痹之文风。而宋人主理不主调，于是唐调亦亡矣！因此，文自西京、诗自中唐而下，一切吐弃。”

李梦阳的话一出口，大家纷纷响应，都认为改革当前的萎靡文风是当务之急。康海和王九思根据李梦阳的话最先提出“文必先秦两汉，诗必汉魏盛唐”的主张。

何景明在给大家敬酒，没有发表自己的看法。酒过三巡后，李梦阳看着何景明道：“何子如何看？”

何景明道：“我非常赞同献吉兄的主张。记得宋人严羽曾经不满当时诗坛上的‘以文字为诗、以才学为诗、以议论为诗’的弊端，提出要师法盛唐的诗学规则，认为要学会‘妙悟’和‘兴趣’作诗。我也觉得秦汉文的精练宏阔、言简意赅，盛唐诗歌的雄浑气润，寓意深刻，值得效法。”

何景明的话音刚落，李梦阳便鼓起掌来，道：“仲默所言极妙，与我等想法不谋而合！”他没想到何景明此时提到严羽的“师法盛唐”的诗学思想。而自己正是严羽诗学思想最忠实的继承者。他说：“汉魏盛唐诗歌的格调厚重雄浑，汉魏诗的高古，而盛唐诗则有其特有的体制声律，其格调高雅，是后代诗不可企及的。而今诗的创作全在‘格古调逸’之上，只有兴汉魏盛唐诗风是我等的必然选择。”

从这时开始，京城的一帮文人深感肩上的责任重大，一致认为：必须消除因政治腐糜、八股文考试的弊端以及程朱理学给当代文人带来的不利影响，必须改革“台阁体”的腐糜文风，还政治与文学创作以清明。他们激情高涨，不惧权威和内阁老臣给予的思想压力，于是，以李梦阳、康海、何景明为首的文学复古运动拉开了序幕。涌现出了“前七子”代表人物，他们是：李梦阳、何景明、康海、徐祯卿、边贡、王九思和王廷相。

何景明在升任为中书舍人的这段日子里,他的思想和精神都发生了很大的变化。尽管中书舍人只是个品级较低的从七品,尚且属于“散曹”类官员,即有事做,职务并不确定,但毕竟是经过朝廷任命的、享受朝廷薪俸的职务,这对他来说已经很不错了。因此,他在朋友间说话的底气也似乎足了,自己对文学的理解以及诗歌创作上的认识也敢于直接表达出来,而他的一些认识和见解往往能够得到文友们的重视和认可。

在一个多月的时间里,何景明很少在家里,每天除了工作之外,多半时间是跟文友们一块喝酒谈诗,他与京城这帮诗友们的关系更为密切了。这天是中秋节,何景明辞去了诗友们的邀请,他要在家里好好陪陪夫人。夫人张氏自随他入京以来,无论他在生活上如何拮据困难,思想上如何郁闷和失落,从来都是毫无怨言地陪伴着他,给他温柔、体贴,使他在精神上得到了莫大的安慰。特别是亲朋好友临门,夫人即使是拨簪沽酒,以衣易鱼,也要使亲友们含笑举杯,欢心离去。可是近一段时间来,夫人常常用手捂住前胸,呼吸也显得有些急促。何景明关切地问她,她总是淡淡地说,只是感到胸前有些闷疼,一会就好了。何景明要去请郎中,夫人不同意,说自己只是小毛病,不会有什么事的,她不愿为这种小病多花钱。昨天,何景明坚持请来了太医院的李太医给夫人看病,李太医说夫人患的是“胸痹”症,是一种心气不足、气血痹阻而致的心失血养之症,需长期服药方能有效。医生开了十剂汤药,每日一服,何景明立即将药取了回来,亲自煎好让夫人服下,这时,屋子里还飘散着一股中药的味道。

夫人张氏听丈夫说他今晚要辞去一切应酬,陪着她一块赏月,内心不免有些激动。丈夫是个大忙人,请他拟制公文敕书的衙门官员不断,他从来都是有求必应,每天晚上都是很晚才回到家里,有时候是喝醉了回来。她倒不担心自己,而是担心丈夫的身体,她也希望丈夫多待在家里,多陪陪自己,也好让自己多给丈夫一些关爱。丈夫今晚不出去,张氏自然万分欢喜。下午她到街上买了些月饼、花生、红枣和一个大石榴,还有何景明喜欢吃的卤猪头肉。入夜后,何景明将小方桌搬到院子里,夫人将早已准备好的月饼、花生和石榴摆上桌子,那硕大的石榴已掰开,丰润饱满的石榴籽像一颗颗红宝石晶莹透亮。夫人道:“你先吃着这些,酒菜一会儿再上。”

何景明看着桌上的花生、石榴和红枣，他知道夫人的用意。入京一年多时间，夫人一直没有怀孕，这也是夫人的一块心病。他不知道问题出在哪里，也不知道怎样去安慰夫人，往后他要抽出更多时间陪伴夫人。他掰下几颗石榴籽放在嘴里慢慢嚼着，不一会，张氏将几样精制菜肴端到桌子上，还有一瓶杜康陈酿。看着夫人脸上露出喜悦之色，何景明的心情也异常高兴。夫人陪着丈夫喝了两杯酒便不再喝了，何景明接过酒瓶自斟自饮。不知不觉中月上中天，银盘似的月亮把清辉洒了下来，将何家的四合小院照得明晃晃一片。何景明举头望月，这银盘似的月亮悬在空中，能给人一种无法揭示的神秘之感。她有时光洁如玉，有时又布满阴霾；有时躲进天幕深处，有时又笑脸高悬；有时细如柳叶，有时又状如玉盘，她是古往今来多少文人墨客永远也讴歌不完的文学题材。看着这清凉如水的月夜，何景明想起了远在家乡的亲人，不免有几分伤感。他让夫人将桌子上的菜肴和杯盘收走，从书房里拿出纸笔墨砚来，趁着酒兴，在明亮的月光下写下了《中秋夜对月》诗一首：

我爱秋宵水，西林待月斜。
百年几圆缺？今夜倍光华。
兄姊俱殊土，田庐有旧家。
金波如客泪，独洒向天涯。

夜已经很深了，秋夜的凉气慢慢浸来，何景明兴致很高，仿佛与夫人有说不完的话。夫人有些困了，她隐约感到胸前有些闷疼，她含笑着对丈夫说：“秋夜有些凉，君郎咱们休息吧？”何景明道：“你先去睡吧，我再待一会儿。”可是何景明万万没有想到，这是夫人同他过的最后一个中秋夜。

夫人张氏服了李太医的药方后似有好转，何景明又请来李太医给夫人续诊，太医在原方基础上进行了加减，又跟帖十服。何景明将药取了回来，尽心给夫人调治。

一天下午，有人来拜访，何景明正好在家休息，开门见了来人，让他一下子惊喜不已。来人不是别人，而是十年前在临洮一块同窗共读的临洮知府李纪的儿子李汝佐。两人相识时他只是个孩子，一晃十年就过去了，再见面时都已成年，但两人并没有任何陌生感，而像十年前一样亲切。何景明立即将李汝佐请进书房坐下，并向张氏介绍了李汝佐。张氏立即准备了酒菜，晚上何景明与李汝佐喝酒聊天，他问到了恩师李纪和师母的近况，知道他们的身体都很好，放下心来。李汝佐在上月的秋试中中举，这次来主要是向仲默兄请教，参加明年的春试。何景明想起了在临洮的日子，想起了与李纪父子之间的那段情谊，内心里充满了感激之情。他给李汝佐详细讲解了春试和殿试要注意的事情，以及答题的方法和技巧，两个人一直聊到深夜。为了感谢李汝佐父子的情谊以及表达对李汝佐的祝愿和期待，在李汝佐离开时他写下长诗《忆昔行》相赠：

我年十一十二余，与子握手相欢娱。严君视我犹视子，日向庭前问诗礼。我亦视君如兄弟，夜入同衾昼同起。当时见子已不群，红颜如玉目有神。花边灿灿丹凤雏，天是娇娇石麒麟。笑予是时尚垂髫，把笔从君弄文翰。联翩白马控双御，出入城中谁不看？我当辞归君失欢，徘徊欲回良独难。别来有怀长怅望，梦绕秋风沁水寒。杳杳云鸿异乡县，十载长安见君面。昔别未冠今已婚，回忆少年空叹羡。一官碌碌经三春，二十光阴似飞电。君有长才未得施，卧龙仪凤犹栖迟。男儿成名在少壮，感会风云须及时。人生聚会岂常有，但愿相知不相负。

李汝佐接过何景明的赠诗，诗中的每一句话都让他感动，他要永远珍藏与仲默兄的这份友谊，特别是诗中“君有长才未得施，卧龙仪凤犹栖迟”是何景明对他的过高评价和激励，但愿自己能够在明年的春试中一举中第。他收起赠诗，与何景明洒泪而别。

转眼间秋尽冬来，何景明夫人张氏的病时好时坏，太医院换了几个太医给看过病，每天都坚持服药，也没有把张氏的病治好。其间，李梦阳的夫人左氏、王庭相的夫人刘氏以及何瑭的夫人李氏等都多次来何家探望。张氏总是坚持着笑脸相迎，仿佛自己真的没病似的，让姐妹们放心。

这天下午，何景明的学生戴冠来京看望何景明。

戴冠，字仲鹖，生于1485年，信阳人，正德三年(1508年)进士，授户部主事。其父戴谊系何景明同科举人。何景明进士及第回信阳期间，戴冠及一帮信阳学生自拜何景明门下，在白坡书舍听何景明讲解《春秋》以及四书五经，何景明也十分喜欢这帮年轻有为的学生。张氏见了戴冠，自是高兴万分，似乎病也好了许多。她向戴冠打听了家乡的一些事情，脑海里老是闪现着公婆、父母和一些亲人的影子，心里难免生出一些伤感和牵挂。晚上，何景明在家款待戴冠，还请来了好友张云作陪。张氏由于心情高兴，身体的病痛似陡然消失了，精神也好了。何景明担心夫人的身体，他让张云陪着戴冠聊天，自己亲自下厨，没想到夫人却像个好人似的在厨房里忙活着，脸上的气色也异常的红润。何景明道："夫人，你怎么样？去歇着吧，今天的大厨权交给我吧。"张氏妩媚地看了何景明一眼，道："我没事，你去陪客人吧。"何景明看着张氏，深情而又高兴地说道："夫人，你今天的样子真的让我很高兴，看来上天垂青我夫人了，让我夫人一下子恢复了健康！"

晚上，张氏做了几样拿手的菜肴，端上桌子，还亲自给三人各斟了一杯酒，说道："薄酒淡菜，不成敬意，有君郎作陪，二位慢用。"张云和戴冠都起身道："夫人也请入座，我等敬夫人一杯酒。"

张氏道："不了，你们慢用，我先去休息，菜不够了让君郎叫我。"张氏说着就离开了。三人甚是高兴，喝酒谈天至深夜。

送走了张云，何景明和戴冠虽然有些醉了，但却没有了睡意，二人又在书房喝茶聊天。戴冠比何景明小两岁，但其才气和对人生的理解却使他显得十分的老成，何景明感到眼前的这个年轻人一定会前途无量。他随即写了一首诗，称赞戴生。诗道："二十年方妙，昂藏见尔才。青云满霄汉，黄鹤尚徘徊。宝剑休轻试，家书莫屡开。百年深有望，吾道岂尘埃！"可就在这天晚上，不幸的事情发生了。何景明见戴冠在书房睡下后，便回到自己的卧室，看见夫人躺在床上，正张着大口呼吸，面色青紫。何景明立即喊道："夫人，夫人，你怎么了？！"

张氏一句话也说不出来，她紧紧抓住何景明的一只手，似是想说什么，却说不出来。戴冠听到何景明大声呼叫着"夫人"，知道张氏可能是病发了，便立即走了过来，敲了敲房门，问道："先生，师母她怎么了？"

何景明道："仲鹖，你快进来吧。"

戴冠走进卧室。何景明道："仲鹖，你在这里帮我看着夫人，我去请太医!”戴冠道:“不,我去,我知道太医院,离这儿不远,拐两个街口就到了。”他说着便走了出去。

戴冠去后不久,何景明见夫人的嘴又翕动了几下,他连忙俯下身子,听夫人用微弱的声音道:“郎君,我对不起你,没有给你生下一儿半女……”说罢,两颗泪从眼角里滚落下来。还未等太医赶到,张氏便永远地离开了人世。

何景明悲恸不已,他一遍遍喊着妻子的名字,可妻子再也无法感受到他给她的任何信息,这个只有21岁的年轻生命,带着人生的遗憾,就像一朵毫不起眼的小花消失在茫茫人海里,再也无法相见。何景明把张氏抱在怀里,久久不愿放下。太医和戴冠赶到时,无不为之动容。

张氏离世,让何景明在京的文友无不为之震惊。文友携夫人们前来吊唁,何景明提出要送夫人遗体回老家安葬。时任吏部员外郎的王九思道:“近日朝廷颁布敕令,因皇帝诏令所建正寿塔即将封顶,陛下身体欠佳,朝廷大小官员一律不准告假,恐仲默暂时无法送夫人回乡安葬。”

何景明一直处在悲痛中,不知如何是好。好友王廷相道:“仲默兄不要太难过,节哀顺变为上。可先将夫人遗体火化,等朝廷准假后再护送夫人骨灰回乡安葬不迟。”大家都觉得这个办法好。何景明采纳了好友们的意见,将夫人的遗体送往火化。

事后,何景明想到张氏跟随自己受了很多苦,自己有愧于她,如不早日让骨灰安葬,他心里很是过意不去。于是他对这几日一直陪伴在他左右的学生戴冠道:“仲鹖,夫人跟着我没有享一天福,离世后又不能入土为安,我心里很是过意不去!”

戴冠道:“先生有什么吩咐尽管让学生去办。”

何景明道:“夫人走后,因路途遥远也未回家报丧,我想请一名脚夫随同你护送夫人的骨灰回家安葬。我写两封信请你送到家里,一封给我的父母,一封给我的岳父岳母,并把夫人去世及我不能护送夫人回家安葬之事一一告知,以让家人放心。”

戴冠满口答应了下来。就这样,第二天一早,戴冠便同何景明请来的脚夫一起护送张氏的骨灰回信阳安葬。

张氏的离去，何景明感到一起住的这个温馨的小院一下子空落落起来。这天夜里，他自斟自饮了许多酒，脑海里老是闪现着夫人的影子，心头不免升起一些孤独和悲凉。他一夜未眠。五更里，他拿过纸笔，和泪写下了三首《悼亡》诗，其中一、二首云："冬夜一何长，展转难及晨。念彼重泉下，杳杳隔千春。中闺月皎皎，纨素委流尘。驰光安可追，往者无复陈。凄凄向隅泣，无乃女子仁。丈夫自有志，忍哭虞伤神。沉思结中抱，恨恨不能伸。""鸡鸣报早朝，出户履晨霜。仰视东方星，三五不成行。念子当此时，灯前理衣裳。恍然失所在，零泪空滂滂。"

何景明写完诗，天已经大亮了。夫人的影子一直还在他的脑海里挥之不去。这一天他还有很多事情要做，他必须从夫人离去的悲痛中走出来。于是，他揉了揉松惺而有些发红的眼睛，拖着沉重的步子向门外走去。

三

弘治末年，孝宗皇帝由于过度信奉佛老之术，一心想着长生不老，不理朝政，导致外戚专权，朝廷政治腐败。河北、四川、江西等地农民纷纷起义，明朝的江山受到了严重威胁。孝宗皇帝认识到了问题的严重性，于是他采取了"弘治中兴"时期的策略，诏告朝野：实施"新政"，广开言路，倾听朝野士人正直善谏之言论，并要求朝野大小官员须直言无讳，献计献策，上折陈述国家兴利除弊的治国良策。

皇帝的诏告一出，一些具有正义感的官员们的心头为之一振，他们似乎在已经一蹶不振的弘治朝廷看到了一丝希望的曙光。李梦阳等一些希望重振朝纲的政治文人们大感振奋。特别是李梦阳，他希望这一次能在皇帝的诏告下公开上疏，把自己除弊兴利的治国良策陈述给皇上，因为是皇帝的亲诏，就算是除弊兴利的言辞过激，也不会治罪，自己还有可能引起皇帝的重视和关注。想到这里，李梦阳激动不已，他奋笔疾书，连夜写出了长达五千言的《上孝宗皇帝疏稿》，痛陈时弊，准备书呈皇帝。

何景明冷静地分析了孝宗皇帝的诏告，他也想把自己对当前时政的看法及改进措施写成疏稿，上书给皇帝，只是因为姊夫孟洋来京会试，住在何景明的宅邸而耽搁。那天晚上，何景明在醉仙楼设宴为孟洋接风，邀请了京城的一些文友参加，晚上，李梦阳有事未来参加。席间，大家喝酒尽兴时，何景明道："献吉兄要是来了就好了。"

王九思道："献吉秉性耿直，不避忌讳，遇事好出头，我看他八成是在给皇上写疏稿去了。"

大家赞同王九思的说法。

何景明道："但愿献吉兄不会有事。"

康海举起酒杯，道："别想这些，我敬各位一杯，希望孟望之这次一举及第，下次我们来喝孟望之的金榜题名酒。"

孟洋有些激动，举起酒杯道："感谢各位仁兄看得起我孟洋，如果对山兄的话能够言中，我定要倾囊设宴请各位仁兄赏光！"

大家举起酒杯，一饮而尽。

那天晚上李梦阳未参加何景明为孟洋的接风宴真被王九思言中，他果然是给皇帝上疏了。疏稿呈上去之后，一直期盼着能够得到皇帝的回音。可他的心里很是不安，要么皇帝看了疏稿后大为震怒，将他杖责或下狱或解职，要么接受皇帝召见，褒奖他的谏言而得到重用和提拔。没想到的事情终于发生了，李梦阳上疏后的第五天，他接到圣旨，孝宗皇帝将李梦阳下了诏狱。

这是李梦阳第二次进监狱。他对这次下狱表现得十分冷静，因为他的上疏触犯了权贵。原来李梦阳在疏稿里直中朝弊，矛头直指皇亲国戚，揭露寿宁侯张鹤龄及其弟张延宁两位国舅祸乱朝纲，招揽无赖，罔利害民，应该杜渐防萌。张鹤龄见到李梦阳的上疏后，恼羞成怒，立即找到姐姐张皇后，大骂李梦阳胆大妄为，竟敢藐视朝廷，辱骂皇亲国戚。于是罗列了李梦阳该杀的十大罪状，上朝奏辩，一些巴结讨好寿宁侯张鹤龄的势利朝臣们也跟着呼应："李梦阳目空一切，藐视朝廷，罪当该杀！"孝宗皇帝不得已只得将李梦阳下诏入狱。

张鹤龄见皇上并没有将李梦阳治死罪的意思，于是又找到姐姐张皇后，要求再给皇帝施压。因孝宗皇帝不近女色，最宠幸皇后张氏，平时对张氏很是娇惯，张氏哭闹着一定要治李梦阳的死罪。孝宗见皇后如此哭闹便有几分不悦道:“要求朝臣谏言,兴利除弊是朕亲自下的诏,李梦阳上疏是应诏所为,虽然有言过之错,但罪不致死。如朕下旨杀了李梦阳,朕出尔反尔,今后谁还敢向朕上疏谏言?”皇后见孝宗如此说,便不再作声了。皇帝说道:“为了让皇后消气,朕决定罚李梦阳三个月的俸银,以儆效尤。”

孝宗皇帝并非昏庸之帝,他一直被世人称之为明君,事后他将张鹤龄召至乾清宫,狠狠教训了一顿,张鹤龄免冠叩头而出。此后,张鹤龄兄弟便有所收敛。

孝宗皇帝降旨:从轻处罚李梦阳,罚俸银三个月,释放出狱。

李梦阳出来了,官位并没受到影响,只是罚了三个月的俸银。京城的好友们一片欢呼,纷纷要设宴为李梦阳压惊。

就在这一天,来京参加春试的孟洋荣登第三甲进士。当孟洋把从皇榜上看到的消息告诉何景明时,郎舅二人紧紧相拥在一起,都激动地流下了热泪。孟洋能中,这对何景明来说真是莫大的欣慰,他想起了姐姐景晴,她是个十分要强和好面子的人,这么多年她吃苦耐劳抚养着两个孩子,家里的活儿一概不要孟洋插手,就是期盼着有一天孟洋能够进士及第。现在好了,姐姐终于如愿以偿了,孟洋这几年的潜心苦读总算有了回报。他决定要在醉仙楼宴请文友,祝贺孟洋进士及第和为李梦阳出狱压惊。

孟洋道:“上次筵席上承诺,我若能考中,一定要请大家在醉仙楼喝酒。我也很想结识一下李献吉,你负责给我下帖子,我来请诸位。”

何景明想起了上回孟洋对康海和诸文友的承诺,便答应了。晚上,孟洋在醉仙楼设宴款待在京的文友。

这次宴席上又加盟了几位新文友,一是被誉为“江南四大才子”之一的徐祯卿,一是闽南才子郑善夫,还有河南崔铣、山东殷云宵、江苏徐缙和陕西段炅,他们都是孟洋的同科进士。筵席在一遍祝贺声中开始,议题是以李梦阳上书为中心。大家请李梦阳谈谈给皇帝上疏的感想。坐在上席的李梦阳举起酒杯,将杯中酒一饮而尽道:“我李梦阳脾气太直,敢说直话,敢批逆鳞,所以触犯了权贵,致我两次下狱,受尽了酷刑,我的一腔热血，尽忠朝廷，却得如此回报，实在可悲！我承受的不只是体肤之痛，更重要的是心灵之痛啊！可是我并不后悔，为了大明的江山社稷，我的这个直脾气看来是改不了的！”李梦阳说着有几分激动。

孟洋举杯道：“我为献吉兄能够平安归来，并能参加今晚的薄宴感到荣幸之至，我敬献吉兄一杯！”孟洋率先将杯中酒一饮而尽。

李梦阳看着有几分憨厚的孟洋，心里一下子高兴起来，说道：“认识你们这些新入京的才俊是我李梦阳的幸运，也希望我们今后成为志同道合的好朋友。”

孟洋道：“今后还得仰仗献吉兄和诸位仁兄的提携和帮助，在诗歌创作上多多赐教。”初次见面，孟洋便给李梦阳留下了深刻印象，并在日后的交往中结下了深厚的友谊。正德七年，孟洋被选为御史，后因抗疏弹劾大学士梁储、靳贵等被诬陷下诏狱，被贬谪桂林教授，李梦阳曾写诗为其鸣不平，诗道：“长沙贾谊君仍远，南涉三相复九疑。虎豹深山聊泽雾，蛟龙得雨固须时。行藏学阁苍梧夕，鼓角夷城白发悲。怅望适荆心岂忝，飘零极海翅非垂。”从诗中可以看出，李梦阳对孟洋十分关心和看重。而孟洋对李梦阳的尊重和钦佩更是有加。他曾在《宴别李献吉》一诗中写道：“野草栖迟久，风尘复此行。偶逢谷口客，翻动北山情。竹野贪留奕，花渠爱濯缨。谢安吾愧汝，不起奈苍生。”他把自己比作“野草”，透示着他结识李梦阳的幸运和对李的钦佩之情。

正德二年（1507年），李梦阳代户部尚书韩文草拟奏章，请诛刘瑾失败后第三次下诏狱，出狱后闲居开封，孟洋两次路过开封时均去李梦阳宅第看望李梦阳。《过大梁贻李献吉》诗云：“两年不见空同子，杨柳青青汴水滨。避世独留瓜圃在，著书吾爱草堂贫。门前雪尽添春水，江上梅开傍野人。竹径不曾延俗驾，思君何日得相亲。”

李梦阳出狱后，继续领导着文坛上的“复古”和反“台阁体”运动，何景明也是积极响应。这一段时间，李何交往过从甚密。李梦阳比较欣赏何景明才思敏捷，其诗文音韵清丽，节律规整；何景明一直把李梦阳尊称为兄长，欣赏李梦阳的诗文格调高雅、气势雄浑，其诗文与其性格相似，有一种高昂向上之势，而何景明的诗文绵柔一些，其人也较内敛，两人的诗文性格互补，相得益彰，配合得十分默契。李梦阳忠直敢言，声震天下，出狱后，何景明写诗大加赞赏，对李的忠勇敢言无比钦佩。他在《答献吉二首》第二首诗云：

吾君古尧舜，垂衮蓬莱宫。
止辇受群善，小大必有容。
缅怀燕邹子，悲号诉苍穹。
彼苍亦何神，五月飞霜风。
至诚变金石，何惧不感通。

这首诗使李梦阳十分感动，全诗一气呵成，引经用典得当。何在诗中把李比成游居燕国的邹衍，邹衍乃大忠臣，因不满奸佞乱政，直言上疏，而燕惠王却听信谗言将其下狱。邹衍仰天悲哭，时正值夏天而天降大雪，人们认为邹衍蒙冤感动了上天。李梦阳感叹何景明才华横溢，若论其文才不在自己之下，所以他对何景明特别看重，后来他在给徐祯卿的《送昌谷》诗中有“是时少年谁能文，太常边丞何舍人”的诗句，足以看出他对何景明诗才的看重。

从弘治十六年到正德二年，京城文人在李梦阳、康海、何景明的带领下高举文学复古的大旗，提出了“文必秦汉、诗必盛唐”的主张，对当时的虚浮萎弱的“台阁体”文风起到了排抑的作用。

一天，何景明没事，闲步来到李梦阳宅邸，左氏夫人立即迎了出来，把何景明让进书房，李梦阳站起迎道：“仲默，请坐。”

何景明看出李梦阳像是在生气，便笑道：“看来小弟来得不是时候了，献吉兄不欢迎啰！”

李梦阳立即拉住何景明的一只手道：“仲默请坐。”

左氏给何景明上了一杯茶。李梦阳随即递给何景明一封书信，道：“没想到这个昌谷自恃才高，居然对我的一些观点提出质疑！”

何景明接过徐祯卿写给李梦阳的《与李献吉论文书》的信，从头至尾看了一遍，他慨叹这个徐昌谷不愧是江南才子，其文思缜密，含蓄有致，文中看似与李梦阳谈论一些对时义的看法，却隐含着对李梦阳“盛唐以下无诗”的说法不相苟同。如文中所言：“唯汉氏不远逾古，遗风韵犹未艾，而郊庙闾巷之歌多可颂者，仆以为如是，犹不可判于古。”而文中让李梦阳最不可接受的是把他与李梦阳的关系比作“皮陆”的关系。皮即皮日休，晚唐诗人，诗以写景咏物为多，但不乏愤世忧时之作，诗歌创作上追求艺术技巧，喜用诗歌借古讽今。陆即陆龟蒙，皮日休的诗友，二人交往甚密，因其创作风格与皮相似，二人相互唱和，在吴中一带颇有盛名，世称“皮陆”。何景明想，他们倡导的“文必秦汉，诗必盛唐”，在京城新诗派文人中他是最积极的支持者和倡导者，但他并不对盛唐之后的诗歌一概否定，认为盛唐之后也不乏有好诗。可李梦阳却不同，他过分强调杜诗，特别是先期受其师李东阳茶陵派诗的影响，大倡复古，其后又与茶陵派分道扬镳，一反台阁体的腐糜之风，以杜诗为诗歌创作的楷模，其他诗一概不齿。他的这种极端的做法也是导致日后他与李梦阳分道扬镳的主要原因。

何景明看罢徐祯卿的《与李献吉论文书》，故作没看出问题，笑道：“若论昌谷的诗，我也曾读过几首，有些带有吴中靡丽之风，所以他很欣赏皮陆的诗风。”

李梦阳依然气愤道：“昌谷意将我与他比作皮陆相互唱和之说，简直是无稽之谈。皮陆何许人也，其诗多逞才斗巧、炫富矜博、流于嬉戏，这与我等提倡的‘文必秦汉，诗必盛唐’显然格格不入嘛！”

何景明给李梦阳添了一杯茶，依然笑道：“献吉兄消消气，这吴中才子竟敢质疑我们的诗坛盟主，这还了得。”他转而道：“献吉兄，我看这吴中才子还是蛮尊重你的，他是在向你请教，只是比喻不恰当而已。”

李梦阳看了何景明一眼，道：“哪里看出他在请教于我？”

何景明指着书中一段话：“若徒务雕切之华而不责其实，则恐为扬雄之玄，徒取病于后世耳。梗楠豫章之材，所用于世，贵其实也。仆虽驽德，窃尝志于是其必本道德之衷，遵作者之度，以巢丝缝衣生物而已。”何景明道：“这段话的意思分明是要改变他以往雕砌浮华的写诗风格，追随你的文章的雄浑和大气，你说不是吗？”

李梦阳听何景明如此说，心气平和了许多。他呷了一口茶，继续道：“中唐诗人元稹、白居易，以至韩孟、皮陆之徒，他们的诗一开始就连连斗押，累累数千百言不相下，此与入市攫金，登场角戏何异也？”

何景明看着李梦阳，没有发表自己的看法。李梦阳接着道：“我认为，写诗全在宣志而导和者也，故诗贵宛不贵险，贵质不贵靡，贵清不贵繁，贵融洽不贵工巧。”

何景明道：“献吉兄所论精辟之至，这也是对中唐之后浮华不实诗风的一次最好的纠偏之论，实乃受益匪浅。”

李梦阳见何景明对自己的观点十分赞许，心里很是高兴，接着道：“自成化以后，安享太平，多是台阁雍容之作。愈久愈弊，陈陈相因，遂至单缓冗沓，千篇一律。如此之文学风气，如不排除流弊，扭转归正，实乃我辈之罪过也！”

何景明道：“我非常赞同献吉兄所言，当前的馆阁诗文肤弱无骨，靡弊至极，必须彻底改变之。特别是八股文考试制度的弊端，使许多士子只知四书五经、时文范本，不识其他著作。倡导复古，使天下复知有古书，使人们注意学习情文并茂的汉魏盛唐诗歌，这对消除当前八股文考试的弊端、廓清萎靡不振的诗风大有好处。”

李梦阳与何景明越聊越高兴，他让夫人左氏准备酒菜，要与何景明痛饮几杯。左氏笑道：“我知道仲默来了你一定不会放他走，所以酒菜我已经给你们准备好了，你们先聊，一会儿就好了。”

李梦阳开心地笑道：“还是夫人了解我。”李梦阳忽然想起什么似的道：“呃，仲默，你如今还是单身，应该续弦了，要不老兄帮你物色一位？”

何景明笑了笑道：“谢谢献吉兄，现在还没考虑这事，等亡妻满周年后再说吧。”

李梦阳见何景明很认真，转过话题道：“记得仲默去年写的《杂言十首》，其中有一首是‘经亡而骚作，骚亡而赋作，赋亡而诗作。秦无经、汉无骚、唐无赋、宋无诗’我感觉非常到位，写得好！”

何景明道：“倡复古，我何仲默是离不开献吉兄的影响的，特别是献吉兄的‘文自西京、诗自中唐而下，一切吐弃’对我等的影响甚大，改革诗坛的萎靡之风也是当前的必然趋势。”

李梦阳对何景明的一番话感到十分欣慰和高兴。在何景明看来，“文必先秦两汉，诗必汉魏盛唐”是着眼于中原文化传统而提出来的。中原是周秦、汉魏、盛唐文学的中心区域，师法先秦两汉文和汉魏盛唐诗，就是从文学上传承中原文化传统。在他看来，先秦诗文之高古、秦汉散文之质实，汉魏诗歌之悲慨、盛唐诗歌之雄浑，正是中原文学传统的精粹，是历代文学中格调最高者，所以提倡复古是当前文学改革的必然之路。为了表示他的复古决心，他将自己的号白坡改为“大复”。这天晚上，李梦阳与何景明开怀畅饮，二人都喝得酩酊大醉。何景明晚上就宿住在李梦阳的书房里。

李梦阳与徐祯卿的争论时间并不长，知道的人也不是太多。李梦阳在文坛上的领袖地位使徐祯卿最终接受了李梦阳的思想，徐改变在诗歌创作上已经形成的吴中靡丽风格，追求汉魏古诗风韵，最终成为复古运动的主要成员之一。

这一时期，在京城文坛上活跃的文人有二十多人，这些文人影响最大，诗文传阅最广，且观点一致，都提倡复古，反台阁体腐糜诗风的文人中最出色的有七人，被后世称之为“前七子”。在七子中，年龄最大的王九思37岁，最小的何景明只有23岁，他们都有一腔热血，创作的激情都很高涨，且各有所长。而李梦阳、何景明被推举为复古运动的领袖，足见何景明在文坛上的影响。何景明年龄最小，来京时间不长，他能与李梦阳齐名，并与李梦阳同处在文坛领袖地位，一是何景明入京后所写的大量诗文被京城文人所称道，二是何景明为人谦虚、诚恳，很会处理诗友间的人际关系，加上李梦阳对何景明的推举。他在《送昌谷》诗中，为了告诫徐祯卿不要自恃才高，轻狂不实，而天下有才的人多的是，并指出何景明就是极有才华的诗人，于是写出了：“是时少年谁能文，太常边丞何舍人。舍人飘飖使南极，直穷金马探泸津。尔虽不即见颜色，梦中仿佛形貌真。余也潦倒簿书客，诸公磊落清妙身。大贤衣钵岂虚掷，应须尔辈扬其尘”。此诗一出，徐祯卿自感惭愧。加上康海、王廷相等人力挺何景明，致使何景明很早便奠定了在京城文坛上的地位。而何景明诗文影响渐大，真正与李梦阳齐名是在正德年间，他的名气甚至超过了李梦阳，这使李梦阳心里很是不平衡，最后才决定与何景明分道扬镳。这是后话。

这一时期，在京的文人中，除七子外，还有何孟春、何瑭、崔铣、孟洋、郑善夫、朱应登、顾璘、王尚絅、殷云宵、王希孟、田汝耔、张士隆、徐缙、段炅、陶骥等文人，他们虽然未列七子之中，但他们的影响也很大，同是复古阵营中的重要成员，他们都与何景明关系密切。

一天下午，孟洋、崔铣二位进士来拜见何景明，因为就在当天上午，孟洋被授予行人司行人，崔铣被授予翰林院编修。二人高兴，说要请何景明喝酒。何景明笑道："看来请客是少不了的，你们请我也只能是预请，要不这样，今晚先把咱们河南老乡叫在一起坐坐，我们在京的几个老乡好久没在一起聚了。"孟洋和崔铣立马赞同。于是，他们喊来了王廷相、何瑭、王尚絅、张士隆、田汝耔、王希孟几位河南老乡。老乡相见，十分亲切。孟洋提出要在醉仙楼订一桌，王廷相道："别到醉仙楼了，我知道有一去处，就在本街前不远有一个叫'王老大熏风馆'的，里面有一道名菜叫'九香猪头肉'，味道极佳，吃起来满口留香，咱们今晚就到王老大熏风馆里去。"大家都表示赞同。

正准备前往餐馆，这时从外面又走进三个人来，大家一看不是别人，正是孟洋和崔铣同科进士郑善夫、殷云宵和陶骥。郑善夫是闽南人，殷云宵是山东人，陶骥是上海人，他们都是来拜望何景明的。这位号称闽南才子的郑善夫十分敬重何景明，入京后多次到何宅拜望。说来也巧，郑善夫生于1485年，比何景明小两岁，殁于1523年，与何景明寿程相同，同活39岁。殷云宵和陶骥是半路上碰到郑善夫一块过来的。何景明十分高兴，道："三位来得正好，晚上咱们一块喝酒聊天。"

郑善夫笑了笑道："看来我是赶得好不如赶得巧了。"其实，郑善夫心里很是不快的，朝廷这次没有给他职务，而是让他在京候补，还不知候补到什么时候，所以想来找何景明倾诉一下心中的不快，没想到在这里碰到了孟洋和崔铣，只好把心里的不快隐藏起来。孟洋和崔铣也为郑善夫叫屈，但也不知道怎么安慰他，所以对他的到来表现得十分热情。

不一会，他们来到了王老大熏风馆。老板见来了河南老乡，十分热情，把他们带到楼上一个雅间里，老板娘亲自沏了一壶香茶送过来，又让下人端来一盆清水、拿来干净毛巾让客人洗手净面。坐下来后，王廷相介绍道："这熏风馆的老板是河南安阳人，应该跟子钟（崔铣）兄是正宗老乡。老板娘是湖南阮陵人，听王老大说，十多年前他逃难到保定，看到一个衣衫褴褛的女子晕倒在路边，他便到村里讨了一碗开水灌她喝了，不一会儿便醒了过来，他又把随身带的仅有的一点干粮给她吃了，他便和女子相扶着一路讨饭到了京城。这女子后来就成了王老大的妻子。他俩都有一手绝活，王老大会做地道的道口烧鸡，女人会制作祖传的九香猪头肉。二人开始在一些餐馆打下手，几年后两人合计着自己开店，如今发展到现在的规模。这餐馆推出的两道名菜，就是九香猪头肉和道口烧鸡。因此这里的生意很是火红。”

何景明道："看来子衡兄是经常来这里的，对这对夫妻的故事如此地了解。"

正说着，老板王老大将一个二尺见方、高约五寸的紫藤筐端了过来，筐下垫了一层隔油纸，筐里盛满了刚起锅的热腾腾的九香猪头肉，接着又端来一个略小一点的青花瓷盘，里面盛着满满一盘已经撕碎的道口烧鸡。顿时，熏猪头肉的香味和烧鸡的香味混合在一起，使整个餐间里飘散着诱人食欲的香气。大家纷纷举箸，先尝为快。这时老板又端来几样下酒菜，摆了满满一大桌子。

这猪头肉肥而不腻，香气可口，大家都说好吃，下次还要来这里请客。

何景明夹起一块猪头肉，问老板道："你这九香猪头肉是怎么制作出来的，这么有味道？"

王老大道："用一些配制的中药材经过九熏九凉制出来的，每熏一次都要换一样药材，放在通风处晾挂三天，每一批制作下来得一个月时间。"

大家叹道："怪不得这么好吃，原来制作工艺如此复杂啊！"

大家吃着肉，喝着酒，兴致极高。

王廷相跟大家碰了一杯酒，看着何景明道："听说徐昌谷写给李献吉的论文书，对献吉提出的'文自西京、诗自中唐而下，一切吐弃'有不同看法，伤了献吉兄的自尊，使献吉兄很是恼火。可有此事？"

何景明道："其实也没什么，昌谷无非是想向献吉兄展示一下自己的才华而已，并提了一些自己的看法。献吉只是觉得昌谷在书中把他与献吉兄比作'皮陆'而有些不悦。昌谷的《与李献吉论文书》我看过，写得很好,不愧为江南才子。"何景明举杯和大家碰了一杯酒,沉吟片刻道:"皮陆唱和,其诗风虽然有些华艳,但他们的山水诗确实很有特色。昌谷受皮陆影响,诗风大致相近,所以对皮陆唱和很感兴趣。"何景明见大家都在看他,似在等他继续说下去。于是说道:"这似乎给了我们一些启示,提倡'文必秦汉,诗必盛唐'这是对的,但目的是要改变当前诗歌创作上的浮华腐糜之风,推动诗文的改革和发展,刻意古范和模仿照搬也是不对的。"

王廷相首先鼓掌表示赞同。孟洋、崔铣以及何瑭、王尚絅和王希孟也跟着应和,殷云霄和陶骥在微笑倾听,而郑善夫只顾饮酒,一言不发。何景明知道他的心事,便笑道:"少谷子,想想我何仲默三年前来京城的遭遇你就心平气和了。"他说着,举起酒杯道:"来,我们大家共敬少谷子一杯。"他率先将杯中酒饮尽。这时,何景明心里高兴,忽然来了诗兴,让王老大取来纸笔墨砚,他要为这位闽中才子赋诗一首。

不一会,王老大取来了纸笔墨砚。何景明将一方宣纸摊在檀木条几上,略思片刻,一首长诗《少谷子行》一挥而就:

少谷子在武夷之山,二十抱策扣燕关。朝排阊阖暮湖海,九宵万里身翻攀。岂徒声名冠帝里,要使踪迹穷人寰。竭来京华始一识,意气形神两相得。肺腑真成水石痼,词章亦带烟霞色。龙姿鹤性不易训,海思江情浩无极……燕山游子落日吟,海滨归客秋风兴。他日遥寻少谷峰,武夷莫作终南径。

何景明的诗情和才情都堪称绝佳,在座者无不佩服他才思敏捷,笔走华章,字字珠玑。郑善夫看罢何子赠诗,心里油然升起一股感激之情,心情一下子好了起来。待墨迹干后,他细心收起道:"我一定用心珍藏仲默兄这份厚礼!"

四

在中国古典诗文史上,提倡复古运动的有过好多次,这与古代社会的发展和政治制度密切相关。早在春秋时期,孔子就曾提出"克己复礼",要求恢复西周时期一切礼制。到了初唐和盛唐已发展到了高峰。这一时期的诗歌创作大多反映人们的精神生活和社会生活状况，也反映了当时的社会和政治的现状。在表现手法上基本达到了情与理、意与象的完美统一。相比之下，盛唐之后的诗文创作就显得萎弱得多了。

这天下午何景明在家休息，他独坐书房思考着复古这一问题。他认为，复古的目的是为了革新，而复古与革新又是两个相互对立的概念，但每次的复古都具有革新的色彩。若论文学史上较具规模的复古运动，最先应该是从初唐诗人陈子昂开始的。陈子昂认为，初唐诗坛上盛行的齐梁诗风，背离了诗歌发展的基本规律，把诗歌创作引向了堆砌词藻、空洞无文、没有理想、没有寄托的歧路。所以他强调诗歌创作要具有“骨气端翔，音情顿挫，光英朗练，有金石声”。陈子昂所倡导的雄健凝练的诗风，一扫初唐宫体诗的靡丽之气，在初唐诗坛上掀起了一股复古改革的新浪潮。何景明十分欣赏陈子昂雄健凝练的诗风，认为他的诗对中唐诗人李白、杜甫也产生过重要影响。其次是发生在中唐的古文运动，发起人是韩愈和柳宗元。由于中唐时期佛道盛行，其诗文以迎奉时政、歌功颂德的为多，特别是受南北朝骈文的影响，文学创作专重整齐对偶的句式和虚饰浮华的语言，先秦两汉散文创作的传统之风荡然无存，致使当时的文学丧失了内在的生命力，给社会带来了极大的弊端。在这样的背景下，韩愈提出了“复古兴道”之说，他与柳宗元一道，掀起了一场轰轰烈烈的古文运动。其实，何景明并不赞同李梦阳曾经说过的“至元白、韩孟、皮陆之徒，为诗始连连斗押，累累数千百言不相下，此何异于入市攫金，登场角戏也”之类的过激之言。他认为，韩愈是在汲取先秦两汉散文精髓的基础上对散文进行的一次再创造，他的《师说》、《进学解》和《原道》等散文精到有致，寓景于情，不愧为散文中之精品。到了宋代，虽然诗文创作有了一些新的发展，但宋初以来，曾经风行的媚俗虚浮的西昆体诗风和晚唐延续下来的悲惋哀怨的萎靡文风占据了当时的文坛，使当时文坛上的有识之士们大为不快，于是以欧阳修为首的一批文人掀起了一场声势浩大的复古运动——诗文革新运动。欧阳修曾向朝廷建议：“可敦谕词臣，兴复古道……以救斯文之薄而厚其风化。”他同时提倡复兴儒道，重视文与道的关系，他的理论主张与韩愈是一脉相承的。在何景明看来，复古兴文并不可一概否定其他，中唐以后其实不乏文学精品和文学大家，到了宋朝可谓是一个名人荟萃的时代，欧阳修、王安石、曾巩、苏轼、范仲淹等，其诗词和散文创作可以说达到了登峰造极的地步。所以，提倡“文必秦汉，诗必盛唐”并不能一概否定中唐以后的诗文创作，对于那些好的诗文还是需要学习和借鉴的。何景明在厘清思路之后，想到自己此前的一些观念和想法应该有所转变。此时他的心里一下子平静了许多。

这时，外边有人敲门。何景明迎了出去，见是康海和王九思二人。何景明立马高兴起来，道：“是哪阵仙风把对山和敬夫二兄吹到寒舍了啊！”

康海笑道：“我们无须先风后风，是不请自到风。”

何景明带二人来到书房坐定，给他们沏了两杯刚上市的信阳毛尖。新茶的香气立即从茶杯口上飘散开来，康海吸了吸，道：“好茶，带一股桃花的香气！”

何景明道：“有好茶自然是忘不了对山和敬夫二位仁兄了。”他说着从柜子里拿出两个工艺精致的青花彩绘茶图盖罐，放在二人面前，道：“这一罐里装着二斤新茶，二位仁兄每人一罐，请笑纳。”

康海一见这青花瓷盖罐，知道这茶叶非等闲之人所赠。瓷罐上绘着两名头戴竹笠的少女在茶园采茶，伸出一双瓷白的玉手，玉指的指尖掐着茶叶的芽尖，栩栩如生，十分可爱。罐底落款大明宣德年制。康海抬起头看着何景明。何景明道：“这是夔州知府早年做过信阳守备的高铁溪先生托人给我捎过来的。高先生也是我们信阳人，成化进士，为人很正直。”

王九思道：“高先生将这么贵重的新茶寄赠给仲默，仲默又赠送给我们，看来我们要夺人之爱了。”

康海笑道：“咱们也别跟仲默兄客气了，给了就拿走。”康海说着呷了一口茶，问道：“这新茶有股桃花的清香，其味绵长而香久，这茶应该是信阳毛尖中的最上品。仲默知道这桃花香味是怎么来的吗？”

何景明道：“记得我姊给我讲过，在三月桃花盛开的时候，清晨在太阳即出未出时去桃园采摘头年僵死在树枝上的僵桃，这每颗僵桃都汲入了桃花的香气。在茶叶刹青时将僵桃拌入其中，于是这桃花的香气便熏进到茶叶里，所以喝起来便有一股桃花的清香。”

康海道:“原来是这样。”

王九思道:“听说仲默之姊很有才德,如今孟洋已授行人,为何不将夫人带入京城定居?”

何景明道:“孟洋因送他的好友也是这次落第的考生马录已回了信阳,他答应回京时将吾姊和外甥带来京城定居。”

王九思羡慕道:“姐弟都在京城,能够相互照应,真是太好了!”

康海见时间不早了,便对何景明道:“今晚没事,我和敬夫兄请你去怡乐城喝酒作乐,听听小曲,还有我们的陕西梆子戏。这一段时间太沉闷,今晚我们好好消遣消遣。”

天色尚早,三人在大街上边走边逛,转了几个街口,不一会便来到了京城有名的娱乐场所——怡乐城。这怡乐城分为前后两个小区,前小区有一些低档娱乐,如玩杂耍的、说平书的、唱地方小戏的等,应有尽有,也显得十分热闹。后小区属于高档娱乐区,有一墙相隔,进门时有两个门卫把守,凡是衣冠不整的、拾荒叫化的一律不准入内。高档区内有两幢建造别致的彩楼,名曰两园,即怡春园和怡心园。怡春园是京城有名的妓院,怡心园是欣赏歌伎舞蹈和听小曲的地方。康海带着二人来到怡心园,径直上到三楼。这怡心园一二楼都是一些装修典雅、充满情调的听曲和跳舞的雅间,三楼有一个阔大的平台,不仅可以听曲和看歌伎们舞蹈,而且还可以观看京城的夜景,感受夜晚的凉风和诱人的美色。康海和王九思是经常来的,对这里很熟。一个叫翠儿的姑娘立即跑过来,向康王道了个万福,然后挽住康海的一只胳膊,道:“二位爷好久没见来了,今儿个能来我翠儿真是太高兴了!”说话间用眼瞟着跟在身后的何景明,道:“康爷,您还没有介绍,这位爷是……”康海道:“这位是何爷,他可是京城有名的大才子,你可要好生招待啊!”翠儿道:“何爷好,欢迎光临!”

翠儿把三人带到平台上,那里早已摆了一张紫檀木八仙桌和四张广腾高背椅。三人落座后,便有两个妙龄女子抬着一个食盒子,把食盒子里的菜肴取出来摆在桌子上,有东坡肉、大闸蟹和清蒸鳜鱼等等,很是丰盛。康海来时自带了两瓶陕西关中泥窖,这种白酒度数高,口味醇厚绵长,香气馥郁,可谓是陕西名酒。翠儿道:“三位爷吃着酒,我来弹奏小曲给爷们助

兴佐酒。"说着,有两个歌女从室内取出一具古筝和一张木质软皮坐靠椅,架好古筝,翠儿坐了下来,调了一下弦,然后弹唱道:

宝靥西邻女,鸣筝傍玉台。
秋风孤鹤唳,落日百泉洄。
座客皆惊引,行云欲下来。
不知弦上曲,清切为谁哀!

何景明和王九思立即听出来翠儿唱的是康海入京前写的《闻筝》诗,这首诗可算是康海的代表之作。诗人写了一个面容俊秀、嘴角边有着两个笑靥的西邻少女,正依傍玉台拨弦弹筝。这弹筝女冰清玉洁、光艳照人,随着筝声响起,仿如一只白鹤在萧瑟的秋风中排空而上,引颈长鸣。随着太阳落山,百泉回旋,那哀怨悠远的筝声仿佛感动了天帝,让行云也欲下来倾听。可是西邻美女用这么优美动人的曲子在为谁留恋和哀伤呢?这翠儿弹奏古筝时动作优美、指法娴熟,筝声时而激越、时而哀怨,把一首《闻筝》曲弹得如行云流水、凤舞鸾鸣,使得何景明和王九思感叹不已。这翠儿年方十八,生得明眸皓齿,皮肤细腻如玉,是那种不施粉黛更能妩媚动人的绝色佳人。康海见翠儿弹奏的曲词是他的《闻筝》,更是感动不已,感叹翠儿的一片用心。康海想起了他写这首诗的起意:在他高中状元前一年的秋天的一个傍晚,他正在家中苦读准备参加第二年的春试。他忽然听到从西边的邻居家里传过来一阵悠扬的弹筝声,筝声音质淳厚、哀怨动人,一下子吸引住了康海。他立即放下手中的书籍,循着筝声走去。筝声是从西边一个住户的院子里传出来的,高大的院墙和红漆大门挡住了里面的一切。康海精通音乐,自幼父亲就请乐师调教过琵琶和古筝,因此对音乐十分迷恋。他不敢贸然敲门,但为了一探究竟,就爬到院墙外的一棵老槐树上,见一妙龄女子正坐在院子里弹筝,那弹筝女容貌俊美,楚楚动人,当她抬起头时,嘴角边还有两个好看的酒窝,这把康海一下子给迷住了。更让康海难忘的是,他爬树上偷看时却被弹筝女发现了,她先是一惊,转而却对康海莞尔一笑,那嘴角边的两个笑靥像飞出的两只小蜜蜂蜇了康海一下,让他的心里又疼又痒。康海也不知道自己是怎么从树上下来的,竟让槐刺把衣服给剐破了。一连三天,每天傍晚那女子都在院中弹筝，每听到筝声，康海就要走出家门在人家院墙外徘徊、偷听。康海本想敲门入内与女子相见，可是自己已是成家立室的读书人，那样做会有辱斯文，只是心里很是不甘。可这事被母亲知道了，将儿子训斥了一顿。此后，西邻女的筝声便销声匿迹。从此，康海也立志发誓，一定要在明春的殿试中夺魁。当他中了状元后衣锦还乡，再去西邻寻找弹筝女时，那家人已搬离此地，早已不知去向。

翠儿弹罢《闻筝》，款步走过来，粉腮微红地含笑道："三位爷，翠儿弹奏的曲子可中听？"王九思鼓掌道："太好听了！翠儿，你这首曲子把我们康状元的心都给弹酥了，你没见康状元一脸的迷离和幸福，现在还没醒过神来呢！"

何景明向康海看了一眼，王九思的话把他给逗笑了。

翠儿过来给三人敬酒。康海这才醒过神来，他见翠儿一双美丽的大眼睛脉脉含情，微微上翘的嘴角指向两个透出调皮和天真的小酒窝，他忘情地拉住翠儿一只玉手，道："翠儿，我的西邻女，你太让我感动了！"翠儿侧目看了一下何景明和王九思，粉腮上立即飞起两片红云，不胜娇羞道："康爷，翠儿敬您的酒呢。"

王九思告诉何景明道："仲默还不知道吧，这翠儿跟康海可有一段传奇呢。"

何景明问："什么传奇？"王九思让翠儿告诉何景明她与康海的传奇故事。原来，这翠儿姓张，父亲是陕西关中一带有名的张家梆子戏班的班主，母亲江氏是张家班唱花旦的名角。翠儿从小就受到艺术的熏陶，练就一身能歌善舞、唱奏念打的好功夫。12岁那年，当地恶霸王彪看上了翠儿的母亲江氏，请张家班到王宅为其母祝寿唱戏。这王彪对江氏早就垂涎三尺，趁江氏在后台卸妆时便强迫江氏与其发生关系，江氏拼命撕打，刚好被进来的班主江氏的丈夫撞见。张班主一气之下，在戏刚唱一半时便带着张家班离开王家。这使王彪恼羞成怒，欲行报复，这时有人建议去请一直备受冷落的吴家戏班来救场，这才使前来祝寿的客人不致离散。这吴家班的女主角早就恨死了江氏，认为自己的名气上不来就是因为江氏压住了她，她趁机巴结王彪，与王彪通奸苟合，欲借王彪之力除掉张家班。就在没过几天的一个凌晨,张家班住地突发大火,熟睡中的张家班二十多人都被烧死在大火中,只有翠儿那天晚上在张家班学戏的另一女孩家过夜,才幸免于难。后来张家班死者的家人联合状告王彪,因这王彪是寿宁侯张鹤龄小妾的哥哥,当地官府不敢得罪王彪,受理此案后认为是属灶火未烬而引发的大火,草草结案。于是这个轰动汉中的冤案就这样不了了之。后来,翠儿被一个远房亲戚带到京城卖给了怡春园。鸨娘见翠儿聪明伶俐,长相可人,那身段、那走路的模样全是个艺术坯子,将来一定是她的摇钱树,于是她花高价把翠儿买了下来,又请上花楼妓师专事调教翠儿的琴棋书画、媚态勾魂的技艺。三年前,翠儿刚满16岁,鸨娘便让她挂牌接客。消息传出后的当天,京城有一大户人家的公子要花高价给翠儿赎身,鸨娘十分不乐意,但她得罪不起这大户人家的公子,只得同意。可就在这时,新科状元康海也来到怡春园,当他第一眼看到翠儿时便被翠儿的容貌所吸引,这翠儿太像他所迷恋的那个西邻女了。于是他也提出要给翠儿赎身。康海出的银两要比大户家的公子少得多,但康海是新科状元,这鸨娘更是得罪不起,只是嫌康海出的钱太少。于是康海找到怡心园的老板,想把翠儿赎到怡心园,只想让翠儿卖艺不卖身。这怡春园和怡心园本就是一家,只是内部调整而已,还能得赎金,老鸨自然是乐不可支,就这样,翠儿便进了怡心园。听到这里,何景明不禁有些感动,心想:这真的有些难为对山兄了,这位风流才子能遇到翠儿这样的美人儿也算是他没有白费一番心思了!

吃罢酒,翠儿让姑娘们将酒席撤了。又有几个姑娘从室内抬出两个虎脚红木长条茶几并在一起,上面铺了一块猩红色绫罗铺单,摆上茶点和水果。翠儿让康海三人坐在两条相并的双人排椅上,给他们每人倒了一杯香茶。翠儿向室内喊了声:“姑娘们,过来。”这时有两个身穿粉红色八幅罗裙的漂亮姑娘款步走到何景明和王九思的旁边坐了下来,翠儿坐在康海的旁边。姑娘们将头靠在三人的肩上,玉手轻握住他们的手,柔情似水地将身体贴着他们。康海和王九思早就把自己身边的美人儿搂进怀里,低声软语地说着情话。何景明是第一次来这里,没有经历过这样的场合,心里只有羞涩和拘谨。这时,只见有四五个女子在宫灯下抚弄着乐器，七个身着白纻丝织舞衣的舞女随着乐声的节奏轻舒长袖，翩翩起舞，那舞姿如烟雾缭绕、如云卷云舒，在星光下、在宫灯的红光下给人一种梦幻般的感觉。这时，一个歌女在一阵幽怨而又绵软的音乐声中唱起了李太白为杨贵妃写的《清平调》：

云想衣裳花想容，春风拂槛露华浓。
若非群玉山头见，会向瑶台月下逢。
一枝红艳露凝霜，云雨巫山枉断肠。
借问汉宫谁得似，可怜飞燕倚新装。
……

李白的这首《清平调》用极其华丽的语言，描写了杨贵妃的雍容华贵和美艳无比。诗人用比兴手法，以牡丹的华贵来比喻贵妃的丰腴美丽；物我交融、字字奇葩，真可谓是句句金玉、情意缠绵的赞美诗。三位诗人无不喜欢李太白的这首《清平调》。就在康海和王九思被这婀娜多姿的舞姿和迷离婉转的歌声陶醉时，何景明早已坐不住了，他轻轻推开倒在怀中的美女，道："姑娘，请带我去墨宝房，借墨宝一用如何？"

姑娘起身拉着景明的手，来到墨宝房。

这里是文人贤士们经常光顾的地方，所以配备有专门的墨宝房。姑娘点起房内的数盏烛灯，顷刻间墨宝房内亮如白昼。何景明摊开宣纸，一气写下了《白纻歌》三首："齐纨越罗霜雪辉，吴刀并剪为君裁。鸣珰垂珮行相催，且步云馆升月台。朱缨列座琼筵开，秦筝慷慨赵瑟哀，含凄敛叹君莫猜。""千金买笑，万金买歌，明珠白璧岂足多。长眉窈窕扬秀蛾，轻身起舞垂纤罗。悲弦急管鸣相和，三星低户月沉波，银箭金壶奈夜何！""吴娥白纻为舞衣，镂花缀叶纷葳蕤，青春烂漫白日辉。轻带一举长袖施，皎如流霰随风飞。游龙宛转翔鹄迴，倾城绝代人共希。"

舞曲暂歇时，王九思见何景明已不在身边。他发现身后墨宝房的灯亮了，知道何景明必在那里，他感叹何景明不被女色所动，在这样一个销魂的夜晚他竟然独自离开。他走进墨宝房，见何景明写下的三首诗，赞赏道："好诗，真乃好诗！特别是这第一首，与对山的《闻筝》对应唱和，真是太妙了！"

是夜，何景明与王九思回到各自的家里。康海留宿在了怡心园。

第四章

钦命召见 出使云南

一

弘治十八年(1505年)五月,明朝的第十代皇帝孝宗朱祐樘驾崩,年仅36岁。孝宗皇帝上任伊始及其在位的十多年间,能够任用贤能、除去奸佞、改良政治、励精图治,使明朝中叶处在相对稳定和繁荣的大好时期,史称“弘治中兴”。但到了弘治末期,由于孝宗过度迷恋佛术,疏于朝政,宠信外戚,曾经一度中兴繁荣的大明王朝开始走向衰落。孝宗死后,15岁的武宗朱厚照继位,改年号为正德元年。武宗继位后,昏庸无道,整日声色犬马,不理朝政,纵情玩乐,致使宦官专权,朝政混乱,社会动荡不安,明代的政治更加衰败。

还在孝宗皇帝病中时,内阁辅臣刘健、谢迁、李东阳等重臣提议,国家重用人才和选拔人才需从重视教育开始,各省的教育亟待整饬。孝宗应允,于是选派九道使节巡视各省教育,何景明被选派出使云南。在何景明得到出使云南消息的第二天,姊夫孟洋带着姐姐景晴和两个外甥来到京城,骨肉相见,何景明激动异常,将小外甥大同抱在怀中,禁不住落下泪来。孟洋安顿好家眷后,在京的文友们前来祝贺,孟洋设宴款待,大家尽欢而散。这天晚上,何景明住在孟洋宅邸,问及家人情况,想到二哥景暘至今还未补得空缺,心里很是焦急。前不久他找过礼部尚书许进大人,请他帮忙过问此事,许大人是河南灵宝人,他对河南老乡很是关照,为何景暘的事还亲自找过吏部尚书马文升。马大人也是河南人,为官清廉,先后辅佐过明代五帝,人称“五朝元老”。受许大人之托,马大人便开始留意何景明二哥的事。正在何景明为二哥景暘至今未有补缺的事焦心的第二天，马大人派人通知何景明，何景旸已补任为安庆府通判，吏部已派差役快马通知何景旸即日赴任。

何景明得到这一消息后高兴万分，立即把消息告诉姊景晴和姊夫孟洋，二人自然也为二哥高兴。当天，何景明便往马大人和许大人府上拜谢二位大人。

何景明等使臣出使的日期定在六月五日，距出行的时间还有一个月，何景明与文友们相聚频繁，常在一起饮酒赋诗，讨论文学。五月五日端阳节，朝廷赐文武百官午门宴，这是每年端午节皇帝赐宴于午门的惯例。这时，何景明的好朋友庶吉士徐缙邀何景明、崔铣和孟洋来家吃粽子，何景明欣然应允。于是几位朋友便不去午门赴国宴了，一同来到徐缙家。

中午，徐缙在宅邸设宴招待三位好友。徐缙的夫人王氏过来与三位打招呼，道过了万福，然后将菜肴和粽子摆上桌子。徐缙夫人王氏系当朝重臣户部尚书、文渊阁大学士王鏊之女，生得十分俊俏，有着江南美女的矜持和高雅，且诗书礼节、琴棋书画样样皆通，不愧是名门之女。文友们都羡慕徐缙有如此之艳福。

徐缙（1482—1548），字子容，号崦西，江苏吴县人，弘治十八年进士，选庶吉士，历官翰林院编修、吏部右侍郎、吏部左侍郎摄尚书事。著有《唐五十家诗选》等。中午四人都饮了不少酒，何景明心情高兴过量而不醉。徐子容住在城北门，何景明提议登上瞻辰楼以观京城美景。于是四人登上瞻辰楼。五月五日，万里晴空，艳阳高照，瞻辰楼下来往行人不断，清晰可见胡同口白色遮阳篷下商贩们在招揽生意，并能听见他们的叫卖声。此时此景，何景明感觉仿佛出使在云南途中，似是看到了端阳节南方人催鼓划龙舟的热闹场面，他便来了诗兴，作《端阳日过子容登瞻辰楼》，诗云：

五日访南州，瞻辰上北楼。
旌旗夹水殿，箫鼓送龙舟。
沧海犹多难，佳辰但百忧。
浮云暮南适，遥向楚江头。

何景明用此诗寄望着六月五日出使云南，路途顺利，消除路途遥远和道路难行的担忧，希望能早日完成圣命。三人都称赞何景明此诗甚佳。

一连几日，何景明因饮酒过多，感到胃里不适。第二天，他不想去会友，在家休息，没想到还是有人敲门。何景明开了门，见是工部主事都穆先生。都穆喜欢文学，喜收藏金石书法，喜论诗，而京城的年轻才俊们都不愿与其为伍，唯独何景明对他十分尊重，称其为先生。都穆时年已 47 岁，仕途不顺，与刘瑞、钱荣交好，被人称之为京中“三士老”。何景明十分尊重年长者，也对他们的仕途不顺寄予同情。

何景明把都穆请进书房里，给他沏了一杯茶，道：“什么风把南濠先生给吹来了？我也正想着抽时间去拜望您呢。”

都穆道：“听说何舍人要出使云南，我也向朝廷病乞回南濠里，今晚我请何舍人饮酒，为你饯别。”

何景明道：“既是这样我应该请南濠先生的，刚好借此机会把先生的好友世恩先生叫在一起，这是再好不过了。”

是夜，何景明在王老大熏风馆宴请都穆和钱荣，因刘瑞先生外出不在京，他叫来了徐缙和孟洋作陪。都、钱、徐三人都是江苏同乡，相见随意而亲切。两位老先生因高兴，饮了许多酒，话也多起来，一味夸赞何景明如何有才、如何礼贤下士，还说最看不起那些狂傲不可一世的年轻人，自以为才高八斗，其实只是半瓢水，等等，说得何景明等都大笑起来。

是夜，何景明作《送都玄敬主事二首》，诗云：“夫子风流士，才高耻受樊。长贫思故里，多病乞文园。落日空山暮，清霜十月繁。修程正迢递，努力为加餐。”“此别何时晤？佳期难重寻。扁舟南国远，岁晚大江深。白首三年客，沧州万里心。平沙有归雁，立起送离音。”此二首诗体现了何景明对都穆先生的尊重和对一位老朝臣因清廉而生活艰辛的同情。

都穆（1458—1525），金石学家、藏书家。字玄敬，郡人称南濠先生，江苏吴县项城人，弘治十二年进士，授工部主事，官至礼部郎中、太仆寺少卿。有《周易考异》、《金薤琳琅》、《玉壶冰》等著作传世。

何景明回到家里，已经是下半夜了。他来到书房，和衣躺下，却没有睡意，脑海里回想着朝廷里发生的事。他没有想到，正当壮年的孝宗皇帝突然驾崩，满朝文武一片惊诧。孝宗皇帝算得上一代明君，在他治理下的

18 年中，罢黜奸佞，重用贤能，亲民理政，并在政治上进行大胆改革，有效缓解了自英宗以来日益激化的社会矛盾，人民的生活也相对安定。孝宗皇帝年仅 36 岁便走完了人生，这令何景明唏嘘不已。

数日后，武宗下哀诏，派九道使节齐出考察九省教育。何景明、陈九畴等九道使节在太和殿接受召见。

按明代的祖制，皇帝的服衰期为三年，因为皇帝乃一国之君，可减为三个月，三个月内皇帝可在后宫内召见朝廷重臣，如有派令可下哀诏由内监送达。武宗不按祖制，偏要在正式场合接见使臣，何景明等九道使臣跪伏在皇帝龙椅前的红地毡上，刘健、谢迁、李东阳等大臣位列两边。年轻的皇帝一脸笑容，走下龙椅，躬身用手扶起跪在前排的何景明道："各位爱卿平身。"

九道使节纷纷站起，均为新皇帝的平易近人所感动。

太监刘瑾宣读诏书："何景明出使云南，陈九畴出使江西……"

出行前的一天晚上，李梦阳在赏月楼为何景明设宴饯行。参加送行宴的有"前七子"，外加王守仁和孟洋等在京的相知文友。席间，大家谈及前不久李梦阳鞭打寿宁侯张鹤龄一事，何景明道："献吉兄，你是怎样鞭打寿宁侯的？吾等愿闻其详。"

李梦阳道："这张鹤龄以为自己是皇亲国戚，飞扬跋扈，坑害朝臣，无人敢招惹，我偏要教训他一下。"李梦阳停了一下道："大约是三月中旬，也就是我从狱中出来不久的一天下午，我骑马回家，在途中碰到了张鹤龄，他用睥睨的眼光看着我，还向我马前啐了一口痰，这下可把我气坏了，早就想揍他一顿解恨，可就是没有机会。我见他坐的马车已经过去了，便折转马头跟上去，先是给他一顿臭骂，接着又给他两鞭，当时就把他打趴在马车上，见他满嘴流血，才发现打掉了他的两颗门牙。"李梦阳说完，大家一遍赞叹声，纷纷给李梦阳敬酒，道："打得好，打得好！"王廷相道："献吉兄，被你打掉两颗门牙的寿宁王一定不会善罢甘休的，他一定会告你御状的。"李梦阳道："我知道他会告状的，可是我并没受到孝宗皇帝的怒斥，这件事恐怕就算过去了。"李梦阳叹了口气道："孝宗帝是我大明不可多得的开明皇帝，上次被张鹤龄陷害入狱，不是孝宗帝保我，恐怕今天就不能与兄弟们一起喝酒了！只可惜孝宗帝英年早逝！”李梦阳说着有些伤感起来。

何景明举起酒杯道：“献吉兄仗义执言、不畏强暴的个性让我等十分敬佩，也是我等学习的楷模。来，我敬献吉兄一杯。”何景明将杯中酒先自饮下。

这时，大家改换了话题，又谈起了文学复古之事。何景明看了坐在李梦阳旁边的王守仁一眼，见他一直沉默不语，笑道：“伯安兄，前段日子我拜读过你的几首山居诗，如《寻春》、《山中立秋日偶书》和《夜宿无相寺》等，写得空灵秀丽，词句工整，而且禅意十足，是山居诗中不可多得的佳作。”何景明说着背起了王守仁的《山中立秋日偶书》诗：“风吹蝉声乱，林卧惊新秋。山池静澄碧，暑气业已收。青峰出白云，突兀成琼楼。袒裼坐溪石，对之心悠悠。倏忽无定态，变化不可求。浩然发长啸，忽起双白鸥。”

何景明背完王守仁的山居诗，大家立即鼓起掌来，佩服何景明的好记性。王守仁也被何景明惊人的记忆力所折服。何景明道：“最近没见伯安兄有何新作？如有，还望赐愚弟拜读。”

王守仁道：“我最近似乎悟出了一些道理，所以无心于诗和辞章之学，我打算不再写诗了，而是作一些心学方面的研究，不想把有限的精力用在虚文之上。”

王守仁的话让大家都有些愕然，不知这个江南奇才又想出了什么新点子来。

王守仁（1472—1529），字伯安，号阳明，浙江余姚人，弘治十二年（1499年）进士，时任兵部主事。明代最著名的思想家、文学家、哲学家和军事家，官至南京兵部尚书、南京都察院左都御史，因平定朱宸濠之乱等军功而被封为新建伯，隆庆年间追封侯爵。

虽然仕途曲折，但在当时京城的一帮年轻文人中，王守仁后来的地位最高，对后世影响也最大。王守仁创立“心学”，对朱熹的“格物穷理”提出了质疑。朱熹认为，万物皆始于理，遵从于理，最后归结于理，理是先天存在的人的精神主宰。只有把事物观察透了和研究透彻了，方能知道其中之理。提出了人要“存天理,去人欲”,认为“通天、地、人之理,明古今治乱之源”。王守仁曾经很是崇拜朱熹,据说他为了弄清朱熹的“格物穷理”,决定做一次实践,于是七天七夜静坐书房观察研究竹子,达到了废寝忘食的程度,一直到坐不住了、病倒了也没有悟出一个道理来,最后他的结论是:“心即是理,心外无物,心外无理。”认为朱熹将“物理”与“吾心”分割为二是极端错误的,他反对朱子提出的“知先后行”学说,认为知行是统一的,是不可分割的两个方面。说朱熹的学说“繁琐杂乱”、“支离决裂”、“学术不明”,禁锢了人们的思想,束缚了学者的手足,不利于振兴封建道德和大明王朝的统治。王守仁向大家介绍了他的心学理论,大多数文友认为王守仁对程朱理学的否定而创立“心学”,并提出了“心即理”,是哲学上的一次创新,都表示认可。

散席后,李梦阳让赏月楼老板拿来文房四宝,他当即为何景明赋诗《送何舍人齐诏南纪诸镇》,诗云:

此时九道使臣出,舍人亦辍螭头笔。
白马翻腾蓟北云,锦帆暮闪江沱日。
江沱秋交多烈风,洞庭云梦俱眼空。
巴陵县令舍人兄,接诏会弟西楼中。
童年题诗面高壁,云载不到纱为笼。
南岳以南惟峻山,苦蒸毒雾何盘盘。
天王新令雷电掣,妖蛇不敢啼林端。
五溪官长喘喙拜,黔州父老垂泪看。
却瞻苍梧云气黑,斑竹临江怨幽色。
翠华缥缈空冥间,此时此恨谁知得。

此诗一气呵成,情真意切,并把此去所要遇到的艰难险阻都预测到了,表现了李梦阳与何景明的深厚友谊。

何景明出使云南,朝廷委派一名姓熊的太监及三名差仆陪同何景明前往,负责何景明的饮食起居及过往安全事宜。

六月十二日是何景明动身的日子。

清晨,天还未大亮,熊太监便带着三名腰系佩刀的差仆赶着两辆马车来到何景明的宅第前。何景明开门请熊太监等人入座喝茶。

熊太监道:"不了,图早凉快,何大人如收拾好了咱们就赶路吧。"

何景明道了声"好",便将随行物品放进马车。这时,王廷相、孟洋、崔铣、何瑭、郑善夫等一帮文友赶来相送。何景明与文友们执手告别。这时,孟洋忽然追过来,从袖中取出一封书信,道:"昨天下午我到弟宅,你不在家,碰一邮差送来一封书信,我便代收了,差点忘了给你。"

何景明便将书信揣入怀中,坐进了马车。这时,他忽然想起来昨天晚上写好要给孟洋的一首诗,他立马让车夫将马车停住,从车里探出头来,孟洋也立即跟了上来。何景明将诗稿递给孟洋,向孟洋挥了挥手,马车便缓缓向前驶去。

孟洋展开诗稿,见上面写的是一首《别望之》的五言绝句,诗云:"相送不得远,临水一悲歌。行云暮不止,游子意如何?楚塞风烟迥,燕关雨雪多。春还问消息,尺素莫蹉跎。"

孟洋读罢此诗,心里有一种说不出的沉重感。此去路途遥远,旅途艰难,他在心里为何景明祝福,祝愿他不辱使命,凯旋归来。

何景明乘坐的马车行驶在清晨的大街上,马蹄的"哒哒"声敲开了早起的晨雾。何景明看着车窗外晃过的北京街景,想起了朝臣和新帝对自己的信任和此去要完成的考察重任,他的心情久久不能平静。

出了京城,车速加快了。何景明从怀中取出那封用红纸笺封的书信,拆开封笺,里面是一个折叠方正整齐的丝绢,打开丝娟,见是唐河县王氏女洵姝写来的,他立即想起来了几年前在坚山寺苦读时遇见的唐河县王氏女,那清秀的面孔和那双乌黑明亮的眸子便闪现在眼前。他计算了一下,那年王洵姝16岁,一晃四年过去了,如今她已经20岁了,应该早已成婚了吧。何景明见丝娟的上端用缜密的彩丝绣着一对比目鱼,丝娟的下边绣着一莲蓬荷花,荷花下绣着一对戏水鸳鸯,栩栩如生。中间是用黑丝绣的一段文字和一首《长相思》词,道:

何君台鉴:

自坚山寺一别已近四载,洵女常为寺中偶遇无以释怀,四年来每至时日便携弟或母入寺许愿,实为重拾旧梦矣。惊闻令正驾返瑶池,洵女为之哀恸。然逝者如斯，日出日落，人不可违矣！洵女宅前有荷池数亩，如今正是荷花盛开之时，荷花亭亭玉立，展露娇容。荷花中有一莲蓬高立者，其身前不远处有一含苞待放之小荷，小荷欲语含羞，默视莲蓬，仰慕久矣。然，傲蓬者子实必落，小荷者开放必枯，洵女实为之感慨矣！不知何君是否还记得坚山寺小女所赠素娟？今学宋词一首赠何君，请勿见笑。

《长相思》："坚山寺，贤山寺，寺中相见无有时，岁岁思人至。剪枝头，画枝头，画来喜鹊叫枝头，唐河洵女愁。"

何景明看罢书信，心里隐隐升起一股怜爱之情，难得王氏女对自己的一往情深。王氏女的词虽然写得不甚工整，但却寄寓着她对自己的思念之情，盼望着自己能去看望她。从信中以荷花拟人的描写看，王氏女至今尚未许配人家。何景明想起了坚山寺王氏女赠素绢上的那首诗，他在心中默念着："何时能消闺中愁，尝君梦里写银钩……"

在出京城的一段路上，何景明的脑海里老是闪现着王洵姝那天真漂亮的面孔，难得她对自己的一片痴情。下次回信阳，他一定要去唐河看望王氏女。车至定兴县驿站时，他回赠《寄洵女》诗一首：

青鸟来北方，徘徊朝南翔。
美人传书至，开笺烂生光。
胎我机中锦，宛转成文章。
上织比目鱼，下织双鸳鸯。
物厚意不薄，感激独彷徨。
裁为衾与裯，置在黄金床。
君子不为御，三岁闻馨香。
一心奉光惠，常恐君遗忘。

王氏女收到何景明的赠诗，自是高兴万分，心里的思念之情仿佛一块石头沉入水底，只是切盼着能与何君早日相见。

何景明一行出京城经保定一路南下，到武汉时已是七月下旬，天已转凉了。

到了武昌，何景明一行没有惊动当地官府，而是在武昌驿站住了下来，准备第二天一早赶路。当晚，他们来到武昌沿江大街，这里的繁华不亚于京城，特别是夜市上的各种小吃应有尽有。何景明站在江边，看着滔滔不息的江水和长江两岸的夜景，他想起了元朝诗人余阙的《秋兴亭》诗：“涉江登桅榭，引望二川流。双城共临水，两岸起飞楼……”这“双城共临水”指汉阳和武昌两城共临一江水，此句特别有创意。回到客栈，他写下了《舟次汉阳》、《武昌闻边报》诗二首：“使客舟从汉口来，武昌城对汉阳开……”，“先帝恩深能养士，请缨谁为击楼兰”等诗句，其忧国忧民之心尤为突出。

何景明的担忧不无道理。孝宗帝驾崩后，年少的武宗只知道游乐，置朝廷安危于不顾。这时北方曾一度没落的鞑靼军再度兴起，掠扰大明边境。尽管武宗宠幸太监刘瑾等八虎，好在还有刘健、谢迁、李东阳等内阁大臣为朝廷尽忠效力，他们急遣边将前往御敌。当何景明在武昌得知这一消息时他为朝廷的安危深感忧虑。值此国丧与边患交至，朝廷又缺乏得力的将帅，忧恐无力御敌。于是他写了这首《武昌闻边报》诗，在诗中他深切怀念孝宗皇帝的英明治国所带来的“弘治中兴”，同时也为武宗统治下的明王朝担忧。

第二天，他们赶到蒲圻，一场秋雨使他们在蒲圻停了下来。

蒲圻是一座历史名城，北倚武汉，南临湘南重镇岳阳，是湖北省的南大门。东汉建安十三年（208 年），孙权、刘备联合抗曹的“赤壁大战”就发生在这里。古往今来，多少文人墨客在这里留下了传世墨迹。何景明对这里的人文气候很感兴趣，如果不是钦命在身，他一定要在这里多住几日。当他们在蒲圻驿馆住下来后，蒲圻知县徐准得知何景明已到蒲圻时，便带领县衙官员赶往驿馆迎接，晚上设宴招待何景明一行。

徐准，广西桂林人，字百川，弘治九年进士。席间，徐准谈到他久仰何景明的大名，拜读过何景明的诗作，还说他与其兄景韶多有交往。听到这里，何景明便与徐准有了些亲近之感。晚上，何景明喝了不少酒，回到驿馆，他让随从给他沏了一杯浓茶，喝了之后，他一直没有睡意，想到明日就要见到久别的大哥，他的心情有些激动和兴奋。于是拿出纸笔，写下了《云溪驿》诗一首：

云溪驿里经过处，六七年间两度行。
风土不殊初到日，雨墙难认旧题名。
异方见月思乡县，远客逢秋念友生。
明日巴陵江上酒，弟兄相对不胜情。

弘治十三年(1500年)，何景明赴京应试不第的第二年，随兄景韶至巴陵，路过此地，六年后又经过这里，同是住在这云溪驿馆里。他感叹时光荏苒，转眼六七年过去了，自己虽然在文学复古上有过一些成绩，但在仕途上却无所建树。这次奉命出使云南也许是他今后仕途上的一个新起点，所以他要好好珍惜，圆满完成这次重任。

这时，何景明听到有人在外轻轻敲门。他开了门，见是随行的熊太监笑着站在门外，道："何舍人，这么晚了还没休息？"

何景明道："熊公公向来是早睡的，这会儿怎么也没休息呢？"

熊太监道："我起夜方便，见你房间亮着灯，便过来看看，催舍人早点休息，明日要早起赶路啊！"

何景明立即把熊太监让进房间坐下，给他沏了一杯福建乌龙茶。

熊太监连忙摆手道："何舍人，使不得，使不得啊！我喝了你这杯茶恐怕没法再睡了。"

何景明笑道："这可是郑善夫送给我的福建大红袍啊，这是红茶类，喝了不影响睡眠的。"熊太监见何景明如此说，便端起茶杯道："那我可就不客气了。"

熊太监四十多岁，中等个头，身体略有些发胖，是个十分精细的人，一路上照顾何景明很周全。熊太监喝着茶，看着何景明道："晚间徐知县盛意挽留，让我们明日游玩一天，何舍人意下如何？"

何景明道："游玩就不必了，此去云南路途遥远，不能耽搁的。"

熊太监似乎有些失望，道："何舍人文采超群，何不到赤壁一游？写些诗词警句，就像苏子瞻写的《念奴娇·赤壁怀古》那样，也好让世人传诵。"

何景明道："莫非熊公公也善于诗词？"

熊太监叹口气道："小时候家里穷，没学文化，自当了太监后，自己琢磨着识些字，背诵了不少诗，就是不会写。”

何景明道：“公公会背些什么诗？背来听听。”

提到背诗，熊公公便来了兴致，他清了一下嗓子，有些得意地道：“别的不背，就背这描写赤壁的诗词吧。太有名的就不背了，比如苏轼的《赤壁怀古》。何舍人想听哪位诗人的？”

何景明笑道：“那你就背一下杜牧的《赤壁》吧。”

熊太监呷了一口茶，眯着眼睛，胸有成竹背道：“折戟沉沙铁未销，自将磨洗认前朝。东风不与周郎便，铜雀春深锁二乔。”何景明有几分吃惊，没想到熊公公能背此诗。他又点了一首李太白的《赤壁歌送别》，熊太监又从容背道：“二龙争战决雌雄，赤壁楼船扫地空。烈火张天照云海，周瑜于此破曹公。”何景明没想到熊公公有如此的好记性。夸赞道：“熊公公真乃好记性，实在是佩服！”

第二天一早，何景明一行正准备上路，蒲圻知县徐准赶来送行。道过别后，他们快马加鞭，向岳阳的官道上驶去。

二

岳阳，这座风景秀丽的文化古城，临江畔湖，依山傍水、钟灵毓秀，历朝历代有无数文人墨客驻足这里，留下了许多脍炙人口的名词佳句。何景明一来到这里，总有一种抑制不住的激动和兴奋。六年前，他随大哥景韶来到这里，他对这里的一切既熟悉又留恋。他想起了和大哥早晚相伴的那段日子，那是一段兄弟情深和长兄对小弟的关爱并寄托着殷切希望的日子。时光过得真快，转眼六年就过去了，如今，他与大哥已有三年多未曾见面，这种思念之情难于言表。他们一到巴陵，何景明便让熊太监等在驿馆住下等候，他便独自来到巴陵县衙大哥的寓所，与大哥相见。

兄弟相见，分外亲切。何景韶见小弟虽然有些清瘦，但精神饱满并带有一种仕途上的成熟和睿智，他感到十分的欣慰。晚上，他在县衙宅第设家宴招待何景明一行。当晚，何景明喝了许多酒，留宿在大哥的宅第，熊太监和三位差仆也都喝了不少酒，回驿馆歇息，何景明与大哥话别后之情至深夜方歇。

第二天一早，岳州知府刘焕听说出使云南的御史何景明已到巴陵，便亲自到巴陵县衙迎接何景明，中午在府衙设宴款待何景明一行。这刘焕进士出身，喜诗词歌赋，久闻何景明、李梦阳等新锐诗人的大名，席间对何景明十分殷勤客气，并谈到了他着手重刻“四绝碑”以传后世之事，得到何景明的大加赞赏。何景明知道，这“四绝碑”是岳阳楼里的人文标志，“四绝碑”号称“天下四绝”，即北宋年间朝廷官员腾子京被贬岳州知州上任不久，便对已经颓败不堪的岳阳楼进行了重修，修好后他请来同科进士范仲淹为岳阳楼作记，请大诗人和大书法家苏舜钦为范仲淹的《岳阳楼记》书帖，然后又请来当朝著名篆刻家邵竦进行篆刻，故后人把腾修楼、范作记、苏书帖、邵篆刻称为“天下四绝”。“四绝碑”经过四百多年的风化和游人的触摸，加上当年选取碑石的质地不是太好，如今字迹已模糊不清，六年前何景明游岳阳楼时曾对“四绝碑”的字迹模糊感叹不已。当何景明听刘焕说他正在着手重刻“四绝碑”，便立起身来，举起酒杯道：“刘大人此举乃荫及后人之好事，也是刘大人重文德护文物的宝贵之举，实令小弟佩服！我借花献佛，借刘大人之酒，敬知府大人一杯！”

刘焕慌忙举杯道：“何御史之言令我诚惶诚恐，不敢言敬，我敬何御史！”言罢，将杯中酒一饮而尽。何景明也举起酒杯，对席中人道：“来，我们大家共敬刘大人一杯。”便率先将杯中酒饮尽。

席后，刘知府挽留何景明一定要在岳阳游玩几天，何景明道：“在下身负朝廷重任，不敢耽搁，下午我带着熊公公和差人们一起转转，明日一早起程，请刘大人不必客气。”

当天下午，他们游岳阳楼，荡舟洞庭湖，极有兴致。

晚上，住在驿舍。何景明写下了《岳阳》、《七夕》二首。《七夕》诗写道：“夜久高城风露收，微云斜汉两悠悠。闺中捣素思关塞，楼上穿针待女牛。屏烛夜深秋似水，池花香淡月如钩。桂宫高处寒多少，谁念嫦娥此夜愁。”在这七夕月夜，作者想起了他的亡妻，也想到了一直萦绕在心头的那个小淘女，借诗表达了他的感念之情。这时，一管悠扬的笛声从远处传来，仿佛在平静的水面投下一石激起了涟漪，一圈一圈荡漾开来，凄婉动听，把个秋夜的宁静撕得有些令人心碎。他抬头看着窗外七夕的夜晚，月淡星稀，一阵雁鸣声从空中传来，更增加了这秋夜的寒凉和凄婉。于是他又写下了《岳阳城中闻笛》，诗曰：

何处笛声三四弄？坐听疑隔楚江濆。
落梅折柳怨清夜，激羽流商哀白云。
月上山楼人独倚，风高秋院客先闻。
洞庭空阔潇湘冷，缈缥余音送雁群。

夜已至深，想到明天又要赶路，他便和衣睡下，可是脑海里总是翻转着许多往事，难以成眠。这时他想起了六年前的一个月夜，那是他不久就要进京参加会试了，读书至深夜，头脑有些昏沉。他走出书舍，沿着洞庭湖边缓步而行，行不多久，忽见湖边有一白发老者，半卧在一条小船上，喝酒赏月，那酒的香气弥漫在湖边，给人一种闻之欲醉的感觉。他在岸上喊道："老公公，好有雅兴呀，您不怕这夜晚湖面的潮气太重，伤及您老的身子？"老者缓缓抬起头来，将船向岸边靠了靠，道："你小小年纪也懂这些？老道久练之身，不怕这些。"何景明道："请问道长仙居哪里？为何独自一人在这湖上？"老者道："此去十里君山，不过老道好久没有回去过了。"老道说着，向何景明挥挥手道："小哥快请回吧，这夜晚湖边寂静，不安全。"说着将船向湖中划去。不一会儿，有一阵悠扬的笛声从湖面传来，打破了夜的宁静。

何景明推开窗户，看着不远处烟波浩渺的洞庭湖，七夕的月亮虽然还是半圆，却异常的明亮，空旷的湖面在月光下泛动着银白色的涟漪。此时此刻，他不知那白发老道身在何处，如不是时间紧迫，他定要再游君山。他立即铺纸提笔，写下《寄君山》诗一首：

尘踪西过巴陵地，尚欠君山寺里诗。
十里无缘携客到，六年不见使人思。
空严竹映湘妃庙，旧井潮深柳毅祠。
湖上老仙谁得遇？夜寒横笛向江吹。

一连数日，他们奔走在湖南往贵州的官道上。

一日，他们来到华容古城。从信阳回到华容复习的信阳知州孙荣之子孙继芳听说何景明出使云南要经过华容，几天来一直在进入华容的沱水岸边等候。当见到何景明一行的马车后，便立即迎上前去，将何景明一行接到沱西的孙荣别墅。在华容，何景明不愿惊动官府，一行四人便住在孙荣别墅里。

晚上，孙继芳的仲父，县学教谕孙华设家宴招待何景明一行。晚宴后，孙继芳和他的两个堂兄弟请何景明给他们讲解四书五经中的一些重点内容，何景明认真细致地给他们讲解至深夜。

第二天，孙继芳陪着何景明一行游览了章华台。华容曾经是春秋战国时期楚灵王的行宫所在地，楚灵王为了显示其地位的尊贵和奢侈糜极，在此修建了天下第一台——章华台。何景明站在章华台废址上，仿佛看到了当年楚灵王端坐在豪华气派的章华台上喝酒行乐，台下是成群结队的细腰宫女在翩翩起舞。如今这里已是垣墙断壁、荒草萋萋的废墟。他感叹人生如梦，再豪华奢侈的人生，到头来还是一场空。他的心头有一种沉重的历史盛衰感。他在《华容吊楚宫》诗中写道："别馆离宫纷绮罗，细腰争待楚王过。章华日晚春游尽，云梦天寒夜月多。废殿有基人不到，荒台无主鸟空歌。西江烟月长如旧，只有繁华逐逝波。"这首诗构思精巧，立意高古，也是作者对历史兴亡的真实感悟。

是日，何景明作《沱西别业记》，记述孙继芳陪其游华容之事。

从华容一路走来，不几日他们便来到了湖南桃源县。据说这里曾是东晋大文人陶渊明的隐居地，他的《桃花源记》便出自这里。事实上，这里的桃花源并非真正的桃花源。何景明喜欢陶诗，尤其喜欢陶渊明的《桃花源记》，并对其进行过考证。《太平御览·武陵记》载："昔有陵沅，黄道真在黄闻山捕鱼，因入桃花源，陶潜有记。"黄道真得道于桃花源，指的就是这里的桃花源。但何景明的《桃源图歌》对此桃花源表示有质疑，诗道："山川似晋代，衣服犹秦人。回首茫然一烟雾，寻源谁复知真处。"他认为，真正的桃花源有可能在江西庐山的康王谷。宋《南康军图记》载：秦灭楚时，楚怀王之子康王避难谷中，秦将王翦追赶甚急，幸天降大风大雨，康王得以脱险，从此隐居谷中，不再出谷。这康王谷与《桃花源记》中描写的一模一样。而陶渊明乃江西九江人，他辞官归隐后，必然是去了庐山的康王谷，而非此处的桃花源。

何景明感叹这里的风景别致秀丽，仿佛人间仙境。陶公才高八斗，学富五车，一生不得其志，29岁出仕，在官场上摸爬滚打10年，只博得个县丞、祭酒之类的小官。陶公性情孤傲清高，不愿为“五斗米折腰”，39岁辞官归隐，过上了世外桃源般的生活，晚年却穷困潦倒，异常凄惨。想起陶公的一生，何景明心生许多感慨。在这里，他写下了《秦人洞二首》。诗中写道：“石桥自发新秋草，丹灶长封旧日泥。落日山中不胜思，松阴竹色冷凄凄。”“家移洞里难知姓，水到人间易问津。山色溪声自今古，石床涧户空埃尘。”从诗中可以看出，他对桃花源、秦人洞自然美景赞叹的同时，也对世外桃源的闭塞和荒落感到惋惜。此时此景，使他想起了远在京城的文友，在那样繁华的都市里聚集着一大批志趣相投的文人，他们在一起煮酒论诗，谈古论今，那是何等的快哉！归隐固然是清静，但不可失于文人间的交往，如果把自己封闭在这样一个世外桃源里，与外界隔绝，过着食不果腹的清苦生活，实不足取。为了排解旅途的孤独和对陶公晚景凄凉的感慨，回到馆舍，他写下了《立秋寄献吉》诗一首，寄托着他对好友李梦阳的牵挂和怀念，诗写道：

山城一叶下，水榭已迎秋。
夜迥商风至，天高大火流。
稍苏司马病，翻遣宋生愁。
日暮关河外，思君重依楼。

远在京城的李梦阳接到何景明寄来的诗后，欣喜之余，深感何景明这次出使云南的任务艰巨，加上路途遥远，山路难行，南方山地潮湿，虫豸隐出，又多是山岚瘴气之地，他深为何景明的安危担忧。他立即回诗《得何子过湖南消息》，以寄托他对好友何景明的鼓励和问候。诗云：

及遇荆门往，归庭秋已凄。
湘江饶苦竹，几听鹧鸪声。
马援留铜柱，王褒祀碧鸡。
向难冲瘴疠，药物去曾携？

诗中的“马援留铜柱”，写的是东汉光武帝时期，越南人爆发起义，击败了汉军,取得了多座城池。朝廷派马援率领大军镇压了这次起义。马援在越南交趾一带立铜柱,以示汉之极南界。作者在诗中用此典故,赞颂将领在边疆建功立业。"王褒祀碧鸡"出自《汉书·郊祀志下》中:"或言益州有金马、碧鸡之神,可醮祭而致,于是遣谏大夫王褒使持节而求之。"作者用历史上的这两个典故来激励何景明仿效马援和王褒,为了完成朝廷的使命,要克服重重困难,圆满完成这次出巡任务。何景明在旅途中收到李梦阳的诗书,心里如沐春风,受到了莫大慰藉。

何景明一行出桃源至武陵到沅陵途中,山势越来越大,道路愈发崎岖,马车在山道上行走艰难。到了武陵,他们便弃车骑马,在崎岖的武陵道中行进。何景明在《武陵》诗中描写武陵山路之险峻。诗写道:"武陵一何长,辽远不可测。高林多悲风,惨澹日无色。黄熊啼我前,白狐跳我侧。蛟螭蟠深渊,下见奔云黑。少蒸水亦毒,我仆饥且踣。辞家忽逾秋,适过万里国。"从武陵至沅陵途中,因山路难行,行进缓慢,何景明内心十分焦急。他在诗中写道:"艰哉武陵山,古道何悠悠。峡谷不容軓,水中无行舟。仰探虎豹窟,俯瞰蛟龙湫。徘徊迟我马,心中怀懔忧。修程尚延亘,我行何时休。"山路难行,使他感受到了这行路难和做人难是同样的道理,一个人要想成功,不经受艰苦历练是不可能的。马在山路上行走,因山路狭窄,更多的时间是下马而行。三个仆从体质尚健,亦感到累。何景明虽然体质偏瘦,但因年轻,尚能跟随而行。只是苦了熊公公,他体形偏胖,每上行一步便气喘吁吁,大汗淋漓。何景明多让仆从扶着他前行。熊太监很是感激何景明,说道:"这一路上多亏了何舍人,要是遇到一个不能容人的主子,我这身体可就惨了!"何景明道:"熊公公不必客气,你我都是在为朝廷效命,不分彼此的。"越是山路难行,何景明越是思念京城的日子,希望尽快结束这次旅程。他在诗中写道:"驱马山上行,山高何巍巍。修阪接飞翼,百步仍九廻。俯视烟霭中,众山郁何垒。茫然望四海,万物亦已衰。昔我别京国,朱华犹未希。岁节忽复易,何时当旋归。"这首诗寄寓着何景明在艰难的行程中对京城文友们的思念之情,希望自己能够凯旋而归,尽快回到京城和文友们相聚。

一日,他们行至岑巩至镇远道中,途经一条大河,河在峡谷之中,水深且乱石丛立，无法过河。前边的路断了，附近又荒无人烟，也未见一个行人，何景明等十分焦急。熊太监提出，只能绕道至河的上游，兴许可以通过。于是他们绕道上行，在过一悬崖峭壁时，熊太监牵着的马匹突然失足，跌入谷底，熊太监幸被一差仆一把拉住了，才没有随马匹一同跌下山谷。何景明看着吓得面如土色的熊太监，感叹不已，说道："熊公公，马丢了不要紧，人没事就好，熊公公大难不死必有后福啊！"熊太监转惊为笑，长长吁了一口气。何景明在诗中写道："大壑百余尺，流水浩荡荡。我行路中断，欲渡无桥梁。谁为理舟楫，石乱不可航。改辙上危栈，登兹千仞岗。临深古有戒，侧足亦徬徨。"这是作者对这次山路遇险内心发出的感慨。

何景明一行于七月七日从岳阳进入湖南界，便一直行走在崎岖的山路上，行进十分艰难。经过一个多月的艰苦跋涉，于八月中秋节这天他们

在一座悬崖上，熊太监的马落下悬崖。熊太监大惊失色，被一差仆拉住，何景明回过身，他牵着的马也有些惊恐。

到达了离贵阳还有十几天路程的查城。查城位于贵州省的东部，是一座风景秀丽的小城，何景明一行住在查城驿馆。正值八月中秋节，小城十分热闹，在小城南边山下的一块空地上，聚集着许多男男女女，穿着华丽的苗族服装，敲锣打鼓，在那里举行“跳月”仪式，那场面十分的热闹和壮观。何景明在熊太监和两个差仆的陪同下，站在人群中观看，他被这种场面深深感动了。回到驿舍，他推开窗户，看着窗外明亮的月光，秋夜的寒意浸漫房间，使他感到了一丝的孤独和对家人的思念。他摊开纸笔，一连写下了《查城十五夜对月五首》。其中一首写道：

中秋看月色，移席近前楹。
河汉三更没，关山万里明。
风烟依独戍，砧杵闭空城。
此夜高堂上，多念应远征。

从诗中可以看出，诗人在这样的月夜里，想到自己远走他乡，难得与亲人相见，内心里升起了些许的孤独感。他在另一首诗中写道：“天上何所有，团团白玉盘。可怜秋半月，只是客中看。影直朱楼午，轮高青嶂寒。美人何处共，光彩隔云端。”这首诗虽然写的是月夜，写到广寒宫里的嫦娥虽然美丽，却只能隔着云端看人间，不能享受人间之乐，她是那样的孤独和寂寞。从这首诗里，也体现了诗人在旅途中的孤独，在这样一个寂寞无奈的中秋月夜里，想到了他那逝去的妻子和另一个期盼着与他相见的多情女子，他一定不能让她像嫦娥一样只隔着云端相看，他要将这份真情变为现实。所以他在另一首诗中写道：“驿舍山东下，闲吟月出歌。婆娑龙夕桂，窈窕入云萝。玉魄中天满，清辉近水多。广寒高几许？台殿锁嫦娥。”这首诗虽然是写月宫嫦娥，但却寄托着诗人对心上人的思念之情。

几天后，他们来到了距贵阳还有三天行程的清平县。这里居住的都是一些苗族、布依族和水族等多个民族的居民。由于地处蛮荒之地，汉族官员很难在这里立足和治理。明洪武二十三年（1390 年），这里曾经发生过以苗族为首的多个民族的武装起义，朝廷派平羌将军何福率大军前往镇压，起义失败，死伤者无数。同时，也激起了当地少数民族对汉族统治者的仇视。何景明一行来到清平县衙，见衙宇荒凉破败，县官和衙役都不知到了何处。他们寻找了许久才见到县令，使他们吃惊的是这县令完全没有了县太爷的威严和气派，仿佛是一布衣耕夫，见到何景明这样的朝廷官员，诚惶诚恐，匍匐在地，不敢抬头正视。何景明立即有一种心酸之感，他双手扶起县令，让县令带他们至衙舍说话。

县令将何景明等领到县衙后面的衙舍，何景明见衙舍似被打砸过，门窗损坏，遍地瓦砾。何景明问县令为何弄成这般。县令说他昨天出城考察民情，被一伙边民拦截，并追至县衙，将房屋损毁。听到这里，何景明满腹忧伤，深感在这里做县令的艰难。待他回京后，一定要把这里的情况汇报给朝廷。他在《清平令》诗中写道："清平县之令，不识何为者。庭前长野桑，庭后长山槚。猛虎上我城，青狨啼我舍。昨日出城去，骑马到部下。部民道遮之，持刀杀其马。入门顾妻子，所舍无完瓦。秋风吹树木，白日落原野。永夜空城中，哀哀泪如泻。"作者以县令之口，抒写了下吏的困苦，情思幽怨，风神萧散，全诗倾注了作者对边地官员的深切同情，吟诵起来感人至深。

九月九日重阳节，何景明一行来到了贵州，住进了贵阳府驿舍。

明永乐十一年(1413年)，朝廷将原贵州分别隶属于湖广、四川、云南三省管辖建制改建为贵州布政使司，将贵州正式设立为省级建制。何景明走访了当地的一些官员，对贵阳的社学进行了考察。社学始于元朝二十三年(1286年)，元政府规定，凡县属村疃，设五十家为一社，择高年晓农事者立为社长。每社设立一所庠序，称为"社学"。庠序收录的学员多是农家子弟，劝教这些农家子弟勤桑农、司礼仪、遵守社会道德规范、行孝道等。明朝建立后，明太祖朱元璋十分重视国民的教育问题，提出："移风善俗，礼为之本；敷训导民，教之为先"，对元代社学进行了改革，并使之发扬光大。洪武二年，朱元璋下诏全国兴学。洪武八年又诏告天下设立社学。何景明出使云南前读过《元史·食货志》，朱元璋为了推行他的治国新策，大力推行教育。他对朱元璋的一段话记忆犹新。朱元璋在朝廷上对大臣们说："惟致治在善俗，善俗视教化。教化行，虽闾阎可化为君子；教化废，中村不免于小人。"他还说："昔成周之世，家有塾，党有庠，故民无不习。是以教化行而风俗美。今京师郡县皆有学，而乡社之民未睹教化。宜令有司更转置社学,延师儒以教民间子弟,庶可导民善俗也。”何景明十分钦佩太祖皇帝朱元璋的谋略和治国策略,重视教育使百姓治愚明礼,这是实现社会稳定、国家长治久安的治国方略。

何景明在贵阳停留了三日,对当地的社学进行了考察。贵州属于边远少数民族地区,明政府成立后十分重视云贵地区社学的发展。何景明了解到,在贵阳城内有社学二十余处,入学儿童有数百人。一些对汉文化有很好认识的苗侗家庭乐意将子女送到社学里学习汉文化,但也有些当地的土司不接受汉学,反对和阻挠本族子弟学习汉学。加上一些社学聘用的汉学教师参差不齐,有些教师教学水平太差,使一些开办起来的社学又被迫解散。针对这一现状,何景明找到贵阳府学正,联系周边几个州县的教谕座谈,对他们提出了:“宣讲汉学、选择明师、学间交流、重在教化”的“十六字”方针,对当时贵州社学的发展起到很大的促进作用。但他在贵州所看到的边民的艰苦生活和少数民族的落后文化,加上数月来旅途的劳顿,使他的心情有些沉重和忧虑。他在《九日游黔国后园》诗中写道:“何处风烟消客愁,将军台榭枕山丘。一年又遇重阳日,两鬓空愁万里秋。”诗中“将军台榭枕山丘”句是借用李白的“楚王台榭空山丘”之句,表达了诗人对明代开国大将沐英将军的怀念之情。同时,也看出了诗人对完成出使云南的使命、向朝廷复命充满了信心。第二首诗中写道:“天空远水明秋岸,梧叶萧森枫树残。黄菊数丛行处见,紫萸独向醉中看。”此诗同样表达了诗人旅途中的孤独和落寞的心境。

深秋的云南、贵州,并不像北方秋天山林过早凋零,而是依然带着夏秋之交的苍翠碧绿,或在碧绿之间夹杂着一丛丛的火树黄花,风景依然很美。何景明虽然旅途劳顿和心情沉郁,但他对沿途的山水依然是大加赞赏。他在《平坝城南村三首》诗中写道:“沉沉古陂水,日暮寒更绿。隔陂见居人,萝蔓缠草屋。摘禾留客饭,采薪伐秋木。童稚持竹竿,雨中放鸡鹜。区区化外国,犹得睹纯朴。”另一首叫《平夷老人》,诗中所描绘的则是另一番景象:“平夷老人发两肩,哀哀落泪古城烟。岁收平粟输田赋,日向诸邻乞米钱。风雨饥寒趋路侧,子孙流落避兵年。青春有伴难还土,白首无家尚戍边……”这首诗揭露了由于边民地区连年征战,徭役频繁,连白发老人也被征成边的惨状。这也是何景明出贵阳西行，进入云南后沿途看到的、写到的。

九月底，何景明一行来到云南。这时的云南，虽是深秋，天气并不寒冷，仍保持着春天一样的暖意。听说何景明御史到了云南，云南省布政使、提学副使等官员在布政使司前迎接，中午设宴款待何景明一行。晚上，何景明一行住进了云南府辖下的昆明县驿馆。驿馆设在西山脚下的昆明湖边，何景明一行被安排在驿馆二楼的贵客房间。

稍事安顿后，何景明推开窗户，广阔碧绿的昆明湖尽收眼底，同时有一股清新的空气夹带着潮湿的湖腥味扑面而来，令人心旷神怡。他内心里有一股写诗的冲动，可是一想到明后几天要做的事情和要考察的路线，以及回去后如何向朝廷呈交他的考察奏章的细节时，他写诗的激情也随之消失。就在这时，他的门被推开了，从门外走进一个眉清目秀、衣冠整洁的年轻人来，来人见了何景明，深深鞠了一躬，道："先生到此，请受学生一拜！"

何景明立即认出此人是云南保山才子张含。何景明连忙扶住张含，给他让座，又给他沏了一杯茶，然后问道："愈光兄怎么知道我们在这里？"

张含喝了一口茶道："一个月前我就收到献吉先生的信，说是先生受朝廷之命出使云南，学生十分高兴，十天前便从保山来昆明等候，没想到先生今日才到。"

何景明感激地笑道："难为愈光兄如此用心了。"

张含（1479—1565），字愈光，一字用光，云南保山人，少年中举，淡漠仕途，不乐于进士，喜交游结友。弘治十一年（1498 年），张含游历开封时，拜丁忧在家为父母守孝的李梦阳为师，李梦阳感其才气横溢，便对其悉心指导。后何景明入京后，李又将其推荐与何景明相识。张含喝罢茶，对何景明道："先生请随我到一个去处，晚上我请你喝酒。"

何景明感激张含的盛意，跟熊公公说了一声后便随张含出了驿馆。

他们沿着昆明湖畔缓步而行，不一会他们穿过一段生长着水冬青和大枫杨树林的地段，来到一处开阔地，里面是一片竹林和四五间茅舍，舍前数树梅花正含苞待放。一股炊烟从茅舍上袅袅升起来，给这竹篱茅舍增添了一些神秘。何景明忽然想起了宋代才子郑城的《昭君怨》来，吟诵道："道是花来春末，道是雪来香异。竹外一枝斜，野人家。冷落竹篱茅舍，富贵玉堂琼榭。两地同栽，一般开。"此词虽是赞颂梅花的冰清玉洁，穷富不改其性，但这里正是诗人梦寐以求的清净之处。

草堂里收拾得十分干净，几张藤椅和一张八仙桌摆放得整齐有致。他们坐下来之后，张含道："这里原是永乐年间翰林学士陈士瑞被贬谪云南时所建的一处修身养性的寓所，后茅屋倒塌，一片荒草萋萋。五年前我来昆明秋试，发现了这个去处，便重新修建，栽上修竹梅花，这里成了我和文友们谈诗论画的地方，我每年都要来这里住上一段时间。"

何景明道："这里真是一个好去处。"

这时，从西厢房走进来一个年轻女子，手里托着一个红木托盘，托盘里边放着一套很考究的紫砂茶具，放在桌子上，向何景明道了声万福，然后往杯里倒了一杯深棕色的普洱茶，柔声道："先生请用茶。"

何景明见此女年约十七八岁，相貌端庄，未施粉黛，自然而美丽。张含向何景明介绍道："此女是学生的续妻李荷荷，上月才完婚。荷荷善烹饪，听说先生要来云南，定要跟随来昆明，要为先生展示她的厨艺，学生只得随她。"

何景明笑道："愈光兄有福气，少夫人国色天香，你们是郎才女貌，真乃天作之合也！"

张含道："先生夸奖了，学生实感惭愧。"

二人正说着，不一会儿，李荷荷已将菜肴端到桌上。有几碟下酒的小菜，然后是云南有名的汽锅鸡，一条约二斤重的清蒸鲈花鱼，一盘东坡肉和几样精制的小炒。何景明看到这满满一桌子色香味俱全的美味佳肴，顿时大起食欲，连连夸奖李荷荷的好手艺。

张含这里平时有很多诗友和酒友来，他在茅舍里备着不同的酒，有剑南烧春、杜康、绍兴花雕、西风和山西汾酒等。张含报了他储存的不同的酒名，道："请问先生喝哪一种酒？"

何景明道："那就杜康吧。"

张含道："好，曹公说过，何以解忧，唯有杜康。今天我要与先生一醉方休。”

于是两个文友开怀畅饮，不知不觉中两个人都有些醉了。张含道：“今日能与先生在一起喝酒，实我张含之幸也！先生是我师之外我最敬重的诗人……”

何景明道：“愈光兄请不要称我先生，我实不敢当。论年岁，兄长于我，以后我们就是好朋友、好兄弟。”

张含把杯中酒一饮而尽，道：“既是这样，往后我就称你仲默兄了，若是论诗才，你亦可为我师的。”张含很是谦逊。

何景明道：“彼此彼此，今后我们共同学习。”

张含出身于官宦之家，父亲和祖父上两代都在朝廷为官，张含幼时聪明好学，曾是父亲张志淳的骄傲，可张含却屡试不第，这给父亲多少带来一些遗憾。后来张含却慢慢地疏淡仕途，一心只想写诗。张含很敬重何景明，在京城与何景明交流时对何的“复古而不必拘守于古，仿古而必有其独创”的见解十分赞赏。尽管此时何景明与李梦阳并没有任何的嫌隙，两人亲如兄弟，但后来他们在复古的问题上还是存在着一些分歧的。张含虽然没有明确表示他的立场，但他从内心里是支持何景明的。张含在云南有一大帮文友和兄弟，他在云南举起“复古”大旗，对京城“七子”的主张作了大胆的呼应，并在创作实践中突破了其师李梦阳在诗歌创作上的不足，吸收了李白和杜甫的创作风格，求新求变，形成了苍劲沉郁、旷大雄伟的诗风，被誉为滇中的“不祧之祖”。

二人酒至半酣，张含让李荷荷取来纸笔，说他构思了一首诗要请仲默兄指教。

李荷荷拿来文房四宝，将纸摊放在写字桌上，研好墨。张含起身到窗前，推开窗户，窗外凉风习习，月光、树影和流萤，构成了一幅美丽的夜景图。张含舒了一口气，挥笔写下一首《遣兴》诗：

蒙舍秋风不作凉，少陵何咏洒衣裳。
青青古树如张盖，熠熠流萤欲近床。
城接银河通沆瀣，江连铁柱锁封疆。
蟾光不蔽名山色，望里幽然见凤凰。

此诗借景生情，寓意深刻，反映了作者心中的郁闷和抱负，同时也展现了作者的文才和不甘寂寞之心。何景明读罢诗，从内心里佩服张含的诗才，无怪能受到李献吉的如此欣赏！他连声赞道："好诗，真乃好诗啊！"

何景明说着接过纸笔，挥笔写下诗二首赠张含。

一

张子原奇士，携书过我林。
激昂高论气，落魄远游心。
一饭山家晚，孤灯夜雨深。
城边有歧路，送尔独长吟。

二

匹马何时出？还家此日心。
卞生怀楚璧，郭隗待燕金。
雄剑青云志，哀弦白雪吟。
功名少年在，不必泪沾巾。

何景明无法用语言来安慰眼前这位才子，他担心会伤了这位滇国才子的自尊心。通过这两首诗，从字里行间赞颂了张含的才气，同时，也对张含屡试不第表示惋惜。他用"激昂高论气，落魄远游心"来赞颂张含的激情与豁达；他用"卞生怀楚璧，郭隗待燕金"这样的典故来激励张含不要气馁，只要不懈努力，未来定是一片光明。张含读罢诗，感动得泪水涟涟。是夜，二人喝得酩酊大醉，何景明留宿在张含的茅舍里。

第二天一早，何景明回到驿馆。吃过早餐后，云南府学教谕和昆明县学正等来到何景明下榻的驿馆，陪同何景明对云南府直属的昆明、富民等县的教育状况进行考察。考察中何景明了解到：云南的汉文化教育自明朝建立后达到了一个鼎盛时期，主要是云南士绅阶层的增多使云南省的儒教得到了快速发展。早在明朝平定云南后的1382年，朱元璋便着手恢复在云贵边陲建立汉族学校，但是云南的一些少数民族对汉学依然排斥和抵制，以至于在洪武二十二年（1389年），明朝初命云南选贡赴应天府参加乡试，云南士子竟无一人应试，足见明初云南士人之稀缺。然而就在此时，明朝加大了云南儒学建设的力度，推广汉文化，同时大量汉族移民进入,加上明代把云南作为边远的蛮夷之地,朝廷和内地官员被贬谪者流落云南的不在少数,这些官员多为进士或举人出身的知识分子,他们给云南社会注入了新活力,也为云南的士绅阶层兴起创造了条件。

在云南的十多天时间里,何景明考察了云南的社学、书院,走访了从事汉文化教学的儒学名师。他深入社学与学生交谈,了解他们的学习状况和未来志向,并亲自给学生授课。通过调查走访,使他感受到中国的汉文化和儒学教育已广泛影响着中国最南端的这个边远的少数民族地区。同时他也看到了云南的教育和科举考试中存在的一些问题。比如云南的秋试和春试参加的考生人数远远低于内地省份,而春秋两试中的考生命中率也与内地有很大差别,有些少数民族地区的土司仍然实行的是家族式管理,抵触和排斥汉学,甚至殴打汉学教师,等等。这些都是亟待改进的问题。

考察结束后,他一直在构思如何写出这次出使云南的考察奏疏,他要把这次考察的奏疏呈交给武宗皇帝,希望他能够重视云南的问题,只有大兴儒学,全面地实现汉化,边远少数民族地区才会安宁,才会真正归服朝廷。想到这里,他的心里不免有些激动和高兴。这天夜晚,他踱步到昆明湖边,似乎看到了这个古夜郎国往日的繁华与喧闹。月光下的昆明湖烟波浩渺,它宽阔和博大的胸怀,容纳和见证着世间的沧桑与变迁。他忽然想起了“夜郎自大”这个成语,讲的是:汉武帝为了寻找通往古印度的通道,遣使者到达夜郎,夜郎国君问汉使者:“汉与我谁大?”汉使者笑而不答,想这夜郎国王太过浅薄闭塞而不了解大汉帝国。后人便用“夜郎自大”来嘲讽那些不知天高地厚之人,告诫人们一定要求知博学,切不可“夜郎自大”啊!

他继续沿湖边漫步,虽然是秋夜,但半圆的月亮却异样的明亮,把湖面照得似是有一层白银在晃动。这时,有一位渔翁在湖边撒网,网在月光下划成一道弧线后张开,落入湖中。不一会,渔翁向岸边拉着网绳。何景明站在岸边看着渔翁的一举一动,希望这渔翁的网没有白撒。网被拉上来了,并没有像何景明希望的那样让渔翁惊喜。他有些失望,继续往前走。不知是什么动物从岸边落入湖里,发出重重的击水声,何景明心里一阵悸动。这时他想起了一百多年前这里曾经发生的明朝开国史上的一件大事——随着元朝最后一个蒙古王爷匝剌瓦尔密带着老婆孩子投入滇池自杀始,便结束了蒙古人在中国统治97年的历史,明朝大军收复了云南。

明洪武二年(1369年),朱元璋先后七次派使臣前往云南招谕劝降,试图和平收复云南。然而,元梁王匝剌瓦尔密并不理会朱元璋"改授印章"的册封诏谕,而且多次将朱元璋派往云南诏谕的使臣杀害。朱元璋大为震怒,于洪武十四年(1381年)九月,任命颍川侯傅友德为征南大将军,永昌侯蓝玉为左副将军,西平侯沐英为右将军,统率30万大军征讨云南。十二月,征南大军抵达云南东大门的曲靖,匝剌瓦尔密立即派平章达里麻率精兵10万据守白石江。这时右副将军沐英利用大雾作为掩护,率军进入白石江畔。元军突然发现明军已经近在咫尺,达里麻大惊。沐英整军佯装渡河,暗中派遣小队人马溯流暗渡,绕到元军背后,顿时号角吹响,旌旗飘动,战鼓雷鸣,达里麻惊恐万状,军心动摇,阵脚大乱。沐英率大军乘乱渡河,退敌数里。这时,傅友德和蓝玉也率军渡河参战,生擒达里麻,俘敌2万多人,进入昆明的大门被打开。这时,傅友德率军数万,联合永宁之兵直捣乌撒诸蛮;蓝玉和沐英率领20万大军直取昆明。梁王匝剌瓦尔密见大势已去,为了不被明军俘虏,便带领妻儿投入滇池之中。

何景明凝视着月光下的湖面,他深为匝剌瓦尔密这位元代最后的忠臣感到惋惜。

从云南返回,何景明等一路轻松,沿途顺利。出了昆明,他们来到嵩明州,这里是云南部落首领会盟地。嵩明州君长听说朝廷御史何景明路经此地回京,便带领来这里会盟的部分土司出衙迎接,晚上设宴款待何景明一行。

席间,君长和土司们想一睹何御史墨宝,请何景明题咏留念,何景明便一一满足了他们的要求。

第二天一早,嵩明君长和土司们便来到何景明下榻的驿馆,馈赠犀角象牙、珠宝和银两,何景明悉谢不受,这使嵩明君长和土司们大为感动,感叹何御史乃大明清官。跟随何景明而来的熊太监和差仆也大为不解,为何景明拒收这些珠宝银两感到遗憾。

从贵州抵云南，又从云南北上四川，何景明一行走了四个多月，才到达四川永宁。永宁是川滇黔三省交汇处，山多林密、地广人稀，山路十分难行。这时已进入孟冬，何景明略感有些寒意袭身。来时听说云南四季如春，冬衣备得少了些，没想到连日阴雨，不时还飘着雪花。熊太监见何景明的脸色略有些发青，便把自己身上的马甲脱了下来，道："何舍人快请穿上，这马上就要回京了，千万别感染上了风寒。"

何景明感激道："熊公公你自己穿吧，我扛得住的。"

熊太监执意让何景明穿上，道："你看我这身子，皮肤下裹着一层肥膘，不怕冷的。"

何景明看着身体发胖的熊公公，笑说道："那我就不客气了。"他穿上了熊公公的马甲，虽然有些宽大，但还是觉得暖和多了。

到了永宁，绵绵阴雨已经停了，清新的空气中夹杂着一丝寒意。

永宁是一座历史名城，唐朝在此置蔺州，元置永宁府，大明时在此置永宁宣抚司。这里是三省三县的交汇处，百姓交往频繁，客商云集，使这里喧闹而繁华。何景明一行来到了永宁河边，坐进了一艘游船，因风大浪急，船在宽阔的永宁河上缓慢地前行着，不时有浪珠溅进舱里。何景明坐在船舱里，看着对岸的飞檐瓦屋，他想起了这里曾经出生过一位彝族女英雄——奢香夫人。奢香的父兄为永宁第一任土司。洪武八年(1375年)，14岁的奢香嫁给贵州宣慰使陇赞·霭翠为妻。洪武十四年霭翠病逝，年仅20岁的奢香袭承其夫霭翠为贵州宣慰使职，挑起了治理一方的重任。她一边抚养年幼的儿子，一边力排众议，排除反对国家统一的顽固势力，为明朝西南一统和民族团结做出了不可磨灭的贡献；她兴农耕、举汉学、息兵事、开驿道，使"九驿邮初置，三巴路已通"，打通了川滇黔湘四省的交通，促进了西南边疆与中原内地在政治、经济和文化上的联系，增进了汉民族与西南各兄弟民族的交流，使贵州的经济和文化得以日益发展，人民安居乐业。她还协助明朝消灭了盘踞在大西南的残元势力，壮大了彝族的力量。她深明大义，亲率兵马战胜了"彝独"势力，力助明朝完成统一大业，明太祖皇帝朱元璋赞曰："奢香归附，胜得十万雄兵！"何景明感叹道："永宁才女奢香真乃女英雄也！"何景明真想停船驻足，去永宁奢香故居参拜这位民族女英雄，只是急于赶路，他放弃了停船登岸的念头，顺舟而下。

出了永宁，河面由宽变窄，水流湍急，船行进的速度加快了。船进入一个平坦水域，其岸边长满了红蓼和芦苇，其间停靠着数十艘渔舟，几近中午，袅袅炊烟从舟里冒出，不时地飘来一阵阵米酒的醇香。熊太监吸了下鼻孔，对何景明道："何舍人，这米酒的味道太诱人了，我们去船家讨一顿午饭如何？"

何景明看了看天色道："时候尚早，我们还是赶路吧。"

熊太监自然有些扫兴。何景明道："熊公公，拿纸笔来。"熊公公知道此时何景明来了诗兴，于是很高兴地取来文房四宝，磨好墨汁，何景明在一张宣纸上一挥而就，写下了《永宁舟中》，诗道："霜降水还漕，舟行不觉劳。顺风欹浪急，乱石下滩高。渔舫依红蓼，人家住白茅。乡园待归客，应已熟香蓼。"

熊太监摇头诵之曰："即景生情，真乃好诗也！"接着，何景明又一气呵成，写下了饱含深情又寓满沧桑的《进舟赋》：

予使于滇，行将万里。所越皆重山复岭，以舆以马，颠顿驰跋，而不在其劳。至永宁，乃谋舟以归，庶代陆走之勤。时霜降石出，江狭水迅，机发始激，其势为得少留，其惧之。……惟孟冬之既朔兮，霜凛凛而下威。水汩汩以敛壑兮，草木萧索而变衰……

出永宁，进泸州，入重庆，然后顺江而下。当船行至湖北秭归时，何景明对家乡及亲人的思念越来越强烈，巴望能够早日归家与亲人团聚。他的《归舟》诗写道："暮云天际见高城，行尽千峰峡渐平。古郡山头万家住，客舟江上一灯明。竹枝惯听巴人曲，鸟道才通楚国程。未卜东归何日到？片帆斜月对离情。"

何景明在归途中又走了两个多月，于弘治十八年（1505 年）年底，他回到了阔别已久的家乡信阳。

第五章

刘瑾专权 不屈上书

一

正德元年(1506年)五月,何景明在信阳住了一段日子之后准备回京复命。他在信阳的这段日子里,每日里都十分繁忙,他一边要周旋于州府官员的迎来送往,还要会朋友,喝酒聊天;另一边还要写他出使云南的考察奏疏。其实他出使云南的考察奏疏早就写好了,不过还是反复地看,反复修改,希望能够得到武宗皇帝的重视。

五月十日,何景明准备起程,却遇上了一场大雨。大雨从凌晨一直下到中午,浉河水暴涨,混浊的山洪像是一条发怒的巨龙,由西向东咆哮而下。何景明和他的朋友马录、任宏器以及学生孙继芳、戴冠、樊鹏、徐樾、李桐等站在浉河边一块高地上,观看奔腾不息的山洪,何景明吟道:

五月十日雨如射,西山诸溪水皆下。大陆朝破牛马群,疾雷夜破蛟龙罅。洪涛冥冥夕风急,白浪闪闪山水亚……忆昨曾为万里行,洞庭滟滪何渺冥。鲸吞鳌横那可测,盘涡骇浪谁能平。只今梦寐时作恶,闻此终夜令心惊……眼前喜愕俱已忘,就中消息谁为此?

戴冠将老师的诗记录了下来,他大为感叹老师的这首《观涨》诗寓意深远。诗虽然是对大雨滂沱和山洪暴发后的自然景观的描写,但实则是带有政治寓意的。他从云南回到信阳的这段日子,京城里所发生的许多事情早已传到了他的耳朵里。早在朱厚照继位之前,与其朝夕相处的谷大用、刘瑾、张永等八个随侍宦官知道他将来要登上帝位,便处处投其所好,讨其欢心。武宗登上帝位后,刘瑾等“八虎”为了取悦武宗,每日为其安排倡优杂剧、宫女歌舞、角斗游戏,引导他擎鹰搏兔、跑马击球,使得武宗不理朝政,整日声色犬马,沉醉于荒淫玩乐之中。不久,最善讨好武宗的太监刘瑾被任命为钟鼓司掌印太监,不久又升为司礼监太监,掌管朝廷大权。

刘瑾掌权后,开始排斥异己,打击报复与自己政见不一的朝臣和忠臣。何景明此次回京是否会受到宦官专权者的排斥和打击,他不得而知。他在诗中用"鲸吞鳌横那可测,盘涡骇浪谁能平。只今梦寐时作恶,闻此终夜令心惊"的诗句来抒发他对当前朝政的不满和担忧。

春雨不挡路,大雨过后路上并无多少泥泞,何景明携家人驱车上路。

马车在进京的官道上缓缓前行着,车轮发出嘎吱嘎吱的响声,仿佛是一首久唱不息的催眠曲。何景明坐在马车里,微闭着双眼,他在想京城的文友,想李梦阳、康海、王廷相、何瑭等,不知他们现在怎么样了?他真想尽早地回到他们身边,和他们一起谈天说地,把酒论诗。一想到这里,他的担忧和不快便一扫而光,内心里有一种说不出的高兴。

这时,坐在他旁边的新婚妻子王洵姝侧目看了他一眼,然后将头靠在他的肩膀上,内心里充满着幸福和甜蜜。

自从坚山寺一别他们已有五年没见面了,虽然时有书信来往,但思念之心无时无刻不在。她终于等来了这一天,何景明出使云南回到信阳后,便托人到唐河县小王庄提亲。三月十八日,春暖花开,何景明到唐河县小王庄迎娶了她,她终于随心所愿了,成了她仰慕已久的才子何景明的妻子。她紧紧挽住何景明的一只胳膊,用满是爱意的声音道:"相公,你说这姻缘是前生注定的还是后来偶成的?"

何景明道:"当然是偶成的。"

王洵姝道:"如果是偶成的,那为什么你 16 岁中了举人,那时我才 13 岁,可心里老是想着你,崇拜你,希望能见到你,把我的终身托付给你。所以偷偷写了一首诗,把你的名字隐藏在诗里,绣在素绢上,时刻带在身上,希望有一天能见到你,把我的心交给你,没想到果然在坚山寺见到了你,你说这能是巧合吗?"

何景明笑道:"没想到我的爱妻 13 岁就开窍了,思念着我这个从未谋面的情郎,这可是月老在给我们牵线,早就把红线拴在我俩手上了!"

王洵姝用手指掐了一下何景明的胳膊,娇嗔道:“谁13就开窍了?那只是一种朦胧的感觉。”

坐在前边赶车的是王洵姝的弟弟王琤。王琤已经17岁了。去年秋试未能考过,此后就不想再考了,母亲和姐姐怎么逼他,都拿他没办法,就是不愿学习,喜欢舞枪弄棒,练就一副好身体,虽然只有17岁,却长得五大三粗,满身都是肌肉疙瘩。王琤回过头道:“姐夫,你不知道吧,三年前姐姐听说你娶了张氏女为妻,她三天三夜不吃饭,把自己关在房间里,地上扔的都是纸,纸上写的都是你的名字。母亲问她为什么这样,她还说要进京去找你,给你当什么二……”

王洵姝在车里大声嚷道:“王琤,再瞎说小心姐撕你的嘴啊!”

王琤止住了下面的话,回头给姐做了个鬼脸,然后抖起缰绳,“驾”的一声,马车便快速向前驶去。

王洵姝不好意思地看着何景明,笑道:“你别听我弟瞎说啊,尽管我心里很不好受,可没有三天三夜不吃饭的。”

何景明笑道:“王洵姝何许人也,能为这点事想不开?”

王洵姝不语,转而忧郁起来,道:“我忽然想起了宋代大诗人陆游的前妻唐琬,一对恩爱夫妻却被迫分离,示演了一幕‘孔雀东南飞’的悲剧,太让人遗憾了!”

何景明将王洵姝的身子往怀里拉了一下,道:“怎么忽然想起了陆放翁和他的前妻唐琬了?说来听听。”

王洵姝道:“南宋绍兴十四年,少年英俊的陆游与美丽多情的表妹唐琬结了婚。唐琬乃一才女,对于诗词歌赋有相当的研究,和陆游情投意合,随相唱和,花前月下,形影不离。可没想到,陆母唯恐儿子迷恋闺房而疏于学业,对自己这个内侄女的儿媳十分不满,最后硬逼着儿子休弃唐琬。这陆游不敢违抗母命,表面上写了一纸休书,让唐琬回了娘家,而暗地里在外面租了一个宅院,经常与唐琬幽会。这事很快被陆母知道了,加剧了她对唐琬的恼怒,非让儿子离开了唐琬不可,否则她就去死。陆游毫无办法,只得离开了心爱的唐琬。不久,陆游另娶,唐琬改嫁他人。没想七年之后,人在会稽禹迹寺游园时不期而遇,这时陆游身边跟着自己的后妻，而唐琬则有后夫相伴。两人却装作不认识，但彼此的心里却全是旧时夫妻的恩爱和别后思念的痛苦。中午，他们不约而同进了一个酒家，隔桌相望，欲语泪先流，从不饮酒的唐琬却破例陪着丈夫喝了几杯酒，而陆游更是喝得有几分醉了。离开时，他在禹迹寺墙壁上题写了那首脍炙人口的《钗头凤》。"

何景明没想到小洵女能如此了解关于陆放翁的典故，说道："那就请你背诵一下陆放翁的《钗头凤》吧。"

王洵姝清了清嗓子，背诵道："红酥手，黄滕酒，满城春色宫墙柳。东风恶，欢情薄，一怀愁绪，几年离索。错！错！错！春如旧，人空瘦，泪痕红浥鲛绡透。桃花落，闲池阁，山盟虽在，锦书难托。莫！莫！莫！"

何景明赞许地点着头道："不错，背诵得很好。听说那唐琬在陆放翁的《钗头凤》旁边又和了一首，你会背吗？"

王洵姝不假思索地背诵起来："世情薄，人情恶，雨送黄昏花易落。晓风干，泪痕残，欲笺心事，独语斜阑。难！难！难！人成各，今非昨，病魂尝似秋千索。角声寒，夜阑珊，怕人寻问，咽泪装欢。瞒！瞒！瞒！"

王洵姝背诵完说道："这唐琬的词和得实在太好了，一句'咽泪装欢'把作者内心的痛苦和另婚后的无奈刻印在字里行间，可见作者的心灵深处受到了多大的伤痛啊！唐琬自从与陆游见面后，便郁郁寡欢，不久便离开了人世……"

沉默了一会儿，他们不再说话，也许他俩为陆游和唐琬这两个相亲相爱的人没能终身厮守而惋惜，更为他们的爱情悲剧而伤心。许久，王洵姝抬起头看着何景明道："相公，你将来不会像陆放翁一样休了我吧？"

何景明轻抚着她的头发道："我们不学陆放翁和唐琬，要像赵明诚和李清照一样，忠贞相爱，至死不渝。我要和我的小洵女长相厮守、夫唱妇随，永不分离。"

王洵姝笑了，笑得十分开心。

回到京城，何景明带着王洵姝和妻弟王琤回到了自己在绳匠胡同的家。

离开这个家已经一年了，回来时院里的天竹和玫瑰花依然生长得很茂盛,房间里还像未走时那样干净,看来姊夫孟洋和姐姐景晴这几日来打扫过了。

安顿好之后,孟洋和景晴便带着两个孩子过来了,亲人相见,分外亲切。景晴拉着弟媳王洵姝的手道:“我弟景明算是有福气,娶了妹妹这样贤德善良的美人儿,夫唱妇随,今后的日子就好过了。”

王洵姝道:“姐姐夸奖了,妹不知事,今后跟着姐姐学,我会把相公伺候好的。”

二人说着话,王琤领着两个孩子在院子里玩耍,何景明与孟洋来到书房喝茶叙话。

听说何景明回京,在京的文友们十分高兴,相约前来看望。晚上,孟洋在醉仙楼设宴款待何景明及诸文友。李梦阳、康海等七子以及何瑭、崔铣、郑善夫等文友都来为何景明接风,话别后之情。

第二天,何景明上朝复命,当庭把他出使云南的考察奏疏呈交给了武宗皇帝,完成了他此次出使云南的使命。

二

何景明回京后很快就感觉到了宦官专权引发的政治风暴,及其让朝廷中的正义之士和气节文人们感到的愤慨和不满。以刘瑾为首的“八虎”(刘瑾、马永成、高凤、罗祥、魏彬、丘聚、谷大用、张永),利用他们每天与先是皇太子后继承帝位的武宗厮混在一起的亲密感情,也利用武宗皇帝的年幼无知,每日里变着戏法引诱武宗纵情逸乐,不理朝政,于是他们便窃取朝中大权,拉拢同党,排斥异己,大肆搜刮民财。一时间朝廷里贪污腐败盛行,人民怨声载道,朝臣们多是敢怒而不敢言。面对如此不堪的朝政,一些有正义感的朝臣纷纷上书,要求铲除阉党。恰在这时,天突降大雨,巨大的雷电将奉天殿上的鸱吻、太庙房顶脊兽等劈断,天坛树木大多被毁。朝野上下都认为这是上天的震怒,是天怒人怨的警示。按照历朝历代惯例,凡遇这种突变天象乃不祥之兆,皇帝必下诏修省,要求朝野大臣极言直谏朝政得失。内阁辅臣刘健、李东阳、谢迁面见皇上,为武宗起草诏书，要求朝臣直谏上疏，改革时弊。诏书即下，一时间朝野上下一些有正义感的朝臣都纷纷做好了准备，要揭露时弊，铲除“八虎”干政，还朝廷平安。正在大家准备直谏上疏时，吏部尚书马文升被宣布致仕。

马文升(1426—1510)，字负图，号约斋，河南禹州人，景泰二年进士。历任山东、湖广按察使，左副督御史，入兵部右侍郎。弘治初任兵部尚书，后任吏部尚书。为人清廉，先后辅佐五代帝王，被称之为“五朝元老”。

武宗继位后，刘瑾等宦官要求马文升安排自己的亲信，被马文升拒绝，他不但不给安排，反而裁汰了“八虎”身边的一些传奉官，刘瑾等大为震怒，便向武宗状告马文升，诬告马文升老朽昏庸、不尊圣意、滥用职权、草菅人命等不实之词，引起武宗极大不满，便让刘瑾代帝颁旨令马文升致仕，告老还乡。同时，便撺掇皇帝颁旨，擢升与“八虎”沆瀣一气的吏部侍郎焦芳为吏部尚书。内阁辅臣刘健、谢迁和李东阳等极力反对，皇帝听信了内阁辅臣的建议，改任兵部尚书许进为吏部尚书。焦芳由右侍郎升至为左侍郎，尽管没有当上吏部尚书，却掌管着吏部大权。“八虎”如鱼得水，气焰更加嚣张。当朝臣们看到敢坚持正义的忠臣被致仕，而阴险小人却能得势，这对本就有些犹豫和在观望的朝臣们是个重大的打击，直言上书之事便搁置下来，朝廷里一时噤若寒蝉。这时，在户部供职的李梦阳和吏部侍郎王鏊等忠义之士坐不住了，他们秘密联络朝中大臣和文友，要联合上书，弹劾“八虎”，以还正德王朝的清明。

在何景明回京后的第三天下午，李梦阳带着在户部供职的马卿来到其宅邸。马卿(1479—1540)，字敬臣，河南林州人，弘治十八年进士。何景明对李梦阳和马卿的到来感到十分高兴，说道：“献吉兄，本该去府上拜望仁兄的，没想到这回来后就没闲着，承蒙仁兄和马舍人来寒舍，这让愚弟很是过意不去，快请坐。”

何景明将李梦阳和马卿让进书房。王洵姝将茶端了进来，向李梦阳和马卿打过招呼，道了万福。

李梦阳看了一眼年轻貌美的王洵姝，笑说道：“何仲默真乃有福气，早先就听说弟妹才貌过人，今日得见，果然名不虚传。听说在坚山寺第一次见面就赠予何仲默一首藏名诗，不妨背来听听，好让愚兄一饱耳福！”

王洵姝的脸上立即飞起一片羞赧,低头道:“先生见笑了,定是听了误传,没有的事!”

李梦阳哈哈大笑了起来。

何景明知道,一定是姊夫孟洋在与献吉闲聊时告知此事的,只是笑而不答。

王洵姝转而笑道:“先生过奖了,小女洵姝乃一村女,不知礼节,改日一定到府上拜望左氏夫人,听说夫人是大家闺秀,才貌双全,洵女不敢造次前往拜师习礼仪,敢请先生传话夫人,洵女不胜感谢!”

李梦阳感到王洵姝很会说话,心情大振,说道:“今晚我请仲默兄一家和马舍人去喝酒叙话。”

王洵姝道:“我今晚就不去了,改日一定去府上拜教。”她稍停了一下道:“洵女自幼喜习烹饪,我这就去准备,请先生和马兄尝尝洵女给你们做的信阳菜。”

李梦阳道:“那太好了,今晚要好好品尝弟妹的信阳菜了。”

王洵姝旋即离开,去厨房准备去了。

李梦阳道:“仲默兄才回京,一路很是辛苦,本不该这时来宅上打扰,但与仲默兄一年未曾见面,甚是思念。二是当前‘八虎’当道,皇帝年幼无知,不辨忠奸,朝廷政治昏暗,积弊尤深,如不革新除弊,铲除宦官干政,则国无宁日,大明必亡矣!”

何景明知道,武宗每天都与“八虎”在一起厮混,朝中须经皇帝处理的事务和奏折,都要通过刘瑾等宦官传递或转交,有些奏折根本就到不了皇帝手里,就算到了皇帝手中又如何?只有15岁的武宗也无法处理朝中的重大问题。这时,参与跟“八虎”对抗,直言上疏是要担风险的,弄不好还要丢性命的。何景明并没有急于发表自己的看法,而是看着李梦阳道:“献吉兄有什么好主意能解决当前宦官干政的弊端?”

在李梦阳看来,何景明虽然在七子中年龄最小,但无论是文学才气还是官场觉悟都在他人之上,他甚至觉得何景明在某些方面超过了自己。所以他最先来说服何景明,希望何景明能参与这一次的反“八虎”斗争,为铲除“八虎”想办法、出主意。他道:“仲默兄文才过人,主意也多,能否联络朝中大臣和身边的文友，共同反抗宦官干政，极言直谏，写出讨伐八虎檄文，铲除恶患，还政于天下之清明？”

何景明道：“献吉兄所言极是，天下兴亡，匹夫有责，我何仲默也是热血男儿，对八虎窃权，危害朝政，也是恨之入骨的，岂能坐视？”

李梦阳激动地抓住何景明的手道：“知我者，何仲默也！”

何景明向二人讲了许多出使云南的趣闻，不时引发二人哄堂大笑。

不一会，王洵姝便把菜肴端上了桌子，请三人入席。

王洵姝摆上桌子的菜肴有信阳米酒鸭、清蒸鲈鱼、泥鳅煲、酱香肘子和几样时令菜，李梦阳对这一桌子色香味俱全的菜肴大加赞赏，酒还没上桌便先尝了一块米酒鸭，赞道：“这弟妹的手艺的确很了不得，很好吃。”

李梦阳因心里有事，不敢多喝。三人喝了一瓶半杜康，便不再喝了。

喝罢酒，三人来到书房喝茶，李梦阳要看何景明的新诗，何景明便摊开纸笔，写下了《自滇蜀归李户部马舍人见访》诗一首，云：“官舍扫莓苔，故人尊始开。相违频问讯，乍见各徘徊。瘴疠一身在，风尘万里来。欲询滇蜀胜，渐愧子长才。”

李梦阳把何景明的诗默念了一遍，深感何景明诗中的谦逊和大气。于是和诗一首，《何子至自滇》，诗云：“醉折荷花别，宁期花复开。川原一回首，云日共徘徊。知向百蛮去，云从三峡来。进舟虽一赋，胡弄楚阳台。”

何景明很是钦佩李梦阳的诗才及唱和的情韵，喜欢诗中的“醉折荷花别，宁期花复开”一句。赞道：“献吉兄乃大才也，是我何仲默之楷模！”

李梦阳心里很是高兴，道：“仲默过谦了！”

夫妻二人将李梦阳和马卿送至门外，见二人在月光下远远离去，才回到屋里。

何景明十分感谢洵姝今晚的表现，拉着她的手来到书房，道：“夫人今晚很是得体，为我在好友面前争了面子，娶你是我何仲默的福气，我定要跟你同生共……”

王洵姝反应极快，伸手捂住何景明的嘴，娇嗔道：“不许你说‘那个’字！”

何景明笑道："好，不说'那个'字，只说相敬如宾，白头偕老！"

王洵姝来到桌边，诵念着何李二人的诗，道："相公，洵女不才，奏和一首如何？"

何景明道："好啊，夫人有何佳句，尽管唱和。"

王洵姝略加思索，提笔写道：

晨起入亭台，始见荷花开。
北望离京客，南去勿徘徊。
望断归时路，犹恐客不来。
喜鹊登枝日，嫁衣由君裁。

何景明读罢洵女的和诗，虽然有些直白，却对仗工整，特别是"嫁衣由君裁"一句中用"由"而不用"为"，让何景明很是感动，意即她嫁给了何景明，一切就要听从他的，她会处处尊重他和爱他。何景明高兴地把王洵姝抱了起来，道："难得能娶你这样的才女，既是我的夫人，又是我的红颜知己啊！"

第二天，何景明同王洵姝去拜见姐姐景晴和姐夫孟洋，景晴陪王洵姝

孟洋的书房，何景明和孟洋在喝茶叙话，商议如何遏制"八虎"势力。

在房间里说话，孟洋和何景明来到书房。何景明问孟洋对当前时局的看法，孟洋道："形势很是严峻，朝中四品以上的官员敢于直谏上疏者并没有几个人，欲直言而激情高涨者乃多是近几年之登科进士，因职浅位卑，就算直谏也不可能呈达圣上之手。昨天中午少谷子（郑善夫）传李献吉话，让我参与反'八虎'行动，直言上书，愚兄正打算去找你讨教此事，弟以为如何？"何景明把昨天晚上李梦阳和马卿去找过他的事告诉了孟洋，道："'八虎'势力日盛，光凭吾等势力想扳倒他们谈何容易。必须要说动内阁大臣和朝中老臣，让其参与反'八虎'行动，或许能起作用。"

孟洋看着何景明道："兄该如何做？"

何景明道："你就学古时的司马徽，以'好'字求平安吧。"何景明借用东汉时的司马徽在尖锐复杂的政治斗争面前，不管别人说什么，只用一个"好"字来回答，以求得平安。

何景明最了解自己的这位姐夫，性情敦厚，为人谦逊，人缘较好，但缺少辩才。但为了姐姐，为了两个外甥，他不愿让姐夫孟洋担任何风险，于是他把自己的想法告诉孟洋，要他在这一次反"八虎"行动中尽可能回避。他说他跟李献吉的关系最要好，他要支持李献吉的行动，不惧怕任何风险，投入到这一次反"八虎"行动中来。

几天之后，何景明听说朝中太宰许进大人不支持反"八虎"行动。这许大人一向是正义之臣，刚正不阿，眼见"八虎"祸患朝廷，他岂能坐视不管？何景明知道，许大人位次三公，为六部之首臣，在朝中威望很高，如果他能支持，由他联络内阁首辅一起反"八虎"干政，事可成也。于是，他连夜写出《上许太宰书》：

中书舍人何某顿首上书冢宰许公下执事：某诚至愚，窃见明公自入吏部，所推进者皆崇饰名节，砥砺廉耻之士，清议攸与，群望景附……究人事，考变异，未有甚于此时者也。然而上下之臣，未见有秉德明恤、仗义伏节者。某虽寡昧，谅明公之所必忧也……顷者，闻权阉多于明公之正者，议者难之。谓宜少自贬以为容。夫自贬以为容者，患失者之所为也。孰谓明公表师百僚，坚立万仞者而为此乎？

某于明公，素未伏谒。然慕义甚深，区区之怀，不敢不露。窃为明公画二策，惟明公之自择焉：一曰，守正不挠，不容于权阉而去者，上策也；二曰，自贬以求容于权阉而不容于天下后世者，下策也……

许进(1437—1510)，字季升，号东崖，河南灵宝人。成化二年进士，弘治元年升都察院右佥都御史，巡抚山西大同。以劾太监石岩，左迁兖州府(今山东省兖州市境)。弘治七年任陕西按察使，复为右佥都御史。弘治十一年61岁时巡抚甘肃，收复哈密，加右副都御史，巡抚陕西。升户部右侍郎，转左侍郎。正德元年69岁时起任兵部尚书，复转吏部尚书。

何景明用谦虚诚恳的态度十分委婉地劝说许冢宰“表师百僚”、“守正不挠”，借明公之力，设法打击刘瑾等阉党，除去祸患，“用以为慰者，以有明公在位也”。

与此同时，李梦阳也在积极活动，他一边联络诗友，一边准备直言上疏。

这日，何景明带着夫人王洵姝来李宅回拜李梦阳，向李梦阳谈了自己的想法，道：“献吉兄耿直正义，不惧邪恶，一切为大明社稷着想，弟等执鞭随登，无所畏惧。然而朝政昏暗，阉党当道，缘自帝年少无知，非弘治帝可比也。愚弟以为，直谏上疏不可以为，此性命攸关，应以说动内阁大臣和朝中老臣为上策，若重臣肯予出面，此事可成矣！”

李梦阳听了何景明的一席话，觉得很有道理。他深刻记得，自己进士及第在朝为官至今已经13年，却有过两次下诏狱的经历了。第一次是奉命监税“三关”(居庸关、倒马关、紫荆关)时的事，“三关”乃京畿重地，是国家重要的商品出入关口、仓储库府之地，尤其是对京城的粮饷供给至关重要。因在监税“三关”时坚持正义、不畏强暴，阻挠打击外戚和宦官权贵插手“三关”的粮储和税务，堵住了国税和国家粮饷被侵吞的漏洞。外戚和权贵们对李梦阳恨之入骨，于是罗列罪名，诬陷李梦阳，欲置李梦阳于死地。不久，李梦阳被下诏狱。当孝宗皇帝得知李梦阳是被诬陷时，立即释放了李梦阳，并亲自召见了他，给予鼓励和安慰，使李梦阳很是感动。第二次是三年前，也即弘治末年，由于外戚专权，地方官员腐败严重，盘剥人民，河北、四川、江西等地农民纷纷起义，两次包围京师。弘治皇帝开始反思，要在朝中实行改革，除弊兴政。于是诏告朝野，要求朝野大小官员广开言路,直谏上书,陈述兴利除弊的治国良策。

李梦阳兴奋不已,感到孝宗皇帝真乃明君也！于是怀着一颗忧国忧民之心,连夜命笔,洋洋洒洒写成五千言的《上孝宗皇帝疏稿》,痛陈时政弊端,直言揭露寿宁侯张鹤龄的罪行,结果被陷害入狱。这次入狱全是因为孝宗皇帝的圣明才得以免罪,只罚了他三个月的俸银。想到此,他的眼睛有些湿润了,他深切怀念孝宗皇帝对自己的袒护之情。他感到何景明分析很对,武宗可不是孝宗皇帝,他昏懵无知,一切皇权均被阉党操控。这次一定要吸取以往的教训,不得直言上疏,而是要劝说那些说话有分量的老臣,让他们上书或者以他们的名义上疏,或许能够左右皇帝的思想,让他以江山社稷为重,铲除阉党。想到这里,李梦阳感激地看着何景明道:"仲默所言极是,我知道该怎么做了。"

李梦阳利用他与内阁辅臣李东阳的师生关系,拜访过李东阳。李东阳等内阁辅臣对刘瑾等阉党以淫乐诱惑皇帝、危害朝廷早就怀恨在心,曾与刘健、谢迁等托孤辅臣给武宗进言,要他疏离"八虎",重用贤才,以振朝纲。可武宗对他们的进谏如过耳之风,不当一回事,依然我行我素。李东阳等内阁辅臣也无能为力。李梦阳请恩师出面联合朝廷重臣联名伏阙上奏,除掉阉党。李东阳思考良久,表示赞成,但须思考成熟,秘密行事。

李梦阳在得到李东阳的首肯后,便来找他的上司户部尚书韩文。

韩文(1441—1526),字贯道,山西洪洞人。成化二年进士,宋朝宰相韩琦之后。曾拜南京兵部尚书,正德年间改任户部尚书。韩文乃正义之臣,对阉党乱政早就痛恨不已。李梦阳来到韩文府上,韩文立即出迎。虽然李梦阳只是个五品员外郎,但韩文一直很看重他,知道他是一个最敢于直言的忠义之士。寒暄过后,韩文问道:"献吉近日最忙者为何事?"

李梦阳道:"晚生想韩公之所想,梦韩公之所梦也!"

韩文道:"献吉知我想梦何物?"

李梦阳将左手指伸成一个"八"字,然后出右手做了个削切的动作。

韩文哈哈大笑道:"知我者献吉也!"

韩文让下人给李梦阳泡了一杯西湖龙井,自己对着专用的紫砂壶嘴嘬了一口茶水,道:"自弘治之后,国运大衰,'八虎'作乱,祸患朝政,如今朝野上下，一片黯然，如此下去，国必亡也！”他停了一下叹道：“老朽为此深感忧虑和不安，真想辞官不做，告老还乡，眼不见心不烦啊！”

李梦阳道：“韩公和许太宰都是朝廷重臣，为除奸党、兴国运，其感召力非他人可比。前日何仲默已上书许太宰，得其首肯，韩公若肯出面，此事可成也。”

韩文问道：“献吉有什么好主意？”

李梦阳道：“下官以为，刘、谢、李三阁老乃孝宗皇帝临终时的托孤大臣，朝中九卿官吏皆有志之士，谏臣们如能拧成一股绳，联名上书，共同揭露宦官阉党危害朝廷的罪行，三阁老由此据理进谏，韩公和许太宰率诸大臣伏阙于外殊死力争，铲除刘瑾阉党可定也！”

韩文道：“献吉文才超群，我意已决，就请献吉代我草疏如何？”李梦阳见说动了上司韩文，心中大喜，慨然应允为韩文代拟疏稿。

第二天早朝之后，韩文至文渊阁密叩内阁辅臣刘健、谢迁和李东阳，请三阁老率朝臣联名伏阙上疏，革除“八虎”乱政之事。三阁老表示大力支持。

韩文取得了内阁辅臣的支持后，信心更足了，他一边秘密联络有正义感之朝臣，一边让李梦阳立即起草奏疏。

李梦阳得到韩文的授意后，连夜奋笔疾书，洋洋洒洒写下了五千言的《代劾宦官状稿》，呈请韩文过目。《状稿》写道：

……近岁以来，朝政日非，号令失当。自入秋以来，视朝渐晚，仰面圣容，日渐清癯。朝野皆言太监马永成、谷大用、张永、罗祥、魏彬、刘瑾、丘聚等人，置造伪巧，淫荡皇帝之心……甚者日游不足，夜以继之，劳耗精神，亏损志德，随使天道失序，地气靡宁。

刘瑾等人惟知蛊惑圣上，以便于行私，而不思赫赫天命，皇帝业，皆在陛下身上。今大婚虽毕，储嗣未建，万一游宴损神，起居失节，虽将马永成此辈化为灰粉，菹为肉酱，也无补于事！……伏望陛下奋刚断，割私爱，上告两宫，下谕百僚，将马永成等送于司法，明正典型，以回天地之变，以泄神人之愤，潜消祸乱之阶，永保灵长之业。

……

韩文读罢《状稿》，对李梦阳揭露“八虎”乱政之害，以及皇帝须持节制、辨明是非的言辞大加赞赏，道：“献吉大手笔，果然出手不凡。”之后对《状稿》中有些过激言辞提出稍作修改，以免引起皇帝不悦。李梦阳点头称是。

正德元年（1506年）十二月的一天，户部尚书韩文率六部尚书及诸大臣伏阙宫门，联名上疏。武宗皇帝见此情景大为震惊，不知如何是好。此时内阁辅臣刘健、谢迁、李东阳趁机奏道：“新政初立，本该天下太平，朝野清明；然‘八虎’为患，不为朝廷社稷着想，以纵情逸乐蛊惑圣上，打击陷害朝臣，招致天怒人怨，朝野上下一片哗然。众朝臣要求圣上为江山社稷着想，剜脔割瘤，铲除‘八虎’为乱，还政清明。”

武宗皇帝问三辅臣该如何处置。刘健、谢迁、李东阳一致提出，将“八虎”首犯刘瑾处死，其余收监或流放，远离圣上。

武宗心中不忍，思考良久道：“容朕想想，徐作处置。”

当天，武宗召司礼监王岳、陈宽等太监至养心殿商量此事。王岳道：“今朝廷上下除‘八虎’呼声高涨，不处置不平民愤，我等建议将刘瑾等人贬谪南京，离开圣上较为妥当。”武宗赞同王岳等人的意见，并派王岳去内阁商量对刘瑾等的处置。

当王岳带着武宗和自己的想法来和三阁老商量对刘瑾等人的处置时，刘健和谢迁坚决不同意，决意要处死刘瑾。刘健拍案道：“先帝驾崩，临终前重托老臣，要吾等忠心辅佐少帝，如今先帝陵墓之土未干，刘瑾等‘八虎’祸乱朝政，以致天怒人怨，社稷不保，臣将有何面目见先帝于地下啊！”说罢恸哭不止。

司礼监王岳是一位正直的太监，他对刘瑾等人飞扬跋扈、媚奉皇上的行径早就恨之入骨，只因皇上贪恋玩乐，太过依赖刘瑾等内廷太监，平日里只是敢怒而不敢言。今日见刘阁老如此悲恸和除刘瑾之心坚决，他也想借此机会将刘瑾铲除。于是他将三阁老一致要求处死刘瑾的意见转告了武宗皇帝。武宗皇帝低头不语，他还是感到这几个内廷太监对自己太好，杀刘瑾实不忍心。王岳便将刘瑾平日里瞒着皇帝所干的非法之事列举几件陈述给皇帝，提出杀刘瑾才能平民愤，才能稳定众朝臣之心。

武宗皇帝见王岳如此说,便不再坚持,只是叹了一口气。

王岳立即至内阁见三阁老,商量对策。

三阁老商量,由首辅刘健约韩文及朝中九卿官员,明日早朝时伏阙面君,列举刘瑾等人罪状,同声面争,诛杀刘瑾。王岳等内官从中内应。

可是没曾想到,就在刘阁老联络韩文及吏部尚书许进时,消息被吏部左寺郎焦芳刺探到了,这焦芳与刘瑾交好,连夜向刘瑾告密。

刘瑾得到这一消息后,十分担心害怕,心想:就算皇帝不杀自己而被革职,自己苦心经营的权力和财富也要毁于一旦。他不敢再想其后果了,立即找来同党商量对策。马永成和谷大用等太监都哭丧着脸看着刘瑾,一个个六神无主,不知所措。刘瑾转动着眼珠对诸太监道:“我等伺候皇帝尽心尽力,想皇帝之所想,急皇帝之所急,皇帝有恩于我等,我等也感恩于皇上,皇上对我等是有感情的。现在要保住我等的位子,不被朝臣所害,关键还在圣上,要让圣上垂怜我们。”

谷大用道:“你的点子多,告诉我等该如何做?”

刘瑾道:“一个字,‘哭!’我们每个人都要用哭来打动皇上,而且还要泪流满面。”

当天夜晚,刘瑾率马永成等七太监进入内宫,跪伏在皇帝脚下,以头触地,哭声悲恸。

武宗皇帝一时不知所措,心里也有些悲恸。

刘瑾抹着眼泪鼻涕哭诉道:“皇上啊,奴才六岁入宫,十几岁就听命于后宫。奴才今年五十有四,皇上还是太子时奴才就跟着皇上,如今已有十个年头,我对皇上忠心耿耿,从无二心。可有人却想着法儿陷害我等皇帝身边的奴才,跟皇帝过不去,还要皇上杀了奴才!皇上啊,您说我等冤不冤啊!……”

刘瑾说罢,一时皇帝的寝宫内一片恸哭之声。

武宗皇帝见刘瑾等七太监哭得如此伤心,心里有些发酸,道:“尔等再哭,朕也要哭了。”

刘瑾知道圣上已被他们的哭声感动了,他一边叩头一边抽泣道:“若不是万岁爷对我等奴才的恩护,恐怕早就被奸人害死了。万岁爷,您可要救我们呀!”

武宗皇帝说道:“你们起来吧。”

众太监立即叩头谢道:“感谢万岁爷的再造之恩!”

刘瑾趁皇帝已被说动,便添油加醋地说王岳如何拉拢三阁老和朝臣,陷害伺候在皇帝身边的太监,他们假借什么危害江山社稷之名,其实是拉帮结派,别有用心,其目的就是限制皇帝的自由。

武宗皇帝听到这里,想起这些朝臣经常以先帝的遗训来限制自己,真是没事找事,无事生非,他越想越气,将桌子上的一只龙凤金杯拂到地上,道:“尔等说此事该如何处置?”

刘瑾早就觊觎着朝中司礼监之职,想把王岳整下去,于是他趁热打铁说道:“王岳、韩文等竟敢如此大胆妄为,是由于司礼监无能人执掌。若司礼监有能人,王、韩等人胆敢无视万岁爷之尊严吗?”

刘瑾的几句挑拨话把武宗激得满腔怒火。他立即任命刘瑾掌管司礼监,马永成掌东厂,谷大用掌西厂,张永等司营务。刘瑾见目的已经达到,立即编造事实,罗列王岳等太监欺君罔上之罪行,引起武宗震怒,将王岳、范亭等发配南京充军,看守明祖陵。王岳在充军南京途中,被刘瑾派人秘密杀害。

刘瑾掌管司礼监是他梦寐以求的职位,他从一个侍候皇帝的领班太监一下子升迁为司礼监,这对于他来说不啻于由一条蛇蜕变成了一条飞龙。

在明代,司礼监是朝廷二十四衙门中的首席衙门,是皇帝最看重的特务机关,统管东厂和西厂,其司礼监的权力仅次于皇帝。刘瑾当上司礼监的第二天早晨,刘健、韩文等九卿百官并不知晓昨夜皇宫里发生的重大变故,依旧联络众朝臣候旨于左顺门,请诛刘瑾等宦官。

这时,宦官张永至左顺门宣旨,四品以上的官员进殿面圣,其他官员原地等候。大家一见满面春光的太监张永来宣旨,便知道事情有变,每个大臣都忐忑不安。他们跟着太监张永来到乾清宫大殿跪伏,三呼万岁毕,太监谷大用宣读圣旨:“擢刘瑾掌管司礼监,马永成掌管东厂,谷大用掌管西厂,张永司营务……罪臣王岳、范亭等聚众闹事,陷害忠良,免其职,发配到南京看守祖陵……”

圣旨一下，众大臣面面相觑，他们没想到事情会是这样，他们所做的一切努力都白费，其后果将是被报复、被迫害甚至被杀头。

何景明在这场除“八虎”斗争中一直是积极的参与者，斗争的失败将预示着有一大批官员要跟着遭殃，虽然自己也将跟着受影响，但因自己人微言轻，还不至于是刘瑾等打击报复的重点对象，他更担心的是韩文、许进这些朝廷大员会受到刘瑾的迫害。

就在圣旨下达的当天，内阁辅臣刘健、谢迁、李东阳连名上疏请求致仕，圣旨便很快下达：刘健、谢迁准于致仕，李东阳仍留内阁。

正德二年（1507年）闰二月，刘瑾在朝的地位得到了进一步巩固，他要报复的时机成熟，于是矫诏圣意，将伏阙上疏的朝臣列出53人，称为奸党，昭示朝堂。二月二十八日早朝后，刘瑾以司礼监掌门太监宣朝臣百官跪伏于金水桥南，集中受训。训示中，刘瑾假传圣旨，念道：

朕以幼冲嗣位，惟赖朝群辅弼，匡其不逮。岂意去岁奸臣王岳、范亭、徐智，窍弄威福，颠倒是非，私与大学士刘健、谢迁，尚书韩文、杨守随、张敷华、林翰，郎中李梦阳、主事王守仁……递交相通，彼此穿凿，曲意阿附，遂成党比。或伤残善类，或变乱黑白，以骇听众，煽动浮言，行用颇僻。朕虽察审，尚务优容。后渐事迹彰露，彼各反则不安，因自陈俯，道其休致之情。今遣谪典，其敕内未罪者，吏部尽今令致仕，毋使继续为恶，追悔难及……

刘瑾一边假传圣旨，一边令心腹太监更加诱惑皇帝淫乐，代皇帝诏书，将列出的曾经反对过自己的53名所谓“奸党”全部勒令致仕。太宰许进告老还乡，擢升焦芳为吏部尚书。

此假圣旨一下，朝野皆惊。但谁也挽救不了已经形成的局势，被致仕的朝官们纷纷卷着铺盖离京。韩文离京时痛心疾首，对一同致仕离京的朝官们哭道：“我韩文无能，让朝臣们跟着遭殃，愧对大家了！”说罢仰天长叹：“天理何在？天理何在啊！”

送走了许进和韩文，何景明联络在京文友前来看望李梦阳，不知李梦阳何日动身，他要设宴为李梦阳送行。

与何景明一同来看望李梦阳的有康海、王九思、孟洋、边贡、王廷相、何瑭、郑善夫、徐缙等在京文友十多人。在李梦阳的宅邸,李梦阳很客气地笑迎大家,他为文友们在他致仕离京前来看望他感到无比的欣慰和高兴。他是一个正直的诗人,心里藏不住事,也容易激愤,他称刘瑾等"八虎"是坑害朝廷的"僵尸恶鬼",只要自己一息尚存,还要口诛笔伐,奋起而诛之。之后,他把自己才写完的一首讽喻长诗《去妇词》吟诵给大家:

孔雀南飞雁北翔,含颦揽涕下君堂。绣幕空留并菡萏,罗衬尚带双鸳鸯。菡萏鸳鸯谁不羡,人生一别何由见。只解黄金顷刻成,哪知碧海须臾变。贱妾甘为覆地水,郎君忍作离弦箭。……妾悲妾怨凭谁省,君舞群歌空自怜。郎君岂是会稽守,贱妾宁同会稽妇?郎乎幸爱千斤躯,但愿新人故不知。

古乐府诗《孔雀东南飞》里庐江府小吏焦仲卿妻刘氏,因焦母不能相容而遭遣,投水而死,深爱着妻子的丈夫见妻死也自缢身亡。李梦阳借用历史典故,来比喻被刘瑾所迫害的忠臣们被迫离开朝廷,他们对大明王朝的命运十分担忧,儿媳离去,母有何依啊?李梦阳诵到最后,禁不住落下泪来,文友们也悲痛不已。

何景明见李梦阳在悲愤的情绪中包含着对文友的依依不舍,内心里很是感动,他为李梦阳、韩文等被勒令致仕的朝臣抱屈。

是夜,何景明在赏月楼宴请李梦阳,文友们相陪,为第二天离京的李梦阳饯行。

这天夜晚,文友们都喝了很多酒,何景明、李梦阳、何瑭都喝得大醉。孟洋将何景明送至家中,看着何景明睡下后方才离去。

三

正德二年(1507年)二月,何景明送走了李梦阳,心里一下子空落落的。他想到自己与李梦阳的交情,二人在诗歌创作上的共同志向,以及在文学复古路上的相互应和,使他感到他与李梦阳是难以分开的。在京城,文友们常把他与李梦阳并称"李何",他也非常感谢李梦阳在诗歌创作上对他的帮助和影响。在他来京之前,李梦阳就已经是名震京城的诗人了,而自己那时仅仅刚刚起步。如今,虽然自己在诗歌创作上不懈努力,受到了诗友们的认可和推崇,但自己感觉与李梦阳相比还有距离,还要不断学习,在学习中提高自己。虽然李梦阳离开了京城,但他的文学思想还留在这里,自己还要在文学复古路上继续走下去,和文友们一道开创一条复古与创新并进的文学创作之路。想到这里,他的心里充实了许多。

这时,妻子王洵姝端来一杯茶,放在何景明旁边的桌子上,关切地问道:“相公是为李献吉离京而不开心吧?”

何景明看着身怀六甲的妻子,让她坐在自己的旁边,道:“是啊,奸佞当道,朝廷混乱,李献吉此去,不知何日能回京。”他端起茶杯,轻啜了一口,然后将一只手放在妻子微微隆起的小腹上,问道:“已经有好几个月了吧?”

王洵姝道:“快五个月了,我已经感觉到了胎动呢。”

何景明想到自己快要当爹了,一扫心里的郁闷,爱怜地看着王洵姝道:“爱妻要多多受苦了,以后我要多在家里陪你。”

王洵姝将头靠在何景明的肩上,心里充满着无比的幸福。

正在二人沉浸在快有孩子的幸福感之中时,孟洋和崔铣走了进来。何景明起身迎接,把二人让进书房里。

王洵姝沏了一壶茶端进书房,给二人各倒了一杯,便退了下去。

崔铣(1478—1541),字子钟,又字仲凫,安阳人。弘治十八年(1505年)进士,入翰林,任编修。崔铣与孟洋是同科进士,过从甚密,对何景明甚是推崇和敬重。还在李梦阳联络诸文友联合上疏罢黜刘瑾等“八虎”时,崔铣就曾找过何景明商量对策,何景明与崔铣交流了对时局的看法,提出了“不可不与,亦不可强与”的看法,使崔铣很受启发。何景明曾经写过一首《中林之棘》的诗送崔子,诗中写道:“念子出宿,我居茕茕。我心之迈,与子同征。”道出了他与崔铣的友情。诗接着写道:“众方媚矣,莫敢独说;如处大厦,俟其颠覆。谓人弗言,言成祸矣;谓人弗职,职成过矣。孰无朋友,倡谁和矣。子曰弗仕,子有父母;子曰弗仕,兄弟尤予。天子则不罪,朋友弗取。”诗中谈到了怎样平衡处理这件事。崔铣读罢何景明的赠诗，对何景明更加信任和推崇。

崔铣道："献吉兄被致仕，恐难返朝，京中文友皆推崇仲默兄，今后仲默兄引领文坛，子钟鞍马随登，愿从教诲。"

何景明笑道："子钟兄过谦了，我何仲默愿与大家一起共勉。"

三人谈了对当前时局的看法，都感到前途渺茫，刘瑾得势后越发胆大包天，经常避开皇帝假传圣旨，对不顺眼的朝廷官员轻则打，重则下诏狱，一时间朝廷上下噤若寒蝉。在谈到今后的文学创作时何景明道："自弘治十五年起，京城文坛出现一些新气象，'三杨'所把持的雍容闲雅、粉饰太平之台阁体被翕然拒之，康德涵提出'汉魏以降，顾独悦初唐'，李献吉立论为'文必秦汉，诗必盛唐'，一时间京城的士林文人悉皆从之，至今已有六载。若论学古，我以为不必一味地套守尺寸，关键在于领会古人创作之神情，学古之目的乃自创一堂室，开一户牖，成一家之言，以传不朽者之境界也。"

孟洋和崔铣都表示赞成。

何景明正说着，眉头间忽然皱起了一个疙瘩，他将一只手顶着右肋下，表情略显痛苦。

孟洋看出何景明的痛苦状，关切地问道："明弟，你怎么了？是不是不舒服了？"

何景明道："没事，只是感觉近来这右胁下时有疼痛。"

崔铣道："仲默兄，我去叫太医来给你看看吧。"

何景明道："不要紧，我知道是肝气郁结，小毛病而已。"

三人聊了许久方散。

一天上午是例休日，何景明在书房看书。这时从外面走进一个人来，直言要拜见何舍人。何景明从书房出来，见来人三十多岁，中等身材，皮肤白皙，气质儒雅。他向何景明躬身长揖道："在下领浙江乡荐施儒拜见何舍人。"

何景明曾听说过此人，施儒，字聘之，浙江湖州人。立即将其迎进书房看茶。施儒对门外的仆从招呼了一下，仆从进来，手里拎着一些东西，施儒道："这是我从老家带来的几样湖州特产，是初来拜访何舍人的趁手之物，不成敬意。”

何景明道：“何必如此客气呢？请。”

何景明请施儒至书房坐定，看茶。

施儒道：“何舍人文才盖世，施某久闻其名，特来拜访，请多指教。”他说着从包裹中取出两只茶盒和两瓶酒道：“这是两斤安吉白茶和两瓶湖州乌程酒，请何舍人笑纳。”

何景明对这两样湖州特产还真的没尝过，道：“承蒙聘之兄美意，这两样稀罕物还真的未曾尝过。”

施儒道：“这安吉白茶与常茶不同，乃安吉特有，宋徽宗赵佶在《大观茶论》中言安吉茶如璞中之玉，茶之上品。关于这乌程酒更是有名的……”

文人好酒茶，何景明对好酒好茶甚感兴趣。于是笑问道：“仲默愿闻其详。”

施儒道：“给仲默兄讲个典故吧。当年诗仙李白听说乌程美酒千饮不醉，便不远千里来到浙江湖州，到酒肆开怀畅饮，边饮边唱道：‘乌程好酒，好酒啊！’

时有湖州司马迦叶从此经过，忽闻狂歌之声，便遣随从问其何人。李白听得清楚，随口戏作四句道：‘青莲居士谪仙人，酒肆藏名三十春。湖州司马何须问，金粟如来是后身。’迦叶司马大惊道：‘莫非蜀中李谪仙么？闻名久矣！’随请相见，留饮十数日，厚有所赠。临别问道：‘以青莲高才，取青紫如拾芥，何不游长安应举？’李白道：‘当今朝政低糜，公道尽失，请托者登高第，纳贿者获科名，非此二者，虽有孔孟之贤，晁董之才，无由自达。白所以流连诗酒，免受盲试官之气耳。’迦叶道：‘即虽如此，足下谁人不知？一到长安，必定有人荐拔耶。’于是李白听了迦叶司马之言，转道长安。”

何景明听罢道：“这李谪仙千里寻乌程专为饮乌程酒，看来的确是好酒。感谢施兄如此厚赠。”中午，何景明设家宴款待施儒，并请来孟洋作陪。此后，二人成了要好的朋友。施儒也因慕何景明之名，视何景明为师友。正德三年春，宦官刘瑾想拉拢先期入京的考生，召集考生训话，施儒不服刘瑾，直言冲撞，受到刘瑾的训斥。施儒恐有不测，离开京城，至吴门改换姓名，任教授。正德五年，刘瑾伏诛。翌年三月，施儒赴京参加廷对，授进士出身，后任广西道监察御史。正德六年，何景明复职回京时，施儒时在京，不久施儒授御史外巡。何景明为其饯行，作《送施聘之侍御》，诗云：“海甸春风揽辔情，燕关骢马去还鸣。绣衣宵汉花间出，紧缆江湖树里行。近日西台多谏草，少年南国有诗名。别弦更忆风流调，愁听东城二月莺。”此诗体现了何景明与施儒的深厚友谊。

正德二年三月初，何景明得到消息，在吏部任左侍郎的林瀚先生因被内阁举荐继任吏部尚书而得罪了刘瑾。刘瑾一心要用焦芳，而内阁却推荐林瀚，刘瑾便罗列罪名谪降林瀚为浙江参政。何景明设酒为先生送行，作《送林利正同知之潮阳》诗赠先生，诗云：“忆在成均共携手，泉山门下相知久。万里恩情若父兄，十年道义渐师友。君才岂孤一第名，佩刀令作岭南行。挂帆夜宿天边树，伐鼓朝登海上城。燕京相逢颜色好，相逢何难别草草。过家登堂寿礼毕，道予问讯泉山老。”此诗道出了何景明重师之情，也为恩师的贤治之才得不到重用反而受奸佞排挤感到愤懑不平。

送走林瀚先生不久，何景明在京的又一位老师刘瑞因得罪刘瑾被致仕。何景明同样为先生设酒饯行。席间，他问先生将到何处。刘瑞道：“先回四川老家看看，尊母之命再行定夺。”送走了刘瑞先生，何景明的心情一直很沉重。刘瑞先生妻子亡后一直未续娶，无子嗣。何景明将先生送至十里长亭，见先生孤独离去的马车渐渐远去，他禁不住落下泪来。后来他打听到，刘瑞先生尊母命辗转到了湖南澧州投姨母华阳王府教授李吉安夫人田氏，吉安之子李充嗣时为南京兵部尚书，助田数亩，卜筑而居，聊以度日。何景明听说后很是心酸。作《得五清先生消息尚客澧州怅然有怀作诗六首》，一、三首云：“憔悴东都士，吾师尚可嗟。三年为逐客，万里未还家。幕阻巴山雪，春行楚岸花。江湖无路觅，流涕望天涯。”“洞庭西去路，消息几回闻。地僻难逢雁，天长只见云。白苹悲楚客，斑竹怨湘君。宋玉哀师意，空传九辩文。”他用此诗寄托对刘瑞先生的怀念之情。

三月中旬的一天，何景明在庭院里踱步，忽听有人敲门，何景明开门，见一邮差交给他一封信，是大哥景韶寄来的。睹物思人，他的心里十分激动，很久没有给大哥去信了，大哥却先给自己来信了。送走了邮差，他连忙展开大哥的信，见信里写道：

四弟惠鉴：

兄自正德元年初至东昌任上，如今已一年有余。想自入仕巴陵知县一十四载，仕途无常，升职无望。今至东昌通判，略有长进，这对于兄也算聊以自慰了。吾弟在京，政坛诡谲，人心不古，异议众生，且悉闻朝中多变，弟当好自为之。幸得孟洋在京供职，景晴亦至，姊弟亦可相互照顾，为兄甚慰。兄几近知天命之年，身体日渐欠佳，近日时感胸前钝痛，时常梦见亲人，梦四弟居多。四弟小时聪慧过人，长成后亦是兄之骄傲。今父母年事已高，兄辞官归隐之心日甚。子曰："天地之性人为贵。人之行，莫大于孝，孝莫大于严父。"如今我等兄弟都在外，长子当尽孝堂前，伺奉父母，兄打算辞呈归居。吾弟正当壮年，守忠孝之义，为朝廷尽力，能早日得到朝廷重用，乃兄之大愿也……

何景明读罢信，良久不语。他的眼前尽是小时长兄对他的关爱和呵护，他禁不住重读一遍长兄的信，特别是看到长兄言"近日时感胸前钝痛，时常梦见亲人，梦四弟居多"时，他的眼睛有些湿润了。

回到屋里，何景明心里闷闷不乐，眼睛一直看着手里的书信。

王洵姝走了过来，问道："相公为何不乐？"

何景明将书信递给她。

王洵姝看罢书信道："大哥身体不适，相公何不告假带洵姝前往东昌府看望大哥？"

何景明道："我这就去告假，去东昌府看望长兄。你就不要去了，有孕在身，且路途遥远，不可以颠簸的。"

二人正说着，忽听外边有人敲门。何景明开门，见一仆差白布缠腰，跪伏在门外。何景明心里一惊，连忙扶起下跪者，急问道："差公为何这般？"

仆差道："东昌府通判何景韶公病亡！"

何景明不敢相信自己的耳朵，怔在那里，顿觉大脑一片空白。

仆差道："请何舍人前往东昌府处理后事。"说罢，也未及进屋，便打马而去。

何景明与长兄景韶感情深厚，长兄大他整整23岁，像父亲一样地爱他，小时候经常带他玩耍和教他识字，他后来的成才也与长兄的教育和影响是分不开的。回到屋里，何景明将长兄病丧的消息告诉了王洵姝，便禁不住泪流满面，啜泣不止。王洵姝也跟着哭。少顷，王洵姝道："相公节哀，我去把大哥病丧的消息告诉姐姐和姐夫吧。"说罢便出了门。

不一会儿，孟洋和景晴到。

景晴见弟弟伤心悲痛的样子，想到大哥还不到50岁就离开了自己的亲人，禁不住放声大哭起来。王洵姝一边哭一边劝道："晴姐节哀！"

何景晴抹干眼泪道："我要与明弟一起去东昌府为大哥治丧。"

孟洋道："你不必去，我同景明一块去。"

何景明道："姊夫同我一道甚好，只是怕请不了假。"说罢二人便去请假。孟洋告假未准。

何景明嘱咐姐姐多来陪王洵姝，便同妻弟王琤即日动身前往山东东昌府奔丧。到了东昌，何景明处理完一切后事，便扶灵柩回信阳。安葬了大哥景韶，何景明并未停留，同家人和几个朋友道了别，便急急地回到了京城。

何景明为长兄奔丧二十余日，王洵姝思念丈夫心切，每天下午都要到门外守候，希望丈夫突然出现在她面前。这天下午，他终于盼回了何景明乘坐的那辆马车。弟王琤在马车上喊道："姐，我回来了。"

王洵姝急问："你姐夫呢？"

王琤把马车驾到王洵姝跟前，跳下车，拉开车门，将何景明从车上扶下来，道："看把你急的，我把姐夫完好地交给你了。"

王洵姝见丈夫因旅途劳顿，人变得又黑又瘦，心疼得差点落下泪来。她抬手打了王琤一巴掌，嗔道："你看你，一点都没见瘦，看把你姐夫瘦的，还完好哩！"

王琤看着姐夫，也不吭声，只是憨憨地笑。

回到家里，不一会儿，孟洋和景晴带着孩子过来了。何景明把这次为长兄奔丧的过程讲给他们听，并转达了父母对景晴一家人的问候，还有对王洵姝的问候。晚上,王洵姝准备了一桌菜,留姐姐一家吃饭。何景明与孟洋都喝了不少酒。

送走了孟洋一家,王洵姝催促丈夫早点歇息,可何景明却没有一点睡意,脑海里全是大哥景韶的音容笑貌。王洵姝来催了多遍方歇。

过了一段时间,何景明的心情逐渐好了起来,工作之余,便经常与文友们一起谈诗论赋起来。

正德二年六月,自刘健、谢迁、韩文等忠臣被逐之后,朝臣们皆因畏惧刘瑾而无人敢进谏。御史蒋钦见刘瑾等阉党祸害朝廷日甚,便偕同官员数人趁早朝时直谏,痛陈刘瑾等祸国殃民,理当处死。武宗皇帝关心的不是朝政大事,而是一心惦记着刘瑾拨国库重金为其修建的豹房公廨——专供武宗皇帝淫乐的场所。他问刘瑾,豹房何时竣工,何时能入住?刘瑾道:“八月即可入住。”刘瑾说完,蒋钦等跪伏切谏。武宗心里不快。刘瑾立即传令左右,将蒋钦等人拿下,当廷杖击 30 下狱。蒋钦在狱中大骂刘瑾,宁死不屈。三日后便屈死狱中,时年 49 岁。

七月的一天,朝会结束后,一份揭露刘瑾种种罪行的匿名文书丢弃在御道途中而被校尉捡到,刘瑾看到后怒不可遏,大发淫威,令百官跪在奉天门外,逼迫写匿名文书者招认。当时正值中午,烈日当空,百官从早晨一直跪到傍晚,主事何釴、顺天府推官周臣、进士陆申都因暴晒而死,但最终还是没有结果。于是刘瑾将五品以下的官员全部收监,孟洋、崔铣都在其中。何景明因身体不适,未参加朝会,免受此难。第二天,刘瑾得知写匿名文书者乃宦官中的敌手所为,才将无辜的官员释放。

通过这些事使何景明深切感到,刘瑾等阉党不除,朝廷无望,纵是自己有满腔热血,也是报国无门。此时,他已把仕途看得淡了,加上爱妻将要生产,为了避祸,不殃及家人,也为他即将出生的孩子有个好的生长环境,他决定以请病假的名义告归信阳。

何景明病休归里的申请很快就被批复了。他本打算等妻子生产完后再离京,可他一刻也不想再等了。临走那天,京城文友们前来相送。何景晴拉着王洵姝的手,反复叮嘱,路上要多加小心,回到家孩子就要出生了,过段时间她和孟洋回信阳看望侄子。王洵姝很感激地看着何景晴道:“请姐姐放心,我会注意的,等孩子出生后我给姐姐和姐夫报喜。”

何景明与京城文友执手相别。大家的心情都很沉重,不知道何景明此去何时才能回到京城。孟洋、康海、王九思、何瑭、郑善夫、崔铣、徐缙、陶骥等目送着何景明一家乘坐的四轮马车消失在彰义门前的官道上。

康海对孟洋道:“望之兄,你若回信阳,请代兄弟们看望何仲默,祝他早日养好身体,回京与吾等相聚啊。”

孟洋道:“德涵兄放心,我一定转告众兄弟的情谊。”

孟洋知道,这康状元才华横溢,为人清高孤傲,不主动与人结交。他与李梦阳虽然是好朋友,彼此来往却不多,他不喜欢李梦阳的居高自大,李梦阳离京的那天早晨,他未去相送。可他对何景明却不一样,他与何景明是同科进士,在他中状元后,何景明多次去拜望他,称他为良师益友。他很欣赏何景明的谦虚、低调,认为何景明的才气并不亚于李梦阳,所以他对何景明有很深厚的感情。文友们都离开了,他还站在那里,直到何景明的马车在他的视线里消失。

第六章

赋闲溪水　悼亡守孝

一

正德二年(1507年)七月,信阳下了一场大雨,干旱已久的信阳大地喜降甘霖,浉河水涨,贤山碧绿,空气清新湿润,大有“空山新雨后,天气晚来秋”的感觉。何景明自踏进家乡的土地那一刻起,身上像突然卸掉了千斤重担,在朝中被压抑和窒闷的心情一下子被释放了,他感到了无比的轻松和愉快。他想起了自己从16岁中举,20岁考中进士,一直在为仕途奔波,如今已过去10年,这10年就如白驹过隙般地快速划过,而自己却对曾经极度向往的仕途感到了疲惫和厌倦。车过明港,何景明的心情异常激动,他为信阳的青山绿水而感动,为马上就要见到自己的亲人和朋友而兴奋不已。他让王琤把车停在路边,拿出纸和笔,写下了一首《还家口号》,诗云:

十年奔走远亲舍,此日归来喜不禁!
敢问明时轻组绶,只缘多病乞山林。
闲居拟著潘安赋,高卧宁知谢傅心。
早晚南岩桂花发,开轩相望一长吟。

王洵姝接过何景明手里的宣纸,将诗读了一遍,道:“相公是要学五柳先生了?”何景明道:“夫人说得好,本人就得学学陶公潜,不为五斗米折腰,过上躬耕自资的生活了。夫人可愿学翟氏,安贫乐贱哦?”

王洵姝道:“翟氏能随夫耕织,乐贱安贫,洵女自然是学得来的。”

何景明道:“好,不愧是我的知己贤妻啊!”他说着,又打开一张宣纸,摊在路边的一块平石上,挥笔写下《归来篇》七言行歌一首:

君不见，陶公饮酒负奇气，平生下笔五千字。不背上书干明主，安能束带见小吏。归来不愿千顷田，但须囊中有酒钱。男儿委身事权贵，摧眉折腰诚可怜。朱君雄豪气如虎，风期直与陶公伍。青袍银带不复视，壮所弃官与弃土。雅性好酒兼好文，眼中富贵岂足论。五花换酒招宾客，千斤买书遗子孙。人生百岁终萧索，如子从容胡不乐？未似原生少宿储，却比苏家多负郭。长安陌上久离群，子亦还山卧白云。南岩桂树花自发，岁晚相看一望君。

何景明通过这首《归来篇》，借赞颂陶公的为人和气节来抒发自己归来的心情。

王洵姝对《归来篇》大加赞赏，她被诗中的每一句话所感动，她更对自己相公的诗才而感叹不已。

回到信阳，何景明见到了久别的亲人，高兴的心情溢于言表，但内心里又隐隐地感到痛楚，特别是看到自己年迈的父母，他们体弱多病，父亲十分消瘦，表情有些呆滞，与一年前判若两人。何景明拉着父亲的手，眼睛有些湿润，说道："爹，您这是怎么了？瘦得这么厉害？"

母亲李氏道："明儿，自你大哥走了之后，你爹就一直吃不下饭，晚上睡不着觉，加上听说朝廷里又不太平，担心着你和景晴，所以就一天天瘦成这样，人也好像有些糊涂了。"

何景明看着默默无语的爹，眼泪禁不住夺眶而出。说道："爹，儿子这不是回来了吗？是儿子不孝，没有好好陪在您的身边，让您操心了。明儿这次回来就不走了，陪着爹娘，好好尽孝。"

何信看着自己的小儿子景明，抬起手在儿子头上抚摸着，有些含糊地道："回来就好，回来就好。"说着脸上爬起一丝有些僵硬的笑，忽儿他的眼睛有些湿润了，叹口气道："唉，不知你二哥啥时候回来？……"

何景明知道，父亲见到自己便想起了二哥景旸，景旸也是大哥安葬的时候回来的，如今也有一段时间没有回来了。他自己也很想见二哥一面，于是他让内弟王琤即日动身，骑快马去安庆，将二哥景旸接回信阳。

从信阳到安庆骑快马也只有一天半的路程，第三天傍晚王琤与二哥景旸便回到了信阳白坡家里。

景明、景旸、景晖兄弟三人都回到了家里，全家人都十分高兴，这也是自大哥景韶离世后全家人最高兴的日子。

晚上，何景明请厨师到家里做了一桌酒席，为了让父母高兴和庆贺兄弟三人团聚，还让人在大门头挂了两盏宫灯，以示家庭祥和喜气。

入席时，父母坐在上席，二哥景旸挨着父亲坐在左边，三哥景晖挨着母亲坐在右边，何景明挨着二哥景旸坐，家里的媳妇和孩子们随便坐。入席之后，何景明拿出从京城带回来的鹤年贡酒，给父母各倒一杯，然后又给二哥、三哥和自己的杯里倒满酒，道："这是北京老鹤年堂酿造的一种养生酒，是专供皇宫用的御酒。请父母和二位哥哥多饮几杯。"

父亲何信脸上荡起了少有的微笑，看着自己的儿子、儿媳以及孙辈们，这种天伦之乐使他感到了从未有过的高兴。他突然地清醒了，口语十分流畅，道："儿子们都在外为仕途奔波，为朝廷效力，这是我何家祖上的阴德，爹不图你们光宗耀祖，只图你们没病没灾。今天都能回来，爹就放心了。明儿带回来的这御酒，我先喝了。"说罢将杯举起，一饮而尽。

大家见父亲如此清楚明白，都很高兴，跟着将杯中酒饮尽。母亲只是抿了一小口，道："这酒好喝，还有点甜味，儿媳们也尝尝。"

景旸的媳妇和景晖的媳妇也都喝了，只是王洵姝怀着孕而未动杯。

三哥景晖喝了第一杯酒，便道："四弟，这酒喝是好喝，太没有劲道了，像喝糖水似的。你还带回有什么好酒让三哥尝尝，三哥不喝这鹤年堂的御酒了。"

何景明笑道："我知道三哥要喝什么酒的，早就准备好了。"他说着从身后取出一瓶九坛春窖酒，递给景晖，道："三哥你自个饮吧。"

景晖将酒瓶打开，一股浓香扑鼻。景晖道："好酒！"给自己倒了一杯，一口喝下，道："这酒太有劲道了，真是好酒！"

何景明又给父亲和二哥各倒一杯鹤年贡酒，然后给自己倒上。

景晖道："不行，二哥和景明不能喝这养生御酒，养生御酒应该留给父母喝，我兄弟三人喝这九坛春。好长时间我们兄弟没这样在一块了，今天我们一醉方休！"

二哥和景明相视而笑。

景明道:“好,陪三哥一醉方休。”

当晚,景晖喝得酩酊大醉,二哥和景明没有醉。

饮罢酒,何景明伺候爹娘睡下后,回到自己的卧室,见王洵姝还坐在灯下看书,等着他。见何景明回来,王洵姝便起身道:“相公你没有喝醉吧?”何景明笑道:“三哥贪酒,我和二哥的酒都让他给喝了。”他说着拉住王洵姝的手道:“夫人怎么还不睡,当心我的宝宝要反抗了!”

王洵姝笑道:“宝宝已经在反抗了,刚才还用脚踢我呢。”

何景明道:“那你赶紧睡吧,我再坐一会儿,现在还睡不着。”

王洵姝给何景明沏了一杯茶,自己独自睡了。

何景明坐在那里,看着昏黄的灯光下的每一件熟悉的物品,往事一件件浮现在他的眼前。记得小的时候大哥带着他到山上摘猕猴桃,突然有一条蛇向他爬过来,他吓得哭叫起来。正在树上摘猕猴桃的大哥看到了,猛地从树上跳下来,踩住了那条毒蛇,毒蛇回过头准备咬大哥时,大哥手疾眼快,伸手抓住了毒蛇的脖子,并用力将蛇扔了出去。想到大哥过早地离去,眼泪簌簌而下。他取出纸笔,含着眼泪写下了《东昌公哀词五首》,其中两首写道:

一

壮志空寥廓,中年与世辞。
露寒青草梦,风惨紫荆悲。
入政光前辈,传经实我师。
大苏碑不忝,惭继子由词。

二

江海悠悠逝,那堪死别情。
向平婚未毕,早宰宦初成。
夜雨原花落,秋风墓草生。
九京何日返,空腹望江城。

何景明写罢悼亡诗,又默诵了一遍,见王洵姝已睡着,便轻轻走向户外。立过秋的夜晚暑气尽消,凉风习习,月朗星疏的夜晚,贤山像一座巨大的城墙耸立在南边的天幕下,一颗流星从空中划过,悄无声息地落到了贤山的西边，天空里却没有留下任何的痕迹。这时的何景明，思绪万千，他想到了姐姐和孟洋，想到了京城的好友，想到了致仕退居开封的李梦阳……他的心情久久不能平静。

第二天，二哥景旸要回任上了，他将二哥送至十里长亭，与二哥洒泪而别。二哥是一个严于守纪的人，一心扑在任上，不知何时才能相见。他一直目送着二哥远去的背影，心情很沉重。

几天后的一个上午，何家的门前停了许多车马，来的客人有：信阳州知州孙荣、夔州知府高鉴、罗山县教谕赵雪舟，何景明的先生贾善明、赵元泽，同学马录、任宏器，以及孙继芳、戴冠、樊鹏，等等。一时间，何家高朋满座，紫气东来。何景明设宴款待大家。高铁溪先生约定第二天设家宴款待何景明，何景明欣然应允。

高鉴（1452—1518），字铁溪，号克明，信阳人，成化戊戌进士，授武选司主事信阳守备，官历夔州知府，后辞职归里，专事诗画创作，是信阳有名的山水画家。在信阳流传的明代信阳“三神”，即：神童何景明，神医方应时，神画家高鉴。传说高铁溪性情古拙傲岸，不事权贵，为人清正廉洁，虽在官场数十年，致仕时依然两袖清风，无甚积蓄。归家后嫁女无奁资，将其一箱藏画做陪嫁。女至夫家，启箧视之，见皆是纸卷画轴，怒付一炬，焚烧殆尽，不知皆稀世之宝。高铁溪之画，传世极少。何景明十分敬重高铁溪，喜欢他的诗画，称其为先生。

吃罢午饭，大家尽欢而散。

送走了孙知州和高铁溪先生，以及赵教谕和贾司教，何景明的朋友马录、任宏器、孙继芳以及学生戴冠、樊鹏、李桐等都不愿意离开，他们说是秋试已临近，想请何景明讲一下四书五经的一些重点内容，何景明满口答应了下来。

夜晚，在白坡书舍，何景明开始给他们上课。

何景明道：“四书五经是必考的内容，一般情况下，头一天的考题基本是四书上的，第二天的考题有四书题也有五经题，最后一天是考策问题。所以四书里面的每一章每一节都必须熟记。比如《中庸·第二十三章》：‘其次致曲，曲能有成；成则形，形则著，著则明，明则动，动则变，变则化，为天下至成为能化。’每一句均需透彻理解，理解之后才知道破题、入题和起股。”他按照八股文格式进行了模拟讲解，使大家听得清楚明白。听讲的任宏器、马录都与何景明有同窗之谊，马录和任宏器秋试均考两次才中举人，二人准备一同参加明年的春试，如果明年再不中，二人都言放弃不考了。戴冠和樊鹏正准备去省城参加今年的秋试。孙继芳本想参加湖南的秋试，因在湖南考过一次未中，父亲让他参加今年河南省的秋试。何景明的这次讲解，对他们的启发甚大。

是夜，任宏器、马录、戴冠和樊鹏皆留宿在何景明的书舍里，大家谈至深夜方歇。何景明和他们一起宿在书舍里。

五更里，有丫环来敲书舍门，急叫道："何少爷，快，少奶奶要生了！"

何景明被叫声惊醒，立即起身走出书舍，随丫环来到卧房，见母亲和三位嫂子都在房间，接生婆正在那里忙碌着，嘴里不住地叫着："快用力，快用力！"何景明走到床边，见妻子闭着双眼，额头上浸满了汗珠，可她却没有叫一声。何景明很是心疼，同时他也看到了妻子的坚强。他紧紧拉住妻子已被汗水浸湿的一只手，心里默默地为妻子祈祷。

王洵姝睁开眼睛看着何景明，痛苦的表情一下子舒展开了，她微笑了一下。就在这时，一阵响亮的啼哭声打破了黎明前的宁静，一个新的生命诞生了——何景明的第一个儿子来到了这个世界上。

何景明打开厅堂的大门，一道晨光已把贤山左侧的天幕掀开了一道缝隙，晨光从缝隙间挤了出来，驱散了黎明前的黑暗。他放眼天空，心情就像阳光般敞亮。他兴奋地伸了一下胳膊，没想到大门两边已有四个年轻人向他拥了过来，紧紧抱住了他，然后将他举了起来，齐声喊道："恭喜恭喜，恭喜何少爷喜得贵子！"

何景明被大家放了下来，学生樊鹏不知从哪里找到一挂鞭炮放了起来，鞭炮声打破了清晨的宁静，何家大院迎来了既高兴而又热闹的一天。何景明给儿子起名叫子夫。"子"者，可大可小也，小为子，大可为师；夫者，亦可贵可粗，贵者可为大丈夫，粗者亦可为农夫。他希望儿子将来不必为官场所惑，做个实在的平凡人。这是何景明因病乞休回乡后对当时朝廷的失望和对官场的厌倦而产生的想法。他是一个受儒学思想影响极深的人，对自己的后人自然怀着很高的期望。在他复出后，王洵姝又给他生了两个儿子，他起名一个叫子立，一个叫子登，他还是寄希望自己的儿子将来在仕途上有所发展。

中午，高铁溪先生派来的马车等在门外，他请何景明去宅第赴宴。他估计马录、任宏器等还留在何家，便约请他们一同赴宴。

何景明回卧室看了一眼妻子和儿子，便同马录、任宏器等前往高铁溪先生宅第。高先生的宅第建在贤山东侧的山脚下，是一个二十余丈见方的大院落，过了浉河桥便可以看见高先生的宅第了。此时，高先生已站在门口迎接了，见了何景明便拉住他的手道："欢迎何舍人还有我们信阳的才子贤士光临寒舍，老夫不胜荣幸！"

何景明亦笑道："先生博学而笃志，厚德能载物，是我等晚辈景仰敬慕的大贤士，受先生之邀，是我等晚生的大荣幸啊！"

马录率先鼓掌道："说得好，何舍人不愧是我们信阳的大才子，高先生博学而笃志、厚德能载物真乃形象到位，道出了我等对高先生的仰慕之情，甚幸！甚幸！"

这种文人之间的相互夸赞其实是一种真挚友谊的表现。

高先生的院落里栽种了许多花木，有修竹、桂花和梅花，院里飘散着桂花、秋菊、月季和百合花的混合香气，使人心旷神怡。高先生是信阳有名的大画家，喜欢花草树木自然是他的一大爱好。来到客厅，高夫人出来问候，招呼丫环上茶，然后进后厨张罗去了。大家喝罢茶，来到高先生的书房。书房有三间房大，中间摆了张长方形大桌子，上面摆放着纸笔墨砚和一些字画作品；墙壁一侧摆放着一排书柜，柜子里摆满了书籍。另一侧壁上挂满了字画，其中有一幅画作特别醒目，上有一棵古松倾斜而立，下面是一株牡丹张露着数朵丹花从石缝间逸出，石头上登着两只喜鹊，栩栩如生，喜鹊和牡丹花仿佛是在向古松诉说着它们内心的喜悦，画作逼真而寓意深刻。画上落款徐熙。何景明知道，徐熙是五代南唐时期著名画家，以画山水花鸟而著称。

何景明道："先生收藏有大画家徐熙的画作？"

高铁溪道："说起这幅画，还有一段故事呢。"

何景明道:“什么故事?讲给晚生们听听吧。”

高铁溪道:“几年前我出公差到杭州,在西湖游玩时,一个小偷将跟随我的差人肩上的褡裢偷去,那里装着出差的银两和文书,丢不得的。我和差人追赶小偷至一胡同,我们边追边喊:‘抓小偷,抓住小偷!’这时胡同出口处有一老者坐在一条凳上,听到喊声,便将条凳横在路中,挡住了小偷的去路,刚好前边又过来几个人,小偷见势不妙,便扔下褡裢逃走了。我和差人追上去,拾起褡裢,连声向老者道谢。老者是代人写书信的,身边的桌子上摆放着纸笔墨砚,我让差人拿出五两银子谢老者,那老先生很有骨气,硬是不收。我见桌子上放着一幅画轴,便问老先生是谁的画。老者将画展开,我一看,没想到是南唐徐熙的《牡丹图》,我问老者怎么会有这幅画。老者道,这画是他们徐家老祖先徐熙传下来的,到他们这一代已经有600年了。老者说他家里遭了难,老伴又患重病卧床不起,无钱医治,他不得已将祖先传下来的这幅画拿来卖。我问他多少钱能卖,他说卖20两银子。我问差人还有多少银子,差人说不足50两。我让差人给老者30两买下了这幅画。”

何景明道:“这真是太巧了!”

高先生道:“谁说不是呢?我做梦都想有一幅徐熙的画,恰巧就碰上了。”

高铁溪见何景明等听得认真,便道:“这徐熙的画最是逼真,其妙与自然无异,画虾鸟虫鱼似能飞能跳;画花木山水如临其境,能闻其香,有下笔成真、挥毫可范之风骨,可敬可佩啊!”

何景明道:“看来先生的画也受徐大师画风的影响了!”

高铁溪道:“自然,逼真才是真。”

这时,何景明看到高铁溪画的一幅《秋实图》,是仿徐熙的《牡丹图》画的,数朵怒放的菊花从石缝中逸出,菊花色泽鲜艳,形态逼真,菊花上边是一棵石榴树,几颗硕大的石榴从茂盛的榴叶间伸出头来,窥视着金黄艳丽的菊花,仿佛是在探寻菊花为何如此张狂而怒放。有两只喜鹊,一只落在石头上,回头看着另一只落在石榴树上的喜鹊,像是在诉说着它们之间的喜悦之情。这幅画寓意深刻、形象逼真,见画如听鸟的啁啾,如闻花的清香。何景明对此画大加赞赏道:“真是好画,高先生的大手笔,与徐大师的画不分高下也!”

高铁溪笑道:“何舍人若是喜欢,老夫就将此画送给你。”

何景明谢道:“感谢先生错爱,晚生定当悉心珍藏!”

高铁溪将画取下,何景明在画的左上方题诗一首,道:

石榴多情爱黄花,幽香傲立殿年华。
高下有鸟啁啾至,一夜还开四五花。

落款是:高铁溪先生以画作相赠,何仲默敬题。

高铁溪连声赞道:“真乃好诗也!”马录看着诗道:“此诗太高妙了,‘幽香傲立殿年华’是对高先生人品和诗风的赞颂啊!高先生对晚生们的错爱,甘愿殿后铺路,何等的高大矣!”任宏器、戴冠、孙继芳和樊鹏在一旁鼓掌道:“好画配好诗,真是太妙了!”

这时,何景明看到一幅米芾的《拜石图》,一直不肯离开。高先生笑道:“怎么,对此画也感兴趣?”何景明道:“不是感兴趣,是爱之不及也!”

高先生听何景明如此说,便从柜子里取出一幅和墙壁上挂的一模一样的《拜石图》,言此两幅画有一真一假,让何景明随选一幅相送,结果何景明选走的是米芾的真《拜石图》,高先生留下的却是他自己画的仿制品。

大家在书房里叙谈了一阵子后,高夫人让丫环将菜肴摆上了桌子,很丰盛。高先生拿出珍藏多年的九坛春酒,问何景明道:“仲默,喝此酒如何?”

何景明道:“此乃贡酒,平时很难喝到的。”何景明介绍道:“此酒源自三国时期曹操家乡酿造的一种名酒,曹操入相后将此酒作为贡酒上贡朝廷而得名。因为是贡酒,市场上是买不到的。”

听何景明这么一说,大家都希望一饮为快。

这时,戴冠已将酒瓶盖启开,顿时有一股浓郁的酒香在空气中飘荡开来,戴冠给大家斟满酒,高先生举起酒杯,道:“老夫为何舍人归居故里,特设此家宴为其接风,加上有我们信阳的这些青年才俊作陪,实老夫之荣幸也!来,我们共饮此杯!”

大家举起酒杯，一饮而尽。

何景明知道，自己的身体状况不是太好，酒是少喝为佳，只是心情高兴，又遇上了这些对劲的朋友，反而放开量喝，结果把自己喝得大醉。直至天将晚时，才各自散去。何景明由任宏器、戴冠护送回家。

二

何景明归居信阳，引起了当地老百姓的关注。人们依然记得这位6岁能吟诗、16岁中举人的神童，如今，何景明赋闲乡里，一些望子成龙的家长和一些求知好学的年轻人纷纷来到何景明的门下，请他收徒授学。何景明很热衷于把自己所学的知识传授给家乡的学子，希望他们能够求取功名、成功成才。他同意招收那些慕名而来的诚心好学的年轻人为弟子，但不招童学。于是他把白坡书屋进行了改造和扩建，把原来的两间房扩建成四间，三个通间作为讲堂，另一个隔间作为书房和休息室，并购置了桌椅板凳。一时间，来白坡书屋听讲的学生达数十人之多，有时屋里屋外都挤满了人。

何景明学识渊博，学贯古今，他不仅给大家讲解了四书五经和《春秋》中的重点与难点，还讲解了他的政治主张以及文学和哲学上的诸多问题，他旁征博引、深入浅出，使听讲的每一个人都受到了很大的教益，大家对何景明有了更深入的了解，更是钦佩他了。

一天上午，何景明刚送走一些学生，和夫人坐在客厅里逗孩子，侄子何士进来道："四爹，外面有人找。"

何景明迎了出来，见来人是信阳指挥使同知袁公勋先生和他的长子袁镕。

何景明立即将父子二人迎进屋里，道："袁公和惟学兄光临寒舍，真是荣幸之至啊！"他说着给袁指挥使和惟学各沏了一杯茶。

袁公道："听说何舍人回来了，早就该过来拜访的，却一直无事闲忙，想今日一定要来看看，并请何舍人抽时间过寒舍叙话。"

何景明道："理当先去拜望袁公的，实在是失礼了。"

中午，何景明安排家宴招待袁氏父子，父子二人都喝得有些醉了。何景明作《袁冲宵先生同惟学过访》，诗云："风起高城春日斜，相留肯醉野人家。白云对酒看山色，青草提诗到水涯。隔岸鸣莺深坐树，傍楼飞燕故穿花。竹林万古追游地，二阮风流未足夸。"何景明将父子俩比作二阮，二阮即魏晋时的诗人阮籍和侄子阮咸，均为竹林七贤之一，这是对袁氏父子的较高赞赏。

这一年，戴冠被州学推举为领乡荐，与孙继芳、李桐、樊鹏、徐樾等参加省城秋试，戴冠、孙继芳中举，其他人均落榜。

何景明设宴招待秋试归来的戴冠和孙继芳等，因孙继芳过两天要回华容，也是为其饯行。席间，何景明作《送孙世其举人归华容二首》和《喜仲鹖得乡荐二首》。前诗有云："似尔聪明少，吾生望未涯。孤城常作客，九月始还家……"后诗云："梁园宋苑却宜秋，夹道槐茶照绮楼。试问东瀛海边住，何如金明池上游。""马上秋风得意归，丈夫岂是爱轻肥。傍人休讶新年少，曾向长安作布衣。"何景明诗中对两位新科举人的才华表示赞赏。

何景明与孙继芳交往的时间虽然不长，但孙继芳的谦虚和仁善给他的印象十分深刻，并与孙继芳结下了深厚的友谊。不久，他又写《寄孙世其举人》诗寄孙继芳，诗云："得意西风里，宾宴听鹿鸣。此生看事业，今日重科名。锦树连江路，秋色照楚城。北来休太晚，慰我隔年情。"此诗情真意切，道出了他对孙继芳的思念之情。

一日，何景明在白坡书舍给学生们讲课。来听课的学生有数十人，致使白坡小山村一下子热闹起来。课间休息，戴冠和樊鹏等不少学生围了上去。

戴冠问道："先生，当今文坛刮起一股复古之风，以李梦阳先生和您为首的京城七子提倡的'文必秦汉，诗必盛唐'，这是否意味着今诗止步不前，须延古诗之风以振今诗呢？"

何景明对戴冠的提问很感兴趣，道："复古并不是倒退，而是一种进步。比如韩文正公提倡复古，言非三代两汉之书不敢观，非圣人之志不敢存，其用意在打击当时的骈丽文风。吾等提倡的'文必秦汉，诗必盛唐'，其意在抑阻‘台阁体’啴缓冗杂，萎靡不振之文风。在我看来，盖诗虽盛称于唐，其好古者自陈子昂后，莫若李、杜二家。然二家歌行近体，诚有可法，而古作尚有离去者，犹未尽可法者。故景明学歌行、近体有取于二家，旁及初唐和盛唐之诗，而古作必从汉魏也。”这在何景明看来，文之高妙，首推汉魏，而后及盛唐。大家对何景明的讲解很是赞赏。

在讲到文如其人、人必见多识广、对事物的判断要一分为二时，他道：“凡天下事，有巨有细，有常有变；有常常，有变变；有巨巨，有细细；有常有变，有变有常。故凿一户者，昧四方之远；专一节者，失三时之利。帆海者不知山，驾陆者不知水，饮水而寒者，不知向火之焦也。”在他看来，对时文的分析必须一分为二地看问题，才会不失之偏颇。

大家休息的时候，学生戴冠和樊鹏从书房的一个木箱子里找到一台古筝，这是何景明从前在家时经常弹过的，有好几年都不曾弹过了。

戴冠道：“先生，听说您原先在家时古筝弹得很好，不如给学生们弹奏一曲如何？”

何景明接过古筝，放在桌子上，调好了琴弦，道：“好些年都没弹过了，手指一定很生疏了。”他拨弄了一下琴弦，正准备弹奏一曲《汉宫秋月》时，却感到弦不服指，声不成文，弄得大家想笑又不敢笑。马录和任宏器是何景明的朋友，年龄也要大好几岁，自然就少了些客气。马录笑道：“仲默兄，这琴声跑了调，可谓是曲高和寡了啊！”

何景明也笑道：“何曾不是呢？”他讲了个笑话，道：“从前有个琴师，当街献艺，听琴的人都围了过来，他开始闭目弹琴，陶醉其中。一曲弹罢，睁眼看时，听琴的人都走了，只有一人还在那里合目似听。琴师高兴地上前拉住那人的手道：‘呵呵，看你听得入迷的样子，就知道你听懂我的琴曲了！’那人道：‘先生用了我的桌子，不然我早就走了！’”

何景明的笑话逗得大家哈哈大笑。

戴冠道：“先生，此琴的材质不好，置久了不弹自然就弹不出调了。”

何景明道：“此琴乃桐木所造，材质是没有问题的，是琴的轸、徽和雁足等配件因长久不用而松动、变形致使上弦不紧而变调的，非琴的材质也。”何景明以此说来证明一个道理，他道：“吾观天下之不罪材者寡矣。

如常以求固执，缚住以求张弛，自混而欲别物，自褊而欲求多，直木轮，屈木辐，巨木节，细木丽，几何不为材之病也！”他强调人要多反省自己，人只有接受教育，才能使自己成为有道德、有文化的有用之材。如果一味地只怪罪人性不好，这就好像制作车轮子时嫌木直，制作车辐时嫌木曲，嫌大木有节，嫌小木不能做梁，这只能说是“自混”和“自褊”，与材料是毫不相干的。

他的观点给了大家很好的启发。

正德三年（1508 年）春，马录、戴冠、孙继芳、任宏器等入京参加春试，相约正月十七日从信阳动身前往京城。正月十六日中午，何景明在白坡设家宴为其送行。孙继芳和马录因有事未到。参加送行宴的有学生樊鹏、侄子何士、外甥王朝良，二人均已通过童生试，取得秀才资格。大家都很高兴，何景明对入京应试的几位好友和学生都寄予着很大的希望，但他还是有些担心任宏器。这任老兄已年近 40，秋试考了两次，春试考过一次，言此是最后一次，如若不中，便放弃不再考了。不过这次他还是满怀信心的，言多次听何舍人讲解，心里已经很镇定了，高兴地与大家碰杯。送行宴结束后，何景明为任宏器作《送任宏器入京二首》，诗云：“四十功名亦壮年，丈夫才气岂陡然！渡河春羡蛟龙起，望阙晴看日月悬……”第二天，他送任宏器走时，又有《再送宏器》诗，诗中有“……万里登台先郭隗，十年题柱老相如。长安三月莺花烂，得意休忘尺素书”等诗句。他写给戴冠的诗有《宝剑篇》云：“戴仲鹖将赴春宫，来别何子。何子作《宝剑篇》赠之。其辞曰：……雪花星文照玉块，赠汝慰我心所求。汝今年才二十四，北上长安见天子……”何景明希望二人都能够高中，提前为他们祝福。

这一年的春试结果是：戴冠和马录高中进士，孙继芳落第。可惜的是任宏器会试时榜上有名，已经是名副其实的贡士了，但殿试时却落榜了。任宏器大叹道：“天不让我中进士也！”这一次对他的打击太大，他决定不再参考了。

从京城回来后，任宏器哪里也不去，把自己关在屋子里，闭门谢客。何景明得到这一消息后，专程来到任宏器家，叫了半天门任宏器才将门打开。进屋后，何景明坐下来喝茶，帮任宏器分析考试不中的原因，鼓励他继续再考，任宏器摇头道："我这一辈子看来是没有中进士的命了，我已经想好了，等待朝廷补缺吧，若不能涉足官场，我只好去从商了，天无绝人之路啊！"

何景明想想也对，道："昔日诗圣杜子美和贾浪仙就曾屡试不第，后来不是照样成就大名了吗？若宏器兄决意从商，日后成大商者未为不可也。"

任宏器听何景明如此说，心情忽然开朗起来，道："今晚我请仲默饮酒。"

何景明见书桌上有摊开的纸笔，便题诗二首赠送给任宏器。诗云："莫将迟暮怨飞蓬，万事还须问塞翁。黄鹄但教毛羽在，不防失意下秋风。""青云白发太难平，去雁来鸿亦世情。我亦少时曾得意，十年回首是浮名。"

何景明用此诗劝慰任宏器，使任宏器深受感动，一扫心头的郁闷和不快，大笑道："仲默智慧超群，自幼聪明过人，少年得志自是必然的，愚兄望尘莫及也。读弟之诗，为愚兄之不平，非时势不造余，实余之天性笨拙使然。兄虽无鸿鹄之志，然志向亦存，此诗让愚兄欣欣然，虽放弃再考，从商也需努力才会成功，愚兄定当铭记此诗也。"

何景明道："宏器兄胸怀豁达，必将有好运随至也。"

任宏器十分高兴，他留景明饮酒吃饭，何景明谢绝了，道："出门时夫人有嘱咐，断不让我饮酒，我不能不听的。"

任宏器道："愚兄劝酒可以不饮，弟妹劝诫不可不听的。"

离开任宏器，何景明跨上他的枣红马，来到浉河岸边，他快马加鞭，那马在浉河岸边的小道上飞奔了一段路，然后缓下步来，往家里走去。妻子王洵姝抱着刚满月的儿子在门口眺望，见丈夫回来，沉郁的心一下子开朗起来，对怀里的儿子道："宝宝，快看呐，你爹爹回来了！"

何景明将马放回马厩，对站在门口的妻子道："你才刚满月，怎么就站在门外了？"

王洵姝道："你出去这么久不回来，不是担心你嘛。"

何景明接过妻子怀里的儿子，道："担心我什么？还怕我被人拐走了？"

王洵姝道："担心你喝酒，医生说你不能喝酒，你总是不听。"

何景明道："夫人的吩咐我能不听吗？这不是没喝酒就回来了。"

二人说笑着进了屋里。

儿子在爹的怀中睡着了。王洵姝从丈夫手里接过儿子放进摇篮里，与丈夫坐在摇篮边絮话。傍晚的阳光从窗户里射了过来，照在儿子那粉嫩的小脸蛋上，王洵姝用被头将儿子眼前的阳光挡了一下，脸上浮起了无比幸福的灿烂。她看了丈夫一眼，微笑道："你知道我此刻想起什么了吗？"

何景明看了夫人一眼，道："我又不是你肚子里的蛔虫，怎么知道你想什么呢？"见王洵姝一直在看着他微笑，继而道："今天听了夫人的话，没在外喝酒，夫人心里高兴，无非是想给我说几句好听的话，让我高兴罢了。"

王洵姝道："我想起了李太白的《春夜宴从弟桃李园序》中的话：'浮生若梦，为欢几何？……会桃李之芳园，序天伦之乐事。'相公若能与洵姝如此天天相伴，看着儿子长大成人，共享天伦之乐，那该是多么好啊！"

何景明看着夫人，将她的一只手拉过来，双手握住，怜爱道："现在不就是吗？我们每天都在一起，共享天伦之乐哩！"

这时，门外有人喊道："何仲默在家吗？"

何景明立即从屋里出来，见是罗山县学教谕赵元泽先生站在院中。赵元泽，字雪舟，罗山子路人，何景明父亲何信的朋友，常来何家做客，喜欢郊游和广结朋友，对何景明的成才有过帮助。赵先生身后站着一位年约四十岁、头戴方巾、留着胡须的中年男子。那人走近何景明，拱手道："仲默，可曾认识云游山人否？"

何景明想了想，摇了摇头。在他的记忆里好像没有此人的印记，但又似曾相识，便拱手笑道："请恕罪，景明健忘，不曾识得先生。"

赵元泽先生道："此人沈清溪，20 年前云游至此，听说信阳神童何景明，便专程来何宅探望，考问于你，均对答如流，你那时才 6 岁，当然不曾记得了。”

何景明立即将二人让进屋里,令丫环沏茶,坐下叙话。何景明这时想起来了,十年前他在坚山寺苦读时,发现寺院西墙上有一首题诗,他还记得那首题诗写道:“云游四方心无尘,一炉青香自得闻。粗茶淡饭夜眠足,行观流水坐观云。山头巨石随风动,千年一贯日无惊。昂首步山阶难上,低头回路一身轻。”诗后落款为吴人沈清溪题记。从那时起,沈清溪这个名字便在何景明的心中打下了深深的烙印,他觉得沈清溪的这首诗有很深厚的禅意,对他日后的人生观产生了一定的影响。他背起了沈清溪的那首题壁诗。

沈清溪听罢何景明一字不差地背下了他十多年前留在坚山寺西墙壁上的题诗,十分佩服何景明记忆力超群。他拱手言道:“何仲默不愧幼年神童,而今之大才子,令我沈某人佩服至极,实在可敬!”

何景明客气了一番,晚上设宴款待沈清溪和赵雪舟。为了朋友,他不顾夫人劝阻,喝了许多酒。是夜,沈清溪和赵雪舟留宿在白坡书舍。

此后,在何景明归家的四年中,沈清溪每年都要来信阳与何景明相会,二人成了莫逆之交。

沈清溪,名昂,字子高,江苏吴县人,在家乡清溪修建草堂,过着隐居或云游四方的生活。

一个月之后,沈清溪再度来看何景明,约何景明去游灵山寺。这正中何景明的下怀,于是第二天一早,他便与沈清溪打马上路,往罗山灵山寺进发。

何景明与沈清溪一路走一路观赏着沿途的景色,边走边聊,从尧舜谈到孔子和老子,从陶渊明又谈到杜甫李白,竟然忘记了几近中午,却还没有找到吃饭的人家,何景明已感到有些饥肠辘辘了。就在这时,他们看到了半山间有一户人家,四五间草房,一个大院子,有鸡鸣狗叫之声传来。屋前有一个半亩见方的池塘,一群鸭子和数只白鹅在水里觅食。有两个儿童在院子里玩耍。这时,一白须长者肩上扛着锄头,手里拎着一只篮子从山上下来。何景明立即下马,上前打招呼道:“老人家,可好?”

老者停住脚步,打量着二人,道:“二位相公这是……”

沈清溪向老人说明来意，并向长者介绍了何景明。长者听说是何景明，立即高兴起来，道：“何景明可是我们信阳的大名人，这方圆十里八乡何人不知何人不晓呢？贵人到了，快请！”

长者将二人让进屋里。这时一个六十多岁身体健朗的妇人手里拎着一个手提式青花茶壶走了出来，长者介绍道：“这是老夫的内人。”

二人躬身向婆婆问好。

长者对婆婆道：“这何相公可是朝廷命官，一定要好生招待，宰一只鸡，还有前日我下夹子下到的一只野兔，弄上几个菜，不要怠慢了客人。”

婆婆应允着去了。

长者告诉二人，他姓赵，七十有三，以种田和采药为生。儿子是一名郎中，在山下镇子里开了一家中药铺，在外边玩的两个孩子是他的孙子。

何景明道：“见您们两位老人身体如此硬朗，两个孙子又如此可爱，日子过得也很舒坦，真的令人羡慕啊！”

老人哈哈笑道：“哪里，哪里，我们只是俗人，自得其乐而已。当年我也希望儿子能够进科考，走仕途，可他两次秋试不中，后来只好放弃。为了生活，我让他拜师学做郎中，如今还算不错。”长者的脸上洋溢着一丝兴奋。

不一会儿，菜肴端上桌子，有土鸡炖蘑菇、红烧兔子肉，还有几样时令菜和腌制的小菜，香气扑鼻，诱人食欲。

赵老伯拿出自酿的稻米酒，给二位客人和自己杯里斟满，举杯道：“二位相公难得到我这山野寒舍来，没好招待，请饮此杯。”

何景明喝着这醇香劲道的稻米酒，吃着可口的农家菜肴，他感觉到了这种山野人家的小康生活似是一种人生境界，他对沈清溪道：“无怪子高兄在家乡修筑草堂，远离尘嚣，过上这清静无为的日子，真的是一种享受啊！”

沈清溪笑道：“人各有志，活法有异，然而活出一种心境，就像这位赵老伯，热情好客，勤劳简朴，似乎没有半点的忧烦，这其实就是一种人生的境界。”

何景明表示赞同。

吃过午饭，沈清溪拿出一两银子作饭资，赵老伯坚辞不受，二人只得作罢。

谢过赵老伯一家，二人骑马上路，谁知天不作美，下起雨来，二人只得下马，躲进路边的一块有一半悬空的巨石下边，看着石外飘落的雨丝，有数只白鹭鸣叫着从雨中飞过，二人觉得挺有趣。沈清溪吟诗一首："濛雨从天落，秋风飘叶多。积德人长寿，天长易蹉跎。山宅有智者，门前看银河。白鹭雨中过，山野漫烟波。"

何景明和诗一首："濛雨萧条至，悲风日暮多。积阴生劲草，永夜落庭柯。宅愧高人隐，门旁长者过。白鸥如有意，相逐下烟波。"

雨住了，二人来至灵山寺。

灵山寺是著名的佛教圣地。山上共有七寺三庵，包括灵山寺、金顶寺、中佛寺、白佛寺、白云寺、龙牙寺、险石寺、圆通庵、福全庵、延寿庵。灵山佛教文化源远流长，是一座颇为奇特的寺院。院内既有僧又有尼，全国无二。唐代建宁公主曾在灵山寺出家为尼，僧尼同寺是我国佛教界的一大奇观。唐、明两朝封其为"国庙"，宋、明两朝皇帝曾多次亲临灵山。

何沈二人将马拴在寺侧的大银杏树下，径直来到寺内，只见寺内香烟缭绕，佛堂内的诵经之声不绝于耳，三三两两的香客在大殿里烧香拜佛。何景明和沈清溪每走进一个大殿，都会将一些碎银子丢进功德箱里。二人均不信佛也不拜佛，而是对这种清静之地的无争无烦、无欲无求者们拥有一种崇敬之情。

从山寺里出来，天色已晚，何景明打算留宿寺中，而沈清溪却要同何景明去赵雪舟先生家。

何景明也正想去赵先生家拜访。正欲动身，从寺内出来一位僧人，道："二位施主请留步。"

二人回头不知何事。僧人道："本寺住持金智长老见二位施主清雅不俗，且乐善好施，现天色已晚，二位施主若不嫌弃简陋，请在寺中暂住一晚，明日再起程不迟。"

何景明看着沈清溪道："住持盛意，咱们就留宿寺中如何？"

沈清溪道："也好，难得有这样的清静之地啊！"

二人将马交给打扫庭院的小僧，随僧人进入寺内。

金智长老在大雄宝殿里恭候着二人，将二人带至内殿，坐下之后，沈清溪把自己与何景明向金智长老做了介绍。这时，有寺僧送上茶来。二人喝着茶，有一种异常的清香。何景明道："金智大师，这茶何处所得？如此之清香！"

金智长老道："此茶是从本寺后山的少华山金鼎上采摘下来的，那儿约有三十棵茶树，每年清明节前后寺僧采下来后，都是老衲亲自制作的。"

何景明道："原来是这样，怪不得如此清香和劲道呢。"

晚上，金智长老陪同何沈二人在斋堂内的雅间里用素餐，何景明感觉饭菜很可口，吃得也比往日多。叹道："没想到这清静之地如此养人，下回有机会我一定要来这里住上几天，只是怕要麻烦金智大师了。"

金智长老道："何曾麻烦？本寺在唐玄宗时期被称之为'国庙'，太祖皇帝朱元璋曾到寺里降香，封当时的住持陈大用为金碧禅师，并亲笔为大寺题写'圣寿禅寺'匾额，历代名人来寺捐资拜佛的不在少数。欢迎何舍人和沈先生常来。"

何沈二人晚上住在寮房里，感觉有些清冷，一股檀香味在室内飘散着，不远处的山泉发出的叮咚声传过来，二人一时难以入睡。何景明拿出纸笔，写《寺僧留宿》诗一首："留宿频经夜，虚空断俗缘。独吟依野衲，不寐听山泉。水月人间地，香灯象外天。何时谢城郭，来此共安禅。"

第二天，二人在灵山寺游玩了一天，游遍了灵山寺的七寺三庵，直到傍晚时分，才谢别了金智长老，离开灵山寺，去赵雪舟先生居住的子路镇。

从灵山寺到子路镇约一个时辰的路程，何景明小时候随父亲去过赵先生家，如今已经淡忘了。二人快马加鞭，天黑时他们来到了赵雪舟先生家。沈清溪是赵雪舟家的常客，二人相识二十多年从未间断过来往。沈清溪只要来信阳就住在赵先生家，赵雪舟专为沈清溪收拾一间房子作为沈氏客房。赵雪舟对何景明的到来十分高兴，令家人杀鸡捕鱼，招待何景明和沈清溪。

说话间，菜肴端上了桌子，很丰盛。赵雪舟是当地的名人，家庭殷实，拥有一大片庄园,学生弟子众多,听说何景明来了,大家都想目睹何舍人的风采,酒菜刚上桌,未及动筷,院子里已经集聚了十几个年轻人,纷纷要见何景明。赵雪舟出来对学生们道:“学生们,大家请先回去,明日我让何舍人给大家讲讲科举仕途之事,如何?”

大家齐声道好,便都散去了。

赵雪舟入座,举杯畅饮,席间气氛融洽。

酒过三巡之后,沈清溪道:“我见仲默精神尚可,但气色欠佳,酒不可多饮。上回我与赵先生去看望仲默,弟妹就不乐意仲默多饮,这回弟妹不在身边,仲默依样不可多饮,如何?”

赵雪舟道:“何仲默是稀客,这酒可是我们子路人自酿的小窑泥窖,不醉人的,但饮无妨。”

何景明道:“确与子高兄所言,本人患有肝疾,酒不可多饮了,夫人也担心我外出饮酒。赵先生盛意难却,容我再饮两杯,剩下的由子高兄代我与赵先生对酌如何?”

沈清溪表示赞同。

是夜,沈何同住一室,二人谈话至深夜方歇。

第二天早晨,吃罢早饭,何景明提出要去看看“子路问津”的地方,赵先生便带着何景明和沈清溪向庄园外走去。

雨后放晴,有一层白雾在远处的田野上蒸腾着、盘绕着,又慢慢散开,给这山里的清晨带来了几分寒意和清新。他们刚走出庄园不远,便见前边有二十几个年轻人向这边走过来。赵雪舟知道,这些人是昨天晚上要见何景明的那帮人。

及至到了近前,学生们齐声喊道:“何先生、沈先生好!”

何景明很高兴,道:“大家好!”

赵先生道:“学生们,你们先到庄园去等着,我们等一会儿就回来了。”

何景明道:“这样吧,让他们一起去,人多更好。”

于是,学生们争着要在前面带路,三人走在中间,他们向“子路问津”处走去。约莫走了几里地他们来到一个山下,山下有一条河,赵雪舟介绍道:“此山名天柱竿山,左侧的山叫子路山,下面的河叫子路河。相传子路随老师孔子周游列国时经过此山，并在山上的大枫树下歇息，从山上下来后经过这道河，又在河里洗过脚，所以后人将子路歇息的山叫子路山，将子路洗脚的河叫子路河。”赵雪舟说着便带着大家过了河，不远处是一块稻田，路边立着一块石碑，碑上篆刻着五个大字“子路问津处”。

赵雪舟道：“这里就是子路问津之处。”

何景明手扶着石碑，对大家道：“学生们，你们可知道‘子路问津’的典故出自哪里吗？”

有学生答：“何先生，我知道出自《论语·微子篇》。”

何景明道：“会背诵原文吗？”学生摇了摇头。何景明背诵道：

子路从而后，遇丈人，以杖荷蓧。子路问曰：子见夫子乎？丈人曰：四体不勤，五谷不分，孰为夫子？植其杖而芸。子路拱而立。止子路宿，杀鸡为黍而食之，见其二子焉。明日，子路行以告。子曰：隐者也。使子路反见之。至，则行矣。子路曰：不仕无义。长幼之节，不可废也；君臣之义，如之何其废之？欲洁其身，而乱大伦。君子之仕也，行其义也。道之不行，已知之矣。

学生们纷纷鼓掌，大家都感叹何景明记忆力超群。

何景明向学生讲解了《论语·微子篇》，说是子路在这里没能赶上他的老师孔子，却碰见一位长者拄着竹竿在稻田里耨秧除草。于是子路向老者打听是否见过他的老师孔子。这老者却很不以为然，认为孔子只是一个四体不勤、五谷不分的人，不是什么好先生。而子路也不生气，而是谦恭地拱着手站在田埂上，长者见子路很诚恳，见天色已晚，便留子路到家里过夜，并杀鸡、做小米饭给子路吃，又叫他的两个儿子出来与子路相见。第二天，子路赶上了孔子，告诉孔子这件事。孔子认为此人是一位隐士，便让子路再返回去见他，可子路回到那里，长者却走开了，不愿再见他。子路是孔子思想的继承者，他感慨道：有能力的人就不应该逃避现实，要效忠朝廷，为国效力。如君臣之义、长幼之尊都是必不可违的。何景明还向学生们讲了一些做人之道和科考入仕的一些知识，这些学生受到了很大的教益和启发。学生们纷纷邀请何景明去他们家做客，何景明因急于返回信阳，便一一谢绝了。

何景明就此离开了赵雪舟和沈清溪回到了信阳。几天之后，沈清溪要回江苏吴县，赵雪舟陪他再来白坡与何景明辞行。何景明设宴饯行。

席间，何景明背着夫人多喝了几杯酒。父亲何信见了老朋友赵雪舟，很是高兴，破例陪着赵雪舟喝了两杯酒，因患病不能久坐，便提前离席了。那天晚上，赵雪舟见了昔日的老朋友何信，一个极聪明的智者，如今却变得有些糊涂，说话也不是太清楚，他陡地生出许多感慨来：这人生苦短，转眼间垂垂老矣！他不断地饮酒，喝醉了，何景明便将他安排在书房歇息。

何景明和沈清溪在书房里喝茶聊天。夜深了，屋外滴滴答答下起雨来，二人却没有一点睡意。何景明与沈清溪交往的时间虽短，且沈清溪长他二十余岁，可二人一见如故，他感到此人身上有一种亲和力，似有一种得道者的仙风道骨。沈清溪虽然不谈政治，却对时局、人生很有见地。何景明想，若干年后，他也要像沈清溪一样，隐居乡里，筑草堂于大复山溪流之上，虽然不学陶潜公，愿学北宋诗人苏舜钦建沧浪亭隐居不仕，颐养天年，应该是人生之大快事矣！想到此，何景明拿起笔，赋诗一首《赠沈清溪》："移席留长坐，更深雨渐繁。竹寒庭鹤警，灯静壁蛰喧。舟楫淹归计，琴书代晤言。知君多雅兴，常过蒋生园。"

沈清溪读罢何景明的赠诗，甚是感动。说自己只是一个闲隐游人，能受仲默如此之看重，此生足矣。何景明见沈清溪说得如此情真意切，内心很是感动。于是他又提笔写下《再别清溪子》，诗云："冬馆萧条别，开樽为尔吟。岸梅催客鬓，江柳送归心。南国浮云暮，孤城积霰阴。逢春湖雁起，休滞北来音。"

沈清溪将何景明的赠诗收好，带回吴县，装裱后挂在清溪草堂墙壁上，十分珍惜。第二年春天，他又来信阳看望何景明，二人的关系更加密切。

三

正德三年（1508 年），刘瑾专权到了极致。这一年，武宗皇帝住进了刘瑾为他精心设计建造的豹房公廨，干脆不在乾清宫住了。在这里，皇帝可尽情享乐,不理朝政,不批奏折。刘瑾故意让皇帝玩得痴迷,便将奏折带回家中,代皇帝批拟圣旨。同时,刘瑾在朝廷内设立内行厂,直接监禁、逮捕和没收朝臣的财产,随意刑讯,草菅人命。朝臣中无人再敢反对刘瑾,正德皇帝的天下实际掌控在刘瑾手中。而在这一年的春天,陕西的吕柟,韩邦靖、韩邦奇二兄弟,以及信阳的戴冠、马录等进士及第。

是年,戴冠中进士后授户部主事留京任职,马录授固安知县后回乡暂住,不久转回固安赴任。

一连几日,何景明陪同马录和诸友游览信阳的山水,他对这位年长于自己的马兄很是尊重。一日,他带着几个学生同马录游贤隐寺。入秋的贤隐寺隐没在色彩斑斓的贤山密林中,寺庙因年久失修,已经有些破败不堪了,他打算说动地方官府出资修葺贤隐寺。是日,何景明作《游贤隐寺次马君卿韵》:"击马长松下,风烟几日留。天高还薄暮,地迥更逢秋……"九月九日是重阳节,何景明与马录、任宏器去震雷山登高望远,何景明作《九日同马君卿任宏器登高四首》,其二云:"远地宜登望,秋光薄暮浓。楼高窥万井,潭迥落千峰。花为重阳发,人怀百岁逢。同游俱俊彦,尊酒得从容。"何景明很是敬重马录的为人,马录到任不久,他又作《寄马君卿进士》诗,其中有"辞赋相如妙,声名谁与同"。此句是对马录的为人与才气表示赞叹。

马录(1473—1543),字君卿,号百愚,河南信阳人,正德三年进士,受固安知县,后为监察御史,巡按山东。著有《至愚集》,今佚。

送走了马录,何景明又想起了戴冠。戴冠任职后一直未有回乡,他感到心里有些空落落的。戴冠是他最得意的学生,虽然只比自己小了两岁,但戴子之才却让他十分钦佩,二人的情谊也十分深厚。这时,他又想起了致仕在开封的李梦阳,不知他的近况如何。李梦阳是他的文友和兄长,才气横溢而思维敏捷,只是脾气过于耿直,不媚俗权贵,敢于直言而屡遭挫折。此时此刻,如果有献吉在,与他饮酒论诗,谈古论今,那该是多么惬意的事啊!于是,他提笔写下《怀献吉》诗一首:"冠盖京华地,斯人独可哀。神龙在泥淖,朱凤日摧颓。世路无知己,乾坤孰爱才。梁园别业在,何日见归来。"这首诗寄托了他对李梦阳的思念之情,也为李梦阳遭受到不公正待遇感到不平。他不知什么时候才能与李梦阳相聚。

几日来，何景明的身体一直不适，肝区时常作疼。他自己通医道，觉得自己是寒湿滞肝、肝郁不通之证。用张仲景的“四逆汤”加茵陈、大枣、柴胡等疏肝利湿之药吃了几帖，病情有了好转。一日，他来至浉河边踱步，冬日的萧杀之气荡然无存，两岸的苇草高深茂密，风吹苇低，尽是一片绿色和生机。他看着水中有四五只灰雁在游弋觅食，它们是那样的清闲自在。如今自己闲在家里，虽然清闲自在，但不能为国家效力，内心里略显得怅然若失。这时，他想起远在京城的孟洋，他担心孟洋因刘瑾专权而受牵连，好在走时告诫了孟洋避祸之法，加上孟洋的性格和为人，又感到自己的担心有些多余。三月间，他收到孟洋寄自河北赵州的一首诗，之后就再也没收到他的任何书信了，内心里的思念之情油然而生。他拿起随身带的书匣中的纸笔，准备给孟洋写封书信以示问候，忽然听见有人在叫他，他回头看去，见是徐樾带着罗豪、彭生、胡生和阮生五个年轻人向他走过来，这五个人都是在他白坡书舍听讲的学生。徐樾道：“我等想邀请先生到黑龙潭游玩，不知先生是否愿往？”

何景明道：“好啊，当年我两次从那里路过，却不曾停留，如今正是深秋，秋高气爽，黑龙潭的景色一定很美好的。”

白坡距黑龙潭三十余里，何景明回家告诉夫人后，便同徐生五人一同上路。五人中，彭生和阮生都是黑龙潭人，二人为能邀到何先生去自家做客，感到十分高兴，一路上有说不完的话。行至约二里地，彭生忽然道：“诸位，我得先行回家安排午饭，你等随何先生慢行观赏沿途山水，我将午饭准备好，等着大家陪何先生光临寒舍。”说完没等大家反应过来，便飞也似的向前跑去，顷刻间便消失在山路的尽头。

大约巳时末，阮生领着何景明等来到彭生家。彭生和阮生都住在黑龙潭下的村子里，两家相距不到二里地。彭生家的午饭已经准备好了，一桌很丰盛的山珍野味，还有自家酿制的甘甜醇厚的高粱酒。何景明不敢多喝，学生们却喝得很是尽兴，至申时方散。稍事休息，他们来到黑龙潭游玩。

时值深秋，天气亦有些冷，黑龙潭的水依然是长流不息，瀑布从山涧飞流而下，在两山夹峙之中自上而下形成了三个潭。何景明他们来到第二个潭，也是三潭中最大的一个。传说这第二个潭深不可测，潭底靠山有一个石洞，洞里困卧着一条黑龙，小黑龙是因为触犯天条受到惩罚困在这里的。阮生介绍道："无论天有多旱，山溪断流，这黑龙潭水也不会浅，而且自黑龙潭以下水流不断。传说有一年天大旱，山上树木枯死，老百姓颗粒无收。老百姓纷纷到黑龙潭下的三潭取水，忽听上边的黑龙潭发出巨响，大家望去，见有水柱从潭中喷出，一条黑龙腾空而起，飞上云端，顷刻间，乌云聚起，暴雨如注。大雨下了一个多时辰，一时间，山河暴涨，大旱顿解。此后人们便将此潭起名黑龙潭。"

何景明点头道："原来如此。怪不得古人说，山不在高有仙则名，水不在深有龙则灵，彭阮二生都沾了龙的灵气，将来一定有出息。"

彭、阮二生道："多谢先生吉言，先生才是沾了龙的灵气哩。"

何景明道："怎么讲？"

彭生道："这黑龙潭水顺流而下，流到了浉河，先生住在浉河边上，不正是沾了这黑龙的灵气吗？"

何景明哈哈笑道："说得有理，信阳山清水秀，是个人杰地灵的好地方，我希望大家都能沾上这黑龙的灵气。"

罗生高兴得手舞足蹈，跳进水里，对着黑龙潭大声喊道："小黑龙，快显灵吧，让我们大家都沾你的灵气吧！"

傍晚时分，大家在潭边的巨石上，观赏着潭边的景色。秋风吹来，空气中混合着山野的气息和枯草的香味，给人一种心旷神怡之感。何景明心情十分愉悦，他忘记了肝病给他带来的不适，与学生们一直玩到夜幕降临也没说要下山去。阮生道："何先生，咱们下山吧，家里的晚餐已经备好了。"

何景明还有些不舍离开之意。

徐生道："阮兄，你回家去用食盒把菜肴拿上来，这块大石就是餐桌，趁着这美好的夜色，我们在这里生上篝火，来一次野餐该是一件多么有趣的事啊！"

大家都拍手赞成。

于是，大家从山上拾来柴火，在河滩上生起一堆篝火，顷刻间，大火映红了整个河滩。不一会，阮生和彭生二人提着食盒上山来，将菜肴摆在石桌上。彭生从篮中取出两壶酒给每人杯里斟满，这时，月亮升起来了，月光把黑龙潭两岸的山野照得明晃晃一片。潭里不时有鱼儿跃出水面，潭水在月光下泛动着金色的波纹，虫鸣声、鸟叫声和流水声给这静谧的月夜带来了几分喧闹。

何景明举起酒杯，和大家一起畅饮。

大家将两壶酒喝完已近午夜时分，兴致依然很高。徐生道："这么美妙的月夜，请何先生为我们题诗助兴吧。"

他们就着篝火，从何先生手提匣中取出纸笔。

何景明略加思索，提笔写下《夜酌黑龙潭》二首："川流一曲抱，峭壁万年开。白石传杯坐，青天送月来。蛟龙亦自舞，鸥鹭岂相猜。谁识仙潭上，天留此钓台。""百顷风潭静，澄波夜转明。江山一壶酒，天地六人情。醉踏金鳌背，潜窥玉鲤行。龙宫月长满，何须坐深更。"

学生们读完这两首诗，大家都拍手称好。夜已深，秋夜的寒气在空气中弥漫。彭生道："何先生，咱们该回家歇息了。"

于是，何景明随着大家一起回到村里，住宿在彭生家的客房里，独自想了许多事情，直到深夜方歇。

虽然在家里过得逍遥自在，但总是忘不了在京城结识的一些文友。王九思、康海、何瑭、李梦阳、边贡、王尚絅等文友不时在他脑海里呈现。是夜，他作《六子诗并序》以示对好友的怀念。《诗序》云："六子者，皆当世名士也。予以不类得承契纳，辅志励益者多矣。病归值秋，悟叹中夜。有怀良友，作《六子诗》。"其中赞王九思的诗有"王君青云姿，志岂屑丘壑"之句；赞康海有"矫矫龙头士，腾耀在明时"之句；赞何瑭有"中州产名俊，河内天下士"之句；赞李梦阳有"李子振大雅，超驾百世前"之句；赞边贡有"太常何瑰玮，坦然破崖岸"之句；赞王尚絅有"职方吾益友，契谊鲜与同"之句。每首诗都体现了他与六子间的深厚友谊和对他们的怀念之情。

何景明回信阳的日子里，对京城里发生的事并不知道。这一年的五月二十七日，刘瑾得知李梦阳代户部尚书韩文代拟疏稿弹劾刘瑾等“八虎”之事后，便假传圣旨，将李梦阳解押至京下锦衣卫大狱，欲置李梦阳于死地。

何景明得知这一消息后，心里十分着急。他知道李梦阳此去凶多吉少，心狠手毒的刘瑾这一次是不会放过他的。可自己病归在家，加上刘瑾对自己早已怀恨在心，不能入京相助，心里很不是滋味，他在心里为李梦阳祝福，希望他能够躲过此劫。

十月的一天下午，何景明给侄子何士和外甥王朝良辅导功课，觉得有些累了，便布置作业让他们做，自己走到门外透一下气。这时，见一个中年男子骑着一匹快马急驰而来，在他面前跳下马。来人见是何景明，便拱手鞠躬道：“李梦和拜见何舍人！”

何景明一见是李梦阳的长兄李梦和，知道他是为梦阳之事而来的。他立即叫出王琤将马牵到马厩里喂料，将李梦和迎至书房内，让丫环打水让他洗罢脸，又沏了一壶茶，给李梦和倒了一杯，看着李梦和稍事平息之后问道：“子育兄可是为献吉之事而来么？”

李梦和道：“正是为此事。”他喝了一口茶道：“梦阳在狱中很是思念仲默兄，感到自己此次难逃一死，但是他不甘心，总想着自己不应该就这么被迫害致死。他让我来找你，说你是他最信得过的人，请你给他想想办法，并言你一定有办法救他！”

何景明想了一下道：“你有没有去找过李西涯先生让他出面说说话呢？”

李梦和摇头道：“刘瑾专权，西涯先生正受着排挤，况且梦阳是西涯先生的学生，这也是刘瑾最忌讳的，此不可为。”停了一会儿又道：“我这几年一直在做生意，积攒了些银两，我打算倾其所有救梦阳，可没人敢收，一提到救梦阳，一些人便躲之不及，何曾救得？梦阳让我来找你，也是最后的一招，让你给出出点子，如何救得梦阳？”

何景明低头沉思了许久，忽然拍手道：“有了，献吉兄有救了！”

李梦和心内一喜，急问道：“怎么救？仲默，你快告诉愚兄。”

何景明道：“只有康状元康海能救献吉。”

于是，何景明把康海如何能救李梦阳之事告诉了李梦和，道："康海与献吉之间虽有过一些小过节，主要是二人的脾气不投，所以献吉也没想到要让康海出面相救。现在必须要让康状元出面，只有这样，献吉的性命可保。若康状元出面找刘瑾说情，必须是献吉亲自求他。"

晚上，何景明设酒招待李梦和，席后他把献吉应如何求康海的办法告诉李梦和。李梦和道："愚兄早就听说仲默与康德涵过从甚密，情同手足，贤弟是否给康德涵修书一封，以加强德涵施救之力，不知贤弟意下如何？"

何景明不假思索道："为救献吉，予理当如此。"说罢，何景明取出纸笔，给康海修书一封，大概有四点：一是奸权当道，皇帝昏庸，为天下计，朝廷需要有敢于直谏的忠臣，而李梦阳是不可多得的忠良之士；二是"八虎"当道，滥杀无辜，作为正义之士理当与邪恶抗争，施救梦阳；三是李梦阳乃反对腐靡文风、提倡文学复古的引领者，是难得的人才；四是德涵与献吉本是义交之士，请施援手力救梦阳。落款是"愚弟何仲默叩首"。何景明将书信写好后又反复看了两遍，交给李梦和。李梦和感激道："多谢仲默贤弟！"二人聊至深夜。

第二天天不亮，何家已将早饭做好，李梦和吃罢早饭，告别了何景明，快马上路，向京城赶去。

李梦和赶至京城李梦阳的寓所，守在寓所里急盼着李梦和归来的李梦阳的妻弟左国玉忙迎上来急问道："大哥，可见到何仲默了？我姐夫有救吗？"

李梦和走进屋内，把见到何景明的经过告诉了左国玉。左国玉欣然道："还是何仲默有办法，我姐夫有救了！"

二人也没顾上吃饭，急至锦衣卫狱，用银两打通典狱长，允许二人入内与李梦阳相见。

二人见到李梦阳，见他受刑过重，身上血迹斑斑，禁不住声泪俱下。

李梦和把见何景明的经过述说了一遍，拿出何景明写给康海的书信给梦阳。

李梦阳读罢书信，眼里噙满了泪水，道："知我者何仲默，救我者何仲默也!”

李梦和道:“何仲默说这还不够,必须由你亲自修书恳求德涵相救才行。”

李梦阳听说要自己求康海出面恳求刘瑾,便摇头道:“这不可能,康德涵之为人我知道,自被贬以来,我与德涵交往甚少,加上之前为文论争执有过不悦,如今求他,为生死而屈节下之,岂能无愧于心?”

左国玉道:“姐夫,康德涵乃正人君子,你们过去关系甚好,如今有难,屈己下之又有何妨?怎能说是何愧于心呢?”

李梦和见梦阳犹豫不决,急道:“弟为一点面子委曲难下,难道不为弟媳儿女着想?若是能花钱救得,兄愿倾家荡产救弟,可是这不是花钱能救得了的,只有求康状元相救才是上策,为何不为之?”

李梦阳见长兄如此说,便答应恳求相救。于是让左国玉取纸墨。李梦和按何景明的交待,须让李梦阳噬指血书。李梦阳没有犹豫,将衬衣撕下一块,咬破手指,在布块上写下五个血字“请对山救我!”落款为“献吉叩首”。左国玉见了姐夫写的这几个字,言词恳切,屈尊意诚,心高气傲的康德涵必然会施手相救的。于是他笑了,拉着李梦和道:“长兄,咱们走。”然后对李梦阳道:“姐夫宽心等待,我与长兄去了,静候佳音!”

走出监狱时,李梦和又将一锭银子交给典狱长,让他不要亏待了李梦阳。典狱长收了银子,忙点头答应道:“请放心,定当尽力关照。”

二人拿着李梦阳的求救书来到康海的寓所。

康海已猜到二人的来意。入座后,李梦和把他和左国玉此来恳请康修撰救李梦阳之事说了一下,之后拿出何景明的书信和李梦阳的血书交给康海。

康海看了一遍李梦阳的血书和何景明的书信,沉思良久道:“你们去见过何仲默?”

李梦和道:“是的,我去见过何仲默。”

康海问道:“献吉兄写此血书是何仲默的主意吧?”

左国玉担心李梦和直说,赶紧道:“不是,是我姐夫诚意恳求对山兄的。”

康海知道，此主意定是何景明出的，他了解李梦阳，更了解何景明。何景明虽然年轻，但足智多谋，在京城的中青年文人中，他也是最佩服何景明的。于是说道："好吧，既然献吉兄如此屈尊相求，加上何仲默的书信，予焉能不从之？"然而又道："我屈一瑾，而活良友，天下后世期许我也。"他看二人亦似担心，便道："请二位放心，为救献吉，我会放下人格屈下去恳求刘瑾，尽我所能与其周旋，但我不能保证百分之百能救出献吉，因为我与刘瑾未曾深交，担心他翻脸不认人。"

李梦和与左国玉连声道："那就看献吉的造化了，多谢德涵先生！"

康海与刘瑾是同乡，康海是陕西武功人，刘瑾是兴平人，二人相距不足60里路程。弘治十五年，康海状元及第，在朝中乃是陕西人的骄傲。那时刘瑾只是个不出名的伺候太子朱厚照的太监而已。刘瑾虽然没有文化，但却喜欢巴结文人，喜欢往自己脸上贴金，多次想巴结康状元认他这个老乡，可康海却不买账。孝宗皇帝驾崩后，太子朱厚照登基，改年号为正德元年，刘瑾得到武宗的重用，一时间权倾朝野。可康海依然不把刘瑾放在眼里，从不与之交往，这让刘瑾很是不快。正由于刘瑾是陕西老乡，康海并不像其他朝臣那样强烈要求罢黜刘瑾，这使刘瑾对康海存有一丝感激之情，他希望这位才高气傲的康状元有一天能拜在他的门下，为他所用。

一天下午，天气阴沉沉的，似有雷雨，远处的天空打了几声响雷之后，雨却没有下下来，乌云被雷声赶走了，天空却异常的清亮。康海坐上一乘藤竹丝轿，前往刘瑾府上。

门人报上拜帖，刘瑾一见是康海求见，不知为什么，却感到心跳不已，他景仰的这位才气超群的陕西老乡终于来拜望自己了，他感到有些大喜过望。忙令管家出门迎请，自己慌忙下床穿戴，高兴得连鞋子都穿反了。未出门便大声喊道："不知老乡康状元驾到，有失远迎，有失远迎啊！"

康海知道，今日是有求于他，一定不能按性子行事，于是作揖打躬道："康海失礼，平日少有活动，未曾拜望大司礼监，请刘大司礼监见谅。"

刘瑾最喜欢人称他大司礼监，康海如此称呼他，他高兴万分。慌忙拉住康海的手道："老夫盼德涵来家宅叙坐久矣，今日德涵能来看望老夫，是老夫三生之幸啊!"

康海谦道:"海有何能?大司礼监高看我了。"

刘瑾请康海至客厅坐下,令府上佣人奉上地方向朝廷进贡的珍果拼盘,亲自给康海沏了杯福建大红袍,言道:"德涵请随便,今后老夫这里就是你的家,想来就随便来,不要客气。老夫虽然没上什么学,却特别爱跟你们文人打交道。"

康海因有求刘瑾,恭维道:"大司礼监虽未涉学,但智慧超群,非凡俗者可比也。"

刘瑾道:"康修撰过奖了,今朝中一些逆党,唾骂老夫者甚众,瑾为国效力,为皇帝的社稷计不予理睬之,德涵念及与老夫同乡,却不与之为伍,老夫尽知也。德涵如此重义,不知可否屈尊一宿,与老夫饮酒畅谈?"

康海知道,如果不能让刘瑾畅心满意,不选择适当的机会,想让刘瑾释放李梦阳是不可能的。他立马言道:"今日拜谒大司礼监,又得如此看重,海有何理由不遵大司礼监之美意呢?海要和大司礼监彻夜长谈哩。"

刘瑾听后大喜,急令家人准备酒席,他要设家宴款待贵客康德涵。

二人喝着茶,似是知心地聊起关中的一些风土人情,偶尔也聊一些官场的不易,甚是投机。

不一会,菜肴端上桌子,有红烧牛尾、葫芦鸡、奶汤锅子鱼、熏腊羊肉等陕西名菜,还有康海喜欢吃的东坡肉和水煮豆腐等。刘瑾拿出一坛正宗的皇宫贡酒九酝春,道:"老夫今天准备了几样家乡菜,不成敬意,不知德涵是否喜欢?"

康海装出很有食欲的样子,笑道:"大司礼监如此厚待,海实在感动,好久没吃过关中菜了。"说着拿起筷子,夹了一块红烧牛尾,道:"海就不客气了,先尝为快了。"

刘瑾见康海如此,没有把他当外人,更是心花怒放,哈哈笑道:"好好,今天老夫要与德涵一醉方休!"

康海接过酒杯,道:"论年龄海是晚辈,理当我来给大司礼监敬酒,我借花献佛,敬大司礼监三杯。"

刘瑾忽然感到康海不像人说的那么心高气傲,而对自己如此尊重,心内很是得意,道:"为何敬我三杯?说得有理我就喝,说不出理由我与德涵共饮三杯。"

康海道:"大司礼监可知关中三豪杰否?"

刘瑾道:"关中名人多,却不曾知道三豪杰,请德涵赐教。"

康海道:"一是西晋名臣张华,二是进退百官、日理万机的刘大司礼监,三是当今之李太白……"

刘瑾接道:"哈哈,我知道了,那就是我朝才子康德涵康状元了。"

康海道:"非也,大司礼监并未说对。"

刘瑾问道:"那还会有谁?"

康海道:"请先把我敬的三杯酒喝了我再告诉大司礼监。"

刘瑾一连饮下三杯,问道:"该告诉老夫了吧,是何人?"

康海道:"他就是当朝名冠天下的才子李梦阳。"

一听说李梦阳,刘瑾多肉的脸立即阴沉了下来,道:"此人已被下在狱中,怎能算豪杰?他目无法纪,妄自尊大,冒犯朝廷,当杀无赦。"

康海见刘瑾不悦,不能过急,便道:"大司礼监,康海此时不该提李梦阳,此人不知高低,曾经冒犯大司礼监,海自罚三杯。"康海说罢连喝三杯。

刘瑾笑道:"好,还是德涵善解老夫。"

康海一边饮酒吃菜,一边恭维刘瑾的威望和业绩,说得刘瑾心花怒放,待酒至半酣,康海觉得火候已到,便道:"海为乡尊之威望想,推心置腹,不知乡尊愿听否?"

刘瑾道:"老夫最喜欢德涵能与我推心置腹,但讲无妨。"

康海道:"大司礼监效法太祖治天下,其威仪早在首辅之上,无论是在朝中还是关中都是无人可比的,而今朝中正是用人之时,李梦阳虽狂傲,但却是当朝之大才子,杀了他,恐怕会失去士林之望。特别是在关中,杀了他,关中人会认为大司礼监为人不善,无大雅胸怀,为了个人恩怨而杀关中才子,恐有损大司礼监之威名。请乡尊三思。"

康海的话句句在理,刘瑾低头沉思良久,道:"以德涵之见该如何处之?"

康海道:“免其死,不予取用。”

刘瑾看着康海道:“德涵今日不是看望老夫,而是专为李梦阳而来吧?”

康海道:“不,海主要是拜望乡尊的。”康海把杯中酒饮尽道:“乡尊是知道的,我与李梦阳素少来往,且关系不睦,今来主要是为乡尊计,不要为杀一个不足挂齿的小郎中而毁了大司礼监一世之威名也!”

刘瑾点头称是。二人饮酒至深夜。

第二天,刘瑾下令释放了李梦阳。

远在信阳的何景明听说李梦阳被释放的消息,心里很是高兴,他在心里默念道:“献吉啊,定当感谢康德涵的救命之恩啊!”

四

正德三年十一月,信阳知州孙荣任满,入京考绩辞归。孙荣是张珙知州卸任后来信阳的,已届满三年。孙荣为官清正、体贴民情,帮助农民减征赋税,大力发展信阳的工商业和教育,深受信阳人民的欢迎和爱戴。时任州学正的赵元泽先生组织信阳工商、教育界人士为其欢送,何景明被邀在欢送之列。此前一日,赵元泽来白坡请何景明为孙郡守作欢送诗序,何景明不好推辞,况且孙郡守之政绩显要,的确需要以文字加以颂扬。在第二天的欢送宴会上,何景明作《送郡守孙公考绩诗序》,云:

予得造还,处野中别业,不能应州闾交际。赵元泽氏者,予所好者也,来造予,且将诸卿大夫之命曰:吾守孙公将奏功,天子,天子且将有显陟也。……夫如是,则吾守之贤不得诗歌而知之也。而复以去我为不忍者,又非也。吾守去之兹而有显陟,则其位又大于守者矣。守,一州也,其惠狭,陟而大于守焉,又岂一州之惠而已也!虽然诗歌之作无加于吾守,而吾士民之怀也,不可缺也。敢以兹言守之。诗凡若如篇。

何景明对孙荣的政绩大加赞赏,并当庭赋诗《送孙太守》,诗云:“五马朝天日,倾城出饯时。倪宽行考最,何武去留思。碧草朱轮动,青云皂盖移。圣朝崇汉史,功业正当期。”

出席欢送宴会的诸人对何景明的诗大加赞赏。

一日中午，何景明坐在书舍看书，一书生从门外进来，道："先生，您在家啊？"

何景明立马认出此生是时任湖广巡抚的冯镐之子冯宗武。前不久，宗武来白坡听讲，何景明对他的印象很深，这会见他气色晦暗，十分消瘦，便道："宗吾，你身体有何不适吗？"

宗武道："不知为什么，这段时间老是困倦，吃不下饭。"他接着道："我爹回来了，请您过去饮酒叙话。"

何景明立马高兴起来，道："冯先生回了，太好了，这就去。"

冯镐家住在距白坡不到三里地的冯家响塘，不一会，何景明便跟着宗武到了冯家大宅。

冯镐时年是信阳在朝为官职务最高的官员，何景明对其十分尊重。冯镐将何景明迎至客厅，亲自给何景明沏了一杯茶，坐下来叙话。

冯镐把他奉召回京，受刘瑾拉拢以至辞官归里的过程说了一遍。何景明道："冯先生为朝廷立过功，阅历深厚，正是为朝廷出力的时候，不应该辞职啊！"

冯镐道："我今年都五十有六了，该是颐养天年的时候，倒是你，正是为朝廷效力的时候，不应该待在家里的。"

何景明便把他带在身上的最近写的《七述》草稿拿给冯镐看。

冯镐摘而念道："客望见曰：'子何病之深也？吾相子之病，非有窒于肠胃、结于腠理、瘀于血气而痼于骨髓也。若有伏忧，绵绵缠缠，纠结于心，惟思所起。子何病之深也？夫肠胃血气之病，可以汤丸醴酒，腠理骨髓之病，可以针石灸熨，皆宜独摄静息，不可勤扰。而子之病，病于忧也……'"

冯镐念完道："我知道了，仲默病辞，非在病而在心也。心病乃志气不得扬、英雄无用武之地也；志得扬，气得伸，则病自愈也。"

何景明笑道："冯先生说得是，志得扬，气得伸，则病自愈也。"

中午，冯先生设宴招待何景明，冯先生的儿子宗武作陪。

冯镐（1452—1512），字大京。河南信阳人，成化十三年（1478年）进士，授刑部主事，后升任湖广兵备道，官至巡抚。冯镐为人耿直，文韬武略集于一身。弘治末年，湖南与广西结合部土匪叛乱，官匪勾结，贪污盛行，孝宗皇帝派冯镐前往郴桂一带平叛，冯镐率部深入叛军敌后，在不到一个月时间内将叛军剿灭，并纠出官匪相勾结的贪官十余人，受到孝宗皇帝的嘉奖。正德三年六月，冯镐奉召到京，刘瑾想拉百官以壮其势，召冯镐面见，封官许愿，欲拉冯镐为其所用，被冯镐拒绝。冯镐早就对刘瑾专权、祸害朝廷深恶痛绝，言道："此官可夺，此节不可丧！"于是辞去官职，回归乡里。

何景明很是钦佩冯先生的为人和气节。

可没想到的是，冯先生的儿子冯宗武没过几天便突发急病去世了，老年丧子的冯先生十分悲痛。好在他是一位大智者，没有因丧子之痛而倒下。何景明为其作《何宗武墓志铭》，并经常到冯宅看望冯先生，使冯先生很是感动。

是年冬，信阳下了一场冬雪，雪已住，大地一片银白。何景明心情甚好，便对夫人道："这雪后空气清新，我出去观雪了。"

王洵姝道："你早点回来，别去会朋友饮酒。"

何景明道："一切都听夫人的。"他说着向门外走去。没想到刚出门，冯镐先生穿着一件蓝布棉袍，头戴黑色毡帽，站在门前跺着脚上的雪，何景明半天都没有认出来。他刚将冯先生迎进屋里看茶，门外又有人喊："何仲默，何仲默在家吗？"

何景明急忙迎了出来，见一高个子男子站在门外，手里牵着一匹枣红马，道："何舍人，记不起来愚兄了吧？"

何景明立马惊喜道："啊，朝信，刘朝信兄！"他说着上前握住刘朝信的手，笑道："哈哈，十年不见朝信兄了，人却更加高大了。"

刘朝信笑道："山大无柴（才），不像你，人小鬼精，才气超群啊！"

二人哈哈大笑。这时，冯先生也从屋里出来，何景明将二人互作了介绍。刘朝信道："久仰先生大名，当年上州学时，我们的贾先生经常念叨您，您是我们信阳人的骄傲。"

冯先生谦道："哪里哪里，你们后来者居上。"

这时,刘朝信从马背上搬下两个竹箱子,道:“老同学是当今李太白,无酒则无诗,这是我从山西带回来的两件汾酒,聊表薄意,请笑纳。”

何景明也不客气,笑道:“如此甚好,我正愁没有好酒招待贵客呢。”

三人进客厅坐下后,刘朝信把他十年前随父去了山西太原的经过说了一遍,说自己弘治十一年在山西参加秋试中举,后两次春试都没过,如今在山西太原开了一家酒行。父亲年纪大了,想回信阳休养,让他回来把信阳的老宅重新整修一下,过了年他就回来。

何景明笑道:“这太好了,朝信兄开酒行,我们不愁没酒喝了。”

夫人王洵姝从厨房里出来与客人相见,道了万福。又让丫环端来一盘花生和一盘葵花籽,道:“请冯先生和朝信兄先嗑点瓜子,饭菜一会儿就好。”

三人闲聊了一会儿,菜肴已端上了桌子。三人入座。

菜很丰盛,王洵姝亲手做的。二人都夸王洵姝手巧,菜做得如此地道。

何景明看着冯先生道:“家里有几种酒,有杜康、古井贡和自家酿的高粱窖酒,再就是朝信兄拿来的山西汾酒,不知冯先生喜欢喝哪种酒?”

冯先生道:“好久没喝山西汾酒了,就喝汾酒吧。”

何景明道:“我正有此意。”于是他启开酒罐,一股汾酒的浓香扑鼻而来。何景明将三杯酒斟满,举杯时,王洵姝走了过来,道:“冯先生,请稍等,还有一位客人。”

这时,何景明的堂哥何景旺走了进来,道:“景明,来客了怎么不提前告诉我呢?”

何景明立即站了起来,不知道王洵姝把老大哥叫了来,略有些不好意思道:“老大哥,正等着您呢。”

冯先生和刘朝信都站了起来。何景明介绍道:“这位是我的堂哥何景旺先生,今年已经七十七岁了,身体健康,而且还能喝半斤酒。”

二人见老先生精神矍铄,满头白发,且声音洪亮,知道是一位长寿者。

重新入座后,王洵姝笑道:“冯先生,朝信兄,不好意思,景明身体不好,不能饮酒,由景旺大哥陪二位饮吧。”

何景明看着王洵姝道："你看，冯先生是贵客，朝信兄有十年没见面，我总得陪二位饮几杯吧。"

冯先生是知道何景明的身体的，刘朝信并不知道，问道："仲默患何疾不能饮酒？"

王洵姝没等何景明回答，便道："他患的是肝病，医生都说他不能饮酒的。"

何景明开玩笑道："二位见笑了，非景明惧内，实在是夫人管得太严了。"

何景明的话引得冯先生和刘朝信哈哈大笑起来。

何景明看着王洵姝道："请夫人解禁，我敬二位三杯，不再饮了，如何？"

没等王洵姝回答，何景明便将三杯酒喝下了肚，道："先饮为敬，请景旺大哥陪着二位畅饮。"

三人饮了一斤多酒，冯先生见何景旺年事已高，不敢让其多饮，便道："今天很是尽兴，酒好菜亦好，下次我请二位和老先生去家宅饮酒叙话。"

饭后，何景明让王琤将冯先生送往冯家响塘，刘朝信留下来与何景明叙话。

同窗之谊，十年未见，二人有说不完的话。何景明讲起在州学的时候，有一个姓郑的恶少不事学习，在班里显摆，谁从家里带来好吃的，先要让他品尝，谁要是不听他的话，他就带着几个小混混教训谁。有一天何景明从家里带来一些腌制小干鱼，没有分给他，放学后，他就带着那几个小混混来教训何景明，刚把景明按倒在地准备动手时，被走过来的大个子刘朝信看到，上去三拳两脚便将那几个小混混打倒在地，恶少的鼻子也被打出了血，爬起来就跑，从此再也不敢在班里耍横了……说到小时候的故事，二人便哈哈大笑起来。

何景明对刘朝信的到来很是高兴，因为夫人的干预没能好好陪昔日的同窗好友喝酒，他感到内心里有些愧疚。此后他与刘朝信来往密切，刘朝信每次回来都要与何景明相聚数日，陪着何景明游山玩水，欣赏大自然的旖旎风光。在何景明的鼓励下，刘朝信又燃起了想通过春试进入仕途的想法。翌年三月，刘朝信从山西回来，何景明陪着他在贤隐寺清理了一间禅房，请人将破败的禅房进行了修整，刘朝信将在这里温习苦读，准备参加第二年的春试。

第二天中午，刘朝信邀何景明骑马踏雪。

二人骑马来到浉河边，见河水已冰冻，河岸两边的树木挂着冰凌，不时有寒风刮过，缀着冰凌的树枝在寒风中发出银铃般的碰撞声，不远处的贤山上亦是一片火树银花。何景明骑在马背上，呼吸着清新的空气，心里很是高兴。这时，有一年轻人踏着积雪跑过来，将一封请柬送上道："何先生和刘相公，家兄请二位兄长过家赴宴。"

何景明接过请柬，未打开，问道："请问你是哪位？"

刘朝信笑道："此人是袁惟学之四弟名起。"

何景明和刘朝信二人骑着马，观看雪景。此时，一位年轻人来送请柬。

何景明"啊"了一下，打开请柬，见是信阳指挥使袁惟武恭请何舍人过家赴宴。

不一会，他们一同来到申碑路袁宅。

袁惟学和袁惟武二兄弟已站在门外等候。

二人将何景明和刘朝信迎进宅邸。宅前有一个宽阔的大花园，花园设计精巧，有假山回廊，水廓亭榭，虽然被冰雪覆盖，但雪下却隐藏着一片生机。穿过花园，来到客厅，袁公见了何景明和刘朝信，便从太师椅上起来，笑道："欢迎何舍人和刘举人来寒舍做客。"

何景明道："晚生何景明拜见太公，今见太公身体康健，十分欣慰。"

袁公道："身体还算好，不过也时有头晕、胸闷，但食欲尚可。"

何景明道："食欲好则脾土旺，脾土旺则百病远离，则健康无恙啊！"何景明说得袁公笑了起来。

喝茶和叙聊了一会，丫环将菜肴端到客厅的八仙桌上，很是丰盛。何景明和袁公坐在上席，其他依次而坐。袁公拿出家中珍藏百年的陈酿古井贡酒招待何景明。何景明知道，袁公祖上为湖北江夏人，始祖随太祖朱元璋征战有功被封为世袭副千户。袁公祖父袁清从南京迁徙至信阳为左千户所，任信阳卫指挥同知，后人皆世袭其职。如今袁公年事已高而退职，其子承袭。此职本应由袁公长子袁镕（惟学）继承的，可袁镕坚辞不受，让其二弟袁镫（惟武）继承，而惟学中举后被议职为信阳州教谕，可见袁惟学之豁达大度。

席上，何景明不便推辞，因此饮下了不少酒。

宴后，何景明作《雪中宴袁挥使惟武宅》，诗云："四郊飞雪暗高城，北风怒号天杳冥。将军宅中画击鼓，哀筝鸣笛罗后庭。我时冻吟在四野，忽见将军送书者。开书读罢喜即行，邀我入门方下马……"之后，他们参观了袁惟武的画室，何景明作《袁惟武山水图》等诗。

此后，何景明与袁惟武、袁惟学多有交往，友谊深厚。所作交往诗有：《题袁惟武鹰熊图》、《袁惟学南园》、《袁挥使别墅次朝信惟学》、《袁惟武邀客泛舟夜下次韵》等等。

正德四年（1509年）三月的一天，何景明正在书房看书，听丫环报门外有客来访。何景明迎了出来,见一四十岁左右的中年男子牵着一匹枣红马站在门外,见了何景明便道:“何舍人,别来无恙啊!”

何景明忽然想起此人是在弘治十二年游太学时认识的广东顺德人梁景行,便立即上前握住梁景行的手道:“宗烈兄,怎么也没想到是你来了,真是太让人惊喜了!”何景明说着,让人将马牵到马厩喂料,领着梁景行来到客厅坐下。何景明和梁景行都讲了别后各自的经历,梁景行说他这次是被朝廷召至京述职,转道来信阳看望何舍人的。

何景明对梁景行的情意表示感谢。

中午,何景明设宴招待梁景行,并请来刘朝信、袁惟学和任宏器等文友作陪。这时,梁景行从行囊中取出一个雕刻精致的珊瑚雕品,是一个足有二尺长、一尺五寸高的大商船,放在桌子上,就像一艘巨大的帆船,正在碧波荡漾的大海上乘风破浪。何景明和文友们都对这精致的珊瑚雕刻品惊叹不已。是日,何景明作《赠梁宗烈二首》,诗云:“珊瑚产南海,翡翠生炎州。丰林多异干,石璞皆良璆……”“飘风顷刻至,征云万里游。与子非风云,欲遘良无由……”

梁景行在信阳停留了三日,何景明和几个文友一直陪着他遊玩了信阳近郊的山水,很是开心。

梁景行,字宗烈,弘治八年举人,肄业太学。初任崇明县知县,多善政,后升镇江府同知。内阁首辅杨廷和的义子杀人,梁断其死罪,大学士杨一清为其说情减罪,梁拒之。不久迁寿府长史后告归。正德六年,何景明复职回京不久,在寿府长史任上的梁景行被解职归田。何景明收到梁景行的书信后,即写《寄梁宗烈》诗相赠,诗云:“憐君下第日,即我挂冠时。歧路千行泪,浮云万里悲。天高南海柱,地远曲江祠。处处豺狼斗,相逢未可期。”此诗写得情真意切,寄托着他对梁宗烈的深厚友谊和同情。

梁宗烈走后,何景明又陆续收到一些朋友的来信,其中有在工部清水司任职的钱荣老先生,言及与其相濡以沫的夫人驾鹤西去,让他悲恸难眠。何景明对这位清廉一世的老先生深表同情,即写《双雁篇·并序》寄给钱荣。诗序云:“钱水部世恩,在宦失偶,日夜哀吟。其友何景明为作

《双雁篇》寄之。双雁云中来，雍雍扬鸣音。念子中路散，一飞与一沉……”不久，何景明又收到钱荣的书信，何景明回《寄钱水部》，诗云：“多情钱水部，别后有哀吟。万里秋风兴，孤舟日暮心……”体现了他与钱荣的深厚情谊。

在何景明的激励和鼓动下，刘朝信决定留在信阳复习功课，准备参加正德六年的进士考试，也希望自己通过进士考试进入仕途。他在贤隐寺整修了一间禅房，抛开杂念，潜心苦读。何景明没事时就来寺里看望刘朝信，与他探讨四书五经，吟诗饮酒，很是惬意。

一日，何景明来到寺里，见刘朝信读书清苦，于是提笔写出《刘朝信读书山寺》，诗云：“嗜静山中寺，藏修此度年。白云千嶂里，清夜一灯悬。书卷留孤客，盘飧傍老禅。何时骑马至，访尔古松旁。”

刘朝信和诗一首，云：“终日藏山寺，隐身此度年。白云仙君至，清夜喜无眠。书卷留千目，心高如愿难。何日登高处，骑马入平川。”

何景明笑道：“‘古人云，行事在人，成事在天’，这句话应该改一下，叫‘行事在人，成事亦在人’也。只要朝信兄能够沉得下心来，定能够‘骑马入平川’的。”

刘朝信道：“吾本凡人，很难沉得下心的。”

何景明知道刘朝信说此话的意思，他的夫人和两个孩子都在山西，他会时常挂念妻子和孩子的。刘朝信叹口气道：“唉，不想这些，这山下有一个好去处，我带你去看看。”于是何景明便随着刘朝信来到山下。

山下有一个湖，湖的四周都是山。阳春三月，山上开满了各色鲜花，林间的鸟鸣声和湖中水鸟的叫声不时传来，给这春日的山林平添了几分喧闹；空气里混合着各种鲜花的清香，阵阵春风吹来，给人一种心旷神怡的感觉。

何景明和刘朝信坐在岸边的草地上，他们被这春天的美景陶醉了。何景明道：“要是有酒就好了。”他的话音刚落，刘朝信便从兜里拿出一坛汾酒来，在何景明眼前晃了晃，道：“看，这是什么？”

何景明夺过酒坛道：“没想到朝信兄如此善解人意啊！”他说着打开酒坛盖放到嘴边。

刘朝信笑道："怎么，不惧怕夫人干预了？"

何景明道："她不是没在嘛。"

就这样，二人说笑着你一口我一口很快将一坛酒喝完了。二人仰躺在草地上，看着天高云淡的苍穹以及空中的飞鸟，想着各自的心事。何景明的心里涌动着一股股的诗情画意。酒劲上来了，他身子软软的不想动弹。他道："朝信兄，我有首诗想送给你，你把我的手提匣打开，我诵你写。"

刘朝信取出纸笔，又从不远处搬来一块平石，将纸墨放在平石上，道："准备好了。"

何景明道："诗名就叫《喜刘朝信过饮三首》。"他开始吟诵第一首："坐惜芳菲晚，何人到野中。相邀一樽酒，来对百花丛。翡翠鸣春日，游丝对碧空。谁知丰阳节，烂醉与君同。"第二首诗云："西郊栖迟地，春风亦可怜。落花寒食雨，高柳夕阳天。岸帻行林侧，移樽坐水边。啼莺如有意，数傍舞衣前。"第三首诗云"烟树孤城外，风花野水滨。群鸥不避客，双燕亦留人。况直清明后，酣歌烂漫春。相看三月暮，过我勿言频。"

刘朝信记录下三首诗，大加赞赏："好诗，每首诗都应对着此情此景！"他说着搁下笔，念诵了两遍，道："感谢何舍人大作相赠，愚兄定当好好保存。"

正德六年春，刘朝信赴京应试，何景明对他的春试充满了信心，为他饯行时写下《送别刘朝信》诗相赠，诗云："万里向天涯，孤城对日斜。云山共此别，世路独长嗟。暮雪燕关树，春风汉苑花。知君骑马地，名姓满京华。"

然而，刘朝信的春试未能如愿。他不得已感叹道："谋事在人，成事在天啊！"

在何景明归居时的后三年中，刘朝信是他交往最多的朋友。

五

正德四年（1509年），是何景明值得高兴而又最悲痛的一年。高兴的是他的第二个儿子立出生；悲痛的是这一年的四月，何景明的父母相继离世，这对他的打击十分巨大。

父亲梅溪公一生操劳，他感受到了官场的险恶和命运的多舛。他一生不得志，虽然尽了最大的努力，却在无品级的驿丞位子上一干就是27年，他为人正直，克勤克俭，做事认真，却没有得到很好的回报。弘治十年(1497年)九月，何信因得罪了奸佞李广，辞去驿丞一职回到信阳，如今已有12个年头。在这12年里，头10年他的身体一直很好，他与夫人李氏夫唱妇随，共同操持家务，把家庭操持得井井有条，田地耕种得很好，粮食年年有余，为何家兄弟在外做官免除了后顾之忧。可是天有不测风云，就在这年四月二日的夜晚，父亲突患脑中风，昏迷不醒，何景明立即派人请来郎中救治，见父亲一直没有好转，他陪着父亲一夜未曾合眼。五更里，父亲突然说话了，他抓住何景明的手道："明儿，你一定要养好身体，身体好了还要回朝廷效力，爹怕是不行了，刚才看见了你的爷爷和奶奶了，还有那些死了好多年的老朋友，他们都拉着我要我去他们那里……"

何景明哭道："爹，你刚才是在做梦，你会好起来的！"

父亲把何景明的手抓得更紧了，担心儿子会离开他似的，他睁着眼睛向四下里看了一下，道："景旸和景晖都没回来？"

何景明道："爹，我这就安排人去报信。"

父亲摇摇头道："不用，他们都忙，有你在家就行。等我下葬之后，再告诉景晴一声，明年清明节回来给爹坟头上添点土就行。"

父亲说完便断了气。

何景明抓住爹那慢慢松开的手，泪如泉涌。爹一辈子操劳艰辛，死时还不让子女们回到身边，总希望孩子们能在官场上有所作为。而父亲对他这个小儿子更是关爱有加，特别是在自己回来的一年里，父亲的精神好了许多，没想到父亲就这样离他而去了。想到这里，他禁不住放声痛哭。家里人都来劝慰，他才止住哭声，安排人去二哥、三哥任上报信，同时安排王琤骑快马去京城向二姐景晴和姊夫孟洋报信。

父亲的棺椁在家停放七天，吊丧的人每天都络绎不绝。景晴和孟洋赶到时已经是第八天了。二人来到墓地，跪在墓前给父亲烧纸磕头，景晴哭得很伤心，她边哭边诉说着父亲对她兄妹的养育之恩，以及父亲一生的艰难和辛苦，让随来的所有人都为之动容。大家都来劝景晴，最后何家的大嫂、二嫂过来把景晴劝起来。

何家的兄弟三人，以及景晴和孟洋都回来了，一家大小二十多人，夜晚，何景明安排了三桌饭，女眷和孩子分坐两桌，兄弟三人，孟洋、何景旺、王琤和近门的两个叔侄坐一桌。二哥、景旺大哥坐在首席，景明和孟洋分坐两侧，其余依次而坐。何景明是一个思想开明的人，他是孝子，但他并不完全拘泥于古人的陈规陋习，他道："古人有云，'斩衰三日不食'。服丧期间本不该饮酒，守孝三年，不可食肉，以糜粥饮之。我看就按咱信阳的规矩，服丧七七，头七到断七共四十九日，今天我陪大家饮一次酒，吃一次肉，从明日起景明将要学先贤居奇庐，寝苫枕块，食糜粥至断七。家父已六十有八，亦算高寿了，今晚请大家不要拘泥，放心饮罢了。"言罢举杯与大家相碰。

二哥景旸听四弟如此说，道："四弟此话差也，大哥不在，二哥为长兄，理应二哥为父守孝，四弟身体不好，就不必了，二哥已向安庆知府请过丧假了。"

何景明道："二哥在家可留几日即可到任上去，守孝之事就不用你操心了。"

孟洋道："明弟可知道《礼记·曲礼》上的话么？"

何景明道："如何说？"

孟洋道："'疾则饮酒食肉，疾止复初。……五十不致毁，六十不毁，七十唯衰麻在身，饮酒食肉处于内。'就是说身体有病为了身体的进补，服丧期是可以食鱼肉的。"

何景明道："姊夫所言极是，七七之后吧。"

何景明有一年多没跟孟洋相见了，十分想念这位姊夫。是夜，二人睡在白坡书舍。孟洋向何景明谈到了朝廷的局势，随着刘瑾地位巩固，专权愈烈，朝臣人人自危。由于刘瑾专权过甚，把阉党八虎中的其他人都没放在眼里，八虎之间已经出现了裂隙，八虎中的马永成、张永等都敢怒而不敢言。

何景明深思了一会儿道："这并不是什么坏事，有可能就是刘瑾倒台的前兆。"何景明说着拿出一听茶叶，给孟洋和自己各沏了一杯，道："这是前年郑善夫送给我的武夷山正宗大红袍，这茶叶的确很劲道。"

孟洋道："少谷子给我也送有此茶，我平时不太喝茶，至今也没有打开过。我担心喝了会睡不着的。"

何景明道："大红袍是发酵茶，是不影响睡眠的。"

何景明十分喜欢自己的姐夫孟洋，他性情温和、憨厚，在诗歌创作上反应虽然有些慢，但文才不俗，其诗意境高雅，格律规整，很耐读，有唐杜牧之风。尤其是对自己的姐姐景晴，百依百顺，从未跟姐姐红过脸。他想起去年三月孟洋被朝廷派往河北安抚被盗匪抢掠的赵州百姓而病寓赵州时，给他寄来的《晓发赵州怀何仲默》诗一首，抒发他对何景明的怀念之情。诗道："寒月欲沉西麓尽，明星亦报东方昕。村鸡树上鸣未歇，僧馨林深清可闻。回首渐辞燕赵雨，相思犹隔汝淮云。莫嗔吏隐难相入，尊酒茅堂许论文。"何景明就很喜欢这首诗。他在《答望之诗二首》中的一首写道："日落荒山畔，孤城更可伤。生涯仍寂寞，世事转仓皇。百口同饥馑，千村尽虎狼。知君怜父老，南望白云长。"

二人喝着茶，各想着心事，一时间没有说话。这郎舅二人似心有灵犀。孟洋似乎也想起了同样的事，他对这位内弟的才华佩服有加，在诗歌创作上他受到何景明的启发很大，加上何景明天资聪颖，智慧超群，判断问题准确，所以心里有什么事都愿意跟何景明说。自从何景明病乞离京，他的心一下子空落起来，希望何景明能够早日还京。没想到岳丈这一走，何景明需在家守孝三年，岳丈的离去，他没能及时赶回送岳丈上山，内心很是愧疚。想到这里，他起身拿起笔，写下《哭妻父》诗，道："初闻妻父病，涕泪以沾衣。昨夜来吾梦，今晨说汝归。感恩中道绝，见面此生稀。忍使娇儿女，还家失所依。"

孟洋写罢此诗，已经是泪水涟涟了。

何景明读罢孟洋的诗，强忍住眼泪，为了转移这种丧父之痛的心情，他提笔和诗一首《喜望之至以诗迎之》，诗云："经岁青山下，空吟求友诗。故人天上至，慰我病中思。腊近冰霜苦，春回草木知。小堂终日待，枉教莫驾迟。”

孟洋读罢何景明的诗,果然心情好了许多。二人聊至深夜方歇。几天之后,孟洋回京赴任了,景晴带着两个孩子留在娘家住上一段日子。

孟洋走后,何景明在院子的东北角搭建了一间简易的土坯房,里面铺满苫草,身着衰麻,哀毁骨立,谢绝一切来访。不吃肉、不弹琴,除白天偶入书舍看书外,其余都在简易房里,四十九天未入厅堂。

让何景明没有想到的是,在父亲去世后的第二十九天,母亲李氏又溘然离世。母亲的离世更增加了何景明内心的悲痛。母亲去世后,何景明又坚持为母亲守孝完七七。在为父亲守孝四十九天后,何景明的身体已极度虚弱,二哥景晹见四弟如此,十分不忍,无论如何也不能让四弟再这样了。他不让四弟再进那间屋子,他披麻戴孝躺在那间屋子里不出来,坚持要为母守完七七四十九天。何景明为二哥的行为感动得放声大哭,一家人都悲恸不已。

是年八月,信阳卫指挥同知袁公卒,何景明过家悼亡。袁公长子惟学、次子惟武请何景明为其先公作墓志铭。何景明作《怀远将军信阳卫指挥同知袁公合葬墓志铭》。

也在这一年的八月,何景明的第二个儿子立出生。这是何景明在父母双亡之后使他从悲痛的阴影中走出来的最让他高兴的一件事情——他为何家传宗接代又增添了一个人丁。他高兴地写下《生子》诗:

两岁归来生两雏,故园夫妇亦相娱。
卢家自爱添丁好,徐氏谁言二子殊。
未论图书能继业,且教门户有悬弧。
劬劳正念吾亲在,更遣悲欢此日俱。

在父母双亡的一段日子里,何景明一直沉浸在悲痛之中,虽然第二个儿子出生给他的内心带来一些喜悦,但他还是经常思念父母,他感到父母的双亡是他这个儿子没有尽到责任,内心里总是有一丝愧疚。从四月到腊月的八个多月的时间里,他基本谢绝了一切交往,他最喜爱游山玩水,这期间也停止了。为了表示对父母的歉疚和怀念,他经常去父母和大哥的墓地,一去就是半天,为了感谢父母,他写下《过先人墓示彭天章》诗,道:

"少小承颜日,恩深世所稀。仓皇成永诀,溟漠竟同归。天地空形影,音容有是非。此身如寸草,何以答春晖。"

人生最低迷也最痛苦的一年很快就要过去了,除夕的夜晚,他让家人准备了些酒菜。先是烧香祭祖,他往桌子上摆放了六副碗筷和八只酒杯,然后往每只杯里倒上酒,口中念道:"这两杯是敬太太以上祖先的。这两杯是敬爷爷奶奶的,这是父亲母亲的,这是大哥的,这是张梅的。"念到前妻张氏时他的手略抖了一下,说道:"各位先人,爷爷奶奶、父亲母亲、大哥、张梅,今天是大年三十,是生者过年的日子,也是怀念亡人的日子,景明在这里为先人、大哥、张梅敬酒了。"他说完将酒一杯杯洒在地上。就在这时,他悲从中来,眼泪似乎要夺眶而出。他想到自己是一家之主,家里的孩子多,要让家人高高兴兴过一个幸福快乐的年,他忍住了即将夺眶而出的眼泪。酒菜撤下后,接着是给亡灵烧纸,烧罢纸,喊孩子们过来给祖先磕头。何家能跑能跳的孩子有八九个,孩子们跪成一排给祖先磕完头,等着大人给他们放鞭炮。这次过年何家放了很多鞭炮,一家人都沉浸在快乐之中。

夜晚,何景明看着夫人和孩子们都睡下后,独自来到书舍,将书房的炭火生着,准备通宵守岁。通宵守岁是当地的风俗,除夕夜一家之主通宵守岁意即生灵不歇,驱阴避秽,保证全家在新的一年兴旺生财。屋里的温度很快便升起来了。何景明泡了一壶酽茶,坐在灯下看书、喝茶。远处不时传来放鞭炮的声音,鞭炮声过后,窗外有细微的沙沙声传进来,何景明将窗户打开一条缝,顿时有一股寒风夹着雪花卷进来。外面下雪了,顷刻间,窗外已是白茫茫一片了。

他关好窗户,回身时,看到了桌上的一个酒瓶里插着数枝腊梅花。他凝视良久,想起了他的前妻张梅,一个贤惠善良的女人,因是表亲,从小经常在一块玩耍,虽然不是青梅竹马,也是两小无猜。可她只跟着自己两年多时间,便离他而去,"自古红颜多薄命",没想到她如此没有福气。自从跟王洵姝结婚后,王洵姝对他恩爱有加,而且给他生了两个儿子,他们的家庭生活很幸福。可越是幸福,他就觉得越是对不起前妻,每当想起前妻,他的内心里就生出许多哀伤。他提笔写下悼念张氏夫人的《悼往》

诗,道:“行云不归山,逝水难重回。与子一为别,流光倏如推。形神往无存,梦想费克谐。孤冢日荒废,幽泉翳穷埃。重扃一以闭,千秋宁复开。时至展遐沉,倾醑浇黄莱。还思平生居,岁久生夕苔。寒风吹空闺,仿佛鸣玉哀。人生重恩义,况兹比翼乖。何能眷新欢,弃之故所怀。”

接着,他又为怀念父母和大哥,写下《除夕述哀》四首。其中一首写道:“世事相倚伏,日月更代谢。百年能几时,一岁抵今夜。逝者岂复廻,有生无不化。惨恻孤灯前,悲啼数行下。”特别是大哥,英年早逝,两个儿子也相继离世,每当至此,他总是禁不住泪水婆娑,满怀忧伤。

这一年的除夕之夜,随着贤隐寺的钟声敲响很快便过去了,何景明在新的一年里,除了会友、吟诗,就是游历信阳的山山水水,欣赏着大自然的风光,不定期组织学生在白坡书舍为他们讲学。他的身体也随着心情的改善基本痊愈。可以说这一年是何景明从人生低谷走向厚积薄发的一年。

第七章

奉书回京 再振风骨

一

正德五年(1510年),是一个战乱频繁却又让朝臣百官举朝欢庆的一年。这一年,河北、山东等地"响马盗"频起,杨虎、刘六、刘七等农民首领不堪忍受朝廷加重对贫苦百姓的盘剥,他们在河北霸州揭竿而起,掀起了一次大规模的农民起义。四月,封地在宁夏的安化王朱寘鐇叛乱,树旗反抗朝廷。值得欢庆的是,这年八月,祸国殃民、危害朝臣的太监刘瑾伏诛,被处剐刑。

起因是:在此之前,刘瑾为了搜刮民脂民膏,派亲信同党到各边塞大举清丈屯田,苛刻搜刮,引起边军骚乱。刘瑾派往宁夏的亲信大理寺少卿周东更是不顾当地老百姓死活,肆意掠夺,并把安化王朱寘鐇不放在眼里,引起了朱寘鐇的极大愤怒。安化王朱寘鐇早有谋反之心,便借此机会,重演永乐帝的"靖难"之剧,发檄文声讨刘瑾,檄文以刘瑾蛊惑朝廷、变乱礼法、诬陷忠良、欺上罔下、阻塞言路、搜刮民财等罪名发布各地,并以"清君侧"的名义举起了造反的大旗。

檄文很快驰报朝廷,却被刘瑾压而不报。几日后,叛乱的消息已传到朝廷,刘瑾不得已向武宗呈报安化王叛乱之事。武宗皇帝立命前右都御史杨一清为提督,太监张永总督军务前往宁夏征讨。就在张永和杨一清率大军赶到宁夏之前,朱寘鐇派人前往驻扎在玉泉营的宁夏守军游击将军仇钺部招降。仇钺见朱寘鐇大军压境,表面上答应招降,暗地里派人与城外的明军联系,将总兵曹雄约为内应,并设计分散叛军兵力。四月二十三日清晨,朱寘鐇准备去城外举行祭祀典礼时,仇钺率军端了朱寘鐇的安化府，抓捕了朱寘鐇及其儿子，并将部将孙景文、朱霞等11人斩首。明军总兵曹雄已于凌晨率部抵达叛军集结地并向叛军发起进攻。这时，集结在城外准备参加祭祀典礼的何锦、丁广等叛军将领听说朱寘鐇已被抓捕，加上明军的强大攻势，无心作战，各自溃散。至此，朱寘鐇叛乱只维持了18天便彻底失败了。

张永、杨一清抵达宁夏，得知叛乱已平，一边犒赏仇钺、杨雄等边塞将领，一边派快马驰报朝廷，拟于中秋节献俘。刘瑾传旨，暂不必班师回朝，等地方安定之后再回不迟，献俘亦可延后。杨一清和张永都知道刘瑾诡计多端，不知道他想玩什么把戏。

杨一清早就有除掉刘瑾之意。这次宁夏叛乱是因刘瑾而起，是除掉刘瑾的大好机会。他也知道，张永虽属"八虎"，但刘瑾专权并以主子自居早已在"八虎"中激起了怨恨，尤其是张永，其恨尤甚。杨一清心想，此次除掉刘瑾非张永莫属。于是他对张永道："张公公，今有一难事，也是名垂千古之事非你不能也。"张永道："杨御史有何见教？"杨一清道："藩宗之乱易除，国之内乱难消也！"

张永知道杨一清指的是什么，却佯装不知道："杨御史所指是……"

杨一清笑道："张公公是智者，比我更清楚，不会不知吧？"他说着拿出一张纸，撕成两块，道："我与张公公同写两个字，看我俩想的是否一致？"

二人写罢，对在一起，都是"除瑾"二字。二人会心一笑。

张永叹口气道："皇上被瑾所惑，唯瑾是听，如今瑾羽翼丰满，大权在握，且耳目众多，与皇上形影不离，想除瑾是不太可能的，弄不好还会招致灭门之祸！"

杨一清道："张公公不必多虑，皇上虽离不开刘瑾，但在大是大非面前是不糊涂的，这次让你出任总督军说明是信得过你的。你班师回朝后可面陈宁夏之事，将诛瑾檄文呈给皇上，将刘瑾罪行和谋反之心一并陈述，皇上必然会治罪于刘瑾。"

张永仍心有疑虑道："如果皇上不听该如何是好？"

杨一清道："皇上喜玩物，却未必丧志，此关系江山社稷之大事，他不会不管的。今委你重任,他一定会听你陈述的。就算万一不听,你可顿首哭泣,请死于皇上面前,以表明你所言无妄。”

张永感到杨一清分析得有道理,也增强了他除瑾的决心。

杨一清看着张永决心已定,内心里十分高兴,道:“刘瑾让献俘延后,或许他在想什么鬼主意,事不宜迟,你必须马上押解朱寘鐇等叛臣回朝,以防不测。”

张永答应明日起程,赶在中秋节前面呈皇上。

张永提前将安化王押解至京。献俘完毕,武宗皇帝设宴犒劳张永一行,让刘瑾陪席。张永一杯杯给刘瑾敬酒,刘瑾以为张永在巴结他,满心高兴地斟之不拒。夜阑酒酣,刘瑾喝得太多,便离席被小太监搀扶着回内值房(豹房)休息去了。武宗兴致很高,让张永讲讲平叛之事。张永便把安化王发的檄文呈给皇上。很痛心道:“安化王反叛因刘瑾而起,此檄文发在一个月前,当地巡抚已将安化王反叛的消息和诛瑾檄文火速驰报朝廷,但被刘瑾压而不报。请皇上看看这檄文吧。”

武崇皇帝接过檄文,张永立即将玉石龙形台灯端至皇帝眼前。皇帝看罢,半天沉默不语。张永又借机列举了刘瑾 17 条罪状。武宗道:“这奴才真是不知好歹!”就在这时,马永成等几个平素与刘瑾矛盾较深的太监也走了进来,诉说着刘瑾的罪行和险恶用心。皇帝被彻底激怒了,立即让张永和马永成带人去内值房将刘瑾抓了起来,又派人去查封刘瑾的私宅。

第二天,武宗下了一道谕旨,决定把刘瑾发往凤阳闲住,降为奉御;刘瑾变乱的成法一律改正恢复。

张永见皇上没有处死刘瑾的意思,便和马永成商量对策,鼓动武宗亲临刘瑾私宅,然后再说服皇上诛杀刘瑾。九月十五日,武宗来到刘瑾私宅,眼前的情景着实把武宗吓了一跳:堆积如山的金银珠宝,还有伪玺一颗,“穿宫牙牌”五百件,刘瑾经常拿在手中与皇帝见面的扇柄内,竟藏有两口利刃。衣甲、弓弩更是数之不尽。皇帝大怒道:“真是要谋反呀?刘瑾这个该杀的奴才!”于是刘瑾被定了 19 条罪状,皇帝亲自下令将刘瑾凌迟处死。

刘瑾被诛杀的消息是戴冠回乡省亲时告诉何景明的。何景明叹道:

"自作孽不可活啊，刘瑾死是迟早的事。皇上起用杨一清和张永足见武宗皇帝并不糊涂，不过，刘瑾最终还是死于阉党之争。"

戴冠道："何曾不是呢？"

何景明对在院子里劈柴的王琤道："你去响塘一趟，把冯先生请过来，说是戴仲鹖回来了，请他过来吃饭，有好消息告诉他。"

王琤答应着去了。

不到半个时辰，王琤跟着冯镐走了进来。

何景明和戴冠都迎了出来。问好之后，何景明带二人到书房叙坐。

何景明重新给二人沏了一壶茶，给冯先生倒了一杯道："仲鹖回来，带回来特大的好消息。"

冯镐问道："什么特大好消息？"

何景明道："刘瑾伏诛，在都察院门前凌迟三天，死得很惨啊！"

冯镐喝了一口茶，哈哈大笑道："真是大好消息，刘瑾伏诛，朝廷有望啊！"

说话的当儿，饭菜已端上了桌子。何景明带二人至客厅就座。

刘瑾伏诛，何景明从内心里感到高兴，他的好朋友李梦阳可以复职了，那些被刘瑾迫害、致仕和解职的朝臣亦可以回朝了；他也许不久便能够重新复职回京与文友们相聚了。想到这里，他破例陪着冯先生和戴冠喝了不少酒。是戴冠劝他不要再喝了，他才停杯，由戴冠陪着冯先生对饮。

冯先生由于高兴，加上喝的是他所喜爱的山西汾酒，喝得大醉，口里不住地说道："刘瑾被阎王爷招去了，一定会打进十八层地狱的！哈哈哈……"

何景明让戴冠陪着冯先生留宿在书舍，自己也因喝了些酒，便回房陪着夫人歇息了。

在刘瑾伏诛之后的一段日子里，何景明希望朝廷能够重新起用他，让他继续为朝廷效力。可是三个多月过去了，他一直没有收到朝廷召他回京的诏书。他本想回京城打听一下消息，可转念一想，还是在家里等等吧，他相信刘瑾死后，过去那些因刘瑾而受到迫害和去职的朝臣会受到平反和复职的。

事实上，在刘瑾被凌迟处死后的九月间，吏部已拟奏章：正德二年以来，官职降调、致仕闲住为民者五十三人（包括何景明），年力才识皆堪任使，谕皆复其官。一些降职致仕或罢免的朝臣逐渐复职回朝，而何景明和李梦阳均未得到复职。这时的朝廷并不容乐观，刘瑾虽然伏诛了，但朝中的大权仍然掌握在宦官内臣们的手中。张永取代刘瑾任司礼监，其他宦官如谷大用、马永成、魏彬等依旧各窃权柄。他们虽然不满刘瑾，但在做人处事上与刘瑾有着千丝万缕的联系，对文人们孤高气傲不事阿谀奉承的气节很是不满，所以何景明、李梦阳、韩文等一批文臣未能复职。正德六年初，刑部员外郎宿进上疏声言清除刘瑾余党，结果触动了宦官的利益和痛处，被执绑午门外，杖责五十，削职为民。由此可见当时的朝政依旧十分黑暗。

十一月冬至后的一天夜晚，天气阴冷。何景明坐在火炉边，感觉身上还是有些冷。他往火炉里加了几根劈柴，火焰腾腾地升了起来，他感到身上慢慢热了起来。在归居三年多的日子里，他的身体慢慢得到了恢复，加上父母离世，他的心里也免去了一些牵挂，他希望能够早日回京复职、为国效力。他开门走到院子里，冷风立即包裹住了他的身子，他反而没有了寒意，抬头向北望去，北斗七星像一个大“勺子”高悬在天幕上，旁边围绕着许多若隐若现的小寒星，神秘地窥视着天幕下的大地。北山上有一只寒号鸟在不住地鸣叫，给这寂静的寒夜带来几分凄凉。

他回到屋里，重新坐在火炉边，提笔写下希望回京复职诗《夜》和《北望》二首。《夜》：“地远柴门静，天高夜气凄。寒星凌水动，夕月向沙低。入室喧虫语，张灯住鸟啼。自然幽意惬，不是恋深栖。”《北望》：“北望风尘里，遥思日月边。山河临地极，楼观依星躔。翠羽开诸国，金瓯至万年。自从归病后，常梦五云前。”《夜》里写到了他在家的日子，幽静自然的状态使他感到很是惬意，但他不是那种希望远离尘嚣永远过清静无为日子的人，他满心里想的是国家、朝廷，所以他直接写出了“自然幽意惬，不是恋深栖”的诗句。而《北望》里的“自从归病后，常梦五云前”更道出了他希望回京复职的心愿。

几天之后，沈清溪和赵雪舟来看望何景明，给何景明带来了一些安慰。他把打算回京复职的想法告诉了二位，二人表示赞同。

十二月，何景明为曾任信阳知州的张珙之妻李氏撰《封孺人李氏墓志铭》。时任礼部给事中的张云回信阳为其母亲奔丧。张云早慧，与何景明同为十六岁中举，均为弘治十五年进士。弘治十六年，张云外任襄陵（今睢县）知县，何景明为其饯行，作有《送张子行》，诗云："汝阳张季子，冬暮独南行。此云栖淮曲，何时入汉京？龙剑雄雌别，鲲池羽翼生。试看古名士，多自少年成。"何景明对张云很是赞赏，知其日后在仕途上必然飞黄腾达。二人自京中分别后极少见面，只是时有书信来往。

何景明与张云相见，自然十分亲切。是夜，二人聊至深夜方歇。

张云（1480—1558），字季升，四川内江人，弘治十五年进士，授襄陵知县，有惠政。正德四年进吏部给事中，因逆刘瑾专权下狱，瑾败获免。后泣谏武宗南巡，上以忠悬不罪。后以督御史提督辽东，功绩尤伟。嘉靖年历户部尚书致仕，卒年七十有八，赐祭葬，赠太子太保。

正德六年（1511 年）三月的一天午后，何景明与刘朝信、任宏器二位好朋友在书舍里喝茶叙话。他们知道何景明的心境，便约何景明出外游玩几日，以遣散心里的郁闷。何景明很想与二位好友出外游玩，但又担心这几日朝中会派人来通知他回朝复职。于是笑道："二位仁兄的好意我领了，可我似乎有些预感，这几日说不定有信使来报，召我回朝亦未可知。"

二人知道何景明回朝心切，相视而笑。

此时何景明忽然生出些许感慨，自嘲道："此生奔波命，有福不知享啊！"于是提笔写下《述怀》，诗云："紫芒黄独几回新，霜雪山中又见春。万古光阴双过客，五年江海一归人。豺狼满地无行路，戎马他乡有战尘。浉水河边钓台上，分明天与此闲身。"

这首诗写他归居快五年时间，一直心系朝廷，却得不到召唤和重用，为何要这么想呢？这分明是上天赋闲于我嘛。这年五月，有人来报，门外有一信使求见。何景明慌忙迎出门来，见一信使牵着马立在门外，见何景明道："敢问您就是何舍人？"

何景明道:"本人正是。"

信使从背囊中取出一封书信,交给何景明道:"此信是内阁辅臣李东阳大人亲笔所书。"

何景明立即安排家人让信使到客厅候坐,准备饭食招待,自入书房,急展开书信,见上面写道:

中书舍人何景明览悉:自正德五年八月刘瑾伏诛已半载有余,凡瑾持朝政时更置予夺之朝中官员,皆改正复职。而时至今日亦有部分被贬被去职官员未得回朝。今百废待兴,正值用人之际,仲默、献吉等才俊亦未回朝复职,老夫亦多方呼吁,至今未果。仲默不可滞留乡里,得信后速回京待职,老夫将尽力为尔等奔走,期冀早日复职……

何景明读罢李阁老的亲笔书信,甚是感动。他知道,李阁老是很看重他的,他也知道李阁老的用意,如果在家待久了,说明自己并不把回朝复职当一回事,李阁老想替他说话也没有理由。他能收到李阁老的亲笔信,李献吉是阁老的学生,一定也会收到阁老的亲笔信的,说不定献吉此时正在回京的路上了。于是他决定,明日一早带着夫人和孩子回朝待职。

二

正德六年(1511年)五月底,何景明携夫人和孩子回到了京城,回到了阔别将近五年的位于绳匠胡同一处属于自己的宅邸。

听说何景明回到了京城,何景明的朋友、在京的文人学士以及近年来留京任职的新科进士纷纷来拜望,一时间,绳匠胡同何景明的宅邸前车水马龙,大有"四方学士咸愿知何君,车马填门巷"的局面。

当晚,在京任职的孟洋、何瑭、王尚絅、顾璘、崔铣、戴冠、徐缙、郑善夫、韩邦靖和孙继芳等文友设宴款待何景明。席间,何景明得知,何瑭于正德四年春因不屈刘瑾而辞官,在河南武陟乡里闲住一年,刘瑾伏诛后被召回京;顾璘正德五年前还在开封任知府,刘瑾伏诛后被召至京擢升为吏部右侍郎;崔铣也在正德四年遭到外放,刘瑾伏诛后被召回京在翰林院供职,郑善夫正德二年回乡守丧,前不久回京复职,他们都或多或少受到刘瑾不公正的对待。只有孟洋,刘瑾专权期间留在京中。孟洋为人厚道、谨慎,公开场合很少评论朝政,因此他并不被刘瑾所关注。最让何景明高兴的是,他的好友孙继芳(世其)是当年的新科进士,已被选为庶吉士。他在京城又多了一个知心朋友。

何景明问道:"为何不见李献吉回朝复职?他应该在本人之先回京的。"

崔铣道:"李献吉是被刘瑾迫害至深的一人,刘瑾伏诛后应该是第一批回朝复职的,可继任刘瑾的司礼监张永和谷大用等太监坚决不同意李梦阳回京复职,纵然复职,也只能外放,他们是担心李梦阳会对他们已经取得的权力造成不利影响。"

何景明叹道:"原来是这样,看来李献吉回京的希望不大了啊!"

这时,何景明忽然想起一个人来,问道:"我听说徐昌谷一直在京,怎么没见他呢?"大家都对望了一眼,沉默了一下。孟洋道:"前不久,昌谷不幸离世,家人已将棺椁运回吴中安葬了。"

何景明的心一下子沉郁下来,许久叹一口气道:"可惜呀,这吴中诗冠就这么去了!"

何瑭道:"逝者如斯今人在,莫叫今人叹古人。来,大家同敬何仲默一杯!"

徐祯卿(1479—1511),字昌谷,江苏吴县人,弘治十八年进士,"前七子"之一。徐祯卿天性聪颖,少长文理,人称"家不蓄一书,而无所不通",人称"吴中诗冠"。因其貌丑,不得入翰林,后改任大理左事副,后贬为国子监博士,卒年三十一岁。何景明与徐祯卿交往是在正德元年,正德二年何景明谢病归,正德六年复职回京时,徐祯卿已卒。何景明有《寄徐博士二十二韵》,诗云:"有美云间士,才名洛下传。逢时不得意,谪宦转悠然……"何景明虽然与徐祯卿交往时间不长,但他对这位"江南四杰"之一的大才子十分赏识,他为徐祯卿英年早逝深感惋惜。

第二天一早,何景明至怀麓堂拜望了内阁辅臣李东阳。李阁老精神矍铄,嗓音洪亮,他很客气地把何景明迎至书房内,道:"仲默离京已有四年多了吧?"

何景明道:"是,阁老,已经五年了。"何景明说着将两斤上好的信阳毛尖茶递给李东阳,道:"这是两斤信阳毛尖,不成敬意,请先生笑纳。"

李东阳道:"何必客气?信阳茶是名茶,去年你送给我的茶叶跟其他茶叶比较就是不一般,是好茶。"

何景明道:"这茶比上一次的好,是从信阳车云山顶上采摘下来的清明前的云雾茶,是经过制茶名师特制的,请阁老尝尝。"

何景明知道,李阁老喜欢饮茶,也是品茶行家,他的门生每年送给他的茶叶很多,他多半送人,留下来的是他最喜欢的名茶。

李东阳笑道:"好啊,我留下慢慢品尝。我这里有西湖龙井、庐山云雾、武夷岩茶,还有我们湖南的君山银针和贵州的贡茶都匀毛尖,不知仲默喜欢哪一种?老夫给你沏上一杯。"

何景明谦道:"学生孤陋寡闻,这些名茶多未听闻,更未品尝,我以后再来好好品尝先生的名茶。今天就请阁老先尝尝我带给您的信阳毛尖,但愿不虚。"

李东阳哈哈笑道:"那好,我先品尝你的信阳毛尖。"

何景明将毛尖盒启封,此刻便有茶香飘出。李东阳用沸水淋了一下茶几上的一具大肚弥勒佛形紫砂茶壶上的浮尘,打开壶盖,用一银制茶勺取适量的毛尖放进茶壶内,冲上沸水。隙间,他用一根楠木夹夹住两只带耳紫砂茶杯,亦用沸水淋去浮尘,然后将茶倒入杯内,茶一出壶,顿觉香气扑鼻。李阁老轻啜了一口,咂咂嘴道:"其香高,其味长,醇厚劲道之中有一股新出锅的熟栗子的香味,实乃好茶。"

何景明见李阁老夸自己送给他的茶是好茶,心里很是高兴。何景明十分钦敬这位年届65岁高龄的阁老先生,他18岁中进士,在朝为官已46年,可谓是四朝元老。他不仅饱读诗书,名冠天下,而且在政治上不偏不倚,受到数代朝臣和帝王的尊重和重用,可谓是一位"不倒翁",就连刘瑾这等危害朝臣的阉党也对他敬重三分,秋毫无犯。何景明在内心里想,做官做到像李阁老这样,那才是为官的极致,是一种境界,也是一种人格、一种虚怀、一种融合着禅道之学的官场行为,一般的为官者是难以做到的。

李阁老喝着茶,慈祥地看着何景明道:"家里的事都处理好了吧?最近写过什么新诗没有?”

何景明道:“承蒙先生关照,父母离世已近三载,家里无甚牵挂了,如今只是一心想着回朝效力。若论诗,学生在先生面前不敢言诗,更不敢言新作,只是偶尔聊兴而已。”

李东阳看着何景明,笑而不语。在他看来,何景明虽然在创作激情和诗性张扬上略逊李梦阳,但其诗意含蓄、意境高远,其才气并不亚于李梦阳,何景明最大的特点是为人中肯、谦虚,在这一点上他更看重何景明,而不喜欢李梦阳的狂傲不羁。李东阳道:“今年的殿试完毕,内阁辅臣杨廷和之子杨慎举状元及第。我很感慨现在的年轻人,真是了得。老夫写了一首诗,请仲默指点。”

何景明道:“学生渴望拜读。”便随李阁老来至书桌前,诗作墨迹未干,看来是自己未来之前才书就。诗名为《十八日听传胪有作诗》,云:

金莲影与赭袍明,华盖前头次第行。
黄纸数行丹诏字,鸿胪三唱甲科名。
云边晓日中天见,梦里春雷昨夜声。
归向长安听人语,圣朝罗网尽豪英。

李阁老当了一辈子主考官,门生无数,爱才之心尽人皆知,每逢阅卷时看到有才的学生他都十分激动,正像他诗中所云:“圣朝罗网尽豪英”,此诗透视着他对门下英才的赞赏和爱惜。何景明看着这首对门下英才寓满深情的诗作配着遒劲有力且大气磅礴的书法,十分感动,他钦佩这位满腹经纶的长者和老师,他要好好向这位长者学习。

何景明道:“先生的博大胸怀及其诗作学生景明只能望其项背,以后我得多向先生请教。”他停了一下道:“我最近读了先生的《用韵答邃庵》,很有深意。”

李东阳道:“这首诗我好像忘记了。”

何景明背诵道:“岳麓峰前湘水阴,思归无计豁烦襟。亦知吴越非吾土,未必功名是我心。地上青山随处有,镜中华发逐年深。故人只在邻州住,空谷他时听足音。”

李东阳听何景明背完诗,笑道:“仲默好记性,果然不凡。”他啜了一口茶道："三年前杨一清因不满刘瑾干预防务而受刘瑾陷害入狱。老夫是了解邃庵的，他性格耿直，为人清正廉洁，刘瑾加给他的都是不实之词。所以老夫在朝会上多次向皇上进言释放杨邃庵，其他老臣也跟着附和，于是皇上下旨释放了杨邃庵，并将其外放巴蜀邻州督理盐务，他给老夫写了一封书信，心里很是不屈。老夫便写了此诗以示安慰。"

何景明知道，李阁老以自己的内心想法来劝慰杨一清，他虽然身居高位，但依然眷恋故土，把功名看得很淡，可见他与杨一清的深情厚谊了。何景明道："先生的这首诗有很深的禅意，对人生是很好的警醒。"

李东阳道："是啊，人生都是这样，少年怀志老怀禅，当年白居易晚年归居香山，以诗、酒、禅、琴及山水自娱，好不快哉。"他沉吟了一下道："不过你们年轻人还是要以事业和功名为重的。"

何景明没提复职的事，但李东阳知道何景明是为此事而来，于是道："既然回来了，复职的事我再去催一下，问题不大。关键是李献吉，他的脾气太过于直，可能还有一些难度，不过也不要紧，很快也会解决的。"

何景明表示感谢。

三天后，何景明复职，授中书舍人职，直内阁制敕房讲经官。

正德六年六月，在李东阳、杨一清等重臣的推举下，李梦阳复起，外放江西提学副使。李梦阳复出后从五品擢升为正四品，这是李梦阳经受多次挫折之后的一次升迁，是一件值得庆贺的事。

李梦阳未回京城，接旨后直接从开封赶往江西赴任。何景明对好友李梦阳的升迁感到十分高兴。李梦阳虽然多经挫折，几下诏狱，这一次能够迁任，也算是苦尽甘来，但愿他今后平安无事，好自为之，他在内心里为李梦阳祝福。

早在刘瑾专权时的正德四年，由于皇帝不理朝政，刘瑾的势力不断扩张，四处搜刮民财，地方官员贪腐严重，老百姓的日子难以为继。就在这时，以杨虎、刘六、刘七为首的农民军举起了反抗朝廷的大旗，在河北霸州宣布起义，到正德六年，起义军已发展到六十多万人，所到之处所向披靡，给昏庸腐败的明王朝以极大的打击。

何景明十分关注战争的发展形势，当他看到义军的势力不断扩大，直接威胁到北京时，他为明王朝的安危十分担忧。他为好友崔铣因不满朝政养疾求归时所作的《崔生行》诗道："自从盗贼近神京，四海不见烟沙清。黄河流血日惨坦，中原战骨霜纵横。朔方兵马又已弱，天下财富难尽榷。"道出了他对起义军反抗朝廷的不满。这在当时的社会，普天之下莫非王土，反对王朝者皆为贼寇，何景明是站在封建王朝立场上的。

何景明在复职回京后的一段时间里，内心里时常感到有些惆怅和寞落。在京倡导文学复古的七子去职的去职、外放的外放，而徐祯卿已经故去，目前留在京城的只有他自己。好在还有孟洋、崔铣、何瑭、王尚絅、顾璘、徐缙、郑善夫、戴冠、陶骥、韩邦奇、韩邦靖、施聘之、孙继芳等好友留在京城，同时也有一帮后进者，他们是正德三年和正德六年留京任职的进士，如刘文焕（子纬）、管楫（汝济）、王崇庆（德征）、侯纶（汝立）、吕经（九川）、邹守益、胡缵宗等文友，也不时来拜访，他的内心里有了许多的安慰。可就在这时，性情耿介的何瑭因不满武宗皇帝贪恋玩乐，不问朝政，军纪涣散，导致朝廷军在与起义军战斗中节节败退，于是他向皇帝上疏，要求禁贪墨以吏治，严纪律以振军威，治财有以固邦本。朝廷不纳，复又撰《本兵语》五篇，投内阁亦未被采纳。于是，何瑭便以明君者应勤政爱民、慎理朝事的道理和以帝舜纳大禹治邦之道赢得天下太平的故事，于经筵直谏皇上。武宗皇帝看了何瑭的上疏，拒谏饰非。数日后，皇帝以忤旨之罪，将何瑭调出京，改谪直隶大名府开州同知。

何瑭与何景明同科进士，同乡，长何景明九岁，何景明很是敬重这位学兄，在他之后写的《与何粹夫书》中称其为先生。何瑭离京后不久，他寄给何瑭的《秋日寄粹夫》诗写道：

一叶悲天地，秋风泪万行。
江河无日夜，边塞有烟霜。
雁鹄思高起，龙蛇愿久藏。
蓬瀛何处涉？白头恨无梁。

何景明通过这首诗，为何瑭被降职外放不平，同时，认为何瑭降职外放只是暂时的，必有再发之日。

何瑭（1474—1543），字粹夫，号柏斋，河南怀庆（武陟）人，弘治十五年进士，初为翰林院修撰，后为东昌府同知，官至南京右都御史。著有《柏斋集》十一卷。

与此同时，复职为户部广西清吏司主事的郑善夫也因不满宦官当政、户部官员贪腐等行为而受到排挤，愤而辞职。回家筑少谷草堂于金鳌峰下，闭户读书。何景明为其设宴送行。郑善夫离京不久，先后给何景明寄来两封书信，介绍了他回乡闲住的情况以及对何景明的思念之情。何景明作《得郑继之书》，诗云："郑生湖海去，高兴渺难降。累月音忆数，清秋涕泪双。天边登月峤，雪里渡吴江。万水千山暮，何时到尔邦？"此后不久，何景明又作《寄少谷山人二首》，寄托着他与郑善夫之间的友谊和对郑善夫的思念之情。

这一年八月，廷试后授职为广西道监察御史的施儒出使广西，离开京城。何景明为其送行。作《送施聘之侍御》，同时还作《送施聘之御史南还》，诗云："踏翼青冥去，高愁双隼孤。许身酹日月，垂泪向江湖。事业台中草，生涯水上蒲。他年问书札，沧海一潜夫。"此诗是何景明写给施聘之的，其实是写给他自己的。他回京后看到官场的复杂、腐败依旧、朝政的弊端并没有得到根本改变，使他对仕途感到渺茫，内心里也常常生出一些感慨。

一天下午，何景明从内阁制敕房下班，走到朝阳门时，听到有人在背后叫他，他回头见是礼部郎中都穆。何景明立即迎了上去，拱手道："南濠先生可好？"

都穆道："好，你怎么样？"

何景明道："我也还好。只是回京后一直没顾得上去拜望您，很是不安！"

都穆道："哪里哪里，晚上我请你喝酒。"他说着带何景明来到礼士胡同一家餐馆，要了几样菜和一瓶北京老白干，二人边吃边聊。何景明与都穆是弘治十六年经刘瑞先生介绍认识的。当年都穆很欣赏何景明的才干，把何景明当成自己的忘年交。二人谈了各自的情况，甚是投机。

第二天，何景明设宴回请都穆，请众文友相陪，大家都对都穆先生很是敬重。一年后都穆乞病归养。

一日,在工部供职的韩邦靖约何景明过宅赏菊,何景明欣然前往。

当何景明赶到韩宅时,王尚絅、孟洋、戴冠、崔铣、韩邦奇、刘文焕等已先到韩邦靖的宅院里,大家见何景明进来,都围了过来问好。这时,韩邦靖在院子里摆放了一张八仙桌和一些椅子,请大家坐下叙话。

秋日的阳光暖暖地照在院子里,院墙边摆放的各种植物的绿叶在阳光下闪闪发光。特别是院子的尽头那几盆盛开的红菊正争相斗艳,仿佛是在向这些文人学子们诉说着衷情。

这时,韩邦靖的夫人屈淑笑吟吟走了过来,给大家见过礼,让丫环将茶盘放在桌子上,并亲自给大家敬茶。诗人们都被屈淑的美丽贤淑所感动。何景明知道,屈淑出身官宦之家,父亲官至都御史,屈淑从小受过良好的家庭教育,十余岁时,父亲屈直教诸子读经史,屈淑在旁刺绣,窃听背诵,通晓经史,诗词歌赋俯拾即是,人称秦东女诗人屈淑。韩邦靖 14 岁便中举人,以"神童"名噪朝邑,很得屈父的喜爱。韩父绍宗与屈直同朝为官,二人关系甚密,屈直便将女儿许配给韩家第三子韩邦靖。结婚后,二人情投意合、诗文唱和,一时间传为美谈。何景明很是赞赏这对英才夫妻。

这时,屈淑将茶杯端到何景明面前,笑道:"仲默先生乃当今大才子,听汝庆说夫人王氏也是一位大才女,何不带来让屈淑一睹风采呢?"

何景明笑道:"内人乃山野村姑,何来风采?不像弟妹如此高雅可人。下次来时一定将内人带来向弟妹求教。"

何景明的话把大家都说得笑了起来。

刘文焕提议道:"既然仲默兄如此赞赏屈夫人,何不让屈夫人吟诵一首让大家欣赏?"

韩邦靖担心夫人即兴吟诗难得圆满,便道:"前段时间我奉命征剿南北京畿内盗时夫人写给我一首《送夫入觐》诗,诸位若不嫌弃,请见笑垂视。"

韩邦靖料到文友们此来定会让屈氏吟诗,于是从袖笼中取出准备好的诗稿,递给何景明。韩邦靖的这一举动把大家逗得哈哈大笑。

何景明见诗写道:"君往燕山去,弃妾洛水旁。洛水向东流,妾魂随飞扬。会面当何时,各远天一方。人生如朝露,感念妾衷肠。丈夫轻离别,壮志在四方。努力事明主,肯为儿女伤。君有双亲老,垂白坐高堂。晨昏妾定省,喜惧君自量。珍重复珍重,叮咛须记将。既为远别去,饮余手中觞。莫辞手中觞,为君整行装。阳关歌欲断,柳条丝更长。"诗取自古诗十九首格调,一气呵成。何景明读罢此诗,被女诗人对丈夫的一往情深和关爱所感动,不愧为一首好诗。

大家争相传看,赞叹不已。

欣赏罢屈淑的诗,大家便来到院子靠里摆放的那十几盆盛开的红菊旁边。这是韩邦靖从关中带过来的品种,有大红、紫红、浅红等不同红色,在秋日的阳光下争相斗艳,有两只蝴蝶在红菊间飞来飞去,煞是好看。何景明甚是喜爱菊花,菊花不像牡丹花那样雍容华贵,但雅洁、耐寒,能够在

韩邦靖设宴款待众文友,屈淑也被众文友拉上了桌子,席间笑声不断,气氛热烈。

秋霜下竞放，且枝茎宁折不弯，就像一个具有气节的人，正直而不媚俗。菊花是他心目中的理想之花。

中午，韩邦靖设宴款待众文友，屈淑也被众文友们拉上酒桌，席间笑声不断，气氛热烈。何景明经不住大家劝酒，尤其是女诗人屈淑，称难得与何仲默这样的大诗人同桌饮酒，连劝酒带碰杯，让何景明多饮了四五杯。

崔铣玩笑道："平时我等劝何仲默饮酒，他以身体不适相拒，今天有女诗人劝酒他连连喝。"何景明对屈淑笑道："屈夫人还不赶快给子钟兄敬酒，他已经在抬杠了。"于是屈淑又把酒杯端给崔铣。

崔铣道："不行，我有个条件。"

屈淑问："什么条件？"

崔铣道："你须与大伯子韩汝节（韩邦奇）碰饮三杯后我再饮。"

崔铣的话把文友们逗得哈哈大笑。

酒席毕，韩邦靖拿出纸笔，请何景明和文友们题诗。何景明题《汝庆宅红菊二首》，第一首诗云："红菊开时暮，亭亭冠物华。亦知颜色好，不是艳阳花。罗绮娇秋日，楼台媚晚霞。清香如不改，常傍美人家。"第二首诗云："秋花何太艳，绿盏慰飘零。笑比西施醉，愁怜楚客醒。云高开烂漫，烟细袅娉婷。好为多沾酒，频来倒玉瓶。"

文友们都赞叹何景明的两首诗是情、景、意、人融为一体的好诗，全诗以情喻景、以景托物、以意照人。其中"清香如不改，常傍美人家"、"笑比西施醉，愁怜楚客醒"等句寓含着对女诗人屈淑的赞美和对当时场景的描述。

韩邦靖作《红菊同何大复席上分韵》，诗云："红菊移时晚，开花近北堂。枝枝浓向日，叶叶翠含香。细雨幽人宅，晴云妃子妆。酒酣一把玩，飘泊叹秋光。"

此日，诗友们均有诗作传世。

韩邦靖（1488—1523），字汝庆，号五泉，陕西朝邑人，14 岁中举，正德三年与仲兄韩邦奇同举进士。历工部虞衡司主事，升都水司员外郎。正德九年，因直斥时政，触怒武宗被革职，家居八年后，于嘉靖初诏起为山西布政司左参议，分守大同。嘉靖二年病卒。著有《韩五泉诗集》、《朝邑志》等。

正德七年(1512年)二月，义军的接连胜利引起了武宗皇帝的担忧。这时，起义军在河北、山东大败朝廷军后，继而转攻冠县、邳州，进入河南固始，准备北上威胁北京。朝廷急命副督御史彭泽、咸宁伯仇钺率十万大军进剿河南义军。义军副首领刘三、赵遂战败阵亡，义军大败。捷报传到朝廷，朝廷下令嘉奖。何景明听到这一消息后，为朝廷军能够取得此次的胜利感到高兴。他在《闻河南寇》诗中写道："檄书近报河南寇，楚塞梁关转战空。岂有兵车能远救，即愁道路阻难通。"他对朝廷军能否战胜义军很是忧心。当平寇捷报传至京城时，何景明那颗为朝廷担忧而悬着的心才算落了下来。

不久，朝廷军平定起义军后，调集的边防军回守。受武宗帝宠幸的嬖臣江彬督军的大同宣府军守将许泰因征寇有功，武宗下令将许泰等留京不遣，内客辅臣李东阳认为，大同乃西北进入都城的重要门户，实乃京城的"肩背之地"，万不可将许泰留京而大同缺守。他列举了大同缺守的十不便，武宗皆不听。早在二月，武宗调边防军入京时李东阳就提出反对意见，而武宗则认为加强京城的安全最为关键，驳回了李东阳的奏疏，李东阳心中不悦，想到自己年岁已高，希望能过上安闲平静的生活，便上书乞休，皇帝不准。此时，河北霸州，以及山西、陕西、福建、云南等处相继发生地震，各地奏报不绝。武宗依然我行我素，对受灾的百姓不管不问。李东阳深感心力交瘁，再次提出病老乞休。皇帝虽然未准，但李东阳却执意离职。因李东阳位高权重，当时就有人劝说李阁老不要辞职。何景明把这一切都看在眼里，很是为朝廷的命运担忧。他知道，起义军刚刚平定，而又有多处频发地震，国家面临重大危机，李阁老若辞职，内阁里无人能够替代，朝廷又有可能陷于阉党专权，国家又有可能陷于内外交困之境地。想到此，他不考虑个人得失，也不在乎自己位卑阶微，以一个晚辈和学生的身份，力劝李东阳放弃退职离休的打算，写成《上李西涯书》，书中用敬重而又恳切的言辞写道：

前伏闻明公体中不怿，窃见在阁，省食多事，形劳心忧，宜必至此。某再造门下省问，不得一望见颜色，退而抑郁累日。又闻小康矣，甚喜慰。近河南盗贼日益横起，山东士卒经年露暴。国有强御，而狱有言官；野有屠戮，而朝方宴笑。廷议大缪，市令不行。势急燔溺，独恃明公拯救尔。未宜闭户无闻，在家不知，乃复弃而引去，益非明公所以后身而急国家之乱也。古之大臣，功成事定，然后避宠利，持盈满，深思高举，保身完名。是故保身完名者，大臣之所以居成功，处盛世也。今明公责重望深，任利害而当毁誉，欲以此时保身完名，难矣！昔成王在幼，殷人动摇，召公告老，公旦非之。明公亦宜惋时悲人，略疑忌之嫌，损故爱之念，览召公之逆，休公旦之心，则天下国家甚幸……

何景明开篇高赞李东阳的德高与功绩，然后用周召公不计名利支持周公旦摄政和辅佐周成王的典故劝说李东阳，生动而又贴切。最后他写道：

某在家五载，自期全命于蓬蒿之下，过蒙明公收于废弃之余，举之下吏之列。睹事激中，既不能明净于朝，于明公左右又无以增明益高，补遗而辅不逮，实甚耻焉。恐终有以负明公，敢忘其狂昧，布肠腹，惟明公采览，无缪于古大臣出处之义。

何景明道出了自己人微言轻，不揣冒昧上书西涯先生，也是自己对朝廷的一片忠心。李东阳读后十分感动。尽管李东阳离退的决心已定，没有被留住，但何景明上书李阁老的举动受到朝臣们的普遍赞誉。

何景明的为人以及他的才气使他在朝臣中的影响越来越大，前来请求墨宝和求请诗赋者也越来越多。一天，被武宗皇帝收为义子的锦衣卫千户钱宁拿着一幅古字画请求何景明为其题配诗词，何景明知道这钱宁本姓孙，从小被卖到太监钱能家为奴，因善看眼色行事、阿谀奉承而讨主人欢心，后改姓钱。何景明对钱宁这种奸诈小人从来是看不起的，尽管钱宁受到皇帝的宠爱，何景明依然没有把他放在眼里，拒绝为钱宁配题诗词，使钱宁大丢了面子。

一天晚上，何景明的好友王希孟复职回京，何景明在醉仙楼设宴为其接风洗尘。

王希孟，字宗哲，河南获嘉人，正德十八年进士。官历刑部主事，鸿胪少卿。王希孟与何景明虽少有诗词唱和,但他为人豪爽义气,能言善辩,与何景明的朋友孟洋、崔铣、戴冠等都有很深的交情。正德四年,因反对刘瑾干政被外放邢台。后因病乞休三年,复职后晋升为刑部主事。弘治十八年至正德二年,何景明在京时与其交往密切。这天晚上何景明请来了孟洋、崔铣、戴冠、田汝耔、张士隆几位同乡,后来又叫来孙继芳作陪,共八人。王希孟回京复职,大家都很高兴,是夜大家都喝了许多酒。何景明作《宗哲初至夜集》,诗云:“卫川舟楫九秋旋,京洛衣冠更此筵。万里况逢鸿雁候,一杯乃对菊花天。灯前月落城乌起,堂上云开塔树悬。聚散古今同逆旅,莫看风景倍凄然。”此诗表达了何景明对友人的归来感到高兴,同时也寓含着对自己多年来一直不如意的一种感叹。

王希孟复职后不久的一天,吏部组织在朝官员就刘瑾专权、祸国殃民发表意见,王希孟陈词慷慨激昂,言之有据,鞭辟入里,朝中大员们为之喝彩。吏部尚书杨一清很赏识王希孟,荐举为鸿胪寺少卿。王希孟一下子从六品越级擢升为正四品官员,这在当朝擢官史上是少有的。

京城的好友们都为王希孟祝贺。王希孟设宴表示感谢。

何景明回京后一直没有升职,这对他来说是不公平的,在他的心里也曾有过一些失落和不快,如他在《上李西涯书》中写道:“过蒙明公收于废弃之余,举之下吏之列”,“既不能明净于朝……补遗而辅不逮,实甚耻焉”。这些在他脑海里只是一闪即过,他并没有把它当成一回事。但值得高兴的是姊夫孟洋由行人升任为监察御史,这是一件值得庆贺的事。孟洋不事张扬,升职那天,他只叫何景明、崔铣、顾璘、田汝耔和戴冠几个在京的朋友到家里,设家宴招待他们。那天晚上何景明因高兴饮下了不少酒,崔铣、田汝耔和戴冠都喝得大醉。

一天傍晚,天气闷热,何景明约孙继芳去德胜门外吃小吃,说是那里有条小吃街,各种名小吃很是解馋。孙继芳便同何景明来到德胜门外的小吃街,见天色尚早,道:“别吃小吃了,出了这条小吃街前不远,是我师弟张诗的宅子,我们去他那里,他早就说要请你这位大文豪饮酒哩。”

何景明与张诗曾见过一次面,那是正德二年离京家居前张诗和云南张含去拜见过他,只是后来自己因病归居,就再没有见过张诗。二人说着沿着小吃胡同往西走，出了胡同口，没走多远便是一片林子，绿树葱茏。走进林子便见一户人家，青砖瓦舍篱笆院，环境僻静幽雅。何景明赞道："这真是个好去处！"

张诗（1487—1535），字子言，自号昆仑山人。张诗本姓李，祖籍浙江，幼时被同知张君抱养，为张氏子随入北京。正德三年关中吕柟举状元及第，随从吕柟学习。是年孙继芳游太学亦从吕柟学习，二人均为吕柟的学生。

二人走到篱笆院外，一条大白狗扑了过来，"汪汪"地叫。这时从屋里走出一个身材魁梧的年轻人来，此人正是张诗。

张诗立马迎至门外，高兴地拱手道："没想到何先生能至寒舍，甚幸、甚幸啊！"然后对孙继芳道："世其兄，何先生光临寒舍怎么也不提前告诉我一声，好让我有个准备呀！"

孙继芳笑道："仲默先生邀我在街上吃小吃，是我拉他过来的。"

何景明道："早就想来拜访子言兄，只是一直抽不开身，今见子言，甚是高兴。"

张诗将二人让进屋里，令丫环沏茶，又让家人杀鸡作食，设宴招待何景明和孙继芳。隙间，张诗请何景明观其书房并赐教。这是一间三丈见方的大书房，墙壁上挂满了书法字画，其书法多是张诗自己所书，书法取张旭、怀素之精髓，字迹难认。何景明笑道："子言兄可是个桀骜不驯之士呢，此书法狂放不羁，任意遨游，似入无人之境，妙！"

孙继芳道："子言兄本就是个闲云野鹤，游遍大江南北，不愿取功名受其束缚，人称'布衣诗人'，是个游侠之士。"

张诗道："世其兄别调侃我了，我今天是要向先生拜师的。"他说着领何景明到几案前，拿起桌上的一首诗稿请何景明指教。何景明见诗稿写道："山人习静谢氛埃，甲弟遥从天上开。流水自然成涧壑，闲云终日护楼台。珠帘度鹤归金篆，壁月穿花送玉樽。鞭石不劳蓬岛去，吹箫时引凤凰来。"何景明看罢此诗频频点头道："好诗，很赞赏子言这种不被功名所困、超然物外的思想，很有道禅之风。"他停了一下道："'氛埃'二字亦有出处，杜子美有'主人锦帆相为开，舟子喜甚无氛埃'句，陆放翁有'薄领沉迷无日子,试凭诗思洗氛埃',子言用的是'谢氛埃'。这里的'金篆'二字也用得好,如元李唐宾的'重重帘幕闲清昼,金篆小烟缕初长',一个是幕帘金篆,一个是珠帘金篆,对应得好。不过……"他看着张诗道:"这里的'壁月穿花送玉樽'的'玉樽'二字是否改成'玉杯'或许更好一些。"张诗十分佩服何景明的诗才,感叹何不愧是当今文坛大家,他立马将"玉樽"二字换成了"玉杯"。

晚餐很丰盛,张诗拿出一坛从浙江带回的余杭窖酒,开坛后酒香四溢。他斟满三大杯,拿起一杯,道:"此杯是我的拜师酒,感谢先生光临寒舍。"他说完将杯中酒一饮而尽。何景明很喜欢张诗的豪爽和谦恭。他拿起酒杯,也一饮而尽。

这天晚上,何景明因身体不好没有喝太多酒,张诗与孙继芳均喝得大醉。孙继芳留宿在张诗家,何景明因担心夫人和孩子,回到了家中。是夜,作《与孙世其过张秀才》,诗云:"长夏稀朝谒,相邀此地同。占睛竹苑外,避暑出城中。翠筱含风静,苍波映日空。因思共童冠,归咏舞雩风。"

初夏的夜晚,空气里弥漫着一丝清凉和潮湿。何景明站在院子里,看着天幕上布满的繁星,有一颗流星从空中划过,似是在他的心头陨落了一般,他的心里有几分惆怅。他想起了在关中的好友王廷相、康海和王九思,不知他们现在怎么样了。略算了一下,他们已经有六年没见面了,他真想去关中看看他们。好在康海和王九思是回到了自己的家乡,而王廷相是在那里任职,他了解王廷相,为人耿介,不知与当地官员相处如何。他回到书房,提笔写下《寄赠王子衡御史时按关中》,诗云:"独坐清关内,台中觉汝贤。……俊才兼武略,要地有威权。马上排金戟,军前赠玉鞭。笑谈安石计,激切贾山篇。汉苑南山下,秦城百斗边。相思一回首,万里各风烟。"在他看来,王廷相是个机智谋略的人,他的仕途一定会很好的。写罢"寄王子衡"诗后,他又写作《寄三子诗》,三子即王九思、康海和吕柟三人。诗云:"鄠杜终南曲,汾岐渭北垂。水多龙卧处,山有凤来时。星宿中宵动,风云万里移。沧江问灵剑,离合少人知。"写罢此诗,缓解了一些心头的思念。

几天后的一个晚上,何景明的同乡好友王尚絅来看望他,何景明十分高兴，立即将其迎进书房里，让丫环沏上茶。他见王尚絅脸上有几分忧郁的神情，知道王尚絅是为被朝廷拟外放山西左参政而心中不快。问道："锦夫兄拟任山西左参政的圣旨下了吗？"

王尚絅道："我已提交了一份辞呈，请旨归养，等待朝廷批复。"

何景明有几分惊讶，在他看来，王尚絅是他们同科进士中升迁最快的一位。弘治十五年中进士后出任兵部职方司主事，弘治十六年丁父忧三年，正德元年服满复职，正德三年调任吏部稽勋司主事，正德四年升任检封司员外郎，不久又升任稽勋司郎中，入仕七年，便已是正四品官员。如今虽是外放，但左参政已是从三品官员了，这在旁人看来是求之不得的，可王尚絅是个孝子，对官场和升迁看得很淡。自父亲去世后，母亲身体不好，家里还有八十多岁的祖母需要照养，所以他决定辞官回河南郏县孝养母亲和祖母。当王尚絅向何景明说出自己的想法和打算时，何景明深受感动，他理解和支持王尚絅的此举，同时也更加敬重他的这位同乡好友。在他的心目中，王尚絅无论是做官还是做人都是优秀的，是值得自己学习的。是夜，何景明作《夜集锦夫同本贞限韵》，诗道：

万里同乡友，飘零叹此逢。
江山饶涕泪，岁月老形容。
风散城边角，云传海上烽。
中原尚格斗，未可问云松。

何景明用此诗寄托着对好友辞职归养的惋惜之情。而当年河南战事频发，刘六、刘七的叛乱还未平息，新的农民起义不断爆发，好友此去前途未卜，何景明为好友的离去感到担忧。

几天后，朝廷准许王尚絅辞职归养，何景明设宴请京城诸友为其送行，何景明将其送至十里长亭，洒泪而别。

王尚絅走后不久，关中才子吕柟复职回京，供职翰林院任编修。吕柟与何景明是亦师亦友的关系。弘治十八年吕柟在京游太学时与何景明交往密切，一直对何景明欣赏有加。何景明对吕柟复职回京感到十分高兴，京城又多了一个能与自己诗酒唱和的知心朋友了。他设宴为吕柟接风洗尘，京城的文友都为吕柟的复职回京表示祝贺。

吕柟(1479—1542),字仲木,号泾野,陕西高陵人,正德三年状元,授翰林院修撰。因反对刘瑾窃政,引疾还乡,筑东郭别墅、东林书屋,会四方学者,后复职,入翰林院史馆纂修。官至南京太常寺少卿、礼部侍郎。

正德八年(1513年)三月,让何景明没有想到的是,一向谨小慎言的孟洋在升任监察御史半年之后却被下了诏狱。起因是:朝廷规定,监察御史应履行职责,须向皇帝上疏,监察朝廷和地方官员的不法和腐败行为。孟洋早就对吏部尚书兼文渊阁大学士梁储纵子杀人而逍遥法外感到愤懑。梁储的儿子次摅倚仗父亲的势力,已被朝廷奉为锦衣百户,却不满足,横行乡里,争夺民田,与富人杨姓人家发生争端,争打中杨家将梁家一田主打死,惹恼了梁家,梁储的儿子次摅组织家丁打手,将杨家灭门,二百余人惨死。此事震动了朝野。武宗皇帝却因梁储的关系,只将梁的儿子次摅发往边关立功赎罪。与此同时,礼部尚书靳贵阴求入阁,与梁储串通一气,欺上瞒下,收受贿赂,协助梁储对上疏者进行排斥打压。一向谨小慎言的孟洋实在气愤不过,借朝廷要求监察御史上疏的机会,便向皇帝上疏,言道:"大学士靳贵不协人望,不当入阁;梁储纵子杀人,并宜罢,下诏狱……"云云。此前,监察御史张琏曾上书弹劾大学士梁储纵子杀人事,因梁储正处在急于平息此案的焦虑之中,未加理会。如今案情已经平息,皇帝已经做出定论,便将此怨气加之于孟洋。他罗列罪名,诬陷孟洋以下犯上,对圣上裁决极为不满,蓄意加害朝臣。昏庸的武宗皇帝听信一面之词,不假思索便敕令孟洋下诏狱。

何景明得知孟洋下了诏狱,十分焦急。他知道,梁储为吏部尚书兼文渊阁大学士,入参机务,屡加少傅,进建极殿;靳贵为礼部尚书兼翰林院学士,二人都是权倾朝野的重臣,很受武宗皇帝的器重,得罪了二人,怕是一时难得出狱。

何景明回到家里,见姊景晴已过来,正与洵姝说着孟洋的事,见到景明便哭了起来,道:"明弟,你一定要设法救你姊夫孟洋!"何景明安慰道:"姐姐尽管放心,姐夫最多也只是在狱里多待几天,弟也正在想办法,争取让姐夫早点出来。"景晴见弟如此说,便放心下来。

当晚,何景明将在京的几位朋友崔铣、顾璘、吕柟、戴冠叫在一起商量救孟洋之事。席间,何景明让大家说说如何救孟洋出狱。吕柟道:“目前能够说上话的怕只有内阁辅臣杨廷和与杨一清了。咱们都是位卑言轻之人,进言怕是难得进耳。”

崔铣道:“我倒是有个办法。”

何景明道:“子钟兄有什么好办法?”

崔铣道:“我与杨阁老的儿子杨慎同在翰林院共事,很有些交情,让他说服其父救孟洋如何?”

何景明道:“这杨慎是个奇才,杨阁老会看重他儿子的意见的。不过得给杨阁老上一书,陈情救孟洋的理由方可。”

吕柟道:“我与杨慎也有些交情,杨慎入仕前我们就相识。子钟兄起草《上介夫先生书》带上我的名字,算我二人上书吧。”

何景明很赞同吕柟的说法,道:“就这么定了,请子钟兄和仲木兄费心了,杨太宰那里我去求情,请他出面救孟洋。”

杨慎(1488—1599),字用修,号升庵,四川新都人,正德六年(1511年)进士一甲第一名(状元),授翰林院编修,当朝内阁辅臣杨廷和之子。杨慎入仕不久,因继母去世便回乡丁忧,不久才回朝复职。著有《升庵经说》、《升庵诗话》等一百余种,被后世称为“明代三才子(杨慎、解缙、徐渭)”之一。吕柟为正德三年状元,也是前不久才回朝复职的,二人关系密切。何景明与杨慎也有过交往,对杨慎的赞誉颇多。他心里很清楚,有吕柟和崔铣去找杨慎说服其父亲,此事成矣!

第二天,何景明拜见了太宰杨一清。他知道,前不久杨一清请辞乞休未准,武宗皇帝感念所立之功,加封为少保兼太子太保,升掌詹事府,敕官荫一子为锦衣卫世袭正千户。虽然他不再过问吏部之事,但在朝臣中的威望一直很高。听了何景明的来意,他道:“孟洋乃厚道之人,只是上疏未择其时,引得皇上震怒。孟洋在朝臣中的影响一向较好,应该没有什么问题的。”

何景明道:“还望太宰陈言相救!”

三天之后,孟洋被释放出狱。

由于梁储和靳贵在皇上面前鼓舌,孟洋借上疏之名,发泄对皇上不满,应降职外放。皇帝准奏。于是,孟洋被谪降为桂林教授。

孟洋携家离京，在京的文友前来送行。何景明目送着亲人离去的背影，内心感到很是失落。

就在孟洋谪降桂林教授不久，何景明和孟洋的好友顾璘因得罪了太监廖镗被谪全州知州。何景明、崔铣等在京的文友为其送行。何景明作《送顾华玉谪全州》，诗云："白日春城暮，孤城天际阴。君行万里外，予忆一何深。夏拟浮湘水，秋应到桂林。衡阳去不远，莫使雁书沉。"此诗体现了何景明与顾璘之间的深厚友谊。

顾璘(1476—1545)，字华玉，号东桥居士，苏州人，寓居上元。弘治九年进士，官至南京礼部尚书。著有《浮湘集》、《息园诗文稿》等著作。

不久，何景明收到顾璘从全州任上寄来的书信，从信中得到了孟洋的消息，使他的内心里感到了一些欣慰，他在《得知顾华玉全州书兼知望之消息》诗中写道："地北怜为别，天南真可哀。同时万里去，隔岁一书来。水阔蛟龙出，山深杜若开，相思有词赋，愁绝并登台。"顾华玉谪知全州，孟洋便多了一个朋友，就不会感到寂寞了。

就在何景明为何瑭、孟洋和顾璘等好友先后离京感到沮丧时，他收到了家乡好友刘朝信和袁惟学寄来的书信，袁惟学在信中说他家宅院里的芍药花开得正艳，看到仲默当年送给他的《袁秀才书院芍药》诗便想起了仲默好友，盼望仲默能再回来与文友们相聚。刘朝信在信中告诉何景明一个好消息，他收到了省际间的补缺，被派往江山县教谕。看到这一消息，何景明竟然有些激动和兴奋，好友刘朝信终于放弃从商而步入仕途，他从内心里为他祝福。他的《送刘朝信之江山》诗写道："江山县中山木苍，飒飒枫林开豫章。岭石细通闽鸟道，涧流斜带楚人乡。青天岸帻时行郭，白日弹琴不下堂。同学共知年少志，岂将书剑负行藏。"

何景明用此诗寄托着对好友的祝愿，同时也激励好友不要忘记少年时所立下的志愿，继续努力，不可懈怠。

三

正德九年(1514年)上元节，武宗皇帝为了庆祝他登基九年的"九五至尊”而举行的大型灯会,耗费巨资将皇宫装饰一新,整个皇宫里张灯结彩,特别是乾清宫前和御花园里摆满各种各样的花灯,有动物和花鸟虫鱼等灯活灵活现,皇宫里成了灯的海洋。入夜时分,乾清宫内已是灯火辉煌,人头攒动,武宗皇帝身着五爪龙袍,头戴皇冠,端坐在大殿上方的龙椅上,皇后和嫔妃分坐左右,后排分坐着三品以上的朝中大臣。随着武宗皇帝的口令,大殿里顿时鼓乐齐鸣,这时从左右跳出两位武士进行决斗,之后便是两队歌女从左右逸出,轻歌曼舞,喜得武宗皇帝手舞足蹈。就在这时,乾清宫内悬挂的九十五盏宫灯齐齐落下,点燃了大殿里悬挂的布幔,顷刻间乾清宫内哭喊声一片。

大臣、太监护着皇帝和皇妃从穿堂门逃出。十数名宫女身上着火,哭喊着从汉白玉石阶上滚下,在地上翻滚,有数名宫女当场被烧死。

大火烧了整整一夜,金碧辉煌的乾清宫化成灰烬。荒淫无道的武宗皇帝不为之心痛和惋惜,在撤出乾清宫时,竟然看着熊熊燃烧的大火笑道:“这真是一场大焰火啊!”之后便由义子钱宁扶着去豹房行乐去了。

乾清宫烧毁重建需要耗银百万余两,这是一场灾难,也使武宗警觉起来。朝臣们纷纷上疏,希望武宗皇帝以国家和天下为重,切不可玩物丧志。而对于官阶低微的何景明来说,这场大火他是看在眼里疼在心里的,因为这场火烧毁的不仅仅是乾清宫,更重要的是给老百姓带来了巨大灾难。修建乾清宫的费用必然要额外抽取老百姓的赋税,有多少个老百姓将要流离失所!想到这里,他决定要给武宗皇帝上疏,哪怕是降罪于自己也在所不辞。在此之前,何景明对皇帝不理朝政、收畜义子、宠用番僧的做法感到有背义理,对朝廷有百害而无一益,当时就想上疏皇帝直言自己的看法,可一直没有找到合适的机会。这一次机会来了,他要用违天道必降天灾的道理来告诫皇帝,直陈利害、制之义理,以期引起皇帝的警戒。于是他连夜上疏,写就《应诏陈言治安疏》:

迩者寝宫被灾,皇上警惕,敕谕群臣,下求直言。大小臣庶,仰见圣颜忧戚,伏听纶旨痛切,无不感动流涕,谓圣心感悟,事当转移,悲喜相继,慰庆兼至。然自敕谕之后,已将旬日,无一视朝。辅臣言官奏论边军,番僧、义子数事,一言未见采纳,一事未蒙施行。臣观灾变之来。天道甚迩。陛下上回天怒，下安人心，如此数事，家急省改。今复处之宴然，未见损减一二。岂陛下感悟之心忽明，而转移之机复塞也！臣民莫不失望，中外实为轸心。

夫灾祸切近，悔厉斯深，形势积成，改救休及！臣上原天意，下究民；近观人事，远考古昔，治乱存王之机，实在今日。陛下欲图理兴化，改弦易辙，过此不为，无可为矣！

臣闻天下之政，精则治，缓则乱；明则治，暗则乱。治乱存亡，事理必然。方今上下依逢，远近雍塞，法度有失，礼仪弗彰，功实不稽，名器多滥。其蔽之风长，偷惰之习成。兼以民生已困，寇盗未息，兵马驰备，财力并竭，外仅维持，中实溃散。其势如此，而其治如彼，臣窃忧之。陛下为急省躬以惩祸始，而欲肆志以待患成，何也？

臣闻，内外附固，长久之道。今圣躬单立，皇储未建，内无手足相倚之亲，外无肺腑可托之戚。后妃不得当御，公辅不得通谒，乃日与边军共出入，番僧、义子同起居。此皆今日创见，先朝未闻也。陛下何不一如言者所议，早示听断！

且甲马驰骋之场，不如广厦细旃之上，夷狄邪秽之教，不如文儒谈讽于前。乐彼厌此，臣所未喻。若义子，则陛下宠幸之臣，自古宠幸鲜能善后。原其所由，盛满为忌。陛下尤宜早为裁抑，明示区处，使上者得保富贵，其次得保首领。义既不失，恩亦有终，岂不善呼！

……

何景明在《治安疏》中对皇帝直言不讳的批评是前所未有的。如“已将旬日、无一视朝”，“此皆今日创见，先朝未闻也”等。何景明直斥皇上的疏稿使得朝臣们为他捏了一把汗，有人说何景明这次必定触犯龙颜，又是一个李梦阳的下场。可是，武宗皇帝并没有像朝臣们所说的那样，他看罢何景明的上疏，感到他说的句句在理，言道：“此疏稿有别于众多上疏，言而有实。”武宗皇帝并非太过糊涂，他也曾想效法先皇孝宗皇帝，也来一个“弘治中兴”，只是因为自己贪玩成性，加上阉臣们投其所好，才让自己不能以国事为重。此后，武宗皇帝也确实收敛了许多。

武宗皇帝没有降罪于何景明，何景明虽然没有升迁，但他在朝中的影响越来越大,他的身边聚集着许多年轻才俊,他也由此成了京城中文学创作的核心人物,其声誉已超过了李梦阳。

就在何景明上《治安疏》的同时,一些以国事为重、关心大明王朝前途和命运的正直之士也纷纷上疏,陈言武宗的过失并建议兴利除弊。可他们却没有逃过武宗的愤怒和惩罚。关中才子吕柟也因乾清宫受火灾,应诏上书呈六事,又多次上书劝皇上举直措诸枉,皆不被采纳,并受到皇帝斥责,于是便再次引疾辞归。吕柟很有个性,何景明劝他别意气用事,他去意已决。于是何景明设宴为其饯行,并作《送吕子》,诗云:"京洛三年客,云霄万里违。上书俱不报,解珮独先归。北极临燕甸,南山绕汉畿。相将未可料,岐路断蓬飞。"此诗表达了何景明因吕柟的解职辞归而对朝廷不满。

让何景明没有想到的是,与吕柟同科进士的关中才子韩邦靖也因乾清宫失火直言上疏,言辞激烈,引起武宗震怒,下锦衣卫狱。吏部给事中李铎等率众论救,才得以出狱,夺官为民,遣回原籍。何景明对韩邦靖的下狱和被解职感到气愤和同情。韩邦靖离京时他为其设宴送行,作《送韩汝庆还关中二首》,诗云:"六月西山雪雨低,长安城中十日泥。君骑鸿鹄冥冥去,此地愁看燕雀栖。""华岳云台万里情,高秋落日眺秦城。黄河一线通沧海,身在仙人掌上行。"韩邦靖虽然晚出,何景明却与他有着心照不宣的默契,这可能是缘分。二人都知道,古时"韩何一家",何姓是韩姓的分支;亦有可能是人生的巧合,何景明十六岁中举,在当年被传为佳话,谓之神童,而韩邦靖十四岁中举人,比何景明早了两年,当年亦被传为神童。何景明大韩邦靖五岁,卒于1521年;韩邦靖卒于1523年,晚何景明两年。也许是命运的巧合,两位当年的神童均早逝,何景明在诗中道:"君骑鸿鹄冥冥去,此地愁看燕雀栖。"他把韩邦靖比作有志向的鸿鹄"冥冥而去",把自己比成没有志向且官场失利的燕雀孤独而栖,这两句诗却成了日后二人早逝的谶语。

不久,韩邦靖的二哥韩邦奇外放浙江按察司佥事回陕西时,何景明设宴为其饯行,并作《送韩仲子并讯其弟季子二首》,诗云:"昔别留谈数,今行出饯迟。万人皆涕泪,四海一疮痍。""花映投簪日,风流揽辔时。西云暮不断，遥起汉关思。”何景明一直牵挂着解职后的韩邦靖。

也就在这一年，在江西担任提学副使的李梦阳因跟地方官僚不和，受到迫害和排挤再次下狱，收押在江西广信监狱。何景明对好友李梦阳这一次入狱感到十分焦心，人常说事不过三，李梦阳这是第四次了，看来是凶多吉少。何景明立即找到当时出使江西的户部主事侯纶了解情况。

侯纶在江西见过李梦阳，李梦阳向侯纶讲述了他在江西受到提督陈金和御史江万实等的排挤和打击的经过。侯纶认为李梦阳在江西任职期间，对江西的教育兴学是做过重要贡献的，他对江西的官僚政客们联手对李梦阳的排斥和打击感到气愤。

李梦阳生性耿直，不愿屈就于权势，对那些依仗权势坑害百姓的官僚显贵们更是深恶痛绝。在他初到江西时，江西由于连年灾荒和过重的徭役，多地老百姓揭竿而起，反抗朝廷。朝廷命右都御史陈金总监军务，总制南方六省，前往剿灭起义军。陈金是一位资深官吏，成化八年进士，与杨一清同年入朝。陈金在江西围剿农民军屡屡失败，便奏调广西田州、东南等地的土兵合力围剿。这些土兵嗜杀成性，所到之处奸杀掳掠，给江西的老百姓造成了极大的伤害。李梦阳对这种不顾老百姓死活的做法深恶痛绝。他的长诗《土兵行》专门揭露陈金利用土兵围剿农民军给江西老百姓带来无限灾难的罪行。而作为朝廷派往江西的巡按御史江万实却对陈金这一行为不管不问，而且与陈金沆瀣一气，对因受土兵残害前来官府告状的老百姓予以打击。李梦阳作为朝廷命官，他不应该坐视不管，面对生灵涂炭的老百姓，他有责任向朝廷反映江西的情况。于是，他以江万实不作为为由，向朝廷写下万言奏疏，反映了江西现有的状况。不久，圣旨下到江西，要求江万实履行巡按御史职责，不得无视民生而失去民心，加重百姓对朝廷积怨云云。江万实本对李梦阳不把他这位朝廷大员放在眼里而心生怨恨，没想到他竟然上疏弹劾自己。他立即找来右都御史陈金，言李梦阳弹劾自己而实则是针对陈金，陈金对李梦阳所写的长诗《土兵行》早就怀恨在心，于是二人串通一气，由江万实上疏朝廷，反咬一口，诬陷李梦阳无视朝廷，以下犯上，聚学生闹事，挑拨官民关系等罪名，欲置李梦阳于死地。

江万实是代表朝廷监管江西的巡按大员，江西的大小官员无不想巴结和拜在他的门下，江西布政司、按察司等官员参拜时须得行跪拜礼，而李梦阳见他时只行长揖礼而已，这使江万实大为恼怒。就在这时，李梦阳又做了一件对他很不利的事。一天，淮王府校与南昌书院的学生发生争执，府校仗势欺人，出言辱骂学生。李梦阳一气之下让随从将府校捆绑起来带到学府衙门，鞭笞一顿之后放回。淮王大怒，立即上奏朝廷，诏下右都御史陈金察劾。

陈金即命江西布政司郑岳调查李梦阳。郑岳平时就讨好江万实，为江万实的心腹，秉承江万实之意，欲置李梦阳于死地而后快。李梦阳也不甘示弱，他从郑岳府小吏口中得知，郑岳的儿子郑纭偷运朝廷违禁品多次行贿地方官员的事实，李梦阳再次上疏，揭露江万实支持郑岳父子违法行径。朝廷见江西的问题复杂，准备派朝廷官员到江西调查。李梦阳想到，不管谁来江西，都会对他不利，于是他做了一件对他自己十分不利的事，伪造了一份江万实弹劾陈金的奏疏，想以此挑起江万实与陈金之间的矛盾、减轻自己众矢之的的压力。皇帝派大理寺卿燕忠前往江西查处此事。燕忠到了江西，很快就偏向江万实一边，罗列多种罪名将李梦阳下狱，同时下狱的还有江西布政司郑岳。李梦阳被关押在距南昌600多里地的广信监狱。李梦阳的学生上万人为其鸣冤，要求释放李梦阳。

何景明听完侯纶的讲述，知道李梦阳在江西再次下狱，是他愤世嫉俗和孤傲不屈的性格所致，如果不设法救他，他就有可能再也走不出监狱了。在李梦阳入狱之后，朝廷里无人为他说话，一提起李梦阳，一些人便退避三舍，避而不谈，仿佛会沾上他的霉气。何景明是真心对待朋友的人，他想了一下，朝廷里能够说上话救李梦阳的人只有李梦阳的恩师杨一清了。上回为救孟洋出狱，他已经麻烦过杨太宰了，那只是一次口头恩求，而这次不同的是，李梦阳是杨一清一手提携的学生。为救好友李梦阳，他顾不得那么多了，他要给杨太宰上书，力陈李梦阳性情耿直，对朝廷忠心耿耿，只是因为得罪了地方官僚而已。于是，他在写给杨一清的《上杨邃庵书》中写道：

仆闻圣人哲士，取人于众恶；明主显相，识贤于集毁。夫徇同情则独行见遗，实多口则廉节被黜。……众恶之中，圣哲之所必详；集毁之下，明显之所弗蔽也。

今有操独行，秉廉节，而干众恶，负集毁若李梦阳者，明公在上，何可弗少加察而一援之也。夫仆于阳非感谓其过也，自崇而弗下人，太任而弗识时，多愤激之气，乏兼容之量，昧致柔之训，犯必折之戒，此其过也。若其饰身好修，矜名投义，见善必取，见恶必击；不附炎门，不趋利径；处远怀不招之耻，处近执莫靡之勇；在野有兔罝之武，在公著素丝之直；立志抗行，秉心陈力，咸可尚也。前与御史相忤，同党交构，恃其贞介，不服文法，邅延无已，因其自取。而尊达至为不悦，缙绅靡然诽笑。言官亟诋于朝，法吏深鞫于狱，惟恐摧之弗拔，而辱之弗窘也。

……

明公在上，秉进退之权，司统均之任。奖拔廉直，沮抑邪枉。而阳为门下相知之士，其困于人若此，况门墙之外，万里之远者乎？夫谗言屡至，慈母投杼；浸渍之灌，可解胶漆。仆与阳有肝胆之交，闻于人言，犹弗能无疑。明公之门，阳不敢径达，虽有郁壹，何由少白？然阳之事，在江西者亦甚彰彰，匪有隐恶难见也。仆当究之众议，士民颇公。学校之徒曰："阳敦古崇礼，志在澄清。"闾阎之下曰："阳不为抚按官尔，可使盗贼息，权势不害我也。"夫学校之徒，阳之党也，其言不征，闾阎之下，无知之众，何以当于阳哉？

……

何景明开篇直陈古代圣贤用人不偏听偏信，而是看人的本质，用人之长。李梦阳之所以成为众矢之的，是因为他太过耿直，太过廉洁而不愿与一些人同流合污，而招致祸身。当然，李梦阳也有缺点，比如他孤傲自大，不识时务，负才使气，缺乏容人之量，等等。但他的本质是好的，忠于朝廷，敢于同邪恶抗争，不失为国家的正义之臣。他恳求杨太宰念梦阳为其门生，力救梦阳。

杨一清对李梦阳之事感到有些为难，因为他与江万实为同科进士，均为朝廷重臣，且关系甚好，若救梦阳必得罪江万实。梦阳是他的学生，也是他很欣赏的才子，屡次入狱都是因为恃才傲物、不识时务所致，如不施救,他必然会死在狱中。杨一清将何景明的书信看了几遍,觉得句句在理,于是决定联络朝中大臣,给皇帝上疏,救李梦阳出狱。

由于杨一清的上疏与力救,李梦阳很快便得到了武宗皇帝的宽宥。在他即将出狱时给何景明写了一封信《与何子书》,云:“堪事一二日毕矣,而淹至三月二十五日,始发回省城候命下…… 自仆罹此难,友朋多不复通书……仆交游遍四海矣,赤心朋友惟世恩、德涵与仲默耳。”

何景明收到李梦阳自江西寄来的书信,他十分理解李梦阳此时的心情,即作《得献吉江西书》,以示对好友的遭遇感到愤慨和不平,同时也是对李梦阳的安慰。诗道:

近得浔阳江上书,遥思李白更愁予。
天边魑魅窥人过,日暮鼋鳄傍客住。
鼓柁襄江应未得,买田阳羡定何如?
他年淮水能相访,桐柏山中共结庐。

何景明深知李梦阳性耿直易较真,遇到不平之事总爱论个是非曲直,见恶必击,而不考虑身处泥淖中不可能让他人也无污染之理。他感念与李梦阳的交情,尊重这位年长他 11 岁的兄长。他在诗中依然将李梦阳喻成李白,这是他对李梦阳的尊重和高抬。同时他也劝诫李梦阳,“魑魅窥人过,鼋鳄傍客住”的现象已是司空见惯,真不行就到阳羡买田定居。他羡慕五柳先生“结庐在人境,而无车马喧……采菊东篱下,悠然见南山”的无为而悠闲的生活,但愿李献吉能悟到这一点。

不久,李梦阳出狱,免官为民。何景明因思念梦阳心切,当好友徐缙出使湖南时,作七言歌行体诗《醉歌赠子容使湖南便道归省兼讯献吉》,让徐缙代为看望李梦阳。诗云:“眼中何人最知己,十年之交吾与李。李生近买阳羡田,又欲鼓柁襄江船。风尘落日倘相遇,为我问讯江湖前。”

此时李梦阳正在途中。当李梦阳见到徐缙给他带来何景明的七言歌行时,百感交集,竟然半天说不出话来。在一旁的徐缙也被深深感动。正德十一年五月,李梦阳夫人左氏病逝,李梦阳作《结肠篇》以哀悼亡妻。何景明跟着作《结肠赋》,寄托对好友亡妻的哀思,感人至深。这是何景明把李梦阳视为自己最尊重和信赖的好朋友的体现。李梦阳也深受感动。

四

正德九年三月的一天下午，何景明下班回到宅邸，见一仆从模样的人走过来跟他打招呼，他问来人才得知是儿时的好友李汝佐派来的。他急忙把来人迎进屋内，听来人讲述，方知道是福建转运盐使司运使李纪先生病逝了，何景明为之大恸。李汝佐派人前来请何景明为其父撰写墓志铭。何景明顿时泪流满面，凄然道："父师一向身体健朗，怎么就这样走了？真的没想到啊！"往事像潮水般涌向他的眼前。

何景明十一岁那年，随父到陕西临洮府渭源驿父亲任上读书。临洮知府李纪（默庵）与何信交好，将何景明接到府衙与其儿子汝佐一块读书，专门设馆请师调教；知府和夫人毛氏视景明如同己出，吃住学费全免。李纪进士出身，博古通今，经常把景明和汝佐叫到书房里亲自讲解诗文，使何景明受益匪浅，进步很大。后因父亲患有足疾行走不便，得罪了到渭源采购名贵药材的太监李广，辞职归农。李知府赠车马送归，将何家送至十里长亭，设酒饯行。临别时，先生亲自给何景明斟酒，道："何儿，我的小友，咱俩单饮此杯。"此后的20年间，他与先生只见过两次面，先生对他的关切和希望他牢记在心。他拿起笔，含泪写就《明故大中大夫资治少尹福建都转盐使司运使李公墓志铭》三千余言，道："子汝佐以使于京、赴其友人何景明，景明哭于庭……初，景明从先君为驿臣时，公使与汝佐同学，朝夕惠教，即父师矣。"此墓志铭言辞恳切，对李公博学多才、为官清正廉洁的一生进行了评介，词语中透露出他对父师的感激之情。何景明在给好友李汝佐的回信中写道，自己不能前往为父师吊唁深感愧疚，择日再至墓前叩唁。此后，又写过《祭李默庵先生文》以作悼念。

李纪（1441—1515），字朝振，号默庵，山西潞州人。历官故城知县、锦衣卫经历、临洮府知府、福建盐运使。著有《默庵集》。

是年三月十八日，皇帝赐唐皋等396人进士及第，午时赐进士荣恩宴于太和殿。午后，何景明坐在书房里看书，他很关注每年一次的春试，成千上万的年轻人涌入京城，希望通过皇考荣登进士榜。在这些年轻人中不乏才学过人者，而亳州薛蕙便是他所关注的年轻才俊。

薛蕙（1489—1537），字君采，号西原，安徽亳州人。正德九年殿试第二甲第十三名，初授刑部主事，因谏武宗南巡，廷杖夺俸，引疾归里。后复起用，任吏部考功司郎中。著有《西原集》10卷、《补遗》1卷、《五经杂录》、《大宁斋日录》5卷、《老子集解》、《庄子注》、《考功集》、《约言》、《西原遗书》2卷。崇祯二年（1630年），追封为太常少卿。

正思念间，见从外面走进一个年轻人来，向何景明深深鞠了一躬，道："先生安好，请受学生一拜！"

何景明立马认出薛蕙来，连忙起身，拉住薛蕙的一只手道："君采何必如此多礼，愚兄正还想着你这位忘形契哩！"何景明很是欣赏这位比自己小了七岁的薛蕙，称其为自己的"忘形契"。他认识薛蕙是在一年前的十月。薛蕙秋试后由领南畿乡荐入京，入京后第一个造访的人就是何景明。薛蕙师从王廷相，他拜会何景明时带着王廷相的一封信。王廷相在信中大赞薛蕙的才华，言道："近时大江以北，才调超绝，驰骛古人者，得李献吉、何仲默二子。即今淹蹇轗轲，逶迟沦落，百不如志，其文日益进而名日益高峻。尝见学士大夫论及后生人物，必以吾子才质可继李何，甚可匹二子称之。然亦求二子之美居之可也，乌足置虑哉……"

何景明看罢王子衡的书信，知薛蕙非一般人才，甚是喜爱，当即与其促膝长谈，讨论文学，大有相见恨晚之感。薛蕙拿出他写的几首诗请何景明指教。何景明对薛蕙的诗很感兴趣，有些诗是以叙事为主，很有乐府诗的风格。他很喜欢其中的一首《折杨柳》小诗，诗道："三月卢龙塞，沙中雪未干。朝来折杨柳，春色忆长安。"此诗工丽清新，很有阮籍《咏怀》诗的风格，"沙中雪未干"意境深远。何景明知道，子衡是他最好的朋友，他对薛蕙的赞誉并非夸大，此子确有奇才，能认识薛蕙是自己的幸运。此后，他与薛蕙便成了莫逆之交。

当晚，何景明设家宴招待薛蕙，并请来崔铣、戴冠、杨慎和薛蕙同科进士李濂与戴钦。

戴钦（1493—1526），字时亮，广西马平人，柳州八贤之一。正德九年进士，初任刑部主事，后晋升郎中。此人博闻强记，文思泉涌，很受何景明的看重。他与何景明的直接交往是在正德九年至正德十六年间。戴钦英年早逝，卒年 33 岁。这期间，与何景明经常交往的正德九年进士有刘储秀（士奇）、马里（溪田）、张治道（时济）等关中文友，他们对何景明的才气和为人很是赞赏。

自正德六年以后，前七子先后离京，京城文坛一时沉寂，能与何景明交往唱和者寥寥。看到这些后进而来的青年才俊，何景明心里十分高兴，沉寂的文坛将由他们来激活、来主宰，京城的文坛又将恢复一片生机，他为此激动不已。因为肝病他很少喝酒，今天他却破例了，一杯杯给大家斟酒。他举杯对杨慎道："用修兄乃京中才子，林中之栋梁，今后的文坛就靠你们来引领了，来，我敬用修兄一杯。"何景明说罢将杯中酒饮尽。

杨慎对比自己年长七岁的何景明称自己用修兄很是感动，此时何景明已是名贯京城的大文豪，而自己刚出道不久，在文坛上还算不了什么，这也正是何景明的谦虚和睿智之处。他道："仲默兄过奖了。兄乃文坛领袖，京中大才子，我等之楷模，用修一向敬重兄之虚怀豁达。若论诗文，我等望尘莫及也！"说完将杯中酒一饮而尽。

何景明知道，杨慎非常了得，诗词歌赋样样皆精，不仅李东阳大赞其才，而自己曾被他的一首《临江仙》感动不已，此人日后必成大家。说道："后来者居上啊！"

崔铣道："用修兄，听说你 13 岁时写的一首《黄叶》诗，被李东阳阁老看到了，赞叹不已，当即收你为弟子，是一首什么诗，诵给大家听听。"

杨慎笑道："应景之作，稚嫩得很，不敢现眼。"他终是没有诵出。

薛蕙、戴钦和李濂因初入仕，三人对杨慎也很是钦佩，不便多语，轮番给大家敬酒。当晚，三人喝得大醉。

五月十一日晚上，何景明同几个文友相聚后回到家里，见夫人王洵姝正躺在床上呻吟，腹里阵阵作痛，他知道夫人是要生了。他立即让丫环烧好开水，然后自己到邻街接生铺请来接生婆，一切准备停当后，静等着夫人顺利地把孩子生下来。

因晚上喝了些酒，何景明在书房里小睡了一会儿，鸡叫头遍时，他便从睡梦中醒了过来，接着便听到一阵婴儿的啼哭声。他立即从床上起来，便听到丫环在门外喊道:“老爷,快起来,夫人生了!”

何景明开门问道:“是千金还是小子?”

丫环道:“恭喜老爷,生了个大胖小子!”

何景明心里十分高兴,他感激夫人又给他生了一个儿子,他给次子起名立。孩子是他的希望。大儿子出生时他乞休在信阳,是他人生最低谷的时候,因阉党专权,仕途险恶,他一时看破红尘,不愿让自己的孩子再涉足官场,所以给长子起名夫。但自己毕竟不是庸俗之人,而是受儒学教育影响至深的人,为国效力、为朝廷尽忠是自己的本分。复职之后,虽然他的职务一直未得到升迁,但仕途的发展一直是他为之奋斗的目标,他为次子起名立,希望他能够立志,将来在仕途上有更好的发展。

一天,何景明例休,在书房教长子夫背书。夫已经六岁,乖巧懂事,且聪明好学,何景明从他的身上看到了希望。这时,丫环进来道:“老爷,有人找您。”

何景明从书房里出来,见院子里站着一个年轻人,头发蓬乱,一脸的憔悴,灰色长衫的下摆被撕破,何景明一时没有认出来。年轻人走前一步,鞠躬道:“四爹,侄儿前来拜见。”何景明这才认出来是大侄子何士,问道:“士儿你怎么弄成这个样子了?”

何士道:“路途上感了风寒,病了数日,进京时又被一只狗追咬,将长衫给撕破了,幸好没有咬住腿。”

何景明立即将何士让进屋里,让丫环打来一盆热水让何士洗罢脸,然后将自己的士子长衫给何士换上。坐下来后,何景明问了一些家里的情况,知道大嫂、二嫂和三嫂以及侄儿侄女们都很好,家里的田地请了两个长工打理,这才放下心来。

大哥景韶的两个儿子都早夭,何士是二哥景晹唯一的儿子,何景明对侄子何士十分疼爱。他乞休在家的四五年时间里,除了和朋友相聚和出游外,他把很大的精力都用在辅导侄儿侄女的学习上,何士的学习有了很大的进步。让他高兴的是,两年前何士 18 岁时在乡试中夺魁,他为二哥感到庆幸,他也从何家的后人身上看到了希望。何士这次进京,是想借读在四爹的家里,接受四爹的教诲,以便参加来年的丁丑科会试。何景明自是高兴。

何士说罢，从包袱里取出一封书信，说是他路过开封时，去拜见过李梦阳叔叔，李叔带给四爹一封书信。他把书信交给何景明，何景明展开书信，见是李梦阳写的一篇赋文，名为《钝赋》：

余以往哲为冶兮，以隐子为模。镕礼乐以为铦兮，淬仁义而内娱。进既匪我愿兮，又何必昭此锋也。儋徜徉以往来兮，聊秣吾之骏駹。策驽骀而追骐骥兮，余故知路之逴远。按六辔而游康庄兮，亦何必逞羊肠与九坂。舍余驷于丘之旁兮，又捐刃乎水裔。准闭户而削迹兮，效完身而远害。惟山路之艰险兮，丛篁郁而蔽天。物过盛而易殒兮，势阽危而必颠。吾宁楞腾屋簌蒙诟笑兮，不愿为文锦之牺牛。宁与蹇驴齐轨埋没于尘土兮，终不与凡马而竞先。

……

李梦阳从江西狱中出来后回到开封，心中的义愤一时难以消除，只有向好友何景明倾诉心中的委屈和不平。赋中不仅揭露官场相互倾轧、陷害忠良的卑劣行径，讽刺群小的趋炎附势、投机取巧，还言明了藏用以自完、砺身以自洁的志向，自然流露出对混乱时政的不满和怀才不遇的悲愤心情，并有重新出仕的想法，希望何景明能再次帮助他。《钝赋》通篇用《离骚》句式，抑扬顿挫，感情激愤。何景明读罢后很受感动，写出《蹇赋并序》答赠李梦阳：

夫钝者，委时之不利，无如之何，欲以藏用而自完，盖获予志焉。读其辞，伤怀慷慨，悲之……

悲世涂之迫厄兮，互险坦而多歧。蹇予步之踯躅兮，屡前却而狐疑。众乔踔而便捷兮，又车輶而马刁。羌量力而退守吾拙兮，固将逊彼之超轶。物有坚而不化兮，性有蠢而难移。循故躅而弗舍兮，众睹其徙屣而笑之。予岂无骐骥之玉驷兮，意犹豫而不敢进……世淆杂而捆揉兮，弃骥骥而不骏，兰芷芍劳不植于路兮，蒿艾蔽而成林。予纵有龙驹与紫燕兮，孰能执策为余先……予纵有龙驹与紫燕兮，孰能执策为余先容……

何景明的《蹇赋》是按李梦阳《钝赋》写的一篇和赋，句法格式均同。同样揭露了统治者的昏庸，社会的黑暗，鞭笞了弃贤良重用奸佞、颠倒黑白的不正常现象，这两首赋是两个相知文友间的唱和檄文。同时，何景明也在《蹇赋》中提到了自己因偃蹇不迁，“予纵有龙驹与紫燕兮，孰能执策为余先”之语，意即心有余而力不足，赞同李梦阳“欲以藏用而自完，盖获予志焉”之说。李梦阳收到何景明的《蹇赋》后，内心犹如五味杂陈，心头的纠结一时难以排解。他在开封有一帮追随他的学生，他们经常在一起谈诗论学，潜心著述，把一些不快抛在脑外。但何景明并不知道，他答赠的《蹇赋》在李梦阳心头成了一个结，也是日后李何分襟的一个诱因。

不久，徐缙出使荆州回京，何景明过家拜访，并设宴为其接风洗尘。当问及李献吉获释后的心情时，徐缙道：“献吉心情不错，只是略显憔悴。而对仲默兄屡次出手相救很是感激，言仲默兄乃真朋友也！”

何景明甚是高兴，晚上陪着徐缙喝了不少酒。并作《访子容自荆州使回二首》，诗云：“使节荆门返，文章楚郡传。彩云神女赋，班竹帝妃篇。吊古南游日，忧时北上年。停杯问世事，转眼几回还？”“下马逢今雨，东堂觅旧醅。入秋翻暑湿，过午复云雷。花已年经放，人今万里回。世情吾懒道，但饮莫停杯。”

此二首诗是何景明写的寄情即景诗。第一首是何景明对徐缙出使荆州所发的感慨，赞叹徐缙的文章和感叹时光的短暂。第二首是为徐缙接风适逢下雨的即景诗，其“东堂觅旧醅”寓含着他对李梦阳及其他文友的思念之情。此二诗却成了日后李梦阳批之为“无章法”、“寡章节”、“古有此法乎”之口实。

一天下午，王希孟邀何景明、崔铣、陶骥和李濂到宅邸为被贬为江西提学佥事的田汝耔饯行。

田汝耔（1478—1533），字勤甫，号水南，河南祥符（开封）人。弘治十八年进士，官历兵部给事中，江西提学佥事，湖广副使。田汝耔十分钦佩何景明的才学，因与孟洋为同科进士，在京时与何景明过从甚密。是夜，何景明作《月夜王宗哲宅赠田勤甫江西提学》诗云：“南城吹角此宵寒，远客今歌行路难。岁暮风烟殊去住，天涯灯火共悲欢。西江日落移舟入，南斗星悬倚剑看。庐岳玉山千万里，不知何地望长安。”

之后几天，文友们纷纷为田汝耔饯行。第二天是何景明宴请田汝耔，作长诗《田子行》,诗云:“君不见,黄河西来北入海,千载却倒东南流。……我家清淮边,君家大河侧。开关二水今合同,人生变化无南北。……我今如子尽落魄,过饮悲歌慨今昔。古来豪侠亦可喜,可怜圣贤皆厄塞。……出门与子常相忆,清淮大河见颜色。”

田汝耔离京的头一天,答谢京城诸友,何景明又作《田子宅宴别》,诗云:“永夜怆离析,同心耽宴游。世情俱慷慨,乡意转绸缪。竹意霜灯袅,风城海角流。豫章天更远,燕北有高楼。”

送走了田汝耔的一天下午,何景明感到身体有些不适,便让来家问候的孙继芳到内阁制敕房告假休息半天。孙继芳走后,何景明刚在书房躺下,鸿胪寺少聊王希孟和吏部主事陕西关中人刘以道(昆季)前来找何景明。何景明慌忙从床上起来,将二人迎至书房里看茶,见二人有些慌张的神色,便问道:“见昆季兄和宗哲兄的神色像是有什么事吧?”

刘以道看了一眼王希孟,见他没有开口,便道:“督学京畿的王子衡被下了诏狱,昨天晚上被秘密关押的。”

何景明感到有些意外,立即从椅子上坐了起来,道:“为什么事?我竟然一点不知道!”

刘以道接着道:“子衡督察陕西时,镇守陕西的太监廖镗大肆搜刮民财,危害百姓,子衡为了惩罚廖镗随即上书朝廷,并将其危害百姓的帮凶和亲信下狱。廖镗对此怀恨在心。后来子衡督学北畿时,王、刘二太监干扰学政,派人送信索贿,被子衡抓个正着,并将信使带到公堂上,当着二太监的面将索贿信烧毁。廖镗趁此机会,联合王、刘二太监反诬子衡索贿,皇上听信太监之言,将子衡下诏狱。”

何景明知道,这武宗皇帝自登基始就视太监为肱股,刘瑾之败并没有引以为戒,始终是唯太监之言是听。刘瑾虽诛且冤狱不断。先是李梦阳,之后是孟洋,这回是王廷相,下一回不知该是谁了。何景明一时又感到了仕途的风险和渺茫。他对二位道:“子衡一定要设法营救。我身体有些不适,已让世其帮助告假休息半日,二兄下班后同崔子钟一块来我这里一趟,我们商量如何营救子衡。”

是夜,崔铣、王希孟、刘以道和薛蕙来到何景明宅邸,何景明设宴招待。商量的意见是：由崔铣、王希孟和刘以道三人去找太宰杨一清，因李梦阳、孟洋入狱，何景明先后找过杨太宰，这一次不好出面。何景明领着薛蕙去找太仆寺少卿何孟春。

何孟春(1475—1536)字子元，号燕泉，有文名，湖南郴州人，弘治六年进士，授兵部主事。正德初为河南参政，擢升太仆寺少卿。官累右副都御史。著有《燕泉集》、《馀冬诗话》、《孔子家语注》等多种书籍。何孟春是李东阳的学生，茶陵派系。他很欣赏何景明的才学，称何景明是本家才子。何景明也很尊重这位兄长，经常与何孟春探讨诗歌创作问题，很得何孟春的喜欢。何孟春所在的太仆寺是兵部下设机构，兵部尚书何鉴是武宗皇帝倚重的老臣，何景明请何孟春向何鉴大人呈言救王子衡。何孟春满口应道："此事不难，我与子衡也相识，理当援手。"说罢看着薛蕙道："此事不宜迟，我与仲默去拜见何大人，薛进士就不必去了。"

于是何景明随何孟春去何鉴府上。何大人已过古稀之年，鹤发童颜，精神矍铄。他听说此事后道："王、刘是受皇帝宠幸的贴身太监，如果王廷相实受冤屈，皇上也并非不明事理之人，明日早朝我将此事上奏皇上，看皇上能否遣使查明此事。"

王希孟和崔铣去拜见了杨一清，杨太宰也答应明日早朝向皇上奏明此事。

当天晚上，何景明的心里一直不踏实，不知明日早朝，皇上能否采纳杨、何二位老臣的意见，释放王子衡。想起了他和王子衡的友谊，何景明久久不能入睡。他从床上起来，提笔写下《子衡在狱感怀二十韵》，诗道："朋俦日乖蹇，念汝涕如喷。贾谊生非晚，邹阳志不群。书从梁狱上，哭向汉庭闻。……神龙在污淖，鸷鸟失青云。……伫见天王圣，金鸡早赦君。"

几天之后，王廷相被释放出狱，被谪降赣榆县丞。出狱那天晚上，何景明在王老大熏风馆设宴为王子衡压惊饯行，请来了在京的文友何孟春、王希孟、崔铣、刘以道、徐缙、戴冠、杨慎、薛蕙、戴钦、李濂、孙继芳共 13 人。他们要了一个大包间，13 人围桌而坐，气氛热烈。

王廷相并没有把入狱和降职之事放在心里，和文友们谈笑风生，使何景明很是感动。王廷相是薛蕙的老师，薛蕙承担了斟酒的任务。酒斟满后，王廷相举起酒杯道："感谢何仲默设此宴请文友们相聚，也感谢燕泉先生、宗哲兄、以道兄和子钟兄为我蒙屈奔走施救，我先饮此杯以表谢意。"王廷相说完将杯中酒饮尽。大家都纷纷举杯，将杯中酒一饮而尽。

酒过三巡后，杨慎站了起来，拿起酒杯道："子衡兄，今天我借花献佛，借仲默兄的酒敬子衡兄一杯，明天晚上我设宴招待各位，也为子衡兄出狱压惊和饯行。"杨慎说罢将杯中酒饮尽。

何景明笑道："想必杨状元与子衡兄早就相识了？"

王廷相道："这杨用修可了不得。弘治十三年我在京游太学时，上元节夜与几位学子途经杨府于郊外的世耕庄时，见一少年站在一棵挂满彩灯的梅花树下，即兴吟出一首诗来。"王廷相想了想吟诵道："疏梅悬高灯，照此花下酌。只疑梅枝燃，不觉灯下落。"当年用修只有十二三岁，我很是好奇，道：'此奇事奇句，古今少有也！'后来我就交用修这个少年才子为朋友了。"

在座的文友们都感到有趣，杨用修真才子也！

杨慎笑道："当时年少无知，心高气傲，对子衡兄的赞语并不以为然。谁知子衡兄随即吟出一首诗来让我感到遇到高人了。"

崔铣道："什么诗？快背一下让我等欣赏。"

杨慎随即诵道："锦水华阳国，青春引兴赊。城中泥宫府，江上足云霞。好鸟时翻树，寒梅已作花。未由瞻杖履，心迹漫成夸。"

大家都说好诗。何景明道："你们这是小才子遇上大才子了。"何景明举起酒杯，道："为各位文友仕途畅顺、文思泉涌干杯！"

这一晚大家都很高兴，都给王廷相敬酒，王廷相喝得大醉。

是夜，何景明作《送王子衡谪赣榆》，诗云："嗟君万里复南迁，此别江湖并暗然。日落尘沙行海上，春生霜雪到天边。中流得瓠常相保，九折回车且自全。世路风蓬各飘转，不知携手是何年。"

不久，王廷相从江西寄给何景明一封书信，何景明作《得王子衡赣榆书》，诗云："万里一书札，逾年传帝都。宁身天地远，垂泪海云孤……"此后二人只是书信来往，直到正德十六年何景明病逝，二人亦未曾见面。此次成了何景明与王廷相的永别。

八月的一天晚上，戴冠来见老师何景明。

何景明将一张小桌子搬到院子里，二人坐下喝茶。初秋的夜晚天气依然有些闷热，但已不像夏日那样酷热了。何景明看着天上的繁星，心里生出些许的感慨，道："时间过得真快，春天刚过，转眼间就入秋了。仲鹖来京有六年了吧？"

戴冠道："已经六年多了。"他停了一下道："我感觉到这六年多自己就这样浑浑噩噩地过来了，一事无成。"

何景明叹口气道："哎，谁说不是呢？皇帝昏庸、世道多变，在朝为官何其不易啊！"

戴冠道："前日里户部清算库存状况，着实让人吓了一跳。目前国库空虚、贪腐日甚，豢养闲人，吃空饷者众多，如果不加整饬，则贻患无穷啊！因此，日前我给皇帝上了一份疏稿，不知能否引起皇帝的重视。"

"什么疏稿？"何景明问道。

戴冠从袖袋中掏出一封疏稿的誊写稿，递给何景明。何景明让丫环拿来一盏皮纸灯，将戴冠的《忧国时疏》细读了一遍，见疏稿写道：

祖宗以来，至于今日，百五六十年矣。仓库之积蓄未见其有余，军国之经用未见其不匮。而海内之虚耗，物力顿屈，此其故，何也？……臣愚，诚不知今日财之所出也。

……陛下诚以今日之势观之，岂不为寒心哉！万一国家无事，年岁丰稔，犹之可也。今宣、大二镇，虏贼累肆侵轶，陕西诸边又皆数有警报。不时调发军旅，所费动以亿万。户部运送之使相继于途，边臣告急之章不绝于阙。又况东南去岁虽称少获，而北直隶、河南、山东、徐淮之境，春夏既苦亢旱，至秋复遇霖潦，百谷无成，兆民饥窘。加以征敛之迫，所在流亡……

又云：国家漕运每岁四百万石。一岁所入足供一岁之用，尚有盈余，以为储蓄。近年水旱相仍，盗贼扰害，所入不及前数。而官军岁支乃至四百万石以上，概计此辈所去几当三分之一。陛下何忍以赤子之膏血而养此无益之蠹也！臣观太仓之粟不足以供五六年之食矣。

何景明看罢疏稿，道：“此稿言之凿凿，帝若能听能改，则国之幸也；恐帝不听反怪罪于你，这正是我所担心的。当今之朝，直言必祸，你应该知道的。”

何景明心里清楚，作为臣子，为国家计而不惧罹祸，直言上疏，是正义之臣应该做的，但前车之鉴，李献吉、孟望之、王子衡等案例历历在目，他在心里为戴冠担忧。

戴仲鹖看出了先生的担心和忧虑，微笑道：“先生不用担心，我已经做好了准备，大不了也让我下一回诏狱，或者革职丢官，我倒希望远离这是非之地，过上清闲自在的生活呢！”

何景明忽然间释然了，正如戴冠所言，大不了革职丢官，回乡过清闲自在的日子。他微笑了一下，看着自己最得意的学生戴冠，认为他现在还不应该有此念，他在仕途上还应该有一个好的未来。当年他的父亲戴谊公一生勤奋好学，多次乡试不第，弘治十一年，与何景明、景旸同科秋试中举，时年已45岁。中举前有人劝他放弃，他道，虽屡试不中，但要给儿子做榜样，他的希望在儿子身上。戴公如愿以偿了，自己中了举，后来儿子也进士及第了。戴冠很有才华，李献吉曾有“南州实才窑，小戴亦横鹜”的赞语。想到这里，何景明希望戴冠好自为之，能够在仕途上有个更大的发展。

果不其然，戴冠的直言上疏激怒了武宗，武宗下诏贬戴冠为广东乌石驿丞。戴冠一去就是七年。何景明病逝前他离开乌石回到信阳。嘉靖元年擢升为户部员外郎。何景明病逝后作《祭大复先生》：

门人戴冠谨以刚鬣柔毛、庶羞之仪致祭于我师大复先生之墓曰：于乎哀哉！至德难名，至恸无文，冠何言哉！冠之幼也，获从先生；冠之长也，获事先生；冠之仕也，获同先生；冠之谪也，乃还先生；冠之归也，乃哭先生。于呼哀哉！教育恩深，情均父子，岂意生离遂成死别。青阳之庙，仰高之亭，终服之言，誓死不二。兹到故乡，敬修墓，荐敢以封孺人王夫人配尚享……

此祭文体现了戴冠与何景明间的师生情深。

就在戴冠离京后不久，何景明新交的朋友已授刑部主事的薛蕙因不满武宗皇帝不理朝政，谏言阻止武宗南巡，引起武宗震怒，将其廷杖并夺俸三个月。薛蕙一气之下，引疾归里。何景明为薛蕙送行，作《薛生行》以示对薛蕙的赞赏和留恋。诗云："君不见少府忘年交祢衡，中郎倒屣迎王粲。坐间宾客尽倾倒，海内贤豪流英盼。古人爱才今不如，薛生岂得无嗟叹。昨来布衣向天子，日向长安乘款假。……年少今看万卷开，远游自负三山愿。丈夫有才须用世，未许终身随草蔓。……"何景明对薛蕙的赞誉非常之高，是他遇到的难得的才子。

薛蕙离京不久，有诗《寄何中舍》，云："翰墨何憔悴，英灵有屈伸。千年关气运，一代出精神。夫子兴篇什，声名动缙绅。波澜含诡谲，刻峭露嶙峋。李杜那堪数，曹刘不足陈。无人宗大雅，举世拟凡伦。文学元同列，风骚自有邻。新章标创始，旧例起沺沦。已觉空前辈，悬愁绝后尘。……"此诗是薛蕙对何景明的高度赞誉和崇敬之情，是薛蕙发自内心的对何景明人格和诗性精神的褒扬。

何景明的次子立出生，家里多了一口人，这让何景明既喜又忧，喜的是何家又添了家丁，忧的是多了一份负担和麻烦，好在夫人能够吃苦耐劳，但却苦了自己的夫人了，他的心里又有了些不安。

日子虽然平淡，但何景明每天都很忙。内阁敕制房的文件的起草和材料的整理都指望他，虽然自己职务低微，但他并未介意，一直兢兢业业地工作。回到家里还要教导孩子，有时还要会朋友。日子过得很快，转眼便入秋了。一天上午，他听说好友王希孟病卧不起，便约崔铣一同至希孟的宅第探望。

二人来到王希孟家里，见王希孟坐在客厅一把太师椅上，双目微闭。夫人刘氏将二人迎至客厅。王希孟睁开双眼，见何、崔二人，欲起身却动不了。何景明将手搭在他的肩上，示意他别动。何景明见王希孟面色青黑，腹大如鼓，知道他病得沉重，便道："宗哲兄数日不见，怎么就病成这样了？"

王希孟用微弱的声音道："数年前在外放邢台时得过蛊症，病休时以为治愈，没曾想回京后又复发了。"他说罢叹了口气，道："此次怕是好不了了。"他的声音有些哑。看着何景明和崔铣，目光暗淡下来，眼里噙着泪道:“仲默、子钟,我自己倒没什么,只是担心四个孩子啊!”

何景明经不住这样的场面,强忍住落下眼泪,道:“宗哲兄无须顾虑,会好起来的。”他拉住王希孟那只剩下皮包骨的手,道:“我去太医院请薛太医吧。”

夫人刘氏道:“已经派人去了,应该到了。”

正说着,佣人带着太医薛己走了进来。何景明、崔铣与薛太医打过招呼后,薛太医便给王希孟诊脉。

薛太医诊完脉,开了几帖攻坚逐水的中药加人参,让其煎服。何景明和崔铣将薛己送出王宅。薛太医告之,王少聊肝脉绝,肾脉已散,嘱其准备后事勿延。

何景明和崔铣一边让人去取药,一边将太医之言告诉刘氏,让其准备后事。

几日后,王希孟病逝,卒年41岁。

王希孟性耿直,为官清廉,家无积蓄。四个子女,最小的女儿只有六岁。何景明和崔铣发动京城好友为其捐助,置棺椁并安排人送归获嘉安葬。何景明作《为王子悼亡》,诗云:“玉魄无消息,星辰隔紫泉。舞鸾沉宝镜,飞凤落金钿。不待中郎贵,空传上妇贤。平生浣沙处,流水恨潺湲。”

一年后,何景明路过王希孟故宅,睹物伤情,作《过宗哲故宅》以示怀念。诗云:“过门犹宿昔,驻马复谁留?雨院残春竹,风庭折晚柳。还家无二顷,归榇有孤舟。日暮邻人笛,凄然涕泪流。”

同年十二月,何景明在京的好友吏部主事刘以道病逝,卒年43岁。何景明与崔铣前往悼亡,帮助料理后事。何景明作《哭以道》,诗云:“泪坠平生邂逅吟,想看垂死更伤心。天涯见面愁虽减,海上传书病已深。万里艰难归葬日,百年哀怨绝弦音。他时若挂留徐剑,忍向桥山觅墓林。”

几天后,刘以道之弟刘以正扶兄棂柩回关中时,何景明又作《送以正归其兄榇还关中二首》,诗中有:“哭向北云扶旅榇,望穷西日见乡关”、“呜咽黄河流渭水,迢遥白雪度秦云”等句。此二诗体现了何景明对好友刘以道故去的悲痛心情。

第八章

不仿形迹 李何之争

一

正德十一年(1516年)初春的一个早晨,何景明从梦中醒来,他的心情一下子开朗起来。因为他五更里做了一个梦,梦见孝宗皇帝御驾亲征凯旋归来,文武百官站在午门外迎接圣驾,他和李梦阳、王廷相、康海、王九思等诸多文友位列其中。队伍穿过太和门,钟鼓齐鸣,震撼人心。他跟着队伍来至乾清宫,分列一边,孝宗皇帝身着杏黄龙袍,头戴皇冠,端坐在龙椅上,文武百官跪伏在地,三呼万岁之后,皇帝叫"众卿平身"。这时,他看见龙椅上坐着的不是孝宗皇帝而是武宗皇帝。武宗皇帝和颜悦色,从金銮殿上走下来,向臣子们问好。这时的武宗皇帝已不是一个昏庸无道的皇帝,却是一个开明圣贤的明君,他似乎看到了孝宗时的"弘治中兴"又回来了。他心中大喜,醒来却是一场梦。

起床后,他将五更的梦写成一首诗:"五更霜雪霁,忽梦紫宸班。天上传钟鼓,风前想珮环。鸡鸣无复咏,马动不虚还。忆在先朝日,朝朝见圣颜。"这虽然只是一个梦,却给他带来了一份好心情。

这段日子里,何景明一直对王希孟和刘以道英年早逝伤怀不已,想到自己的身体也是时好时坏,心里难免有些忧虑。年内他请薛太医看过自己的病,薛太医说他是肝滞血淤,须静心调理,不得饮酒,不得熬夜。薛太医给他开了二十服中药,嘱其煎服,每日一服。开春后,他的身体好了起来,在京的文友崔铣、杨慎、陶骥、孙继芳、戴钦、李濂等经常一起集会、郊游和讨论文学。他的心情也好了起来。

初夏的一天晚上,何景明和夫人在院中纳凉,见天空滚动着乌云,似是要下雨了，正准备回屋，忽听门外有人敲门。王夫人知道是景明的文友来了，忙带着两个孩子进了内屋。何景明开了门，见是李濂和戴钦二位进士，十分高兴，将二人迎至书房看茶。问道："二位进士今晚有闲暇过来？"

戴钦道："夜访高人室，自是消暑来。"

何景明见戴钦如此说，立即提笔赋诗《李川甫戴时亮过访》，诗云："岂是高人室，能劳二妙来！炎天雷雨豁，深院郁蒸开。必席因风树，留尊对晚苔。高吟俱感激，琴罢转余哀。"

戴钦和李濂都尊何景明为师友，钦佩何景明的诗才和为人。看了何景明的诗，都说好诗。戴钦道："我和川甫来请仲默兄明日去西山大觉寺避暑，不知仲默兄是否愿往？"

何景明笑道："有二位才子相伴，我可是求之不得了。"

说话间，何景明让夫人准备几样小菜，拿出一瓶酒来，三人对饮。何景明象征性地饮了几杯后，取出那把久未抚弄的琵琶，弹奏了那首"高山流水"的名曲。琴声忽而激扬忽而哀怨，忽而如滚石雷鸣，忽而如潺潺流水。琴声仿佛把二位进士带到了先秦时期，俞伯牙弹琴遇到了知音钟子期。二人高兴得又唱又跳，顷刻间，欢快和谐的喧闹声打破了这个沉闷而又炙热的夏夜。

何景明弹罢，操琴高手李濂接过琵琶，弹奏了一曲古代名曲《十里埋伏》，仿佛又把三人带到了楚汉战争最后决战的战场，给这三人相聚的夜晚创造了一个高潮。戴钦挥毫和诗一首《与川甫夜燕何仲默》，诗云："文宿中天会，琴樽清夜开。香风临玉树，凉月在金杯。严笔生春藻，高歌度落梅。谁知今代里，复风适仙才。"

第二天，三人相约去西山。临行时，戴钦因刑部有案审理未往，何景明与李濂至西山大觉寺。

大觉寺位于西山北麓，坐西朝东，依山而建，十分雄伟气派。二人来到寺内，见过方丈，方丈热情地为二人安排食宿，并让寺僧带领二人参观寺院。何景明道："无须烦扰，贵寺我先前来过，我二人随便走走。"

何景明与李濂站在院中一棵高大的银杏树下，树根突出地面，盘根错节，树身五六人合围方能围住；树冠蔽遮了半个院子，有数位香客坐在树下的石凳上歇息叙话。树侧是一个大水池，池水清澈透明，有数十尾金鱼在水中游弋，阳光照在水中，在水底闪动着一圈圈光亮。何景明领着李濂沿着靠墙一侧的小溪向后院走着，李濂很快被这里的麓林曲径、叠石流泉的美丽景色所吸引，不时地发出赞叹之声。

何景明看着这位英俊健实的李进士，感到他是那种颇受女子们青睐的俊男。早在正德二年，何景明因病乞休回信阳时曾绕道开封看望李梦阳，就听说过李濂。当年李濂的一篇《理情赋》被李梦阳看到后大加赞赏，于是与李濂结为忘年交。正德八年，李濂河南乡试第一，翌年中进士，选庶吉士，足见李濂的功底非同一般。

吃罢晚饭，二人坐在寺院里纳凉，品尝着寺僧送来的香茗。不知不觉中二人聊到了文学方面。李濂道："仲默兄乃当世的文魁大家，尔等言复古甚佳。但我对献吉兄'诗至唐，古调忘矣。宋人主理不主调，于是唐调忘矣'，至而提出'诗必宗李杜'说，我倒以为有失偏颇。"

何景明内心激灵了一下，看着眼前这位才气横溢的年轻人，竟然对李梦阳等七子提倡的'文必秦汉，诗必盛唐'敢于质疑。看他如何说，便道："为什么？"

李濂道："是故君子之为诗也，正轨以慎其途，旁求以参其变。在诗体创作上我认为应该是：以气格雄浑为之主盟，词彩葱倩为之辅佐；只有气格乏词彩，则疏卤难观；有词彩乏气格，则靡纤可厌。"

其实何景明已有此想法，只是没有说出来而已。他点头看着李濂，表示赞赏。

李濂接着道："五言古诗必则汉、魏、晋人，歌行近体必则李杜，而以初唐诸公参之，中唐以下无论也。"他看着何景明道："我认为，专则李杜而尽弃诸公，余不敢苟同。事实上，李杜也是取南北朝诸诗人之长才登上盛唐之巅的。不知仲默兄以为如何？"

何景明十分赞赏李濂这种敢于直言质疑的个性，觉得他提出的诗歌创作不可以抱残守缺、应该以多种风格并存的观点，也是今后诗歌创作的一个方向。同时他也有一种隐隐的担忧：李濂是开封人，又是李梦阳的学生，且关系密切，可他的话语里明显是针对李梦阳重气格雄浑的诗歌格调而提出的批评。

何景明笑道："川甫之见解真的让愚兄受益匪浅，佩服！"

李濂道："仲默兄别夸我了，我只是取何兄之观点加上演释罢了。"

何景明道："怎么是取我之观点了？"

李濂道："正德三年，仲默兄家居时所著《海叟集序》中有：'景明学诗，自为主子历宦，于今十年，日觉前所学者非是。盖时虽盛称于唐，其好古者自陈子昂后，莫若李、杜二家。然二家歌行近体，诚有可法；而古作尚有离去者，犹未近可法之也。故景明学歌行，近体有取于二家，旁及唐初、盛唐诸人；而古作必从汉魏求之。虽迄今一味有得，而执以自信，弗敢有夺。'我知仲默兄论诗非取一家之言，而非刻意古范，实取众家之长也！"

何景明没想到李濂对他如此关注，能将他的《海叟集序》章节背诵下来，实在难得。他更加喜欢李濂。自薛蕙离京后，与李濂又如此投缘，他真的很幸运。二人聊至深夜，何景明让寺僧准备几样素菜，取出从家里带来的一瓶杜康酒，二人喝至月隐星落、大雨将至方回寮房歇息。是夜，何景明作《同川甫寺中避暑》，诗云："偶到清凉地，番思苦热哀。水堂菡萏折，风殿薜萝开。逃暑无三伏，凭虚有一台。西山画雷雨，不见洗天来。"

从西山回来后不久，李濂被擢升为沔阳知府，离开了京城。何景明为其设宴送行，二人依依难舍。不久，李濂给何景明寄来一封书信，诉说自己对何景明的思念之情。时值京城下了一场初雪，何景明作《雪简川甫》，诗云："一雪数花集，空庭寒起迟。微风罢弱舞，初日尚余姿。自愧朱弦瑟，谁堪玉树枝？仙曹有高倡，不送凤凰池。"何景明此诗寄托了他与李濂的友谊和对李濂的赞赏。李濂十分钦敬何景明宽厚谦逊的为人风格，因其观点相同，他一直支持和理解何景明，何景明也将其视为挚友。曾作《十四夜过李川甫宅》，诗云："独院淹杯酌，高秋惊旅魂。风蝉急白露，沙叶近黄昏。月上看天柱，潮来望海门。平生壮游志，非尔向谁论？"特别是在李梦阳对他产生误解和怨恨时，李濂也是支持和理解何景明的，这使何景明十分感动。

送走李濂后的第二天，何景明得到消息，姐夫孟洋被皇帝恩准，量移到山东汶上,这一下子距京城和信阳都近了许多。他为孟洋感到高兴。那天晚上他把崔铣、孙继芳、陶骥和戴钦叫到一块饮酒祝贺。是夜作《喜望之量移兼寄》,诗云:“岭海投荒日,燕台望远时。三年一消息,万里转相思。归雁先知暖,惊鸟尚绕枝。湘江催发棹,预报北来期。”

不久,他因思念姊景晴和姊夫孟洋,在孟洋携家眷至汶上后,他又作《至日寄望之汶上》和《怀姊》诗。其《怀姊》诗云:“逐子东归日,輶轩惜路歧。那堪骨肉泪,洒向别时离。旅病秋来减,乡书岁暮迟。庭闱欣见汝,千里重予思。”此诗寄托了何景明对骨肉亲情的思念之情。

重阳节那天,何景明和朋友郊游登高时听说,前不久以右都副御史巡抚云南的何孟春在镇压十八寨少数民族起义时有功而受到皇帝嘉奖,何景明由衷地为何孟春感到高兴。那天晚上,他感觉身体状态较好,一时高兴,便独自饮了数杯酒,并作《九日独简何太仆》,诗云:“无客秋堂菊自芳,寒城独酌对重阳。愁来转觉登台懒,病里谁传落帽狂。海内兄弟非异姓,楚南宾客本同乡。十年跃马从君地,风雨看花意不忘。”此诗没有直写为何孟春荣膺嘉奖而感到高兴,而是抒写着他对何孟春的思念和情谊。他想起了一年前他去孟春府上拜访,何孟春留他吃饭,拿出家中珍藏的好酒招待。席间何孟春大谈人之道德和气节,奇门遁甲和孙子兵法,不时评议朝政,见解独到。何景明十分佩服何孟春学识渊博。那天夜里天下着雨,何景明饮了不少酒,何孟春却把自己喝得大醉。

是夜,何景明作《雨过何太仆》,诗云:“檐日阴阴喧晚雷,坐深庭树不思回。捩风鹳鹤城边去,截雨虹蜺海上来。诗兴西堂还旧草,酒杯东阁又官梅。阴符遁甲谈兵罢,愁向烟尘雨鬓催。”几天后,何孟春巡抚云南,何景明作《今昔行送何燕泉》,道出了他与何孟春从相识到相知,情真意切,感人至深。诗云:“君不见,燕泉何子生南岳,十八名声动江海。年今四十少方伯,富贵由来重文采。金章紫绶乃自致,黑发红颜未曾改。忆初射策逢先皇,我为进士子为郎。芳花醉踏清沙苑,春树迎开画省堂。每投桃李报琼玖,多谢相知更相厚。倚玉元非异姓兄,断金况是同心友。……”此后,何景明又有《四图诗赠何燕泉四首》,体现了他与何孟春之间的深情厚谊。

二

正德十一年(1516年)八月,致仕还乡的内阁辅臣文渊阁大学士李东阳病逝。何景明非常敬重李东阳,他知道,在大明王朝,既是文坛领袖又是内阁首辅的大臣很难找到,而李东阳正是这样一位受人敬仰的文豪和内阁辅臣。在他们所处的弘治和正德年间,是一个文人辈出、才子众生的时代,可算得上是大明朝以来文坛最鼎盛的时期,而李东阳正是这个时期的一个标杆。李东阳先生是有恩于他的,从入仕以来,他一直供职在内阁制敕房,李东阳阁老对他很是看重,怀麓堂有什么活动或文人集会,东阳先生喜欢让何景明主持和帮忙。事实上他已把何景明当成了自己的学生。何景明是一个十分注重感恩的人。在李东阳先生65岁大寿时,他作《寿西涯相公》诗寄送已经归居湖南的李东阳先生。诗云:"黄阁文章鸣大雅,玉机功业赞维新。十年天下先忧泪,五亩园中独乐身。南极寿星朝北斗,灵芝仙草映长春。裴公郭相看前代,社稷苍生望老臣。"现在,东阳先生仙逝了,他拿起笔想给东阳先生写一首悼亡诗,可他又放弃了,像东阳先生这样的文豪和政治家是不会死的,因此他提笔写下《怀西涯先生》,诗云:

六省尚书第一班,两朝元老领千官。
空教外国闻裴度,未见东山起谢安。
归去朝廷公望重,老来湖海路行难。
兵戈此日交驰檄,将帅何时议筑坛!

此诗是何景明以东阳先生乞休归居时为背景写的。当年正是国家处在危难之际,他曾经上书东阳先生,无奈东阳先生去意已决,当年之事回想起来犹在眼前。而今,蒙古小王子兵犯蓟州白羊口,朝廷派太监张忠监督军务,左都御史刘晖为总兵官率大军前往御敌。可如今朝中却没有像东阳先生这样能够出谋划策的辅臣了,而胜负亦未决,他从内心里怀念东阳先生并为其哀悼。

八月是个多雨连阴的月份,在何景明的心里弥漫着一层郁结难开的阴霾。先是李东阳先生逝世，紧接着是师御史客死京中，之后是诗坛好友殷云霄病卒南京。他感叹人的生命竟然如此脆弱。

八月一过，薛蕙回京复职使何景明的心情好了起来。薛蕙回京后，在何景明居住的纯匠胡同租了一个宅院，与何景明成了邻居。一下子京城的文友更多地聚集在一起，他们以何景明为中心，讨论文学、赋诗唱和。这时与何景明讨论最多的是杨慎和薛蕙，他们就七子派提出“文必秦汉，诗必盛唐”、不可忽视六朝诗歌创作这一问题展开讨论，何景明甚至觉得他们的观点客观而新颖，不可千篇一律固守一隅。他也开始对此前的一些观点进行了反思。

一天，杨慎来见何景明，他就《诗经·卷耳》提出了有别于先贤的一些看法。何景明给杨慎沏了一杯茶，坐下道：“用修有什么新看法说来听听？”

杨慎道：“先贤荀子解读《卷耳》云：‘《卷耳》，易得也，顷筐而盈也，而不可二以周行。’深受后世赞赏。但我认为，若以文王求贤审官论，荀解也不一定正确。而朱子则解释为，文王朝会征伐而后妃因思之，以采卷耳追会文王，爬到大山之顶，致使马乏人病，是思王心切的爱情之篇。其‘陟彼崔嵬’，以下三章，以为是托物言志也。更有人认为，是病妇人因思念其夫而陟岗饮酒，携仆望砠，虽托言之，但有伤大义也。按原诗之旨，我认为，后妃本就没有出宫，是借以采卷耳寄托对文王的思念之情。诗中所谈到的‘陟岗’者文王陟之也，马玄黄者，文王之马也，仆痡者，文王之仆也。金罍兕觥者，冀文王酌以消忧也。后妃身在闺门，而思在道途是也。”

何景明听罢此说，一下子站了起来，此种见解的确很独到，大赞道：“用修此解有别前人，实乃创新，不愧是千古之奇也。可佩，可佩！”

不一会，薛蕙、孙继芳、陶骥、戴钦、刘储秀、张治道也来到何景明宅邸，他们又就六朝歌赋问题展开了讨论。何景明设家宴款待众文友。

正德十二年（1517 年），是何景明人生中最重要的转折之年。何景明从弘治十五年中进士入仕到正德十二年，他已经在官场上经历了 15 个春秋，除掉病乞归居和为父母守丧近五年时间，他实际在朝为官已有 10 年，而他在中书舍人位置上一干就是十多年。这在别人眼里他是一个在仕途上几乎没有建树的人,但在文学上却成就非凡,他不仅与李梦阳并称文坛七子的领袖,而到正德中后期他在文坛上的地位和声誉已经超过了李梦阳。他为人低调,不事张扬,特别是与杨慎等六朝派青年才俊打成一片,并能够接受杨慎等提出的"学古而不拟古"的观点,使他的文学地位和声誉得到了进一步提升。

是年二月,何景明晋升为吏部验封司员外郎,仍置内阁,从此走出了十二年未被提拔的低谷。此后不久,京城文坛又加入了几位才华横溢的年轻人,他们是:胡侍、陈沂、王廷陈、许宗鲁和张含。前四人均是十二年正德进士,后者张含是云南省保山人。正德元年何景明奉哀诏出使云南时与张含有过交往。他这次入京是奉父命来参加春试的,不第,此后便留在京城,与杨慎关系密切。

这日,何景明在礼士胡同一家名翰林酒楼设宴招待众文友。这家酒楼装修别致,每个餐间都很宽阔敞亮,一方墙壁装成书架,摆放着各种图书;另一方墙壁悬挂着名人字画,充满着书香气息。餐桌下方是一张方桌,摆放着文房四宝和宣纸,文士们饮酒来了诗兴,即可挥毫赋诗。文友们兴致都很高,边饮酒边讨论,气氛热烈。大家以何景明为中心,向他提出各种文学上的问题,何景明有问必答,倡明自己的观点。

薛蕙饮完一杯酒道:"近读严羽取崔颢《黄鹤楼》诗为七言律第一,我倒觉得沈佺期的《卢家少妇郁金香》似更胜一筹,仲默兄以为如何?"

何景明道:"沈诗意蕴深远,与崔诗盛唐气象异趣,堪为第一。"

杨慎看着何景明,欲言又止。

何景明笑问道:"用修兄有何见教?请畅其言。"

杨慎将杯中酒饮尽,道:"近读仲默兄《杂言十首》,其中有云:'经亡而骚作,骚亡而赋作,赋亡而诗作。秦无经,汉无骚,唐无赋,宋无诗。'我倒觉得宋并非以词当世,亦有好诗也。"

何景明知道,杨慎对他的这种提法有不同看法,他并没有不高兴,因为文学只有不断地争论探讨才会进步。他笑道:"一家之言。不过,宋相对于唐是无诗的。"何景明坚持自己的观点。

杨慎想了想道："宋人张文潜的《莲花》和刘美中的《夜度娘歌》如何？"

何景明摇摇头道："没读过。"

张含附和道："我背给仲默兄听吧。"于是他背诵张文潜的《荷花》诗："平地碧玉秋波莹，绿云拥扇轻摇柄。水宫仙子斗红装，轻步凌波踏明镜。"接着又背刘美中的《夜度娘歌》诗："菱花炯炯垂鸾结，烂学宫妆匀腻雪。风吹凉冰影萧萧，一抹疏云对斜月。"

杨慎看着何景明道："此类诗还有许多，如杜衍的《雨中荷花》、寇平中的《江南曲》等。仲默兄以为如何？"

何景明笑道："亦是好诗，余少观宋人诗也。"

杨慎霍地站了起来，举起酒杯道："闻仲默兄此言，我杨用修愿饮三杯敬仲默兄。"

张含也跟着站起来道："我愿同敬仲默兄三杯。"

薛蕙、陈沂、张诗、王廷陈、孙继芳也都站起来，愿饮三杯以敬何景明。

何景明也站起来道："谢谢尔等新派诗人，后来者居上，我陪饮一杯。"

杨慎等饮完酒，还未坐下，崔铣便站了起来，道："为仲默兄能够升迁晋职表示祝贺，我们大家共敬仲默兄两杯如何？"陶骥、戴钦也都站了起来表示赞同。大家举杯同贺。

当天晚上文友们都十分高兴，张诗、张含都喝得大醉。

何景明回到家里，夫人和孩子早已入睡了。他轻步走进书房，点亮蜡烛，却一直没有睡意。他在思考一个问题：艺术源于诗歌，诗歌艺术是通过言、意、象、境来展现的，而历朝历代都有文人在研究而得以发展。秦汉和盛唐在诗文创作上达到了一定的高度，出了几位名流大家，但并不能完全否定其他朝代在诗文创作上的发展。唐初四杰之王杨卢骆其诗文虽未脱齐梁以来绮丽余习，但已初步扭转了学者文风，其音节气韵均佳。杨慎等认为六朝歌赋代表一个时期的诗文特点，有其可取之处；宋词亦是一个时期的特点，亦有精品，自己提出的"宋无诗"是否有些以偏概全了？自己的尊古而不刻意守古的思想并不是现在才有的，李川甫和薛君采是最知他的。想到这里,他自己感到有些好笑了。他从书架上取出一本《乐府诗集》,细读了《古诗十九首》和谢灵运、陶渊明的几首诗,觉得自己的确对六朝诗歌存有一些偏见。于是他摊开宣纸,挥笔写下《明月篇并序》,云:

仆始读杜子七言诗歌,爱其陈事切实,布辞觉着。鄙心窃效之,以为长篇圣于子美矣。既而,读汉魏以来歌诗及唐初四子之所为。而反复之,则知汉魏固承三百篇之后,流风犹可征焉。而四子者虽工富丽,去古远甚,至其音节,往往可歌。用知子美辞固觉着,而调失流转;虽成一家语,实则诗歌之变体也,其切而异见者,莫如夫妇之间。是以三百篇首乎雎鸠,六义首呼风。而汉魏作者,义关君臣、朋友,辞必托诸夫妇,以其郁而达情焉。其旨远矣!由是观之,子美之诗,博涉世故,出于夫妇者常少,致兼雅颂,而风人之义或缺,此其调反在四子之下与?暇日为此篇,意调若仿佛四子,而才质畏弱,思致庸陋,故擒词芜紊,无复统饬。姑录之,以俟審声者裁割焉。

长安月,离离出海峤。遥见层城隐半轮,渐看阿阁衔初照。潋滟黄金波,团圆白玉盘……

写罢《明月篇》之后,何景明又作《流萤篇》。此二篇均为歌行体,是何景明取六朝初唐诗体而作。二诗一出,便在京中文人中引起了巨大轰动,特别是以杨慎为首的六朝派诗人欣喜至极。因为何景明是七子领袖,他能够取歌行体创作,说明他对六朝派的赞许和肯定,并从行动上改变了诗作非专宗杜甫,应汲取六朝、初唐诗歌创作的观点。何景明的这一转变在京城文友中引起了很大的反响,文友们纷纷崇尚何景明及其后期创作。

何景明在京城文坛的地位和影响,以及《明月》、《流萤》诗一经传出,很快便引起了去职在开封的李梦阳的不满。他认为何景明不守古法,背弃了"文必秦汉,诗必盛唐"的初衷,是一种背弃朋友的做法。不久他便收到李梦阳的一封书信,意思是:何景明十年不升迁,是朝中无识才之士。而今晋升为吏部验封司员外郎值得祝贺。当年一同倡复古,情意深长,如今时过境迁,七子中只仲默在京,文才更长,独领风骚,实在可贺!然而文必求法式,然后中谐音度,如方圆之规矩,古人用之,非自作之也。何子自列于古人畅言复古,而毁古法者何也?云云。并提到了何景明后期创作的诗歌存在诸多缺陷等问题,行文中带着讽喻之意。

何景明没有想到他一向钦佩和敬重的师友会给他写这么一封批评带讽喻的信,他的心里感到失落和委屈。这时,崔铣和薛蕙走了进来,见何景明一脸忧郁,崔铣笑道:"仲默兄遇到什么烦心事了,跟弟妹生气了?"

何景明见二人进来,一扫心头的不快,笑道:"二位请坐。"

崔铣前些日子患了一场伤寒,久咳不愈,他上辞呈养疾乞休未复,好久没来何景明这里了。何景明见崔铣气色不错,很是高兴。他给二人沏过茶后,将李梦阳的书信递给二人,道:"看来我是得罪献吉兄了,予何曾独领风骚啊!"

崔铣看罢书信,交给薛蕙,笑道:"仲默何曾有屈啊?昔日的李何,今日的何李,职位升迁了,文坛声誉日益高涨,诸多青年才俊追捧,连愚兄都羡慕嫉妒不已,何况献吉呢?"

当天晚上,何景明回到家里,他将李梦阳的信重新看了一遍,觉得李梦阳的批评有失偏颇。

何景明道:“子钟你也跟着挖苦讽喻我了!”

崔铣依然笑道:“哪里,我正为仲默兄不平呢。”

薛蕙读罢书信一字未语,只是微微一笑。

何景明道:“我观子钟兄精神尚好,身体康复了,居闲养疾之念丢弃了吧?”

崔铣道:“哪里,此念不但没丢弃,反而愈强烈了。因好久未过来,今天是休息日,约君采来看看你。”

何景明内心里很是感激,道:“谢谢!”

三人聊了许久。至晚,薛蕙为了消解何景明心头的不快,在醉仙楼设宴招待众文友。何景明破例喝了不少酒。

一是秦汉和盛唐各代表一个时期文学创作的高度,涌现出一些有代表性的作家,并不能一概否定其他时期的文学成就;二是文必有法式,法只能是一种格式,切不可以用规矩尺寸生搬硬套;三是尊古而不可抱守古法,取古之精髓而发扬之是为上策。他想就李梦阳对他的批评展开一些讨论,于是提笔写下《与李空同论诗书》,云:

敬奉华牍,省诵连日,初怃然若遗,既涣涣然若有释也。发迷彻蔽,爱助激成,空同子功德我者厚矣!仆自念离析以来,单处寡类,格人逖德,程缺元龟,去道符爽,是故述作靡式,而进退失步也。空同子曰:“子必有谔谔之评。”夫空同子何有于仆谔谔也?然仆所自志者,何可弗一质之?

追昔为诗,空同子刻意古范,铸形宿镆,而独守尺寸。仆则欲富于材积,领会神情,临景构结,不仿形迹。《诗》曰:“惟其有之,是以似之。”以有求似,仆之愚也。近诗以盛唐为尚,宋人似苍老而实疏卤,元人似秀峻而实浅俗。今仆诗不免元习,而空同近作,间入于宋。仆固蹇拙薄劣,何敢自列于古人?空同方雄视数代,立振古之作,乃亦至此,何也?凡物有则及者,及而退者,与过焉者,均谓之不至。譬之为诗,仆则可谓勿及者,若空同求之则过矣。

夫意象应曰合,意象乖曰离,是故乾坤之卦,体天地之撰,意象尽矣。空同丙寅间诗为合,江西以后诗为离。譬之乐,众响赴会,条理乃贯;一音独奏,成章则难。故丝竹之音要眇,木革之音杀直。若独取杀直,而并弃要眇之声，何以穷极至妙，感精饰听也？试取丙寅间作，叩其音，尚中金石；而江西以后之作，辞艰者意反近，意苦者辞反常，色澹黯而中理披慢，读之若摇鞞铎耳。空同贬清俊响亮，而明柔澹、沉著、含蓄、典厚之义，此诗家要旨大体也。然究之作者命意敷词，兼于诸义不设自具。若闲缓寂寞以为柔澹，重浊剜切以为沉著，艰诘晦塞以为含蓄，野俚辏积以为典厚，岂惟缪于诸义，亦并其俊语亮节悉失之矣！

……

仆尝谓诗文有不可易之法者，辞断而意属，联类而比物也。上考古圣立言，中征秦、汉绪论，下采魏、晋声诗，莫之有易也。夫文靡于隋，韩力振之，然古文之法亡于韩；诗弱于陶，谢力振之，然古诗之法亦亡于谢。比空同尝称陆、谢，仆参详其作：陆诗语俳，体不俳也，谢则体语俱俳矣，未可以其语似，遂得并例也。故法同则语不必同矣。仆观尧、舜、周、孔、子思、孟氏之书，皆不相沿袭，而相发明，是故德日新而道广，此实圣圣传授之心也。后世俗儒，专守训诂，执其一说，终身弗解，相传之意背矣。今为诗不推类极变，开其未发，泯其拟议之迹，以成神圣之功，徒叙其已陈，修饰成文，稍离旧本，便自杌棿，如小儿倚物能行，独趋颠仆。虽由此即曹、刘，即阮、陆，即李、杜，且何以益于道化也？佛有筏喻，言舍筏则达岸矣，达岸则舍筏矣。

今空同之才，足以命世，其志金石可断，又有超代轶俗之见。自仆游从，获睹作述，今且十余年来矣。其高者不能外前人也，下焉者已践近代矣。自创一堂室，开一户牖，成一家之言，以传不朽者，非空同撰焉，谁也？《易大传》曰："神而明之""存乎德行""成性存存，道义之门"。是故可能通古今，可以摄众妙，可以出万有，是故殊途百虑，而一致同归。……

何景明在写这篇复信时，回避讽喻或不敬之词，始终以尊重婉转的语气与李梦阳探讨诗文问题。其中有一些批评的话也并不为过，有赞亦有贬，并非一概否定，如"试取丙寅间作，叩其音，尚中金石；而江西以后之作，辞艰者意反近，意苦者辞反常，色澹黯而中理披慢，读之若摇鞞铎耳"，"空同子刻意古范，铸形宿镆，而独守尺寸。仆则欲富于材积，领会神情，临景构结，不仿形迹"，像这类的话，他担心李梦阳会因此而不高兴。因为是论诗，借论诗指出对方不足之处，应该不会伤害到对方，所以也就释然了。最后他写道："今空同之才，足以命世"，"自创一堂室，开一户牖，成一家之言，以传不朽者，非空同撰焉，谁也？"这些话都真诚地表述了李梦阳在自己之上。可没想到的是，李梦阳在收到何景明的《论诗书》后，恼羞成怒，认为何景明对自己大为不敬，很快便写了一封《驳何氏论文书》复何。按照惯例，朋友间的书信来往，题头称对方的字或号者为敬，而以姓氏直称者多为普通朋友或不相识者。李梦阳用《驳何氏论文书》说明已经不把何景明当朋友了，这使何景明感到了问题的严重。李梦阳写道：

某再拜大复先生足下：前屡览君作，颇疑有乖于先法，于是为书，敢再拜献足下，冀足下改玉趋也。乃足下不改玉趋也，而即摘仆文之乖者以复我，义言辨以肆，其气傲以豪，共旨轩翕而[山孝]嵺。仆始而读之，谓君我恢也；已而思之，我规也，犹我君规也。夫规人者，非谓其人卑也，人之见有同不同，仆之才不高于君，天下所共闻也。乃一旦不量，而虑子乖于先法，兹其情无他也。

子摘我文曰："子高处是古人影子耳，其下者已落近代之口。"又曰："未见子自筑一堂奥，自开一户牖，而以何急于不朽？"此非仲默之言，短仆而谀仲默者之言也。短仆者必曰："李某岂善文者，但能守古而尺尺寸寸之耳。必如仲默，出入由己，乃为舍筏而登岸。"斯言也，祸子者也。

古之工，如倕如班，堂非不殊，户非同也，至其为方也，圆也，弗能舍规矩。何也？规矩者，法也。仆之尺尺而寸寸之者，固法也。假令仆窃古之意，盗古之形，剪裁古辞以为文，谓之"影子"，诚可；若以我之情，述今之事，尺寸古法，罔袭其辞，犹班，圆倕之圆，倕，方班之方。而倕之木，非班之木也，此奚不可也。

夫筏我二也，犹兔之蹄，鱼之筌，舍之可也。规矩者，方圆之自也，即欲舍之，乌乎舍！子试筑一堂，开一户，措规矩而能之乎？措规矩而能之，必并方圆而遗之可矣。何有于法！何有于规矩！故为斯言者，祸子者也；祸子者，祸文之道也。不知其言祸己与文之道，而反规之于法者是攻，子亦谓操戈入室者也。

……

这封《驳书》是带着怨愤写的，开篇的谦词即带讽喻之意，言何景明以不实之言回复他。“义言辨以肆，其气傲以豪。”认为是何景明在嘲讽他。“仆之才不高于君，天下所共闻也。”此言很明显是在嘲讽何景明，指出何景明与其争论是“同室操戈”。

何景明读罢《驳书》，心里好一阵悲哀，他感到是李献吉曲解了自己。自己一向对他是尊重有加钦佩有余的，无任何贬损之意，文友间就文学互谈看法和开展一些讨论是很正常的，何谈同室操戈？何景明有些不能理解。他本想再回复一封书信，陈明心迹，消除误解，但他了解李梦阳的为人，那样也许会加重他对自己的怨恨，何景明选择了沉默。可是没过多久，李梦阳又作《再与何氏书》寄给何景明。从这封信可以看出，李梦阳是因为《驳书》是带着怨愤写的，对于诗法的问题并未讲清楚，也是要进一步证明自己观点的正确性，所以语气也比上一封书信平和一些，但文中批评之语也明显。如针对何景明《访徐子容自荆州使回二首》中用了“神女赋”、“帝妃篇”、“南游日，北上年”四句接用有悖古法，道：“盖君诗徒知神情会处，下笔成章为高，而不知高而不法，其势如搏巨蛇，驾风螭，步骤即奇，不足训也。君诗结语太咄易，七言律与绝句等更不成篇，亦寡音节。”“古有此法乎？”何景明对李梦阳的这些批评不敢苟同，但他不敢再反驳了。他知道，如果能违心回复自己的观点是错误的，并接受李梦阳的批评，也许他还能与李梦阳和好如初，但是作为一个文人，明知自己“富于材积，领会神情，临景构结，不仿形迹”的观点是正确的，而为了朋友之情违心迎奉，此非文人之气节也。他再次选择了沉默。也正是他的这次置之不理，加重了李梦阳对他的怨愤，这也成了二人分道扬镳的一个节点。

正德十三年五月，何景明出任陕西提学副使回信阳绕道开封看望李梦阳，他的目的有两点：一是想就自己的复信向李梦阳作些解释，希望消除误解；二是想与自己最难割舍的朋友重新修好。当他见到李梦阳的时候，李梦阳已不像早年那样视何景明为志同道合的兄弟了，他们之间似乎有了一层隔膜。李梦阳设宴招待何景明，并叫来他的几位学生作陪。席间李梦阳一字未提文学争论之事,何景明也不好提及。临别时,李梦阳作《送仲副使赴陕西》,诗云:“骢马白玉鞍,长鸣下云端。今朝发汴水,何日到长安……”尽管李梦阳在情感上与何景明已现生分,但何景明依然很受感动。

何景明离开时向李梦阳辞别,希望他此次特意绕道开封能够得到李梦阳的谅解,二人重修于好,不要因此心生芥蒂,伤了兄弟情分。李梦阳亦设宴为其饯行。席间其门生黄省曾表现出对何极为不敬,言何景明《论诗书》有背古训,大肆贬何扬李,而李梦阳却在一旁未加任何干预,致使何景明很是难堪。

临别时,李梦阳有《再饯何子》,诗云:“武场重布席,文士此分襟。人世东西路,秋天但暮阴。杯光摇弱草,庭色下饥禽。他日关中使,无忘汴上音。”此诗也暗示了他与何景明之间已再无兄弟般情谊了,何景明也因修好无望而感到痛心。

正德十二年(1517 年)四月,何景明的好朋友崔铣因病乞休的辞呈获得批复,告别京中文友时,何景明在醉仙楼设宴为其饯行。崔铣是何景明在京中交往时间最长的朋友,先后有七八年时间都在一起,二人交往频密,感情深厚。何景明对崔铣的离去感到依依不舍。宴罢,相陪的文友们都各自离去,何景明将崔铣留宿在自己的书房内,二人谈至深夜方歇。临行时,何景明将崔铣送出京城外的十里长亭,作《送崔氏四首》,其中一、四首诗云:“行车在门端,送宾集城隅……”“飘飘山上葛,累累田中瓠。苟非同根蒂,缠绵安得固！人情易反复,结交有新故。嗟哉夙昔好,乖弃在中路。明珠尚无因,按剑不我顾。深言匪由衷,白首为所误。亮君勖恒德,永副平生慕。”此诗是何景明向好友崔铣诉说自己被朋友误解的忧郁心情,同时也是对崔铣为人的赞赏和倾慕。

这一年,宫廷内部嬖臣间的斗争尖锐复杂,被皇帝任命为左都督的嬖臣江彬见皇帝宠幸钱宁,便想方设法引诱武宗皇帝外出巡游,使自己能更多地接近皇上,以此削弱武宗对钱宁的宠幸。江彬是因巴结贿赂钱宁而受宠于皇上的,有了江彬武宗更是肆无忌惮地寻欢作乐,反而冷落了钱宁,这使钱宁对引荐江彬而悔恨不迭。八月,江彬怂恿武宗微服出京巡游，行至居庸关，巡关御史张钦不开关门，引起武宗皇帝的震怒。这时追赶而至的朝臣相继而至，大学士梁储、蒋冕、毛纪等极力劝阻，晓陈利害，江彬担心触犯众怒，劝武宗返朝。返朝后不几日，武宗撤调张钦出巡白羊口，派遣谷大用去居庸关守关。不久，武宗随江彬微服出关，在外游玩数月，嫖宿狎妓、强占民女，尽干伤天害理之能事，直到第二年三月，太皇太后驾崩，武宗不得不返京居丧。就在江彬怂恿武宗微服出巡被迫返京后，有着满腔热血和正义感的杨慎上疏力陈武宗皇帝不应听信佞臣恶意谗言，应以国家社稷为重，万不可以寻乐违训出关，因而引起武宗的不满和斥责。不得已，杨慎引疾辞归，离开了京城，到正德十五年才复职还京。

杨慎走后，京中的文友还有薛蕙、徐缙、陶骥、孙继芳、戴钦、侯纶、陈沂、马里、管楫、王廷陈、刘储秀、胡待、张诗和张含等。不久，张含也因春试不第离开京城，回到了云南。

八月十三日，何景明的好友徐缙升迁为詹事府少詹事，宴请何景明等文友，何景明便早早来到徐缙宅邸。

徐缙为人豪爽，厚道，人缘好，其机遇也比较好。当年宰相王鏊在朝时，回乡探亲，至西山游玩时，闻徐缙名，便试以诗联，果然才识出众。王鏊有长女，灵慧通经史，是位才女，择婿难，见徐缙后，便以女许配之。王鏊携徐缙至京师，悉心培植并委教于当时的经学大家靳贵，得其传。徐缙以留守戍籍补顺天府学生，于弘治十一年(1498 年)中举人，但旋因父丧回籍。后于弘治十八年(1505 年)中进士。徐缙与王氏女结婚后，岳父王鏊为其女在城北门买下两层小楼作为陪嫁，因其宽敞，徐缙经常约文友至家中集会，夫人王氏是一位才女，不仅长得漂亮，且贤淑有加，文友们也喜欢来小楼相聚。

徐缙将何景明迎至客厅看茶。何景明道："子容兄为人之厚道皆我等之楷模，这次升迁值得庆贺！"

徐缙道："只是赶上了机遇，若论才德和为人，离何仲默远矣。"

何景明知道，徐缙说的是客套话，也是内心话。他从徐缙身上看到了当年内阁辅臣王鏊的影子。王鏊为官清廉、刚正不阿。刘瑾专权初期，王鏊时任吏部左侍郎，编撰《明孝宗实录》，任副总裁，参与韩文等请诛刘瑾的活动。诛瑾失败后，刘瑾入司礼监，大学士刘健、谢迁相继离去，内阁只剩李东阳一人。刘瑾想引焦芳入阁，但廷议时推王鏊者呼声高涨，刘瑾迫于公论，答应升任王鏊为户部尚书、文渊阁大学士，与焦芳同时入阁。正德二年八月，王鏊受李东阳推举，加少傅兼太子太傅、武英殿大学士，仍任户部尚书。正德四年，王鏊因不满刘瑾专权，不愿与之为伍，三次请辞才被批准。武宗因感念其忠正清廉，赐他玺书、马车，遣家乡官府按旧例供应粮食、奴仆，这在当朝辞官的大臣中尚无先例。王鏊家居 14 年，朝臣交相荐举，终不肯复出。何景明由衷地对王鏊生出敬佩之情，他感叹道："做官能做到像王鏊先生一样，真乃为官之大境界也！"

何景明品尝着徐缙给他沏的一杯碧螺春，笑道："子容兄得济之先生真传，做人做官之道，往后要多跟兄弟们交流，不能独享啊。"

徐缙想，何景明说的也是实话，自己的确是从岳父身上学到了许多。于是笑道："有机会我请仲默兄去苏州游玩，一起去看望济之先生如何？"

何景明道："能去河东当面请教济之先生，景明之愿也！"他喝了一口茶，看着徐缙道："记得正德二年，我离京家居的前一天，子容兄回家探母，当时为你饯行，转眼间十年了，时间过得真快啊！"

徐缙道："是啊，当时你写给我的那首《饯子容》诗我还记着哩。"徐缙说着背诵道："'客馆西垣静，开樽为汝歌。槛花深晚坐，城树喜频过。綵鹢春湖色，骊驹白玉珂。还乡君信乐，予奈别愁何！'此真好诗也。"

何景明笑道："没想到子容兄如此好记性，我都记不起来了。"

二人正说着，薛蕙、陶骥、戴钦、陈沂、孙继芳、张诗等一同走了进来。顷刻间，子容楼里便热闹起来。大家喝茶、嗑瓜子、讲笑话，气氛热烈。不一会，夫人王氏和丫环将菜肴端了上来，摆了满满一桌子。大家论资排辈，围桌而坐。大家让何景明、徐缙坐上席，徐缙执意要陶骥上坐，说自己是主人，不得上坐。陶骥道："今日不同，我等是来恭贺子容兄升职的，所以上席必定是仲默兄和你坐了。"

徐缙笑道："那我就不客气了，主随客便了。"

徐缙拿出他珍藏多年的江苏名酒洋河原酱招待大家。看着满桌的佳肴和美酒，文友们开怀畅饮，气氛浓烈。

酒过三巡之后，陶骥举起酒杯道："子容兄，我敬你一杯。你我同科进士，你从正六品一下升两级，现在是正四品少詹事，我还在从六品原地踏步，今后莫忘了提携你老兄啊。"陶骥说得有些伤感，将杯中酒饮尽。

戴钦道："良伯兄也别叫屈了，想想我们的仲默兄，十二年才升职为吏部员外郎，我们都为仲默兄叫屈啊！"戴钦并没有说出各部员外郎的品级，但大家都知道，吏部员外郎只是个从五品，与正四品还差了一级半。按惯例，能够执笏参加朝会的官员须在四品以上，四品以下官员只有受到传召才可面君的。

何景明笑道："我们都应该向子言兄学习，放弃仕途的约束，浪游大江南北，实是我等之楷模也。"

戴钦道："仲默兄所言极是，万事得想开，我敬子言兄一杯。"戴钦将杯中酒饮尽。

大家饮酒至深夜方散。陶骥喝得大醉，留宿在徐缙宅。

是夜，何景明作《中秋十三日子容楼》，诗云："对酒中秋日，凭阑万里遥。风高塞国雁，月近海门潮。兴逐燕歌起，魂从楚望销。无边汉宫柳，烟色画潇潇。"

何景明与薛蕙一同回到绳匠胡同。薛蕙因饮酒过多，要来何景明宅第继续饮茶。于是何景明引着薛蕙回到家里，进了书房，沏了一壶信阳毛尖，给薛蕙和自己各倒了一杯。

薛蕙喝着茶，拿起书桌上的一本《怀麓堂诗话》随手翻了一下，道："当年西涯先生视李献吉为得意门生，可后来却有悖师之嫌，仲默兄以为如何？"

何景明道："也不尽然。献吉认为茶陵派虽反台阁休，却未能脱离柔绵萎弱之风，当然，这与献吉的性格和为人有关，也并非他不尊重西涯先生。"

薛蕙因酒喝得有些多，说话有些高亢，道："我与献吉虽然没有什么交往，但从他与仲默兄的关系看，他诘难在先，缘于妒心太重，反诬仲默兄'同室操戈'，全不顾仲默兄屡屡施救之情，且《驳书》充满讽喻怨愤之词，无诚恳委婉之心，吾实不敢苟同。"

何景明虽然不赞成薛蕙言献吉之过，但认为他说的都是实话。对于他与李梦阳的争论，与他交往的京城文友大都是倾向于他的。薛蕙与梦阳没有直接交往，而与梦阳交往密切且称其为师友的李濂，甚至连李梦阳的学生张含也倾向于自己的观点，这给他的内心里多少带来一些平衡。但他不能忘记初到京城时献吉对他的关心和帮助，他之所以能够在京城文坛成就今天的地位离不开李梦阳当年对他的推举。李梦阳的“是时少年谁最文，太常边丞何舍人”的诗句他依然记得很清楚。李梦阳是他尊重的兄长和诗友，他们之间的友谊不能丢了。想到这里，他对薛蕙道：“献吉兄的脾气和为人我是最了解的，他当年对我的帮助我是不会忘记的，我只会珍惜这份友谊而勿计较其他的。”

薛蕙表示赞赏。

薛蕙依然没有睡意。何景明感到自己在与后进诗人的交往中薛蕙是最值得信赖和欣赏的一位，二人交往唱和的诗也最多。于是提笔写下《赠君采二首》，诗云：“五花似玉麒麟骨，八尺如龙騕褭身。千金台上求非易，万马群中认为真。”“尔罗仙人海上行，蓬莱深浅不胜情。金门再见东方朔，笑指蟠桃花更生。”此二诗是何景明对与薛蕙交往的极高评价，认识薛蕙真是“千金台上求非易”，是自己的幸运。

是年九月，太仆事少卿都穆先生告老还乡的辞呈被批准，他准备即日动身回江苏阊门南濠里休养，并来向何景明辞行。看着满头白发的都穆先生，何景明有些感动。都穆为官清廉正直，不为权势所屈，喜书法字画，善金石收藏，一生著述甚丰，很让何景明钦佩。都穆年长何景明 25 岁，退休归里时也刚刚 60 岁，只是不满武宗荒于朝政，重用阉臣，愿远离尘嚣，过清静无为的日子。何景明设宴为其送行，并请来京城文友作陪。都老先生席间饮了许多酒，对年轻一辈的文人们发了许多感慨，说到自己为官不顺，曾受到一些佞臣打压和欺视，一生的抱负实现无望时，禁不住老泪纵横。

文友们都为之动容。

是夜，何景明作《送都南濠归吴》，诗云：“愁论白首为郎日，喜见青山送老年。去望云宵皆动色，到知乡里更称贤。丹青王岳庐敖杖，春水三江范蠡船。他日著书应不少,可无人识子云玄。”都穆离京后不久,何景明又作《简都玄敬》寄给都穆。诗云:“故友日零落,都君情不忘。草玄常避客,头白近为郎。宦况思江上,乡心望海傍。闻君画山水,吾亦慕南方。”此诗体现了何景明对都穆先生的思念之情。

十月的一天,何景明得知孟洋由山东汶上调任浙江嘉兴府同知,职务从正七品升为从五品。虽然离京城远了,但职务上也算升迁了,这对一直走低谷的孟洋也算是看到了希望,何景明从内心里为孟洋高兴。

三

正德十二年冬,荒淫无道的武宗皇帝尝到了外出淫乐的好处,不听朝臣们的血书劝阻,离开宣府至大同继续北上,结果与骚扰大同、应州的蒙古兵遭遇。武宗为了显示自己,亲督边军与蒙古兵作战,自封为“总督军务威武大将军总兵官朱寿”,率边军亲自作战,险些被砍杀,幸得将士们奋勇相救,才保住了性命。

此战以蒙古兵战死 16 人,明军死伤四百多人为代价平息了战事。武宗言自己亲征取得了重大胜利,快马驰报京城,并率兵返回宣府。此后,武宗很少在京督理朝政,基本上都在外淫乐游玩,演示着亘古未有的皇帝不理朝政、荒唐淫乐的闹剧,直到正德十六年(1521 年)三月病逝,此闹剧才得以终止。

时任吏部员外郎的何景明对武宗的行为看在眼里、急在心上,但他却无能为力。他经常与薛蕙、孙继芳、戴钦、陶骥、张诗、刘储秀等京城文友在一起饮酒唱诗,时而议论国事,发发感慨,但他一直在为国家的前途和命运担忧。

一天,何景明的好友陶骥升任广西道监察御史,出使广西,何景明设宴为他饯行。按惯例,朋友外任或奉命出使时为其饯行,大都要把好友请来作陪。陶骥是上海人,弘治十八年进士,何景明请来陶骥的好友徐缙、曹琥和刚从陕西道回京的监察御史张士隆,三人均为弘治十八年进士,与陶骥同科。同时还请来了在翰林院供职的右谕德李时,李时与何景明为同科进士，还有孙继芳和薛蕙等作陪。文友相见都非常高兴，大家畅所欲言、尽吐心声。席间，素来宽厚少语的李时举杯道："我借仲默兄之酒，为良伯兄晋升御史敬一杯。"

大家都鼓掌赞同。

李时与陶骥碰杯，将杯中酒饮尽。陶骥道："感谢宗易兄看得起我陶骥，这次略有升迁，是托了大家的福，还请宗易兄多多指教。"李时道："不敢言指教，我等同朝为官，相互帮衬，共为朝廷效力。"

李时（1471—1538），字宗易，河北任丘人，弘治十五年进士，授编修，历侍读，右谕德。嘉靖后，历官吏部右侍郎，吏部尚书，加太子太保，后屡加至少傅兼太子太师，华盖殿大学士。著有《南城召时录》、《列卿记》等。李时平时与文友们交往并不太多，为人宽厚和善，行思缜密，何景明曾向文友们言过："李宗易有治才，非等闲之辈。"事实也是如此，嘉靖时入内阁，地位与正德时的李东阳齐平。何景明有《和李宗易内翰立春日作》，诗云："春日长安车马迎，密烟轻旭弄朝晴。诗来草动池塘色，吟罢花增馆开情。万里江湖桃竹杖，十年风雨铁灯檠。一官樗散空时序，又见春盘细菜生。"何景明在诗中用"桃竹杖"、一种上好材质的拐杖来赞赏李时的为人；"十年风雨铁灯檠"赞李时从刘瑾专权至今未经历任何挫折，仕途平稳。用"樗散"喻自己不被世用，只是一种投闲散置的樗木，足见他对李时的赞赏。李时举起酒杯对何景明道："我敬仲默兄一杯。"说完将杯中酒饮尽，道："听说李献吉与仲默因文争而分襟，如今怎么样了？"

何景明叹了口气，道："这事宗易兄也知道了？"

李时道："李何之争，京中文人尽知，一个提倡守法式，一个倡言不仿形迹，不知结果如何？"

陶骥道："宗易兄乃时政评论家，您怎么看？"

李时沉吟了一下道："若论诗文，吾皆不如大家，若论献吉的为人，我略有所知。"

薛蕙知道，李时诗文皆有造诣，却为人谦虚，十分令人钦佩，举杯道："薛蕙敬宗易先生一杯。"他将杯中酒饮尽道："薛蕙愿闻先生评介，以为警示。"

李时亲和地看着薛蕙道："献吉有才，且不畏强权，疾恶如仇，值得称道，但其胸怀不达，唯我独尊，顺其意者则友，不顺其意者成仇。当年其师西涯先生因不满其狂曾予以批评而被他记恨在心，可想而知，李何分襟是迟早之事，皆在意料之中的。"

文友们都表示赞同。

工部员外郎曹琥举起酒杯道："此杯酒我敬宗易兄、仲默兄和良伯兄。"说完将杯中酒饮尽。李时、何景明和陶骥也将杯中酒饮尽。曹琥为人正直，心直口快，敢于直言，他道："什么李何之争？如今何仲默在京城的名气已超过了李献吉，他心里不平衡罢了。"

徐缙笑道："瑞卿兄说的有道理。"他说罢举起酒杯道："我敬各位文友一杯。"

何景明知道，李何之争在京的文友更多是倾向于自己的，他很是感激。他道："很感谢大家，我敬大家一杯。"他饮完酒道："献吉是我很尊敬的师友，就诗文观点展开争论实属正常，不应该影响我与献吉的友谊，我希望能够得到他的谅解。"

李时道："据我推断，你想得到他的谅解不太容易。"

何景明道："我们饮酒，换个话题。"

大家纷纷举杯。

酒席罢，孙继芳让店家拿出纸笔请文友们赋诗。何景明作《送良伯》诗云："去年秋杪遥相送，今岁冬残复此行。寸草独牵千里思，一枝同有上林情。江枫野泊停霜夜，海日官船动水程。何处逢人问消息？梅花南国望春生。"

在李何之争的问题上，薛蕙一直是站在何景明的立场上的，认识到李梦阳与何景明之争不仅是在诗文观点上，更多的是李梦阳缺乏容人之量。他写给陶骥的《送陶良伯之广西》诗后，又写了一首著名的《戏成五绝》，诗云：

海内论诗伏两雄，一时倡和未为公。
俊逸终怜何大复，粗豪不解李空同。

此诗一出，众文友都拍手叫好。一时间，薛蕙的《戏成五绝》便在京城文友间传开了，不久便传到了开封，更加重了李梦阳对何景明的嫉恨。此后，薛蕙还写过一首《读李空同诗》云："可怜词客李空同，治第筑园学富翁。地下定遭刘主笑，我犹如此况如公。"进一步支持何景明。

几天后，在工部供职的曹琥因上疏救聊友周广得罪奸佞钱宁被谪降云南省寻甸通判，何景明为其送行，作《送曹瑞卿谪寻甸二首》，诗云："逐客滇南郡，云天此路长。高秋行万里，落日泪千行。作赋投湘水，题书寄夜郎。殊方气候异，去矣慎风霜。""一封朝北极，万里幕南冥。地远投蛮府，天高哭汉庭。旅情生白发，行色傍秋星。若过湘江上，休看杜若青。"曹琥与薛蕙是同乡，关系密切，何景明虽然与其交往不多，但二人的友谊深厚，彼此尊重。

曹琥，字瑞卿，安徽省巢县人，正德十八年进士。历官工部员外郎、广信府同知、巩昌知府。

入冬后，何景明感到身体有些不适，肝区亦有些疼痛。他想是饮酒造成的，因近一段时间文友们经常相聚，免不了每次都要饮酒。在京城文友中，自己是一些后进诗友们尊重的对象，他们都希望跟自己碰杯，自己也不好推辞。前几日，他到太医房取了几服治疗肝病的中药，煎服后这几日感觉好多了。这天晚上，他生了一盆木炭火，坐在书房里看书，老乡张士隆和王崇庆二位好友前来拜望。他立即把二人迎进书房里，并让夫人王洵姝沏一壶好茶过来。王洵姝将茶端到书房，见过二人后退出。这时，何景明见张士隆手里拿着一把弓，问道："仲修兄，怎么拎着一把弓呢？"

张士隆道："送给仲默兄的。"

何景明笑问道："怎么想起给我送弓了？"

张士隆道："这是从陕西周原带回来的一把虎头弓。桃木做的，说是挂在墙壁上可以避秽去邪。仲默兄文才超群，却少了些武治，送把弓以示文武互补如何？"

何景明笑道："知我者张仲修也！"

何景明收下弓，问王崇庆道："德征兄不是在登州任上吗？什么时候回京的？"

王崇庆道："昨日才回京，吏部召回述职的。"

何景明道："可否有新的任职呢？"

王崇庆道："目前尚不知道。"

王崇庆(1474—1560)，字德征，号端溪，河南濮阳人，正德三年进士，授户部主事。因上疏反对刘瑾专权下诏狱，谪广东肇庆驿丞，何景明病休家居时曾听戴冠介绍过此人。正德七年，王宗庆奉命回京时曾拜望过何景明，并拿出新写的《五经心义》请何景明指教。何景明见王崇庆气质儒雅，相貌不凡，且见解独到，并对他的《五经心义》很是赞赏，知道王崇庆非等闲之辈。他设宴款待王崇庆，作《酬赠王德征》，诗云："北方有一士，云冠瑶华簪。抗身服高义，奋翅翔天林。一鸣远见斥，弃置南海寻。飞黄本翼产，顾盼无千金……"何景明诗中已预测到了此人日后必飞黄腾达。王崇庆嘉靖年间官居南京吏部、礼部尚书，二品大员，威望很高。他很钦佩何景明的诗才，曾作有《饮大复馆二首》，诗云："曹刘陶谢文章馆，却喜山人放酒杯。天上迅雷惊四座，马前暴雨一时回。""大复山人留我坐，高谈实见杜陵才。相逢恰是曾相识，落日关门尚未回。"可见此二诗是对何景明的高度赞赏。

何景明给二人续茶，问张士隆道："仲修兄在陕西道的情况如何？"

张士隆道："还算不错。由于陕西地处中西部，与多省交汇，来往人员比较复杂，问题相对较多，地方官员贪腐不作为较为普遍。当年王子衡为陕西道御史时，对陕西地方官吏贪腐行为进行过整治和监督，反遭廖鹏等太监的诬陷而下诏狱。更可恨的是，镇守陕西的太监廖銮侄廖铠，王子衡任陕西道御史时已将其坐罪除名，今又复冒功为锦衣卫千户，暴戾贪淫，假窃福威，大招无赖之徒为爪牙，强索民财，盗取官库，奸淫民女，老百姓畏之如虎。我几次上书都被太监廖鹏扣之不报，实在是可恨至极！"

何景明道："此事怕是要通过都察院面呈皇帝。听说都察院右都御史秦金为人正派，敢于直言，何不告知于他？"

张士隆道："已向秦都御史告知此事，均无消息。"

王崇庆道："这事仲修兄也不必过急，皇帝不明则政而不正。刘瑾伏诛后朝政依然由阉宦把持，而钱宁、廖鹏之辈整日在皇帝左右，想治罪廖銮不易。仲默兄所言极是，上交都察院即是。"

之后，二人又问到了李何之争的事，何景明只是作了些反思，并没有言及李梦阳的过失。三人聊了许久，甚是惬意。何景明道："感谢二兄来寒舍看望我何仲默，明天中午是休息日，我请二位老乡来家小酌。"

二人爽快地答应了。是日，何景明作《张侍御仲修送弓》，诗云："绣服意相亲，雕弓把增新。独怜投笔志，未老据鞍身。话控鸣风镝，宵弯抱月轮。倚天时一望，西北有胡尘。"

第二天中午，何景明设家宴宴请二人，并请来兵部主事刘文焕、薛蕙、孙继芳作陪。刘文焕与王崇庆是同科进士，薛蕙与孙继芳是何景明的好友，六个人很是投机，何景明因身体未愈只略饮了几杯，其他人都喝得有些醉。

张士隆(1475—1525)，字仲修，号西渠，河南安阳人。弘治十八年进士，历任广平推官，都察院监察御史，先后巡按浙江、陕西、直隶等地，忠义谏言秉直弹劾，官至汉中守备副使等。

送走了几位好友，何景明坐在书房休息，忽然想起昨日收到姊夫孟洋寄来的一封书信，信中谈到他在嘉兴患湿病，全身水肿几经不起，日前已基本治愈，是因为南方湿气太重，水土不服。近日想起父母年事已高，甚是思念，打算告假回乡探望云云。何景明想起骨肉情深，离别日久，甚是牵挂。于是给孟洋写了一封复信，同时寄《答孟望之二首》，诗云："念汝书难达，登楼望欲迷。天寒一雁至，日暮万行啼。饥馑饶群盗，征求及寡妻。江湖更摇落，何处可安栖。""日落荒山畔，孤城更可伤。生涯仍寂寞，世事转仓皇。百口同饥馑，千村尽虎狼。知君怜老父，南望白云长。"何景明将信和答诗封好，让丫环送往胡同口的邮驿房，思念亲人的心情才算平静下来。

这时，有两个人走了进来，何景明见是陈沂和王廷陈，便立即迎出书房，笑道："二位进士快请。"

何景明将二人请进书房坐下，沏上茶，道："有些日子没有见到二位进士了，心里面很是想念。怎么样，入仕后工作适应了吧？"

陈沂道："还好，只是有几天没见到仲默兄了，想过来看看。王梦泽兄弟对你十分崇拜，他晚上要在醉仙楼宴请你，所以我就陪着他过来了。"

何景明笑道："王进士何必如此客气呢？"

王廷陈道："能宴请仲默先生是我王梦泽之荣幸哩！"

何景明不好意思拒绝，于是笑道："梦泽盛情，恭敬不如从命了。"

晚上，王廷陈请了陈沂、薛蕙、戴钦、胡侍、刘诸秀、张诗、孙继芳几位诗友，他认为只有这几位诗友才能与自己唱和。

王廷陈(1493—1550)，字稚钦，号梦泽，湖北黄冈人，正德十二年二甲进士，礼试科第一，选庶吉士。其父王济，弘治十五年进士，与何景明同科，相熟。王廷陈自恃才高，不把一般人放在眼里，后世王世贞有载，"其妄不可一世，仅推何景明。"早在两年前，王廷陈来京游太学时就拜访过何景明，何景明作《赠王举人》，诗云："王子万人英，诗名少日成。骊珠眠自抱，天马傍谁行。旅食青枫改，秋吟素发生。过逢见汝意，潦倒愧吾情。"对王廷陈大加赞赏。席间文友们又提到了李何之争之事，文友们都倾向何景明的观点，王廷陈尤推何景明道："我赞同仲默先生诗文创作应遵循'富于材积、领会神情、临景结构、不仿形迹'的灵活变通观点，什么'仆之尺尺而寸寸者，固法也'。什么是法？墨守成规、独守尺寸为法？余以为尊古固法，而实则是背古法也。"王廷陈极力褒何抑李，刘储秀和张诗鼓掌赞同。

酒席后，何景明作《赠王子》，诗云："王子万夫特，英风千仞余。未投汀水赋，曾上汉庭书。日月方前席，江湖漫卜居。城南想见处，花暮独廻车。"可惜的是，王廷陈在官场的时间仅仅维持了五年便被解职归田。正德十三年，因反对武宗南巡而作《乌母谣》讽刺武宗及江彬等佞臣而受到廷杖，谪放裕州知州。在任上因与巡按御史茂坚发生争执，暴打茂坚并将其禁闭，后被解职，此后家居二十年未曾复出。

正德十三年(1518年)初春，何景明身体得到了康复，工作热情也比较高，当时的少师兼太子太师吏部尚书杨廷和对他很是看重，有意推荐和提拔他。在这一段日子里，文友们相聚更加频繁。三月的一天，何景明正在书房看书，好友薛蕙和刘储秀走了进来，何景明立即将二人迎进书房里。

坐下来后何景明问道："二位主事，这春暖花开之时也没出去走走？"

刘储秀道："我和君采原打算请仲默先生到香山游玩两日，昨日得家信，母亲身体不好，思子心切，让我回去一趟。我已向吏部告了假，准备回咸阳数日，特来向仲默兄告别。”

何景明很是看重刘储秀的为人和孝心，刘储秀也十分尊重何景明，二人交好与薛蕙跟何景明交好有关。中午，何景明留二人在家吃饭，何景明作《春日刘薛二子过》，诗云：“林花寒不折，城雁日喧呼。壮觉风情减，春增旅兴孤。经过留翰墨，潦倒念江湖。未似高阳侣，垂鞭向酒炉。”

刘储秀与薛蕙是同科进士，二人关系密切。在关中同期文人中还有张治道、胡侍、马里、许宗鲁等，因其诗才得名，在京被称之为“西翰林”，这些文人都受何景明的影响较大，与何景明的交往也较多。在京城后进文人中，刘储秀和薛蕙最受景明看重，此前二人经常一起拜见何景明，何景明作有《十月夜望刘薛二子见过对月》、《九月四日刘薛二子见过二首》、《九日夜过刘以正别士奇》等。何景明升陕西提学副使离京赴任前，刘储秀在显灵宫设宴为何景明饯行，请众多文友相陪。文友们都为何景明离京依依不舍，数位文友喝得大醉以至于痛哭流涕。

刘储秀与何景明同年，做人做事很相近，话语投机，交往的时间较多，在何李之争的问题上他倾向于何景明。他写给何景明的诗有《五日集显灵宫迟何大复不至》、《夏日显灵宫饯大复何先生督学关中二十韻》、《襄陵酒歌谢提学何大复》、《得何大复书》、《答大复病愈见寄二首》、《过何大复先生宅有序》等，足见二人的关系之密切。

刘储秀（1483—1558），字士奇，号西陂，陕西咸阳人，正德九年进士，授刑部主事，后升至郎中。嘉靖时官历山西提学副使，后晋升为右副督御史巡抚辽东，因政绩突出升至户部尚书，后改为兵部尚书。著有《刘西陂集四卷》等。

前不久，在工部供职的刘以正回陕西探亲，他知道何景明喜欢菊花，便从陕西带回一些春菊苗，让何景明栽在一个盆里。刘以正是何景明已故好友刘以道的胞弟，与何景明交好。这两天，那盆春菊开得十分旺盛，以至于满院子的菊香。春菊不像秋菊，花朵偏小一些，而刘以正送来的这盆春菊的花朵与秋菊一般大，更为难得。晚饭后，何景明在院子里给菊花浇水，在刑部供职的管楫和顾可适二主事来见。二人一进院子便闻到了菊花的清香。

管楫道："仲默兄，哪里弄来这么好的春菊？开得如此之艳！"

何景明迎住二人，笑道："以行兄，你这个当代的施公今天怎么有空来寒舍？"

顾可适道："平时腿懒，好久没见你这位大文豪了，特意约汝济过来看看您。"

何景明道了声"谢谢"，便将二人带至菊花前。何景明道："刘以正回关中时给我带来的春菊苗，我将其栽在这盆里，转眼间便到了花的壮年期，不久便要凋谢了。"何景明想起已故的好友刘以道，有几分伤感。他将二人引进书房，给二人泡了两杯茶。他们边喝茶边聊。

管楫道："近日太监张忠宅被盗及一家丁死亡案告破，是张忠管家的侄子所为，以行兄破案有功，受刑部嘉奖，以行约我过来请仲默兄，明天中午在显灵宫设宴款待仲默兄和诸位文友。"

何景明犹豫了一下，本不想参加这次饭局，但文友相请，他不好拒绝，便答应了下来。三人聊至深夜，二人方才离开。是夜，何景明作《汝济夜过同以行对菊》："摇落相过地，芳菲晚更亲。酒醺留媚眼，灯色笑生春。风雨新晴夜，江山未老身。百年如不醉，恐负此花神。"

管楫，字汝济，号平田，又号竹木山人，陕西咸阳人。少年事父母以孝闻。正德六年进士，授刑部主事，历官吏部文选司员外郎。正德十四年逆江彬乱政，遂引疾归里，闭门读书。嘉靖时官至太常寺卿，山东巡抚。著有《平田集》二卷。

第二天是初九日，何景明与众文友汇聚在显灵宫宴宾馆。显灵宫位于北京兵马司胡同内，是一处千年道观，旁边有一宴宾馆，相传在此宴宾者，宴罢去观内祈福许愿十分灵验，因此这里成了朝臣官员们宴客相聚的地方。今日来集宴的文人有：何景明、李时、张士隆、薛蕙、孙继芳、刘储秀、戴钦、侯纶、管楫、顾可适、张诗、刘文焕、刘以正、马理、张治道、王九峰、陈沂、胡侍、王廷陈、许宗鲁共 20 人，由管楫和顾可适做东，宴请诸位。他们在显灵宫宴宾馆开了两桌，京城的文友欢聚一堂。宾宴馆内装饰一新，数十盆春菊摆放在大厅的两边，大厅里菊香阵阵，给文士们带来了浓厚的兴趣。大家都称赞管、顾二进士选择的好地方。席间，文友们以何景明为中心，讨论文学，提出各种问题让何景明解答，并纷纷向何景明敬酒，何景明有些招架不住。每逢这样的场合，何景明内心里总是有些激动和兴奋，他眼前的这一帮文友个个都才华横溢，但他们都对自己尊重有加，自己的心情也格外高兴。

这时，关中才子胡侍举起酒杯来给何景明敬酒，道："当年七子派论复古，提倡'文必秦汉，诗必盛唐'，康、李、何均为主导者，可仲默先生早年的《海叟集序》和近期的《明月篇》里都有着复古而不守古的思想，并提出作诗不可以独守尺寸，要领会神情、临景构结、不仿形迹，这是仲默先生一贯坚持的观点吗？"

何景明道："倡复古自唐至今都有的，韩柳倡古文运动其目的是以文载道；东阳先生倡复古以为变通，铸一己之风格；吾辈倡复古以呼唤汉唐，重振士风。我从不悖'文必秦汉、诗必盛唐'的初衷，只是在创作方法上坚持一种灵活变通的方式，西涯先生的某些观点是值得我们借鉴的。"

李时和顾可适率先鼓掌，带动两桌文友一片掌声。

之后，何景明就道德气节问题给文友们做了解答，又博得了文友们的一片掌声。

是夜，何景明作《九日显灵宫宴集》，诗云："九日无风雨，宾朋更远来。菊花催酩酊，仙侣得追陪。眺迥山河出，登高殿阁开。携游有诸妙，词赋岂无才！"

顾可适（1482—1539），字以行，号蓉峰，江苏无锡人。正德三年进士，授刑部主事，官至刑部郎中，奉命审录冤狱，多有平反。何景明与其交往诗有《顾以行诸友见访次韵》、《以行西山还相访》、《汝济夜过同以行对菊》、《过寺访以行》等。

几天后，何景明的好友，柳州才子戴钦因不满武宗皇帝巡游上疏而受廷杖，激愤之下辞官返乡，何景明作《送戴进士时亮》，诗云："戴生长啸出燕州，知尔寻仙不可留。相望有时攀玉树，此行何地访丹丘？乘风逝鼓洪涛柁，观日回登沧海楼。白画果然生羽翼，青云奚羡帝乡游。"此诗寄寓着何景明与戴钦的深情厚谊，同时也流露出对戴钦过着自由自在的仙游般生活的羡慕，这是文人们所追求的一种自然悠闲的境界。

第九章

提学任上 深得民心

一

正德十三年(1518年)三月,武宗皇帝借口祭祀祖宗山陵,第三次巡游。他随江彬和大队锦衣卫从京西北转到密云等地,沿途抢掠百姓财物和民女,所到之处,百姓纷纷逃亡。三个月后,武宗皇帝在众朝臣的强烈要求下,不得已才返回京城。也就在这时,何景明被任命为山西布政使司提学副使,后改任陕西布政使司提学副使,这一改任对于何景明来说却是一件快意的事。虽然山西和陕西都在中国的中西部,且山西距京城和家乡信阳都要近一些,但何景明并没有因为去了陕西而感到沮丧,反而感到庆幸。因为陕西有他时常思念的康海、王九思和吕柟等文坛挚友,加上陕西西安是一座文明古城,人杰地灵,文人辈出,历史上有13个朝代在此建都,是他久已向往之地,也是他工作的理想之地。

得到陕西赴任的圣旨后,何景明准备在八月十九日离京,先取道信阳回老家一趟,然后再到陕西。在这段日子里,朋友们宴请都排上了日程,每天都忙于吃饭、饮酒,好在文友们都知道他的肝脏不好,没敢让他多饮酒。

十六日晚上,时任礼部员外郎的侯纶设家宴宴请何景明。

侯纶,号汝立,太原人,正德三年进士,授户部主事,历官员外郎、礼部郎中,官至南京户部左侍郎、湖广副都御史。著有《侯中丞奏疏》等。何景明作《十六夜月集侯汝立》,诗云:"秋月尚不减,客堂清宴阑。把杯看玉兔,驻马簇金鞍。渐觉岁时暮,况惊关塞寒。霜笳中夜发,叶落满长安。"此诗是何景明即将远行陕西时的一种心境描写,他仿佛看到了崎岖山路上满是落叶的悲凉景象。何景明与侯纶的交往诗还有《送侯汝立之东昌》、《雨后汝立见过承诗赠》、《简汝立》和《汝立席上送孙世其》等多首。

第二天中午,从外地巡游回京的张诗和孙继芳来看望何景明,准备十八日晚在显灵宫设宴为何景明饯行。何景明答应后,提出让张、孙二人陪他到天坛寺拜见一下沈道士。沈道士与张诗交好,张诗引见沈道士与何景明相识。去年夏天一个夜晚,何景明与张诗曾留宿在沈道士观中,何景明作《天坛沈道士观中》一诗,有“夏目天坛上,登临傍九霄”的诗句。

三人一同来到天坛沈道士观中。

沈道士五十多岁,黑发黑须,嗓音清亮,一种仙风道骨样子。他将三人迎至观内,沏上香茶,道:“三位道友难得今日清闲,欢迎来观示教。”

何景明十分了解道教清规,既知道又悟道。张诗时常入住道观,自称为昆山居士。三人与沈道士聊了许久,沈道士笑道:“观仲默先生之气色,似有新任在身,今日来道观是想抽签预测一下未来之运吧?”

何景明笑道:“沈道士实乃高人也!”

说着,沈道士带何景明等三人来到老子塑像前,净手焚香,跪拜之后,沈道士将签囊摇了几下,何景明从中抽出一签,是一支中上签。签上写道:“江海无涛未有涯,生平名望百姓家。中年无欲天地远,子孙高唱后庭花。”沈道士看了签语后半晌无语。

何景明接过去看了问道:“沈道兄,此签如何?”

沈道士笑道:“中上签,是好签。”他接着道:“这第一、二句说的是仲默先生仕途很平淡,无大惊险,虽然官位不高,却名扬天下。三、四两句说的是中年后却看淡仕途,对佛道感兴趣。更看好的是仲默先生的子孙很有后劲,子承父志,兴旺发达。”

张诗和孙继芳鼓掌叫好。何景明心里也十分高兴,这签就是针对自己而写的。他将签收好,三人离开道观。此后,张诗去沈道士观中,沈道士却是另一种解释,道:“签语不可信,亦不可不信。仲默此去陕西却不会太久,多至三五年也。“

张诗道:“此话怎讲?”

沈道士道："江海无涛未有涯"、"中年无欲天地远"二句是预寿辰语。"陕西乃内陆之地，无大江大海，'涛'无水为'寿'，无欲则无生，归于天地间，此死签也！"

张诗听罢大惊，过后亦怆然，道："此签不可信！"

沈道士道："无论真假，昆仑弟皆不可言说啊！"

张诗道："这个自然。"

十八日晚上，孙继芳和张诗在显灵宫宴宾馆设宴为何景明饯行，在京的文友三十余人来显灵宫为何景明送行，气氛热烈。文友们玩至深夜方散。

第二天一早，何景明便携家眷离开京城。因为他离京的具体时间并未告诉诸文友，前来送行的都是一些要好的朋友，他们是徐缙、孙继芳、薛蕙、张诗、刘储秀、管楫、陈沂、王廷陈、侯纶、刘文焕等文友，他们将何景明送出京城十里长亭，洒泪而别。同来相送的文友刘文焕回定州探望父母，相约与何景明同行。北京到定州只有两天多路程，与好友同行何景明心里十分高兴。王琤赶着马车，夫人和孩子坐在车里，何景明与刘文焕骑着马，向保定进发。

头一天马行速度很快，第二天下午他们便到了定州。晚上，定州知州许补之设宴款待何景明与刘文焕一行。第二天上午，许补之、刘文焕陪同何景明登定州塔。定州城里的一帮文人听说何景明来了，高兴异常，相约前来拜访，也相随何景明一起游定州塔。

定州是闻名遐迩的历史古城，定州塔被称之为"中华第一塔"。塔建11层，高30余丈，气势高大、雄伟壮观。何景明等一行登上塔顶，整个定州城尽收眼底。定州塔建于北宋初年，历经五百余年，塔身完好如新。古人鬼斧神工，能建造如此高大精美之塔，实为罕见。是日，何景明作《同许补之刘子纬登定州塔》，诗云："塔阁盘空上，笙箫绕洞行。悬梯出万井，飞盖俯孤城。燕岱风云色，滹沱雁鹜声。登高并回首，直北是神京。"

晚上，刘文焕设宴为何景明饯行。刘文焕的定州朋友十余人作陪，气氛十分热烈。

刘文焕（1482—1528），字子纬，又字德征，号兰村，定州人。正德三年进士，授兵部主事，升郎中，官历东昌、夔州知府。何景明与其交往诗还有《十五夜刘子纬宅子静初至对月》、《夜集刘德征》、《刘德征上陵还有赠》、《答刘子纬雨后之作次韵》等多首。

第二天，好友刘文焕将何景明一家送至十里长亭，洒泪而别。

何景明一路南下，几天后他转道开封看望李梦阳，虽然受到李梦阳的接待，但他想与李梦阳修好的愿望未能实现。

几天后，何景明回到了信阳。恰逢已退居信阳的夔州知府高鉴先生病逝。何景明与高先生关系密切，高先生琴棋书画以及诗文皆通，他十分钦佩。高先生死前嘱其长子高迁："必何子铭我而可。"

何景明对高鉴先生的逝世很是悲痛，过家哭其丧，并为其作墓志铭。高先生死后不久，何景明作《怀高铁溪先生四首》，其中两首诗云："积雨空林畔，庭除烟雾昏。佳人不我至，樽酒向谁论？野树谁连屋，秋山遥对门。何时孤兴发，骑马到荒村。""磊落真邦颜，襟期亦我师。右丞元好画，谢傅未忘棋。花鸟留新兴，云山待妙词。小堂能枉驾，一为细论诗。"

送走了高铁溪，何景明在家待了十多天时间，走访了一些亲戚和朋友后，于九月中旬离开信阳取道陕西。

过桐柏入南阳、到西峡过商洛是到西安最近的路程。可何景明并没从这里走，而是北上许昌，拐到郏县再入西峡进入陕西，转了一个大圈子，这是他在离京前就计划好的，他要到郏县去看望他的好友王尚絅。何景明与王尚絅是弘治十五年同科进士。正德七年王尚絅被外放任山西左参政，时值母亲患病，家中还有八十多岁的祖母无人照料，他辞职回乡奉养母亲和祖母至今已有六年，何景明时常思念这位要孝心不要官位的至交好友。

郏县是个人杰地灵的地方，西汉张良、韩延年，东汉藏宫、铫期均出生于此。此地因山水秀美，传为龙凤宝地，黄帝均天台、三苏坟均建于此。

何景明一行来到距三苏坟约五里的苍谷山下的一个宅院前，见宅院的门庭上书写着"密止堂"三个大字，何景明知道这就是王尚絅的隐居地了。他让王琤前去敲门，一个书生模样的年轻人开了门，问："请问客官找谁？"

何景明上前道："此是苍谷先生的密止堂吗？"

何景明的话音刚落，还没等年轻人回答，一个声音从院落里传了出来，笑道："我猜是何仲默来也！"

王尚絅笑着从院子里走了出来，道："仲默此行虽然没告诉我，可我已经预测到了此去陕西必绕道郏县，必来我苍谷一会的。"

何景明笑道："知我者锦夫也！"

王尚絅将何景明一家迎进屋内安顿。夜晚，设家宴招待何景明一家，两家人在一起像过节一样高兴和热闹。是夜，夫人王洵姝和王夫人聊了一会儿家常，便带着孩子睡下了。在王尚絅书房里，两个久别的文友有说不完的话。二人聊别后之情、聊当前时局和文友的状况至深夜，二人同宿在书房里。

第二天上午，王尚絅领着何景明游览了郏县的文庙和"三苏坟"。在进入三苏坟前有一座石牌坊，上书"青山玉瘗"四个大字。牌坊两边书写着苏东坡的"是处青山可埋骨，他年夜雨独伤神"的诗句。此牌坊是王尚絅家居时所建。何景明知道，王尚絅建此牌坊是对苏东坡这位大文豪的追忆，同时也隐喻着他自己看淡官场、追隐自然的心态。

进了三苏园，天阴沉沉的，北风一阵阵刮着，入冬来的寒冷浸漫着游人的身体。王尚絅笑道："看来这天是要留下大诗人何仲默了。"

何景明也笑道："那我就不走了，这里可是风水宝地，三苏能把尸骨埋在这里，我就和锦夫兄一道在这苍谷山下隐居，死后同葬于此，岂不快哉！"说罢二人哈哈大笑。

中午，王尚絅安排随从回家告诉自家夫人，让她安排好何夫人及孩子饭食，他中午不回家，跟仲默在街上吃郏县的风味名吃饸饹羊肉面。

二人刚到一家饸饹面馆坐下，外面便飘起了雪花。老板见是回乡奉母的大进士王尚絅，便将二人领进一个小单间里，生上一盆木炭火，顿时房间里便温暖起来。

不一会，老板上来几样小菜，一盘卤红牛肉、一盘花生米和一盘素菜，还有一壶自酿的高粱酒，放在炭火边烤热。二人喝了两杯热酒，身上顿觉暖和了。几杯之后，何景明不敢喝了，王尚絅也不再勉强。一会儿饸饹面上来了，上面盖了一层红油羊肉。何景明将面和羊肉搅拌均匀，吃了一口，香辣而不腻，十分爽口，连声道："好吃，好吃。"

从餐馆里出来，外面的雪越下越大，街道和房屋已是一片银白。二人叫了一辆马车，回到了密止堂。这时，家人正在厅堂里烤火。王尚絅的母亲、夫人，五个孩子；何景明的夫人和四个孩子，十几人济济一堂，其乐融融。王尚絅生有三男两女，长女英已十岁，聪明机灵，秀丽可人，在父亲的教导下已能识文断字，何景明一见就十分喜爱。二人进了书房，坐下来之后，王尚絅打开何景明带给他的信阳珍品毛尖，给何景明和自己各沏了一杯。二人品着香茶，何景明笑道："锦夫兄，爱女英机灵可爱，年方十岁了吧？"

王尚絅已看出何景明的意思，装作不知道："何仲默怎么突然关心起我的女儿了？"

何景明依然笑道："你看我的大儿子夫怎么样？今年刚好十一岁，长爱女一岁。"

王尚絅端起茶杯看着杯中的茶，不慌不忙道："这茶的确是好茶，醇厚而清香。"

何景明道："锦夫兄别答非所问呵，我没问你茶道的。"

王尚絅抬头看着何景明道："你何仲默莫不是想打我女儿的主意吧，想与我结成为儿女亲家？"

何景明道："正有此意。"

两个好友哈哈大笑起来。当下，二人将夫和英的命相八字掐算了一番，很是相合，二人大喜，于是将二位夫人叫进书房，定下此事，并写下婚约。两个同科进士的文坛好友结成了儿女亲家，两家人甚是欢喜。

晚上，王尚絅在九梅翁园设宴款待何景明。九梅翁园是郏县大富豪九梅公于永乐四年在苍谷山下的扈涧河畔辟地数十亩所建。园内房屋雕梁画栋，亭台楼阁、假山流水以及九曲回廊，设计优美。园内种着奇花异草，入冬后花虽已凋谢，但园中的梅花已迎寒待放了。如今，九梅翁的后人在园内改建了一个酒家，起名叫归林居，因这里环境优雅，外地来的重要客人常聚于此，生意兴隆。王尚絅领着何景明踏着积雪畅游九梅翁园，他边走边向何景明介绍九梅翁曾经做过的许多善举。他仿佛看到了110余年前的九梅翁，人虽去，园却在。

王尚絅（1478—1531），字锦夫，号苍谷，郏县人，正德十五年进士。官历兵部职方司主事、验封司员外郎、稽勋司郎中、四川左参政。嘉靖年官至浙江右布政使。著有《苍谷集》十二卷等。王尚絅性清高、孤傲，为弘治十二才子之一，回乡后也很少与地方官府联系，何景明来郏县他亦如此，不请官府人来作陪，他觉得这样更具文人的气节。他叫来了自己的两个好朋友和几个学生陪同何景明。大家都很高兴，喝了许多酒。是夜，何景明作《雪夜九梅翁园同苍谷宴集二首》，诗云："郏城风雪夜，骑马叩谁门？乘兴宁廻棹，宽愁数倒尊。茅堂开涧壑，枫岸叠沙村。朝市山林意，非翁未易论。""冬夜南园集，携游兴未穷。登台望积雪，下岭逐廻风。骏爱林中马，冥事海上鸿。不因苍谷子，谁识九梅翁。"

何景明在郏县住了三天。雪后放晴，他决定离开郏县前往西安。走时，王尚絅将其送至十里长亭，二人洒泪而别。

何景明从郏县过南召，入西陕过商南，翻越新开岭时，道路崎岖难行，他对沿途的风景却赞叹不已。因沿途未见人家，天色已晚，他们就地宿在新开岭松林之中，听林间的鸟鸣，听溪涧的泉水声，这些激发了何景明的诗兴，作《新开岭》诗一首，云："堑山通大谷，槎岭挂天梯，倚立飞云上，回看落日低。异花千重色，怪鸟百般啼。晚就松林宿，烟昏度碧溪。"一天，他们从武关道过大峡谷，又过武关，何景明作《武关》，诗有"微茫一线路，廻合万重山"之句，这是对武关道崎岖难行的感叹。从武关道进入商洛，然后翻越秦岭，一路走来，经历了千辛万苦，多亏一路上有王琤和一位仆差的照顾，于十一月中旬他们到达离西安只有半天路程的蓝田县。

何景明早就听说蓝田县有个"辋川别墅"，是唐代大诗人王维的故居，他便在蓝田停留了一晚。第二天，县教谕王先生带着何景明参观了蓝田的名胜古迹。

何景明随行来到辋川，见这里的风景十分优美，从骁关口湍急流出的河水汇入灞河，在川水流入欹湖时两岸山间又有数条山溪汇集流向欹湖，好似车辋的形状，这就是辋川的来由。何景明听着王教谕讲述着这辋川的传说，说是这里从前是一片荒山野洼，既无溪流更无湖泊，只是漫山遍野的枯藤古树、萋萋荒草和麋鹿成群出没之地。唐朝帝王将这里作为游猎场，每年都有众多麋鹿和野兽惨遭射杀。老鹿王到玉皇大帝那里诉苦，玉帝让他去找摩诘王，老鹿王找不到摩诘王，到了唐玄宗天宝年间，鹿王听说有个叫王摩诘的大诗人，便以为就是摩诘王了，于是递上了状子。这可把王维给吓了一大跳。问明缘由后，王维便倾其家资买下了鹿群活动的那带森林。当王宫里的人得知每年狩猎的森林被王维买走后，就再没有人到那里去狩猎了。老鹿王为了感谢王维，便带领鹿群用鹿角开凿出辋川河、欹湖，又在辋川的飞云山下修建了一幢别墅，名"辋川别墅"，请王维一家来此定居。此后，王维将"辋川别墅"改名为"鹿苑寺"。何景明对这里的旖旎风光赞叹不已，随即作《辋川》，诗云："飞泉万壑通蓝水，仄径千峰入辋川。野老岂知旌节到，世人空作画图传。鼋鼍岸圻疑无地，鸡犬林闻忽有天。即此买山堪避俗，桃源何必访神仙。"在鹿苑寺，何景明看到已是荒草萋萋的鹿苑寺，不免有几分伤感。他随即作《鹿苑寺即摩诘宅》，诗云："旧宅施为寺，青山属野僧。高人不可见，胜迹已无凭。色迹荒庭草，阴垂又殿藤。千崖一微径，异代几攀登。"

在蓝田游玩了一天后，何景明一家便到了西安。

二

正德十三年冬月，古城西安下了一场大雪，整个城市像铺盖了一层厚厚的棉被。由于天气寒冷，昔日繁华的大街上显得有些冷落。这天夜里，陕西省布政司左布政使盛应期亲自设宴为何景明接风，酒宴设在离布政使司不远的聚龙斋。前来参加何景明接风宴的还有右布政使李承勋、按察司副使姚文渊、布政使司右参议孟春、陕西都指挥同知王爵等陕西军政大员共十余人。

盛应期举杯道："何仲默可是个大才子，欢迎来主政陕西的教育。目前省内的州、府、县等国学萎靡不振，书院虽兴，却寥若晨星，陕西的教育还相当落后，希望何提学不负朝廷厚望，为督学陕西的教育尽力。"

何景明道："今后还得承蒙盛、李二位方伯及诸位同人的鼎力支持，我何景明定当为陕西的教育效力。"

大家都表示赞赏，举杯同饮。

右布政使李承勋也对何景明主政陕西的教育表示欢迎，与何景明同饮数杯。

盛应期，字思征，江苏吴县人，与李承勋同为弘治六年进士，二人关系较好，在主政陕西时，二人配合密切，陕西的政局和谐安定。酒席散罢，何景明回到自己的官邸，见孩子们已经睡下了，夫人还在灯下缝补着孩子的衣服。屋子里比较清冷，夫人脚边的一个火炉只剩了一点火星。夫人见何景明回来，立即放下手里的针线活，将火炉里的火拨了一下，又加了些木炭，送到何景明的脚边，道："外边很冷吧，快坐下烤烤，我去给你泡杯茶。"

何景明拉住夫人的一只手，请她坐下，道："晚上喝了不少酒，等会儿渴了我自己去泡茶。"

夫人道："你身体不能饮酒，你不能少喝点吗？说你就是不听。"

何景明道："今天请客的都是些省府大员，左右布政使都来了，他们能看重我，我能拒绝不饮酒吗？"

夫人王洵姝知道，这种官场应酬是不得拒绝的，她看着何景明关切道："今后酒还是要少饮或者不饮为好。"

何景明道："夫人放心，今后不是那样的场合我尽量不饮酒了。"他说罢看着夫人道："初来乍到，对陕西的情况不熟悉，席间盛方伯介绍了一下陕西的情况，这里的教育还很落后，今后我可能在外地跑的时间要多些，家里的事情就要全靠你了。"

夫人道："相公请放心，国事和家事我是分得清的，家里的事和孩子你都不用操心，只是一定要照顾好你自己的身体。"

何景明将夫人拥入怀里，看着夫人头上已有了些许白发，他的心里有些酸楚，拥着夫人久久不语。

何景明初到陕西，十分想见康海、吕柟和王九思等文坛好友，但他又想，既然来了，见面是早晚的事，当务之急是要熟悉了解陕西教育的现状，制定具体的教育发展措施，然后再下到各地督查落实。经过一段时间的调查研究，查阅了大量的文献资料，对提学府下属官员进行调查走访，基本了解了陕西自明初至正德一百三十余年间的教育发展状况。

明太祖朱元璋十分重视教育，提出“国之子民皆可入学”的思想，大力发展社学和官学。此后随着社学的兴起，官办的州学、县学、府学和国子监应运而生，陕西的官学在明初较为兴盛。何景明知道，明初实行的是“三途并进”的举措，科举、监生、杂流均有机会入仕，这也是陕西官学兴起的一个重要原因。自成化以后，科举一途独盛，科举考试以四书五经为出题范围，以程朱理学为答卷标准，天下读书人莫不皓首穷经，孜孜于科举之业；成化、弘治以后，文章以八股文为格式，不得越矩。此时，陕西的学校暂衰、书院兴盛。而何景明认为，考试内容和八股文制式大大制约了学生的学习兴趣和博览群书的能力，不利于学生的全面发展，这样的考试必须改革。他查看了明代自洪武以来至正德十二年，陕西共取进士 400 人，而弘治、正德是关中文士和名人出得最多的时期，两度状元出在弘治正德年间，这与杨一清主政陕西教育、发展书院教育是分不开的，但这只是一种精英教育，而扩大民众入学必须发展府、州、县、乡学教育，使民众子弟能够入学，这才是以学治愚之根本。

不久，何景明主持召开了陕西省教育工作会议，参加会议的有来自全省各府、州、县的学正、教谕，以及地方名流缙绅等，会议提出：以国办教育为主导，吸纳社会和民间一切力量，筹措资金，复兴社学、乡学，大力发展府、州、县学，扩大地方书院的数量和规模，聘请名流博学者到书院讲学。在教育和教学方法上他提出：“以教化为首令首务”，要求地方长官要以教化民众和培养人才为己任，“君子不以做人为事，但与俗吏伍耶”？并批评了一些地方的学政、教谕，在主持府、州、县学等考试时接受生员贿赂和宴请，“诸生腆物来者礼之，弗来者怒之”！今后必须“规约尚严，志在崇本起弊”。严厉杜绝此类事情发生。

本次会议受到了陕西省布政使司左布政使盛应期等的支持，会议取得了巨大成功，会议精神得到了贯彻和落实。这次会议是何景明来陕西开的一个先例，此前的官员不曾开过类似的会议。何景明在陕西的声望得到了很大提高。

正德十四年(1519年)三月,武宗皇帝南巡回京不到一个月,又在江彬的引诱下,打算再到南方巡游。南巡令刚下,群臣们纷起反对。先是大学士杨廷和等面见武宗,几天后,全体大臣上疏劝谏,从上午辰时一直到下午申时跪于宫门外,求武宗收回南巡之令,武宗不为所动。黄巩和舒芬等官员又直言上疏,列举武宗听信奸臣谗言、不顾百姓死活、昏庸无道等多条罪状,触怒了武宗和江彬诸人,下令立即将黄巩、舒芬逮捕入狱,其他直言者107人罚跪于午门之外五日。江彬又将多人廷杖。此次谏止武宗南巡,遭廷杖而死者15人,伤者无数,造成明中期重大流血惨案。武宗担心朝臣集体辞职,南巡只得作罢。此次劝谏,何景明在京的好友孙继芳,薛蕙、侯纶、刘储秀、管楫等参与其中,被罚跪于午门。管楫一气之下辞官归里,携母回到了陕西咸阳。

一天是休息日,何景明依然在提学府衙门处理公务,当他带着疲倦回到家时,见一身着官服的年轻人坐在客厅里,内弟王琤正陪着他喝茶叙话。那人见何景明回来,立即从客厅里迎出来,笑道:"仲默兄,你一心为国效力,休息日也不休息,我之楷模也。"

何景明立马想起来了,道:"孙从一御史,贵客、贵客啊!"何景明拉着孙元的手走进客厅,对王琤道:"快去买些菜来,让你姐做几个好菜,招待我这个多年没见的朋友。"

王洵姝笑着从厨房里走了出来,道:"已经准备好了,就等着你回来呢。"她说着并让王琤准备好桌子,一会将酒菜摆上桌子。何景明与孙元在客厅里饮茶叙话。

孙元,字从一,湖北安陆人,正德九年进士,原户部尚书孙交之子。正德十三年冬授陕西道监察御史。弘治十五年何景明中进士到正德二年,他与孙元有过交往,那时孙元跟随其父在京求学,羡慕何景明诗名拜见过何景明,举进士后授南京户部主事,不久奉诏回京,升任陕西道监察御史。何景明见这位旧时相识来看望自己,很是高兴。二人聊了各自别后之情,很是投机。孙元道:"朝廷命我为十三道监察御史巡监陕西,我第一个想到的就是仲默兄,今后还望仲默兄指教和支持啊。"

何景明道："彼此彼此，你来陕西我非常高兴，我在陕西又多了一个知心朋友了。"

孙元道："朝廷派我巡监金州（安康）的金矿之事。我到金州后准备回安陆去看望父亲一趟，然后再返回陕西。"

何景明道："请代我向尚书九峰先生问好，说景明祝他健康长寿。"

孙元道："一定，一定。"

中午，何夫人安排了几个很好的菜肴，让弟王琤陪着孙元饮酒。何景明因身体原因，象征性地陪了两杯。孙元却喝得有些醉了。

是日，何景明作《相逢行赠孙从一》，诗云：

长安风吹万杨柳，与君走马相逢久。昨朝邂逅尊酒间，二十年来一回首。我官十年前，君官十年后。眼底相看已壮龄，世间万事真翻手。忆初少小来东曹，君家兄弟同游遨。尚书庭前两玉树，白日灿烂秋风高。尔时见君气已豪，花颜云发青锦袍。……尚书风仪古无比，如君更是尚书子。尚书东山闲白云，高卧不为花生起。汉庭我亦东方生，怅望名山无限情。海云浩歌起春色，送尔万里东南行。

何景明对来陕西后第一个来看望自己的友人孙元的到来很是感动。因为才到陕西，工作千头万绪，没事就想起康海、王九思和吕柟，他打算把提学衙门的工作理顺后，专门下去督学各地的教育教学情况时，再去看望这些昔日的好友。他写给孙元的诗，对孙元及其尚书父亲大加赞赏。正德九年，孙元中进士，而何景明已为官 12 年，孙元是他入仕 12 年之后才入仕为官的。回想往事，感叹时间过得很快，而自己的工作还只是刚刚开始。

一天上午，他来到西安正学书院为学子讲习经学。正学书院位于省布政使司不远的古笔店巷头西侧，因有正学书院，这条巷子专门经营纸笔墨砚和文物字画，有一种书香远溢、翰墨飘香之气息。书院的学子们听说是陕西省提学、名贯京城的文学家何景明来讲学，他们清晨就起床，将书院里里外外打扫得干干净净。何景明被学正、教谕领到教室时，一百多名学生全都站了起来，鼓掌欢迎何景明先生。

何景明微笑着向学生们招手，示意学生们坐下，然后走上讲台。他开讲的题目是:“学者经世致用,立正学以兴经学”。他从北宋时期关中大儒张载的“为天地立心,为生民立命,为往圣继绝学,为万世开太平”的办学要义谈到熟读和领会经学的奥妙,特别提出了“经学世务”、“学以致用”的思想。并讲到了科举考试以八股文取士的弊端。批评了士生们的不义行为:为猎取功名,不深究五经之要义,刻意背诵八股文之范文,不能广学博识,有些学生不仅不通经世治国之学,甚至连五经四书也丢弃了,这岂能培养出经世治国之才耶?他还谈到学习要有所创新,不要陈陈相因、生搬硬套古人之学,要在学中求变才会进步。他道:“圣人之道,贵相发,不贵袭;贵相明,不贵同。苟徒袭其说,同其旨,而靡有所发明,其道终莫达也。苟发明矣,虽异同其间,无害其尊尚也。”何景明讲学有别于其他学者,对四书五经的见解独特,且幽默风趣,哲语妙生,十分受学生喜爱。如其学生乔世宁所言:“先生说五经义与诸家训古多殊,私以为诸家训古不及也。”

何景明讲完课,参观了正学书院,一路跟随的西安府学正介绍道:弘治初这里还是一片荒芜颓败之地,北宋张载和元代的许衡曾在这里讲学,当年的讲书堂早已倒塌,弘治九年,当时的提学杨一清在这里建成书院,起名正学书院,意在崇赏先贤、表彰正道、以志励学,目前是全省13所书院中最大的书院。书院有四个藏书楼,除了国家史馆所赐的书籍外,学院还广纳社会贤达所赠图书,藏书甚丰。何景明对藏书楼很感兴趣,他参观了藏书楼,感到里面的藏书还是不够完善,缺乏一些近代和近年来一些文人大家所出版的书籍,他准备筹集资金再购买一些图书分发到各地的书院。

从正学书院回来的路上,何景明见前面有一花花公子骑着一匹大马,挥舞着鞭子抽打路边的行人,后边跟随着十几个混混大声吆喝:“闪开,闪开!”路人纷纷躲让,有人怕挨上鞭子,抱头蹲在路边。何景明见状很是气愤,问道:“谁敢如此狂妄?”

跟随的公差道:“此乃陕西镇守太监廖銮的侄子廖铠,关中恶少,谁见都怕的人物。”

何景明在京时听张士隆提到过此人,此人仗着当朝太监廖鹏和廖銮的权势，鱼肉乡里，无恶不作，何景明最恨这等无赖之徒。及至到了近前，廖铠见官轿过来依然不下马，挡在路中。何景明走出轿问道："你为何见了本官不下马?"

廖铠横道："你是什么官，不下马又怎样?"

跟随的学正怒道："大胆，见本省提学何大人还不赶快下马?"

廖铠还不下马，准备从轿侧过去，何景明亦想教训一下此恶少，向跟随的内弟王琤丢了个眼色，王琤早就憋了一肚子火，上前一抬手将廖铠从马上拉了下来，重重地摔在地上。跟随的混混们一拥而上，都让王琤打得趴在地上动弹不得。何景明指着廖铠教训道："本应将你拿至官府治罪，这次且饶了你，下次如果再敢欺压百姓，见了本官不下马避让，决不饶你!"

路过的市民见提学大人惩治恶少廖铠，都拍手称快。

廖铠回去后告诉其叔父廖銮自己受打之事，廖銮知道何景明在京中的名声，只得训斥自己的侄子廖铠，不了了之。此后廖铠见到何大人的官轿只得避让，不敢再蛮横无理了。

是年四月，陕西省人事有了变动。省布政使司右布政使李承勋调任河南省左布政使，接替李承勋的是山西省太仆寺卿许铭；原山西布政司右参议杨学礼升为陕西左参政；陕西布政使司左参政孙祯升为山西太仆寺卿；升监察御史李节义为陕西按察司佥事。四月二日晚上，陕西省布政使司在聚龙斋为李承勋等举行欢送宴会，何景明应邀参加。

参加宴会的都是四品以上官员，布政使司左布政使盛应期对自己的这位好友搭档的调任有些依依不舍，发表了很多感言；李承勋也说了许多难以离舍的溢美之词。酒宴气氛热烈。

酒后，盛应期看着何景明道："我建议大诗人何仲默为今天的宴会赋诗助兴如何?"

大家都拍手称好。

这下可把何景明给难住了。今天是两位方伯在场，还有其他官员，赞一人和不赞一人都不合时宜。这时，侍生早已把纸笔墨砚铺在了桌子上。何景明走到桌边，略加思索了一下，便提笔在宣纸上写下《放歌行》，诗云：

天命谅靡易，富贵安足陈。自昔慕豪胜，重义还轻身。
整辔逾巩洛，驱车入咸秦。立观青云上，驰步要路津。
射策报明主，报书干大臣。身为五侯客，家与七贵邻，
杯酒从经过，冠盖逻逡巡。顾盼生光彩，吹嘘借阳春。
各矜意气好，自比骨肉亲。时事多变异，交道亦涸沦。
要盟等金石，弃掷同灰尘。赤心不足恃，白头更如新。
归来嗜藜藿，偃仰随松筠。愿从白屋士，请谢玉堂宾。

何景明此诗一出，盛应期便竖起大拇指连声称赞道："不愧是大诗人！"他说着指着诗中的句子对李承勋道："立卿兄请看，这诗不着你李立卿一字，却是对你赞扬有加，这'整辔逾巩洛，驱车入咸秦。立观青云上，驰步要路津'。指你从陕西到河南高就，这'步驰要路津'用得好。此句借用了杜子美的'自谓颇挺出，立登要路津'，喻你到河南的职务显要。这'身为五侯客，家与七贵邻'也是对你的高度赞扬。好，写得好！"

李承勋道："此诗气势豪迈，一气呵成，是首好诗。不过诗中赞赏的也有你斯征兄的。人家何提学谦虚过人，自称'愿从白屋士，请谢玉堂宾'，要做清贫之士跟随你这个大清官为朝廷效力。"二人说着哈哈大笑起来。

是夜，何景明回到家里，夫人递给他一封书信，是姊夫孟洋寄来的《与何仲默书》，书中曰："正月二十一日，偶感于事，遂决归计。计夜渡江，无一知者。天明泊汉口，始移文总司，当道皆遣官致书，追留至再，及僚友亲自攀挽，竟不能止矣。二十七日道遇家眷同归，二月四日达乡里……"这是孟洋被任命为湖广按察佥事后因母病致仕未准而私自离岗返家时给何景明的书信，辗转月余才到何景明的手中。孟洋在信中从六个方面谈到他离职的原因：母亲病卧，父亲年事已高，自己在外不能尽孝，为其一；自前年嘉兴病湿后，身体一直不适，已厌倦仕宦生活，想回家修养灵性，为其二；地方寇盗频起，贪官肆虐，自己无力解决，心中郁塞不开，为其三；湖广连年兵荒，民物困极，百姓贫苦，且暴民尤甚，朝廷无力赈济，余生性弱，不愿苟处，为其四；同僚不和，互为攻讦，余生性直，不愿为伍，为

其五;朴儿年幼,四方奔走有失教养,年长日愚,养儿不教非父道,为其六也。看罢孟洋的信,何景明内心里很是郁闷,他深深理解孟洋,致仕回乡,修身养性,孝敬父母,调教孩子,亦不失为上策。他随即给孟洋写了一封回书,并附《答望之二首》,其中第二首诗云:"日落荒山畔,孤城更可伤。生涯仍寂寞,世事转仓皇。百口同饥馑,千村近虎狼。知君怜父老,南望白云长。"

何景明每过旬日都要去正学书院给学生们讲课。他感到,书院的学生大多是西安城内以及周边府县的富家子弟,而边远的府、州、县的学生情况还不得而知。他计划用一年半时间深入各府、州、县对全省的教育进行一次摸底,实地督学,调教诸生。他打算年内先对与西安较近的咸阳、耀州、渭南、蓝田等州县进行实地督学,明年开春后再到汉中、甘南等地

在何景明官邸院子里,何景明拉住康海和王九思的手,激动得许久说不出话来。旁边站着张潜和段炅。

区，搜集整理资料，准备编纂一部省志，志的书名已想好，叫《雍大记》。他感到自己肩上的担子很重，必须抓紧时间才能把制订的计划完成。为官一任，造福一方，这是他做官的信条。

一个例休日的上午，何景明在书房里撰写《雍大记》提纲，忽听院子里传来几个熟悉的声音，何景明立即从书房里迎了出来，见来人是他思念不已的好友康海、王九思、张潜和段炅四人。何景明上前拉住康海和王九思的手，激动得许久说不出话来。他将四人迎进客厅里，夫人王洵姝从里屋出来见过四人，道了万福，沏上香茶后离开。何景明与四人互道了别后之情。喝了一会茶，张潜看着何景明道："你们几位好友多年未见确有很多话要说，但今天王明叔邀请了诸位去登城西南的钟鼓楼，中午他在醉宵楼宴请诸位，现在该走了。"

何景明道："中午不走，我到聚龙斋宴请大家，我让内弟王琤去请明叔兄过来。"

段炅看着何景明道："德涵和敬夫二兄昨晚住在敝处，因二人来得太晚，没好来打扰仲默兄，明叔兄要宴请大家是昨天晚上定好的，仲默兄的宴请是少不了的。"

何景明道："那好吧，晚上我在聚龙斋宴请大家。"

何景明和几位好友从家里出来，约半个时辰便来到了西安城的钟鼓楼。这鼓楼和钟楼相隔约半里，像是两个孪生兄弟，比肩而立，气势雄伟。何景明来西安已半年余，却没有时间出来好好游玩。他也正打算这几天出来看看西安城内的一些名胜古迹，却一直未动身。今天能与几位好友出来游玩，心情十分高兴。

他们来到鼓楼前，王旸（明叔）已等在那里。见到大家过来，立即迎了上来向何景明问好，然后带着大家登上鼓楼。这鼓楼是西安城里的标志性建筑，建于洪武十三年，楼高 13 丈，上下四层，坐落在巨方形砖石基座之上，为砖木结构，斗拱飞檐设计，楼内有楼梯可盘旋而上。在檐上覆盖有深绿色琉璃瓦，楼内贴金彩绘，雕梁画栋，顶部有鎏金宝顶，甚是气势恢宏。何景明感叹这鼓楼设计精妙，敢与京城故宫任何一建筑媲美。从鼓楼下来，王旸叫了一辆马车，带着几人到离鼓楼十里的大雁塔游玩。从大雁塔下来，已近中午了，王晹便带着大家返回鼓楼，来到鼓楼旁边的醉宵楼雅间。侍生拿来数盆热水，让大家净面洗手，端上热茶，给每人倒了一杯。稍事休息，菜肴摆上了桌子，尽是一些陕西名肴，有锅子鱼、贵妃鸡、红烧熊掌，还有东坡肉等外来名肴。王晹拿出数瓶珍藏多年的西凤酒，给每人斟满一杯，举杯道："文友们多年未见，今日相聚，实为幸事，我先敬大家一杯。"

文友们举杯共饮。

何景明与王晹、张潜交往不多，但很熟。王晹，字明叔，弘治十二年进士，官至太仆寺卿，因刘瑾案受牵连致仕。正德十三年复起用，鄠县知县。张潜，字用昭，号东谷，陕西华州人，弘治九年进士，历官礼部郎中、广平知府，后升任山东左参政，与康海是儿女亲家。著有《东谷集》。段炅，字德光，号河宾，陕西临洮人，弘治十八年进士第三名，授翰林院检讨，后升吏部郎中，因与刘瑾、焦芳过从甚密，刘瑾败后被削职。弘治十八年至正德二年，何景明与段炅有较多交往。正德二年春，段炅去南昌看望在南昌任知府的父亲时，何景明作《寺中送段子还蒲州》，诗云："段子西龙剑，西行歌莫催。探花天上返，观日海边廻。一别云房树，相思雪夜杯。禹门读书处，终昔听风雷。"当年何景明对段炅是赞赏有加的。

时光犹如昙花一现，没想到他与在座的一别12年未曾见面了，康海和段炅均已年过40，略显苍老；王九思已年过半百了，显得苍老而憔悴；张潜已近50，却是满头白发。真是岁月催人老啊！看到眼前多年不见的好友，何景明的眼睛有些湿润了。他举起酒杯道："12年未见，真的让人感慨万千，昔日血气方刚的同僚友，如今已是半老人了！来，我敬诸位。"

大家举杯同饮。何景明本来不能饮酒，却陪着好友们同杯同饮，大家都很高兴。

文人相聚，酒后必有题诗。大家都留有诗作。何景明作《登楼观阁时王令明叔邀张用昭段德光敬夫康德涵四子同游二首》，诗云："百丈丹梯俯翠岑。千年坛殿萧阴阴。风吹陆海黄尘暗，云去亟关紫气沉。春花况属弦歌色，胜地还成朝墨林。香山洛社俱寥落，文采流传直到今。""峻阁含风落照孤，凭高千里视平芜。凤笙锦曲春缥缈，瑶草金光画有无。采药儿时寻碧海，种桃无复问玄都。五陵冠剑豪游地，犹是长安旧酒徒。”何景明在诗中用了夸张和推想的手法，描写了游览胜地时的高兴心情，诗人们都是在京城时的旧酒徒，体现了诗人们的亲密无间和对往事的追忆。

夜晚，何景明在聚龙斋宴请诸位文友。因考虑到康海、王九思均为陕西名人，当年官场上的风云人物，理当请一位陕西官府要人作陪，可又想到康海一直不愿与官府往来，所以也就罢了。席间文友们都十分高兴，边饮酒边唱诗助兴，康海还唱起了他新编的戏曲小段，引得在座的文友们都哈哈大笑。大家饮酒至深夜方散。是夜，康海、王九思留宿在何景明的宅邸。

三位好友 12 年未见，有很多话要说。回到宅邸，三人来到书房，何景明沏了一壶茶，三人边饮茶边叙话。

何景明道：“本想等这段时间忙过了，专程去看望二位仁兄和仲木，没想到二兄专程来看望我何仲默，甚是感动！”

康海笑道：“你现在为国效力，我和敬夫兄都是闲云野鹤，身无束缚，本当早来看望你的。”

何景明笑道：“康王二兄乃性情中人，看破仕途，放形物外，令人羡慕啊！早几年就听说德涵兄回武功后，不愿为官，寄情山水、广蓄优伶，制乐府、谐声容，自操琵琶创康家班社，并与敬夫兄共创‘康王腔’，好不快哉！还听说德涵兄带着康家班社寓居扬州，在那里修筑康山草堂，当地艺人和文人趋之若骛，可有此事？”

康海道：“实有此事，那已经是几年前的事了。”

何景明给二人杯中续了茶水，问王九思和康海道：“记得弘治十八年春，二位嫂夫人都已怀身孕，二兄约定，如若生是一男一女，便结为亲家，算来你们的孩子该有 14 岁了，二兄指腹为婚的愿望实现了吧？”

王九思笑道：“何仲默好记性，他对山却是占了便宜的，我王家的女儿将来却是要嫁给他康家了。”

三人哈哈大笑。于是何景明把他过郏县时与王尚絅结成儿女亲家的事也说了一遍，二人拍手赞道：“此真乃大好事也！”

王九思道：“王锦夫可是个心高气傲之人，当年他对你和德涵很看重,对李献吉却不以为然。"

康海啜了一口茶,问何景明道:"听说仲默跟李献吉为文而分襟了,到底为何?"

何景明道:"已是过去的事了,不再提它了。"

康海道:"这事你得说给我二人听听,当年你凭什么看重他李献吉?听说还是你出的主意让他请我出面救他,后来你又几次上书救此人,到头来还是视你何仲默为仇人,此负义之人分了也罢。"

王九思见康海说得有些气愤,知道他还是对当年李梦阳有负兄弟情之事不满,便看着何景明笑了一下,没有说话。

康海道:"仲默如不介意,把李献吉写给你的那两篇《驳文》拿来让我和敬夫一观,看看他李献吉有何说词。"

何景明知道康海的脾气,自然不能拒绝,便从书柜里翻找出李献吉的《驳文》和自己写的《与李空同论诗书》的草稿。

二人把李梦阳与何景明的书信看过一遍,康海道:"这李献吉也真是气量太小,其驳文也不及仲默文之精妙,不敢苟同。"

王九思道:"我亦有同感。"

康海道:"献吉所谓的法试,圆规而方矩说,我是不赞成的。共倡复古,但不可以抱残守缺。我以为,以宋人言为理,以唐为新巧,以秦汉为仲伯而有所驳矣。古人言以见志,故其情性状貌求而可得焉。故昔人陶则陶、杜则杜、韩则韩、柳则柳,咸自成家。今或不能自立,傍人门广,效颦而学步,意志性情略无见焉,无乃类诸译人耶? 君子不凤鸣而鹦鹉言陋矣哉!"

何景明和王九思都十分赞赏康海的话,他与何景明所倡导的观点是一致的,这也是康海与李梦阳一开始就存在分歧的症结所在。

何景明心里清楚,正德二年他家居之前,他是站在李梦阳的立场上谈复古的,而李梦阳与康海在共倡复古时就有些矛盾,主要是康海对李梦阳过于张扬、以为文雄天下、唯我独尊的做派不满,有时二人为一事争得面红耳赤。康海对待朋友却比李梦阳实在得多。当年李梦阳被刘瑾陷狱,因与康海有些不和,担心康海不予施救,而康海得到李梦阳的求救后,屈尊去求刘瑾，使得李梦阳才得以免死，而康海也因此被视为与刘瑾同党而被革职。刘瑾伏诛后，李梦阳复职后被提拔为江西提学副使，却不愿为康海直言说话，这是康海和众文友都没有想到的。何景明复职后也曾想过为康海直言上疏，但出于两个方面的原因不得已而沉默：一是自己复职后依然是中书舍人，并未升职，人微言轻；二是考虑到他与李东阳的关系，康海被解职，后又不能复职，或许与李东阳对康海的看法有一定的关系。这并没有影响他与康海的情谊。

康海有些愤然道："李崆峒为人很不地道，当年为救他去求刘瑾，结果却落个与刘瑾同党的罪名，的确感到很冤。当时并不是想复职，而是想有人出来为我正言辩解，我想李崆峒不应该坐视不语的。可他复职升迁后春风得意高唱什么'复职诏书至，于时久旱，甘澍随获，漫尔写兴'，还高唱什么'玺书况属临门日，汉江须看放舟时。肯信吾曹兼吏隐，五峰彭蠡是禁期'等，更让人气愤的是，他复职升迁不久，给我寄来一首《康状元话武功山水》诗，名义上是安慰，实则是嘲讽，此负朋友情义之人不想再提他了。"

王九思道："德涵，李献吉曾经给你寄过一首诗我怎么不知道？"

何景明也问道："德涵兄还记得此诗吗？"

康海想了想，背诵道："梦寐关中好，连年未得归。侧闻武功胜，佳兴亦翻飞。水绕褒斜出，山从周至围。因君觅水竹，为买钓鱼矶。"

何景明听罢笑而不语。王九思道："这倒是一首雅兴诗。"

康海道："什么雅兴诗？你没看他一口回绝了出面为我说话，让我做钓鱼隐士了吗！"

这时，丫环端着一个托盘走进书房，托盘里放了三碗鸡蛋面，对何景明道："老爷，夫人说你们几位坐晚了会饿，给你们做的宵夜。"

康海道："这何夫人真是善解人意，这会儿还真的有些饿了。"

三人拿过鸡蛋面吃了起来。康海道："仲默，有酒吗？"

何景明便从柜子里拿出一瓶杜康，给康王二人各倒了一杯。二人边吃面边喝着酒。何景明问丫环家里有没有什么下酒菜，让夫人再弄两个来。

丫环去了，不一会儿，拿来一盘卤牛肉、一盘花生米和一盘香椿炒鸡蛋。二人知道何景明的身体，不让他陪饮。何景明看着这两位十多年没见的好友，倍感亲切。康海的文才和人品都值得称道，只是李献吉有些不够意思。他知道康海曾经为此写过一部《中山狼》的杂剧，其实就是影射李梦阳负恩的。这些都是过去的事了，不想再提它了，但作为一个文人，做人的准则是不能丢的。

三人饮酒聊天至五更鸡叫了方歇，直到第二天中午巳时才起来。何夫人设家宴款待二人。临行时，何景明将二人送至西门外十里长亭，承诺过些日子去看望二兄及吕柟、韩氏兄弟等关中文友。

三人洒泪而别。

送走了康王二人，何景明又想起了在京中一些文友，于是他给好友薛蕙写了一封书信，讲到了自己到陕西后的一些情况。不久，他收到了薛蕙寄来的书信和一首《寄何仲默》诗："久别忧成结，书来不解颜。开缄未读半，揽涕望秦关。薄领余方倦，驰驱君讵闲。相将保玉体，去去入名山。"

读罢薛蕙的书信和诗作，何景明已是热泪盈眶。他立即给薛蕙回了一首《简君采》，诗云："夕会虽已罗，画接景将落。见面不须臾，何以展契阔。侧耳金玉章，音响时间作。假寐晤清颜，倾光岂虚托。枉骖怅云辔，命席耻尘爵。徘徊翳云日，伫立眺城郭。骈居淹晨暮，庶俾私心豁。"此诗写出了何景明对好友薛蕙的思念之情，也道出了他与薛蕙之间的深厚情谊。

三

正德十四年(1519 年)六月十三日，宁王朱宸濠在南昌起兵谋反。此前，朱宸濠已作好反叛的准备。这天是他的生日，他趁百官朝贺时，令党羽刘养正宣读皇太后假密旨："皇太后密旨，令宁王朱宸濠速起兵入朝监国，不得有误！"巡抚孙燧早就对朱宸濠有反叛之心上报过朝廷，质问道："密旨在哪里？"宁王道："这你不必多问，我现在去南京，你肯护驾吗？"孙燧和按察司副使许逵当即大骂："无耻反贼！"朱宸濠立即下令将二人处死。许逵大骂道："今日贼杀我，明日朝廷必杀贼！"参政王纶、布政使梁宸、按察使杨璋等归附朱宸濠。朱宸濠立李士实、刘养正为左右丞相，参政王纶为兵部尚书总督军务大元帅，号称有十万大军。七月一日，朱宸濠派人留守南京，亲自率兵六万人，连同家眷共一百四十多队，分五路直奔安庆。提督赣南督御史王守仁早就洞察到朱宸濠的反叛之心，叛乱一发生他就传令各县派兵前来会剿。在朱宸濠率军攻打安庆时，王守仁却带兵直捣朱宸濠南昌老巢，攻下南昌城，活捉首领，断了朱宸濠的退路。就在朱宸濠久克安庆不下时，忽报南昌失守，于是调头回救，被挥师南下的王守仁大败于黄家渡。是日晚，朱宸濠大队军船停泊在黄石矶，联舟为阵准备迎敌。七月二十六日，王守仁指挥士卒用火攻，船上的士兵和嫔妃死伤惨重，朱宸濠及世子、李士实、刘养正等叛军首领被活捉，随同叛军见大势已去，纷纷缴械投降。

是年七月初，朝廷升调陕西左布政使盛应期任都察院右副都御史巡抚四川，同时升调浙江右布政使张天相为陕西左布政使。张天相与陕西右布政使许铭为同科进士，这是朝廷的惯例，是为一省正副首脑的关系考虑的。在欢送盛应期升调的宴会上，何景明觉得盛应期是一位值得称道的好布政使。当盛应期举杯与他碰杯，并请他当庭赋诗时，何景明将酒饮尽，提笔写下《送盛斯征巡抚四川》，诗云：

向来才籍九重知，此去勋名万里驰。
玉垒霜威侵斧钺，锦城花色驻旌旗。
征南诸葛筹先定，化蜀文翁事更宜。
巴水秦山元自接，好音莫遣北来迟。

盛应期感到何景明的诗对自己褒扬有加，甚是高兴，道："不愧是大才子，此好诗，当珍爱收藏。"

八月中旬，武宗皇帝在江彬等的怂恿下决定御驾亲征。征讨大军刚离京不远，王守仁平叛的捷报已经送来，于是武宗借机一路游玩，直到九月中旬才抵达山东临清。江彬等对王守仁平叛的功劳很是嫉妒，诬陷王守仁是朱宸濠同党。这时，王守仁已押解朱宸濠等到了杭州，碰见太监张永，王守仁向张永讲述了战胜和捉拿朱宸濠的经过，并将朱宸濠等交给张永，派兵护送北上。为了躲避奸佞江彬等人的陷害，王守仁告别了张永，换上道服，到九华山隐居去了。

正德十五年（1520年）八月，武宗返京行至通州，将朱宸濠烧死，骨灰撒落荒野，回京后又将朱宸濠同党钱宁、臧贤和陆完等处以磔刑。

当朱宸濠发动叛乱的消息传到陕西时，何景明深为朝廷的命运感到担忧。不久，他得知叛军已被王守仁所率的正义之师战败，并将朱宸濠等活捉时，他为朝廷感到庆幸，同时也对王守仁这位足智多谋的友人很是钦佩。

何景明知道，宁王朱宸濠的反叛之心早在几年前已是人尽皆知，可并没有引起武宗皇帝的足够重视。朱宸濠为了培养自己在朝中的势力，拉帮结派，并对朝廷官员进行贿赂。皇帝的宠臣钱宁、陆完等都是他的同党，包括内阁辅臣杨廷和等都收过他的贿赂，时任户部尚书的王琼虽不接受朱宸濠的贿赂，但他与钱宁、江彬等关系密切，也从不提朱宸濠之事。王琼虽然具有远见卓识，可人缘不怎么好，向皇帝告其御状的人很多。因有钱宁、张忠等太监为其说好话，武宗十分看重王琼，改任他为兵部尚书。

王琼（1459—1532），字晋溪，山西太原人。明成化二十年（1484年）进士，历官工部主事、吏部郎中、兵部和吏部尚书，因执掌兵部有功，加封太子太保、太子太傅、太子太师。正德十年，王琼因倾慕何景明的才气和名气，想让何景明为其珍藏的一幅名画《十牛图》题诗，何景明不好拒绝，接过画后并没有及时为其题诗，王琼也未催要。直到正德十二年，何景明被提升为吏部验封司员外郎时，他才想起来王琼先生的《十牛图》，于是题诗一首后亲自送到王尚书府上，王府家丁道尚书大人携家人外出未归。何景明担心丢失，便又带了回来。不久，他在入朝时碰见了王尚书，提到还画之事，王尚书说他家近日闹蚁患，先放在何景明处，于是何景明便将《十牛图》珍藏在箱底，带到了陕西。当听到王守仁平定朱宸濠叛乱的消息，何景明便想到了这幅《十牛图》，应该归还给王晋溪先生了。他深知王先生的大智慧，早在正德十一年便提请王守仁巡抚赣南，就是为了防备朱宸濠谋反。于是他找出那幅《十牛图》，以十分崇敬的心情欣赏着，想着如何将这幅画转交给王晋溪先生。是日，他作《题大司马王晋溪先生十牛图》，诗云："君不见，将军台阁龙头张，何人画牛司马堂。十牛戢角垂其耳，挂之中堂见者喜。风林烟草恣牧放，水涉沙眠无触抵。黄犍黑牯觔肉真，司马堂中安用此？……我知明公分主忧，坐清寇盗安王侯。沙场之地皆田畴，尽却战马归耕牛。君不见，中堂此图日张挂，丹青照耀麒麟画。"何景明以《十牛图》诗赞誉王晋溪先生为朝廷分忧的丰功伟绩。

几天后，何景明将《十牛图》交给回京的陕西道御史孙元，让他转交给王晋溪先生，这才算了却一桩心事。

这时，何景明收到了二哥景旸从安庆寄来的书信，让他十分激动和高兴。信中道：朱宸濠叛乱兵犯安庆，二哥景旸率兵捍卫，大败叛军。朝廷褒赏升任二哥为右军督都府经历，并进阶为光禄寺少卿。何景明深为二哥感到高兴。但他知道，二哥为人低调，并在信中谈到已有去职归梓的想法，言家中皆女眷及孩子，需要照料，而去职心切云云。大哥去得早，三哥景晖远在河南省府教谕，自己又在陕西，鞭长莫及，实在难为二哥了。何景明为二哥眷家的心情深为感动。

是年冬，何景明决定到离西安较近的几个州、府、县去巡视督学，调教诸生，顺便看看朋友。明年春天后再到汉中、陇西等地走一遍，调查了解陕西的教育状况，制定发展的对策，这是振兴陕西教育发展必不可少的环节。

十月初的一天，天气晴朗，何景明一行来到距西安城不远的华清宫，这里是唐王朝为皇室贵胄建造的离宫，背山面渭，规模宏大，建筑壮丽。何景明被这里秀丽的山水所感动。但是如今的华清宫已不见当年的恢宏和壮丽了，随着时代变迁，皇都迁移，昔日笙歌竞放的豪华已不复存在了，代之的是宫园内的荒凉和凋落。夜住华清殿内，何景明眼前幻化出这样的场景：当年的唐玄宗和杨贵妃在华清殿内御筵欢歌，诗仙李太白醉酒赋诗，在乐工李龟年呈上的金花笺上飞笔写出三首《清平调》。李谪仙是何等的有气势和才华。看到如今的衰落，他的心里不免有几分伤感。于是他取来纸笔，写下《过华清宫》，诗云："冬驻华清殿，千秋忆翠华。青山无帝宅，荒草半人家。雪下汤泉树，春回秀岭花。长安望不远，谁见五陵霞。"

第二天，何景明一行来到高陵县，这里是中国最早的县之一。何景明在这里希望能见到他的好友吕柟。吕柟自正德九年因谏言受责辞官返乡后，一直在家乡潜心著述和聚徒讲学，四方学者慕名云集，后来他所建造的东郭别墅接纳不下前来听讲的学生，随即又筑东林书屋，讲学的规模和影响越来越大，一时笃行好学之士多出其门。吕柟在他的东林书屋接待了何景明，并将何景明推荐给他的学生。学子们都知道何景明是当今的文学大师，是泾野先生十分敬重的文学好友，学生们的崇拜之心便油然而生。是日，何景明给学生们作了题为“学而为仕者，必惠政于民”的演讲，深受学生们的欢迎和好评。夜晚，吕柟设宴招待何景明一行。宴罢，何景明让随行们回驿馆歇息，自己留在了吕柟的书房里。

五年未见，两位好友似有说不完的话题，谈论最多的是如何振兴关学。吕柟道：“张子厚先生所言‘气本论’至今已四百余年而不衰，实乃关学之魂也，而后世虽注重气节、注重躬行礼教，亦显得柔弱而缺少创见。而今‘心学’盛行，而‘理学’遭弃；天下无一事非理，无一物非道，故谓：天理不在人事之外，外人事而求天理，空焉亦矣。”何景明知道，吕柟在振兴关学的同时，并没有像某些程朱学者一样倒向心学，而是取程、朱学之长，融张载之学于一体，而独有创新，实为难得。他道：“张载之理学实以《易》为宗，以《中庸》为礼，以孔孟之学为法，而程朱之学亦源自于周敦颐和张载之学，而程朱之学对人心之禁锢亦有过之，其理亦然，而气节弱也。”

吕柟点头称赞道：“学者虽读尽天下之书，有高天下之文，但不知气节礼教，不能体验、见之躬行，于身心何益？于世道何补耶？”

何景明道：“正如杨邃庵先生在《正学书院落成有作》中言：‘关中正学张夫子，洙泗源头一脉分’之精辟，邃庵先生对张夫子追慕之至。振关学前有邃庵，后有泾野也。”

吕柟谦道：“与邃庵先生比，吾不足道也！”

何景明道：“仲木关中英杰，康德涵有言称你是‘千人器宇，绝代豪贤’，此赞不虚。振关学，吕仲木可堪为引领者也。”

二人聊到了下半夜，感觉到有些冷，吕柟在书房里生了一盆炭火，温度很快便升了上来，二人边饮茶边聊，直到鸡鸣方歇。是夜，何景明作《冬夜过仲木》，诗云："汉殿词臣第，秦川处士家。过逢遥慰藉，交翰转光华。夜兴山阴雪，春情渭北花。江湖望霄汉，相对一长嗟。"

第二天，吕柟陪同何景明游览了高陵的昭慧塔、三绝碑等名胜，之后又乘舟渡泾渭河。何景明作《渡泾渭》，诗云："北回乱泾渭，东眺极澄瀛。……隔树望迴合，分涛扬浊清。……片帆当可借，万里自兹行。"

别过吕柟后，何景明一行北上至三原。在三原，何景明遇到了因母亲病重回乡探母的吏部主事马里。

马里(1474—1556)，字伯循，号溪田，陕西三原人，正德甲戌九年进士。曾任吏部稽勋司主事、稽勋司员外郎、南京通政司右通政、稽考功郎中等职。马里是关中一大才子，对儒学研究颇深，后人称其为关中大儒，在京时与何景明关系密切。何景明由县学正、教谕引领着参观了建在三原县的关中著名书院宏道书院。宏道书院是"三原学派"创始人王恕及其子王承裕于弘治七年所建。三秦名士吕柟、马里、雒昂皆出自宏道书院，一时间宏道书院在关中名声大振。何景明作《宏道书院》，诗云："梁栋起层云，松筠散夕醺。九峻瞻泰岱，清渭接河汾。冠盖时时集，弦歌夜夜闻。……"此诗对宏道书院人才辈出大加赞赏。在对书院的学生进行了训导和调试之后，又查看了县学和几家私学。是日，何景明到马里所住的村子探望重病在床的马母，马里执意留何景明住在自己的乡宅里，设宴招待何景明，二位好友聊至深夜。是夜，何景明作《过马溪田村居》，诗云："宛宛清河曲，团团翠竹村。卧龙元胜地，容驷已高门。野旷嵯峨出，天寒云雾屯。何时还过访？无限欲相论。"不久，马母病逝，马里丁忧在家时，与何景明多有来往。

从三原北上，何景明一行来到陕西耀县。耀县位于陕西中部渭北高原南缘，是关中通向陕北的天然门户，素有"北山锁钥"、"关辅襟喉"之美称。耀县历史悠久，人才辈出。药王孙思邈、大书法家柳公权、西晋文学家傅玄等皆出自耀县。何景明一行在县学正和教谕的陪同下游览了药王山和大香山寺等名胜古迹，之后对耀县的文正书院进行了考察，并对书院里 50 余名学生进行了指导和调试。在调试诸生时有一个学生引起了何景明的注意，这个学生叫乔世宁。何景明从四书五经中选择一些平时不大引人注意的题目考问乔世宁，该生皆对答如流，对有些题还做出了让何景明意想不到的解释和引申。何景明问有没有写成的诗作，拿几首让他看。乔世宁便从书页中取出几首递给何景明。何景明见其中有一首《捣衣》诗，记得正德三年自己家居时也写过一首《捣衣》诗。历史上写《捣衣》诗的人很多，而“捣衣”便成了揭示妇女命运的一个诗牌。何景明见诗中写道：“城上秋风落叶飞，城中思妇捣寒衣。谁怜此夜空肠断？独恨经年成不归。声度陇云传玉塞，心随关月到金微。相思更有残机锦，愿遂长安一雁飞。”此诗写一城中少妇一边捣寒衣，一边思念远在边关的征夫，情真意切，更有机锦织情丝的意境，希望自己能跟随经过城空的大雁飞到丈夫的身边。全诗一气呵成，感人至深。此诗句有胜南北朝温子升的《捣衣诗》“长安城中秋夜长，佳人锦石捣流黄”之句。何景明大加赞赏，认为此生是不可多得的人才，日后必成大器。当日，何景明随乔世宁来到小丘镇，乔父仲节见省府提学大人随儿子一同来到乔家，高兴万分，立即安排家人设宴作席，像过节一样招待何景明一行。乔家是小丘的大户，祖父乔太公积德行善，儿子仲节也是乐善好施，每年都要将自己家中的存粮拿出救济灾民和穷苦百姓，当地老百姓称之为乔大善人。父亲乔仲节精通医道，不仅自己行医济世，还将孙思邈的《千金方》刻行于世。乔世宁自幼聪明好学，15 岁时独自在三石山苦心修读，食不甘味。乔世宁的聪明好学在当地很有名气，也是乔家人的希望。何景明决定把乔世宁收为自己的门生，将他带到省城的正学书院继续学习，并亲自指导。乔家人高兴万分，对何大人十分感激。不久，乔父亲自将儿子送到西安正学书院，何景明高兴地接受了乔世宁这位得意门生。

乔世宁(1503—1563)，字景叔，陕西耀州人。嘉靖四年乡试为陕西省第一名，嘉靖十七年中进士，是耀州明、清两代文人学子科举名次最高的一位。中进士后初授南京户部广西司主事，后任福建司员外郎、贵州司郎中、四川佥事等。历官至河南参政、四川按察使。著有《丘隅集》19 卷，所撰《耀州志》12 卷，被誉为明代陕西名志之一。

离开耀州，何景明一行于十月下旬由铜川东进到朝邑。朝邑即今之大荔县，是商周时古芮国所在地，素有“三秦通衢，三辅重镇”之称。何景明来到朝邑，一是督学朝邑的教育，调试诸生；二是看望致仕在家的好友韩氏兄弟。

韩邦靖、韩邦奇二兄弟同为正德三年进士，正德九年，韩邦靖因乾清宫大火直斥朝政激怒了武宗，下诏狱，后夺职回乡，正赶上其父韩绍宗亦致仕还乡。不久，时任浙江按察司佥事的韩邦奇也因个性刚直，得罪宦官王镗而被诬陷夺职家居。兄弟二人耕作田间，侍奉父母，尽孝堂前，著书立说，自得其乐。可是天有不测风云，是年四月，一向健康的韩父突然倒地卒逝，兄弟二人哭倒在地。兄弟二人是当地有名的孝子，韩邦奇因忧劳成疾，病倒在榻，一下子卧床不起，韩邦靖挑起了家庭重担，一边守孝，一边伺候病卧在床的兄长。而早在三年前夫人屈淑就身患疾病，长病不起，也要伺候，韩邦靖所承担的压力实乃巨大。见到韩邦靖时，何景明几乎不敢相信，这位昔日一表人才的好友，如今像变了个人似的，消瘦而显得苍老。何景明内心里十分感慨，与韩邦靖相拥而泣。

在韩家，何景明见了卧病在榻的韩邦奇，他坐在床沿，拉着韩邦奇的手，二人聊了许久，说了许多安慰之类的话。从韩邦奇房间里出来，韩邦靖扶着夫人屈淑来到客厅与何景明相见。屈淑虽久病清瘦，但容貌气质并未有太大变化。她向何景明道了万福，何景明让屈淑坐下来说话。屈淑说得最多的是自己的相公韩邦靖，每说到邦靖，她的脸上总是流露一种自豪和兴奋的神情。继而她低下头，不无愧疚地道：“仲默兄也不是外人，弟妹我身体不好，结婚多年，未能给汝庆生下一儿半女，还要让他伺候，真是苦了他，也对不起他。我多次让他纳妾，他就是不答应，你来了最好，你帮我劝劝他，他最敬重你的。上回对山和敬夫兄来时我曾托其相劝，他亦是不从。”说着，她的眼里已经溢满了泪水。

何景明十分感动，韩汝庆对夫人一往情深不可多得。他安慰着屈淑，答应劝说汝庆。之后，何景明让韩邦靖带他来到韩父绍宗先生墓前，为其烧纸叩拜，以示悼念。韩父绍宗成化十四年进士，号莲峰。历官员外郎、郎中，福建按察副使。为官清正廉洁，刚正不阿，任中断案平反者甚多，是后世学习的楷模，何景明对莲峰先生十分敬仰。

从墓地回来的路上，何景明谈到屈淑所言出自诚意，是否考虑纳妾之事。韩邦靖言屈氏嫁给他受了不少苦，已经很受委屈了，不能再对不起她，纳妾不再言了。他兄弟四人，长兄、次兄都已有子女，不愁后继无人，到时将兄弟之子过继一个承续香火不迟。何景明想想也对，他十分敬重韩邦靖的重情重义，实在难得。在他交往的好友中，韩邦靖和薛蕙是他最看重的晚出的两位好友，而韩邦靖也最钦佩何景明的为人和诗才。他曾经写过一首赞何景明的诗："何子高才世莫伦，清词严句照清春。杨柳不作当时体，司马今为绝代人。"何景明也有诗赞韩邦靖，如："念当与子别，思心立踟蹰。他人岂无友，非子谁为娱。""怅望高云上，何由振羽翰"等句，赞颂韩邦靖的才能及他们之间的友谊。

离开了韩家，何景明对朝邑的教育进行了考察。朝邑有西河、华原两座书院，共有学生一百余人，何景明都对他们进行了调试，发现了十几名出类拔萃的学生，并逐一对他们进行了指教，建议他们到省城的正学书院就读。学生们都表示愿意。

离开朝邑前，何景明再次到韩家与韩氏兄弟辞别，韩氏兄弟很是感动。韩邦靖道："等二哥汝节身体好转后，一定到长安拜望仲默兄。"

何景明道："汝庆不必客气，有时间我再来看望你们，韩何本是一家人的。"

韩邦靖道："仲默兄所言极是，韩何一家亲，何仲默是我韩汝庆最好的兄弟。"

二人说罢，洒泪而别。

离开朝邑时，何景明一行在长春宫仙人馆留住了一晚。此处的风景优美，加上想起杜甫的一首《题郑县亭子》诗，使他对这里很感兴趣。杜甫诗道："云断岳莲临大路，天晴宫柳暗长春。巢边野雀群欺燕，花底山蜂远趁人。"虽然此处已一派荒草萋萋和残垣断壁，但古人在此选址建宫时的自然风光犹存。何景明作《长春宫》诗，赞道："夜宿仙人馆，晨闻风吹停。玉窗开晓月，丹井汲春星。久秘长生决，空留不死庭。下山回一望，岩壑杳青冥。"

离开朝邑，何景明在华县稍作停留，由于时间关系，一向善游玩山水的他竟然未有时间去登览华山。对华州的诸生进行调试之后，他站在华州城头，仰望远处的华山奇峰，写诗赞道："秋城雨色静微尘，过陕山河望转新。天上岳莲开二华，云中关树引三秦。追游少小还今日，浪迹乾坤任此身。乘兴欲攀仙掌去，未知登览共何人？"此诗骨力雄劲，内含深意。体现了作者希望宏图转新，同时又有浪迹乾坤、羽化登仙的遐想。

何景明考察了离省城较近的府、州、县的教育，掌握了一些真实的情况，回到西安时已是十一月末了。在外出督学的这段日子里，他的日程每天都排得很满，人也感到很累，但却很充实，他打算过了年之后，把着重点放在发展偏远地区的教育上，利用一年的时间把全省各地的教育都考察一遍，为今后陕西的教育发展提供方案。由于没有休息好，加上旅途劳顿，他回来后很快就病倒了。请当地郎中看过，说是肝郁不舒，加上旅途劳顿，又外感风寒，开过十几服中药，嘱其静养调理。

听说何景明考察回来后病倒了，布政使司左右布政使张天相、许铭都来看望过，同事和朋友们也前来看望，何景明的内心里得到了些许安慰，希望自己的病能早点好起来，他一心惦记着提学任上的事。

经过几天的休息和服药，何景明的身体慢慢好了起来。一天晚上，他见户外明月高悬，便信步来到院中，仰头看着空中的明月，月明却未圆，他忽然想起远在开封的李梦阳，不知他现在如何？他与李梦阳之间的争论他一直认为只是诗文见解上的争论，不带有任何个人恩怨，他对李梦阳早已没有了任何不满，可李梦阳却一直不能释怀。入陕后他曾给李梦阳寄过两首小诗，此二诗是他入陕路过商州时就拟好的，只是未寄。开春后他拿出来修改后寄出，诗道："君作梁园客，予登楚水台。春风河上柳，不寄一枝来？""渭水天边树，黄河日暮流。春来千里外，知尔故乡愁。"诗寄出后，他希望李献吉能够回赠，可他终究没有等到李梦阳的回诗。他从内心里感到有些失落。

月光如水般泼洒在地上，地上的白霜在月光下散发着寒光，空气中流动的微风有些割脸和冻手。何景明搓了搓手，在院中慢步。忽然听到不远处有一阵歌声传来，唱的是楚曲《九歌·河伯》："与女游兮九河，冲风起兮水扬波；乘水车兮荷盖，驾两龙兮骖螭……"曲声悠长哀怨，何景明有几分动容。他回到室内，写下《闻歌》诗一首："明月暂随秦弄玉，碧空遥度楚行云。莫言此曲终堪听，孔雀东南各自飞。"他还是忘不了对李梦阳的一片友情。不久，他得知李梦阳曾为朱宸濠作《阳春书院记》被诬陷为朱宸濠同党而再次下狱，这是李梦阳第五次被逮捕入狱。何景明十分同情李梦阳的遭遇，为再救李梦阳，他不顾带病的身体，上书刑部为李梦阳讼冤，并修书给时任刑部郎中的好友顾以行，让其力救李梦阳。李梦阳最后被释放，与何景明为其讼冤和顾以行的帮助不无关系。李梦阳出狱后却毫不领情，没有任何谢言。何景明多次设法与之修好却得不到李梦阳的谅解，他不理解，无奈之下，他写过一首《断绝词》以示感慨。诗道："孔雀慕俦侣，回翔恐相失。罗雉为雄雌，反复不成匹。白沙搏清水，谁能作胶漆？本非骨肉亲，心志安得一！牵缠已无时，断绝有终毕。"何景明一生的德志修为甚高，是一个重情重义的人，不想失去李梦阳这个朋友，但最终还是失去了。这首诗是他与李梦阳修好无望而发自内心的感慨。

四

正德十五年(1520 年)正月，元宵节过后，何景明就打算外出督学。临行前，他到正学书院给学生们授了两次课，所讲内容是在论说六经旨意上不只注重字意传释，重在学以致用上，他的见解独特。他编纂《学约古文》一书用作取士科举的课程，深受学生们欢迎。

二月初的一天下午，他请来耀州学生乔世宁、平凉赵时春和武功张炼(康海的外甥)等优秀门生来家做客，给他们讲授《春秋》及中唐诗歌评介，晚上设家宴招待学生们，并安排几位门生分章整理他一直放心不下的陕西志《雍大记》的资料。是夜，师生们相处亲切融洽，气氛热烈，乔世宁、张炼都喝得大醉，何景明让他们留宿在自己的书房里。几天后，何景明外出督学，学生们将其送至十里长亭，并齐祝先生督学载誉而归。

何景明督学的第一站是咸阳。咸阳是陕西八百里秦川腹地，渭水穿南，嵕山亘北，山水俱阳，故称咸阳。何景明参观了京兆咸阳府学和社学，对具备秋试资格的学生进行了调试，之后拜访了因逆江彬乱政辞职在家侍奉母亲的刑部主事管楫。好友相见，分外亲切。管楫是当地有名的孝子，对何景明言道："归里后便打算去拜望仲默兄，可母亲病卧不能自理，故迟而未行，实在抱歉！"何景明道："汝济兄何出此言？理当我来探望伯母和汝济兄的。"正说着，一阵婴儿的啼哭声从卧室里传过来，管楫笑道："犬子出生才七日，便迎来了仲默兄这位大贵人，甚幸、甚幸啊！"

何景明来咸阳时已经打听到管楫喜得贵子了，道："恭喜、恭喜汝济兄喜得贵子！"他说罢让随行拿出准备好的贺礼和一些补品交给管楫，之后看望了病卧在床的管母，老人家虽然病卧在床，但精神尚好。

管楫道："老母亲自得了孙子，特别高兴，病也好了许多。"

何景明笑道："老人家盼来了孙子，这心里一喜，病就会好的。"他走到管母床边，拉着管母的手，说了些恭贺和安慰的话，管母心里很是高兴。

当天中午，管楫设家宴招待何景明一行。何景明作《贺汝济生子》，诗云："夜夜生兰梦，年年种玉心。充闾看气色，入户试啼声。明月含珠浦，高枝发桂林。北堂书报日，何啻万黄金。"

别离管楫，何景明一行来到咸阳原上，看着这一带西汉王朝的墓葬地，想到了历史变迁的盛与衰：一个王朝的灭亡和另一个王朝的建立，哪一个不是在战争所造成无数生命的毁灭之上而崛起和败落的？而那些帝王将相又有哪一个不是在千万亡魂的悲鸣中修筑自己的豪华墓穴？他从内心里发出感慨，随即写下《咸阳原》，诗道："千秋陵墓地，驻马惜兹行。晚日登原殿，晴天见渭城。望春时及目，访古独含情。奈有咸阳草，风吹岁岁生。"

离开咸阳，何景明一行南下鄠杜（户县），这里有他的好友王九思。他打算在鄠杜停留几天，在督查指导学生之后去会见好友王九思。

户县地处关中平原腹地，古称扈氏国，是中国最早的方国。因距省城西安较近，户县的县学、书院建设以及私塾较为完备。何景明在县学正和教谕的带领下对全县的学宫、书院和私塾进行了考察，对准备参加本年度秋试和来年春试的学生进行了调试和指导，并到户县书院进行了一次演讲，户县的学生们深受感动。

忙完这一切的第三天，何景明来到户县北街拜见王九思。

王九思家是户县的大户之家，书香门第。父亲王儒进士出身，曾做过河南祥符、南阳府教授。三弟王九叙举人；四弟王九峰正德三年进士，官至河南道监察御史、山西按察司副使等。听说何景明到来，王九思和二弟九叙、三弟九皋早已站在王家大宅前的场地上迎候，见到何景明，三兄弟快速走了过来，王九思道："听说仲默早几天就来了，你公务繁重，愚兄没好前去相扰，今天总算把你盼来了。"

何景明道："本当先来拜望的，想着把公事办完再来相聚更能放松些。"说着，兄弟三人将何景明一行迎至客厅喝茶、叙话。中午，王九思设家宴招待何景明一行，并请来户县知县王暘作陪。晚上，王暘在县衙设宴招待何景明一行，王九思作陪。是夜，何景明留住在王九思书房里，二人聊得投机，王九思唱起了他发掘整理的眉户曲子，之后又唱了一段他创作的杂剧《沽酒游春》。这部杂剧写的是杜甫在安史之乱后出游曲江的遭遇，当时杜痛骂权相李林甫，嫉贤妒能，害了朝政，影射当朝。何景明知道，敬夫深得元人心法，其词曲工丽奇秀，美雅奇爽，实在难得，他听得有些动情，学着王九思在书房里舞了起来。两个好友在书房里聊罢就唱、唱罢就笑，至鸡鸣方歇。

第二天，王九思陪同何景明游览了鄠杜的风景名胜。他们游览了鄠县的太平峪，登上了紫阁峰，何景明被鄠杜奇异的风景所吸引。是日作《到鄠杜简王敬夫》，诗云："杜曲花无数，城南柳更重。去天惟尺五，隔岁一相逢。雨过春陂水，云开紫阁峰。好陪王学士，杯酒日从容。"

两天后，王九思又陪同何景明游览了鄠县西侧的终南山。终南山是道教全真派的发祥地，有天下第一福地的美称。登终南山经过华阳谷，谷间有一瀑布如锦缎般从天而下，落至谷底，水花四溅。潮湿的空气里弥漫着各种野花的清香，何景明大赞这里的风景秀美，仿佛是来到了人间仙境。他们顺涧而上，这时，忽听一阵歌声从山涧传过来，是那种陕西民歌，音调高亢而激昂，十分动听。何景明回首望去，只听歌声不见人。是日，作《同敬夫游至华阳谷闻妙歌声》，诗云："名邑今重过，终南第一游。山中白云倡，天上彩云流。柳散秦川色，花含杜曲愁。同时霄汉侣，十载卧林邱。”

何景明早就听说终南山上的老子说经台，来终南山就是想拜见一下这个道教的祖师说经创道的地方。上到楼观南面的高岗上，那里就是传说中的说经台。王九思向何景明讲述了老子在此创教说经的传说。据传楚康王时，天文星象学家尹喜为函谷关关令，于终南山中结草为楼，每日登草楼观星望气。一日忽见紫气东来，吉星西行，他预感必有圣人经过此关，于是守候关门。不久一位老者身披五彩云衣，骑青牛而至，原来是老子西游入秦。尹喜忙把老子请到楼观，执弟子礼，请其讲经著书。老子见楼南的高岗上视野开阔，可接天地之灵气，便在此为尹喜讲授《道德经》五千言，然后飘然而去。道教产生后，尊老子为道祖，尹喜为文始真人，奉《道德经》为道教真经。站在这说经台上，何景明仿佛感到有一股醺蕴之气进入他的身体，顿时便感到神清气爽，便来了诗兴，写下《说经台》，诗道：“西海何年去，南山万古存。风云留福地，星斗天上门。有欲谁观妙，无为自觉尊。青牛不复返，空诵五千言。”而他所说的“空诵五千言”是对老子遁形远逝的内心感慨。

辞别王九思，离开鄠杜，何景明一行来到周至。周至是关中平原第一大县，紧邻鄠县。在周至县城，何景明对周至县生员进行调试时，听说有一生员因救父擅闯县衙，知县以擅入公门罪将其下狱，并言要取消该生秋试资格。何景明听后十分气愤，立即找到周至县衙，质问知县该生何罪之有？言该生救父乃为孝行，父有罪是父之过，子救父是子之德，况天下谁无父母耶？知县听提学大人如此说，立即将该生员释放。

在周至，何景明游览了普缘寺和马融读书洞等名胜古迹，作有《普缘寺有马融读书洞》等诗。

离开周至，何景明一行来到武功县，这里是好友康海的家乡，他来武功也是想与康海叙叙别后之情。

康海听说何景明要来武功，便安排人在入城路口等候。何景明一行被迎至彭麓别业，这里是康海在浒东浒西庄新修建的一处别墅，占地数亩，院子里还搭建了一个戏台子，专供唱戏和演出之用。

走近彭麓别业，远远便能听到管弦歌舞之声，康海已带着几个学生在别墅外迎候。

康海将何景明一行迎进别墅，别墅里住着康家班社的演员，一派繁忙热闹之象，吹打弹唱之声不绝于耳。康海对何景明的到来十分高兴，中午设宴招待何景明一行，晚上又开台唱戏，演唱的是康海自己创作的杂剧《中山狼》。这一次何景明是从头看到尾。看完戏，他对康海的杂剧《中山狼》评价很高，认为《中山狼》是一部集寓言性、讽刺性和哲理性于一体的好剧，深刻揭示了狼的本性，隐含对邪恶不该施救的愚善行为的反思。他并不认为康海作此剧是讽喻李献吉的。从康海的个性可以看出，他为人直爽，讲朋友交情，淡泊官场名利，喜欢自由自在，就算当年他对李梦阳的为人不满，但随着时间的推移也早已淡忘了。他报演此剧是表明他与何景明之间的友谊永远不会失去。是夜，何景明留住在彭麓别业里，二人聊至深夜。何景明作《过康德涵彭麓别业》，诗云："不求金马召，翻爱碧山楼。柳色闲门闭，桃花曲径迷。酒船时问字，翠壁有留题。只此林泉好，无烦到浒西。"此前的二月初，康海到高陵会吕柟，就听说何景明要到陇西、庆阳等偏远州县督学，知道他必定到武功。酒罢作《喜仲默至》，诗云："二月高陵县，逢君发庆阳。十年方邂逅，百岁几徜徉。词赋名须久，安危望已长。青尊今夜月，好醉浒西堂。"同时还作《彭麓诗白坡与诸公见过之作》等，以示他与何景明的深情厚谊。

离开武功，何景明经眉县北上至庆阳。一日，他们来到岐山县，在这里，何景明来到了当年诸葛亮领兵北伐时屯兵用武的五丈原，诸葛亮为保蜀汉殚精竭虑，倾其一生的智慧，最后病逝在五丈原，真乃鞠躬尽瘁，死而后已啊！何景明站在五丈原上，仿佛看到了当时的尘烟滚滚、战马嘶鸣的战争场面，也仿佛看到了一个羽扇纶巾的长者坐在战车上，面对眼前的千军万马，指挥若定。他从内心里发出了无尽的感慨。他拜谒了后人建在五丈原上的武侯庙，斯人已去，庙宇犹存，这位病逝在五丈原上的智者依然活在人们的心中。何景明作《登五丈原谒武侯庙》，诗云："风日高原暮，松杉古庙阴。三分扶汉业，万里出师心。星落营空在，云横阵已沉。千秋一瞻眺，梁甫为谁吟？"

三月初，何景明打算从岐山北上到庆阳。他计划从陇东庆阳再到陇西的临洮和渭源，然后再南下宝鸡。从庆阳到陇西都是陕西省较偏远的州县，道路十分难行。陪同何景明督学的陕西提学司教谕赵鸣担心到庆阳和陇西路途远且道路难行，也担心何景明的身体，便道："庆阳到陇西路途遥远，且是胡人出没之地，很不安全，往届提学皆不愿往，我看何提学体力欠佳，不如就此回转如何？"

每次出行都跟在何景明身边的妻弟王琤道："赵教谕所言极是，姐夫不如就此回转为好。"

何景明看着二人，决然道："凡是省辖州县生员，无论路途多远，都应一视同仁，尤其是家境贫寒之生员，不去调试，其才必定受埋没，故不能弃之也！"何景明这种不辞劳苦为偏远地区生员负责的精神让赵鸣深受感动，他不再说什么，随着何景明前往庆阳。

到庆阳经过宁州，何景明一行下榻在宁州驿馆，准备第二天考察一下宁州的生员。一年前因得罪宦官黄玉被诬陷革职还乡的蒲州同知吕经听说何景明到了宁州，十分高兴，亲自到驿馆迎接何景明一行，至家宅相叙。

何景明见到吕经，分外亲切，便随同吕经来到吕家大宅。

吕经（1476—1544），字道夫，号九川，陕西庆阳府宁州人。正德三年进士，授礼科给事中，山西蒲州同知。嘉靖后官至都察院右都御史，巡按辽东。吕经生性耿介，不畏强权，敢于直言，屡遭奸佞诬陷。在京时，何景明与吕经多有交往。

当晚，吕经设家宴招待何景明一行，并请来宁州同知和赵、董二位教谕作陪。晚宴十分丰盛，大家都很尽兴。席间，陪席的宁州县董教谕讲了吕经少时的故事。吕经少时家境贫寒，父亲早逝，靠采樵奉母。虽然家穷，却德行高洁，"拾金不昧"的成语就出自吕经。有一年，吕经挑着一担柴禾回家，看见路上有一块黄金，于是放下挑子，守金待主。天色将晚时，有一人哭着走过来，寻找遗金，吕经问明情况后还给他金子。失者感激不尽，要分给他一半黄金，被他婉言谢绝。吕经的高尚品德感动了上天，贫家小子终于有机会考中进士，做了官。

听了吕经的故事，何景明举起酒杯，道："九川兄的德行动天地，来，我敬九川兄一杯。"大家跟着何景明站了起来，纷纷给吕经敬酒。董教谕道："吕九川还有喜事呢！"吕经笑问道："董先生，我吕经仕途不顺，哪里还有什么喜事哟？"

董教谕道："九川的长子幼诚和小儿子幼通聪颖过人，丙子年秋试双双中举，小儿子更是了得，秋试第一，得了解元。明年有望双双中进士，你们说这还不是大喜事吗？"

大家都鼓掌祝贺，向吕经敬酒。

是夜，宁州同知和随行的赵教谕都喝得大醉。席散时，吕经执意留何景明住在他的宅院里，他说有事向仲默兄请教。送走大家后，吕经将何景明领进自己的书房，给何景明和自己各泡了一杯紫阳毛尖。何景明品咂着这陕西贡茶，的确是清香味正，入口即苦而后甘甜。何景明很敬重吕经的为人，在京时二人也多有交往。何景明道："秋试看过九川兄幼子吕颛的试卷，甚是称奇，秋试第一当之无愧。后得知兄之长子同时得中，甚是为九川兄高兴，此二子日后必金榜题名。九川兄教子有方，实在可敬！"

吕经道："感谢仲默兄吉言和对犬子的看重。我正想托嘱仲默兄，想让幼子去太学游学一年，长子去西安正学书院就读，请仲默兄为其指导如何？"

何景明自然是高兴地答应了。后吕经幼子吕颛于嘉靖二年中进士，长子吕颙于嘉靖十七年中进士。当夜二人聊了很多往事和当前时政，见解十分一致。何景明感到吕经以流经宁县的泾河、马莲河、九龙河等九条河为名号，足见吕经的为人和胸怀，日后必会东山再起。何景明作《九川行》，诗云："君不见，自从天地开，天下之水皆西来。黄河昆仑一线出，下转秦甸轰奔雷。……我来长安不见九川水，得见九川子。九川子是非常人，朝辞川上麋鹿群，夕登青琐为帝臣。已从华衮补日月，况执彤管排风云。……九川子，何不更鞭九龙起，坐视天下横流水。"此诗对吕经的评价极高。

辞别了吕经，何景明一行来到庆阳。庆阳是座历史悠久的文化古城，相传人文始祖轩辕黄帝曾与中医鼻祖岐伯在此论医，有《黄帝内经》行世。这里也是李梦阳的出生地。何景明一行在庆阳停留了两天，庆阳知府很重视何景明来考察庆阳的教育，带着府学正全程陪同，并答应何景明加强府、州、县学建设，新建庆阳书院一所。

离开庆阳，何景明一行西行至临洮。20年前，他随父亲来到临洮，寄读在临洮知府李纪家，与李纪的儿子李汝佐成为要好的朋友。来到临洮，何景明首先想到的是去当年的李知府官宅看看，如今这里已成为一家中药行，而当年他与李汝佐就读的那所私塾依然还是临洮府官家子弟的学堂，这所学堂之所以保留至今，是因为这里曾经走出过临洮本土进士石严和在此就读过的陕西省提学副使何景明，何景明和石严的画像和简介就贴在学堂的墙壁上。何景明看到学堂里坐着二十几名小学生，听着从学堂里发出来的阵阵朗读声，很是欣慰。

何景明站在学堂前，看着不远处当年的知府官宅，如今已是物是人非，当年的师父李纪早已作古，好友汝佐回到山西潞州后已有数年无音信，想到这里，他的心情又有些沉重。

在临洮，何景明一行考察了府学和书院教育，对生员进行了考察，发现了不少可造之材，并对他们进行了分别指导。

离开临洮，到渭源只有一天的路程，天黑前他们便住进了渭源驿。20年前何景明的父亲何信是这里的驿丞，何景明随父在这里生活了两年多时间，因此对这里感到十分亲切。渭源驿赵驿丞听说何提学就是当年驿丞何信的四公子时，十分高兴，晚上设宴招待何景明一行，并让何景明为其驿站题写"渭源驿"招牌，何景明欣然答应。

何景明在渭源停留了三天，游览了霸陵桥和太白山等渭源的名胜古迹。对太白山的雄奇峻美赞叹不已。作有《太白山歌》，诗云："我闻太白横西域，百里苍苍见寒色。灵源万古谁穷探，雷雨窈冥岩洞黑。中峰迢迢直上天，瑶宫玉殿开云烟。……洞天福地在尺尺，怅望尘海令心悲。"

在渭源，何景明与朝廷派往陇西巡视边防的参将、兵部右侍郎徐问相遇。徐问与何景明为同科进士，江苏武进人，曾出任过登州府知府，与何景明交好。二人相见，甚是高兴，徐问安排渭源守备设宴款待何景明一行。晚上，徐问留何景明住在他下榻的宾馆内，二人明日均要离开渭源，以叙别相送，至深夜方歇。

是夜，何景明作《陇右行送徐少参》，诗云："陇右地，长安西行一千里。秦日长城号寒垣，汉时故郡称天水。……知君风采古遗爱，扬策传符度关内。父老三秦望节来，犬戎诸夷遮马拜。落月孤城清渭源，寒云古碛黄河曲。十年此地曾游歌，别来风物今如何？……相送悲吟不尽情，关山陇坂高无极。"

从陇右南下至宝鸡已是三月末。何景明在宝鸡停留了三天，对宝鸡的教育及学生进行了考察和调试，游览了宝鸡的名胜古迹。作有《宝鸡县》和《磻溪》等诗。传说磻溪是姜子牙当年钓鱼的地方，何景明有诗道："丈人昔未遇，垂钓此溪中。不感风云会，谁知八十翁。晚枫渔浦暗，春草猎原空。独令千载下，怀古意无穷。"观景思古，何景明对垂钓待时、愿为明主出征的大智者八十老翁深为敬佩。他忽然想起了唐柳子厚的"孤舟蓑立翁，独钓寒江雪"的诗句，似有一种超然物外、垂钓待时的感觉。

何景明从宝鸡到汉中需翻越秦岭，他们走的虽然是官道，但道路十分难行，加上连日来阴雨绵绵，他们时走时停，进展缓慢。四月初，何景明一行翻越姜子岭。姜子岭树深林密，只有一条小道通往岭上，古人有："岭间有石峡，雨天不可行，恐山水聚发"，幸亏上岭时天已放晴。上到山岭，可见奇峰突起、怪石嶙峋，数处飞泉如飘带依山而下，美不胜收。何景明作《姜子岭至三岔》，诗云："出岭上云霓，入溪下烟岚。高高不可极，杳杳讵能探。朱崖秀夏木，石壁映寒潭。千林览葱蒨，百仗窥澄涵。崩奔谷响赴，隐跃川光含。登陟力不辞，险阻情已谙。潜渊羡垂纶，越巘思停骖。振策岷峨西，扬帆江汉南。临深匪忘惧，履坦但怀惭。"

过青石崖栈时，何景明又作《青石崖栈》，有"断板连曳云，喷泉洒飞雨"等诗句，深情赞叹大自然的鬼斧神工。

四月上旬，何景明一行来到被兵家称之为"秦蜀咽喉，汉北锁钥"的凤县。凤县境内的代王山是嘉陵江水系的发源地，嘉陵江横贯全境。古人认为这里是一块风水宝地，历代的文人墨客路过此地，留下了不少墨迹。如唐王勃的《晚留凤州》、杜甫的《晓过凤岭》，王维、陆游等都有凤县诗作行世。何景明考察了凤县的教育，游览了凤县的名胜古迹。作有《凤县》、《登楼凤县》以及《秦岭揭韩祠》等诗作。其中《凤县》诗云："毕郢藏龙地，南岐集凤岗。嘉陵江水色，万古向西康。"

几天之后，何景明一行来到甘陕川交界的略阳县。适逢时任关南的按察司副使吕克中治理略阳，听说陕西提学副使何景明要来略阳督学，便带领略阳同知何子奇、学官张秀等迎接何景明一行。何景明知道吕克中在巡按陕南时，十分重视陕南各州县的教育，并作出了很好的政绩。是日，吕克中设宴招待何景明一行，席间，说到了略阳学宫被大水冲毁重建之事，何景明很是动情。去年夏天大雨倾盆，山洪暴发，设在江边的学宫被洪水淹没，幸亏学生及早疏散，没有伤及生员。时按汉中的吕副使听说后急忙赶到略阳，察看了被大水冲毁的学宫，即时召集人商议，道："略阳不得一日无学"。有人提议，在原址上重建学宫，吕克中道："今遇大水，学宫尽毁，来年再遇山洪，定然再毁。重建学宫乃百年大计，惟图久远须另行选址。"大家表示赞同。于是吕克中令同知何子奇率学官张秀等选址于县北一块高地作为新建学宫地址，又筹金三百两作为学宫建设经费。第二天，吕克中陪同何景明参观了新建学宫，学宫占地十余亩，学舍教室数十间，建好之后的学舍敞亮、大气。何景明发现，学宫墙内有一陈姓祠庙，其祖上曾做过朝廷大官，县官不敢言迁，故留在学宫内。何景明立即召集汉中府同知、略阳县知县以及陈姓族长开会，商量迁走祠庙之事。何景明道："学宫以育人，乃略阳之百年大计；而祠庙以祭神，乃一族之小节，学祠共处，何以为也？必须迁走！"陈姓族长见何提学语气如此坚决，不敢再坚持，答应即日迁庙。

何景明参观完快要竣工的学宫后大赞吕克中之功劳。回陕西后作《略阳县迁建庙学记》，云：

正德乙卯春，余董学事……夏，县书报江溢大水，城陷，学宫悉没。副使宁波吕克中时按治关南，乃行县躬诣其地视之。则堂坛垫为沮洳，殿庑荡於沙石矣。遂集众谋曰："兹地卑甚，不可復；即復，终能免患耶？"于是使同知何子奇率学官张秀，诸生罗江、刘仪等改卜，相其利宜，图惟久远，获地于县治之北，抗敌可宫。考兆曰吉。佥谟毕谐。君必然伴有择委汉中卫知事金坡治其工，又发赎金三百余，附之坡。程诸匠作，凿石伐材，拓荒避秽。经始于庚辰夏五月，又五越月而卒其役。……俾俎豆之事，表于西南；絃诵之音，流于汉沔，文翁周专美矣。后世必有考略阳之学，究其文物所从来者，则吕君功德何可以弗著哉！何可以弗著哉！

何景明对吕克中重建学宫之事大加赞赏，称其功德是造福后人之善举。

四月中旬，何景明一行来到汉中。随何景明一同回汉中的还有按察副使吕克中和汉中府同知何子奇。

汉中是大汉王朝的发祥地，自古被称之为“天府之国”和“鱼米之乡”。何景明在汉中受到了汉中知府张正蒙的热情接待。张正蒙是浙江湖州人，正德三年进士，与何景明的学生戴冠很有交情，善诗文，对何景明的才学十分景仰。何景明在汉中停留三日，张正蒙一直跟随陪同。何景明对汉中的学校及教育进行了考察，对汉中书院的学生进行了调试，并给书院的学生上了两堂课。之后，他参观了拜将台等汉中的名胜古迹。

何景明登上拜将台，眼前所看到的，使他觉得这并不是汉室帝业的根基台，而再现了一代枭雄刘邦能够举贤用能成就帝业的大气魄。刘邦非等闲人，相传当年由外乡迁至沛县的吕公因与县令是好友，巴结的人很多。吕公寿诞日，前往祝贺的人络绎不绝。当时为县知事的萧何主持吕公寿诞，言：凡来贺者少一百两银不得入。刘邦当时身无分文，偏要入贺，被人挡在门外。争吵间，吕公出来。见刘邦耳大面阔、器宇轩昂，一眼便看出非等闲之人，日后必能成就大事业，便将其迎至厅内，以礼相待，而后又将其女吕雉许配给刘邦。刘邦日后果然成就了帝王之业。想到此，何景明对身边的知府张正蒙道：“刘邦修筑此拜将台乃帝王之举也！”张正蒙道：“刘邦能成就霸业乃命之所定，当年吕太公观之有帝王之相，并将其女许配之，看来是必然也。”何景明道：“成就霸业后又将功勋卓著的淮阴侯杀害，实大不该也！”

二人就刘邦在汉中成就霸业的话题谈论了许久。之后何景明作《汉中歌二首》和《拜将坛》等诗。其《拜将坛》诗云：“汉王西封日，淮阴拜将时。坛场如往日，朝代几迁移。王气风云歇，雄图日月垂。江山吊故国，谁复见旌旗。”何景明用绝妙的诗句赞叹了一代帝王霸业的风云变幻和历史盛衰，一切都会随着历史的变迁烟消云散。

从汉中到西乡县再到紫阳县，何景明作有《两河口》、《高桥》等诗，于四月底返回西安。

五

正德十五年(1520年)五月,何景明外出督学三月余,返回西安。由于过度劳顿,加上时有饮酒和休息不好,回来后又病倒了。听说何景明督学回来后就病倒了,陕西省右布政使许铭、左参政杨学礼等官员以及提学府下属官员均前来看望过何景明。经过十几天的调养,体力稍有恢复,他便到提学府看望同事,安排了下一步的工作,又惦记着正学书院的学生,便到正学书院转了转,受到了书院师生的欢迎。

晚上,何景明总是熬至深夜,编纂整理《雍大记》,他想赶在年底前把《雍大记》写成。夫人担心他的身体,到书房催他早点休息,他总是说等一会儿,等一会儿,可一等就是下半夜了。当他准备睡觉时,忽然又想起来他督学武功时,康海给他一本《武功县志》的初刻本,让他作序。他督学时已经把《武功县志》看过好几遍了,感到康对山的志书语言凝练,结构新颖,且内容广博,是一本难得的好志书,他必须尽快把《序》写成交给康对山。于是他摊开纸墨,为《武功县志》作序道:

武功康子,作《志》七篇,以记载武功之故,绪理要会,盖粲然明备矣……余览康子之书,其地亩则由狭而广,户口则由寡而众,赋役则由省而兴,则费则由约而靡;其业产则由富而贫,地利则饶而减,民性则由强而弱,风俗则由厚而漓;吏治则由良而奸,人才则由实而虚,文教则由振而委:亡弗降本流末,睽正趋弊者矣。差乎,岂独一邑然哉?由此可以例诸四方矣……

作完《武功县志序》,天快亮了,他才躺在书房的床上休息至天明。

第二天早晨起来,何景明感到眼皮有些肿,眼睛里布着血丝,这让夫人王洵姝很是心疼。但她知道,何景明总是把为国效力、朋友之情放在第一位,从来不考虑个人的身体,她时常在心里为丈夫的身体担心。不一会儿,乔世宁和几个学生来看先生,何景明让乔世宁骑上自己的马,将昨夜写好的《武功县志序》送往武功,亲自交到康对山康先生手中。

乔世宁很高兴，领命而去。

是日下午，何景明处理完公务回到书房整理《雍大记》，听到外面有人喊道："何先生在吗？"何景明从书房走出来，见庭院中站着一个气质儒雅的年轻人，他马上认出来人是刑部云南司主事胡侍。何景明拱手道："承之兄，什么时候回陕西的？才子光临，甚幸、甚幸啊！"

胡侍道："送母归咸阳，已经回来数日，特来拜望仲默兄。"

何景明将胡侍让进书房里，给他沏了一杯茶。夫人王洵姝听说来了客人，便从客厅里拿来一盘瓜子，放在胡侍面前，道了万福后退下。

何景明道："晚上我设家宴招待你，请你的一位西北同乡来作陪如何？"

胡侍问道："何先生准备请谁？"

何景明道："来了你就知道了。"他说着走出书房让妻弟王琤去请陪客，又去后房安排夫人准备晚宴招待客人，之后回到书房与胡侍聊天。二人谈了朝廷中的事和京中文友的情况。又问胡侍何因何时归入咸阳的。胡侍道："家父在任山西大同知府时感到离省城西安较近，便让余之仲父汝楫将宁夏的房产卖了，举家迁往咸阳韦曲里。家父正德五年授兵部尚书还未到任便离世，不到两个月叔父汝霖也去世了。有人说，我胡家是因迁居带来的不幸，应该重新迁回原籍，仲父不信此说，坚决不再回迁。可在正德十三年，季父亦去世了，真的是很不幸！"

胡侍说到这里沉默了一下道："如今好了，没人再说什么了。这次母亲一定要回咸阳，说是怕将来病死在京城，死了还不能及时见到先公，我只得将母亲送回，只是不能在堂前尽孝，实在是不得已！"

何景明听完胡侍的一番话，感叹不已。

二人正说着，王琤去请的客人到了。何景明迎了出来，见段炅穿一身青灰色夏布长衫，站在院子里拱手道："仲默兄别来无恙。今日叫我来有何见教？"

何景明笑道："出行数月，刚回来不久，请德光兄来家小坐，见见你的同乡。"说着将段炅让进书房。

胡侍已站立等候，二人并不相识。何景明介绍道："德光兄，这位是关中才子已故兵部尚书胡汝砺先生之子胡侍胡承之是也。”

段炅道:“久闻其名,关中的后起之秀,十二年进士。当年你二叔胡汝楫与你同科进士时,他就曾提起过你这个侄子,聪颖过人,六七岁便能诗文,不愧是尚书之后啊!”

胡侍也听说过段炅,对他被革职之事也十分清楚。说道:“段先生过奖了,今后还望先生多予赐教!”

段炅道:“赐教不敢,赐教不敢!”

坐下来后,何景明给段炅沏了一杯茶,道:“二位先聊,我到厨房看看晚宴安排得如何。”他说着进了厨房。段炅对胡侍道:“你二叔父良济是个好人,为官清正廉明,却早就看破仕途,辞官奉母,研究医道,想以医济世,可没曾想过早离世,实在是可惜了!”

胡侍不想再提家事,道:“先生当年怎么也想着从兰州迁往西安定居呢?”若论辈分,他应叫段炅为叔,觉得称其为先生更尊重一些。

段炅道:“我家的情况跟你们胡家差不多,当年先公任南阳知府时嫌兰州离省城和京城都太远。我入仕后,便在西安西郊置些地产,又在广济胡同买了一块宅地,咱不求富贵,如今日子过得还算安逸。”

胡侍道:“观先生面色红润、庭朗眉长,定然是心正寿长之相。”

段炅哈哈大笑道:“看来是承之侄恭维我了。”

后来段炅、康海、王九思被称之为“关中三老”。康海活六十五岁,王九思活了八十三岁,段炅活了八十五岁,可谓是高寿了。

何景明从厨房里出来,看到院子里站着一个身穿士子衫的年轻人笑着向他走过来,深深地鞠了一躬道:“请问是何叔何先生吗?”

何景明有几分惊讶,对眼前的年轻人似曾相识却又认不出,于是问道:“你是?”

年轻人道:“晚生是宁州吕经长子吕颙,家父让我来找您的。”

何景明立马想起在宁州答应吕九川的事,便上前拉住吕颙的手道:“好,好,来了就好。”

何景明将吕颙领进书房,向段炅和胡侍道:“二位猜猜此士子是谁?”

段炅道:“何提学不介绍我等怎会知道?”

何景明道："此士子吕颙，宁州吕九川之长子。去年秋试与其弟吕颢双双中举，其弟还得了乡试第一。"

段炅看了吕颙良久，赞道："吕九川有这么好的两个儿子，真是了得！了得！"

坐下来后，段炅问道："吕贤侄贵庚是多少？"

吕颙道："伯父在上，晚生今年刚满十八。"

段炅问过吕颙的生辰八字，又问他订亲了没有，吕颙说还没有。段炅捉着手指头掐算了一番，点头道："不错，不错。"

天快黑时，到武功去的乔世宁返回，言亲自将《武功县志序》交给了康先生。何景明向诸位介绍了乔世宁，并赞许乔世宁的诗文和才学。胡侍听了何景明的介绍，也特别欣赏乔世宁，此后二人多有诗文交往。嘉靖十七年（1538年）乔世宁与吕颙同科进士。中进士后与胡侍同朝为官，二人成了要好的朋友。

夫人王洵姝知道何景明很看重胡侍和他的学生，加上有段炅这位老朋友，晚宴很丰盛。何景明拿出珍藏多年的古井贡酒，因自己身体不好，让乔世宁陪着饮酒。乔世宁与吕颙同年，二人很是投机，不断给段炅和胡侍敬酒。段炅见年轻人对自己很是尊敬，一时高兴，喝得有些多了。宴罢，何景明让乔世宁带吕颙到正学书院办理入学事宜，段炅和胡侍留住在他的书房里。胡侍言他明日就回京，何景明作《送胡承之北上》，诗云："秦关迢递南山曲，汉阁嶙峋北极长。杨策耻夸终孺子，上书不学老冯唐。斗边银汉仙搓影，天上春云画省香。此去中朝才子列，定知词赋有辉光。"何景明此诗赞颂了胡侍的才华，同时也暗示要展示自己的才能，不要学西汉冯唐，当皇帝发现其才准备重用时却已是年过九十的耄耋老人了，不可以再重用了。胡侍很感激何先生对自己的看重，言一定收藏好此诗。

这时，独自在一边喝茶醒酒的段炅酒已经醒了，对何景明道："仲默兄，段某有一事想劳你大驾……"

何景明道："德光兄何必客气，有何吩咐尽管说。"

段炅看了一眼胡侍，然后转向何景明道："承之在这也不是外人，我有一女，年方十七岁，聪明伶俐，也知书达礼。我很看重吕九川的长子吕颙，我将两个孩子的生辰八字掐算了一下，很是相合，不知仲默兄能否有意玉成？”

何景明哈哈笑道：“这是大好事啊！德光兄家庭殷实，加上是进士结亲，吕九川定会答应的。我明日就给吕九川写封书信，玉成此段佳缘。”

胡侍道：“吕九川品德高尚，为人正直，先公在京时很是欣赏他。到时我也讨杯酒喝。”说罢，三人都笑了起来。后经何景明的说合，段炅与吕经便结成了儿女亲家。

何景明身体康复后，除了到提学衙门上班外，每隔几天都要到正学书院给学生上课，每天的工作日程都安排得很满。一天，何景明视察陕西省贡院，这里是全省考生每年秋试的考试地。何景明来陕西后即发现省贡院的考生号舍不足千间，而每年的考生有3000余人，因此各州县府学上报考生时须按名额上报，这无疑使一些有条件参考的考生失去了考试的机会。何景明上任后不久，便提出再新建号舍1500间，以后再根据考生情况相应增建。当时的布政使盛应期已在何景明的呈文上批复，列入下年的库银支出计划。新任布政使张天相来后，此事一直没有落实。这次视察，发现贡院号舍最后一排有五十余间已经倒塌。何景明问身边的贡院主管道：“号舍倒塌为何不上报修葺？”

主管道：“已上报布政使司，批复是暂不予解决。”

何景明很是气愤，决定亲自去找布政使张方伯。张天相对何景明很客气，但对提出增拨教育经费和增建考试号舍之事连连摇头道：“陕西近年来不是洪涝就是干旱，赋税锐减，不得已也只能压缩教育经费，减少考生名额，节省开支，希望何提学能够理解。”

何景明道：“方伯乃一省之首，当然要比下官看得更远。国家之兴乃人才之兴，当今乃大比之年，而陕西历来都是重学教之省份，若压缩教育经费，削减考生额度，这有悖国家求贤之本意，也是违背陕西民众之意愿的，下官不敢苟同。我希望方伯能够考虑下官的意见，以教育民众和培养人才为第一要务，若只管钱粮刑狱而轻视教育，乃舍本求末也！”

何景明的一席话说得张方伯无言以对。由于他的据理力争，张方伯最后同意增建考试号舍500间，以后再逐年增建，在原增拨的教育经费基础上稍作增加。

一省之治，方伯的决定是无人可以撼动的。何景明能说服方伯改变已作的决定，并增加教育经费，这是布政使司官员以及提学衙门官员没有想到的，这也进一步提高了何景明在陕西省的地位和威望。

是年冬月，何景明编纂的陕西省志《雍大记》初稿完成，由于他编纂的是省志，内容庞杂，相对康海编纂的《武功县志》尚不够凝练，他自己并不是很满意，打算做进一步修改。后因身体原因，《雍大记》最后未做改动。何景明将初稿交给住在西安城西的好友段炅修订，并嘱其作《序》。何景明病逝后，段炅将《雍大记》交由时任陕西学政的周宗化为其刊刻。段炅《序》云：

记疏载之文也……书成，大复子属余序于首简。余评曰：'彰往迹，宣人文，分载六类，以记雍之大，盖善于记矣。……大复子督学柄宪此于载可又为大焉。待启续书将来未涯，夫岂徒以修立文字，载丽于今以已哉。……订改甫定，即病而休去，宪佥辰阳周公宗化摄学政，乃命校刊毕，周公表见人文之功，此并大焉。法当记者，遂于序并书之。嘉靖壬午正月，关西逸史段炅序。

《雍大记》是何景明在陕西工作时期留下的一部重要的方志文本，也是他在陕西工作三年的历史见证。

第十章

弃官归梓 文星殒落

一

正德十五年(1520 年)冬的一天,西安城飘起了雪花,何景明打着一把油布雨伞从正学书院给学生上完课回到家里,见客厅里坐着两个人在说话。客人见何景明回来,立即从客厅迎了出来,亲切地叫道:“仲默兄,可把你盼回来了!”

何景明高兴地笑道:“没想到士奇、时济二兄驾到,失敬了、失敬了!”

三人执手至客厅坐下后,何景明道:“没想到二位挚友能同回西安,没有好好准备,中午我到聚龙斋设宴招待二位。”

刘储秀道:“仲默兄无须到聚龙斋破费了,何夫人已经安排了,在家招待我们更亲切一些。”

何景明道:“二兄初至只怕怠慢了,若不嫌简陋更好。”何景明说着给二人茶杯里续了茶水,道:“我听说二兄都成了儿女亲家了,值得祝贺。这回怎么同时回来了?”

张治道道:“我春上患了一场重伤寒,月余不愈,后来身体就一直不太好,刑部准我回乡乞休养病。士奇兄是奉母回咸阳的,故走到一块了。”

刘储秀道:“仲默兄真是消息灵通,我与时济成亲家的事是今年春上才定下的,时济病中担心自己不会长久,非让我答应把小女许配给他做儿媳,我也是担心他真的怎么样了,心一慈就答应了,谁知他现在活得好好的,我现在后悔也来不及了。”

刘储秀说完,三人都哈哈大笑起来。

何景明笑罢道："前不久胡承之回来告诉我你俩成了儿女亲家，你俩是同科进士，又是同乡，这是大好事，值得庆贺。"

刘储秀道："只是孩子们还尚小，两个孩子刚满十岁。"

何景明道："当年对山和敬夫指腹为婚，如今不是挺好的吗？"

张治道道："就是，这就是兄弟的缘分。"

三人正聊着，不一会儿菜肴摆上了桌子，十分丰盛。何景明拿出陕西同州白水镇酿造的杜康曲酒，据说此酒的纯度胜过西凤酒。何景明打开酒瓶，顿时满屋飘香。

刘储秀道："此乃真好酒也！"

何景明道："可惜我不能陪二位同饮。"他说着将二人杯中斟满酒，同时也给自己倒了一杯，道："二位好友能来看我，我很是感动，就算不能饮，我也要陪上两杯。"说着拿起酒杯，与二人碰了两杯。

在京时，何景明与刘储秀的关系密切，来往较多，与张治道的来往相对少一些，但他们都是要好的朋友，他们也十分敬重何景明。当何景明再举杯时，夫人王洵姝走了过来，笑道："我家先生不能饮酒，但不能怠慢了二位贤兄，洵姝给二位贤兄敬几杯酒。"王洵姝说着拿起何景明面前的酒杯，道："我饮一敬二，先敬二位仁兄三杯。"她说罢，先饮尽一杯。刘储秀和张治道见何夫人先自饮了，便将杯中酒饮尽。王洵姝又给二人斟满酒，又饮尽。刘储秀道："何夫人厨艺精湛，这菜的确是太好了，我和张时济都听夫人的，放开量畅饮了。"说罢又和张治道连饮数杯。

王洵姝笑道："为何文人都嗜酒？历来如此。"

刘储秀道："何夫人所言甚是，当年刘晦庵阁老最忌讳年轻人写诗集会，言'后生不务实，即使诗能写到李杜，也只能是一酒徒而已！'我听说仲默兄到陕西不久与康、王等聚会时写过一首诗，其中有两句甚好，我记得是'五陵冠剑豪游地，犹是长安旧酒徒'。有酒才能有激情、才能出佳句，因此我等皆酒徒也！"

刘储秀的话又把三人逗得哈哈大笑。

酒席罢，刘储秀和张治道略有些醉了。刘储秀提出要到室外观雪醒酒。于是三人来到室外，踏着积雪，走到省布政使司前的一个园林里。园林里铺着一层厚厚的积雪，一群麻雀落在一片铺着积雪的空地上，顷刻间积雪上印满了麻雀的脚印。何景明三人穿过一道九曲回廊，来到一片竹林边，积雪把林子里的雪竹压得东倒西歪，但却彼此支撑着，没有倒下去。三人站在竹林边良久，感叹雪竹相互扶助的精神和骨气。是日，何景明作《刘士奇张时济过观雪竹》，诗云："袅袅朱弦留上客，冷冷修竹对高轩。重檐舞雪银花缀，曲槛回风翠叶翻。湘浦珮环临渭浦，秦园词赋拟梁园。从今开径延三益，聊共倾壶散郁烦。"

送走刘储秀和张治道，何景明忽然感到有些失落。他想起了已辞官在家的二哥景旸和三哥景晖，还有辞官在家的孟洋及其一家，不知他们现在如何？也不知孟洋何时才能复出？自己来陕西快三年了，却未曾见过亲人之面，加上身体一直不太好，思念亲人之情日甚。他立即修书两封，寄给两个哥哥和孟洋，谈到了自己在陕西的情况和对亲人的思念之情。同时还写了一首《怀孟望之》，诗云："消息三秋隔，虚瞻鸿雁群。长安望

何景明、刘储秀、张治道三人站在竹林边，看着积雪把雪竹压得东倒西歪，却没有倒下去。感叹雪竹相互扶助的精神和骨气。

不极，落日起浮云。奉使何时出，吟诗谁共闻？岂知离索久，病思日纷纷。”书信笺封后，立即让王琤送往信使处寄出。

是年腊月，何景明修书与督学四川的好友王廷相相约，打算在汉中境上与王廷相相聚，交流彼此的教育经验，将邻近州府的学生集中起来，定期给他们讲学，推行“经术世务”之教，以及复古师道的“道德之教”。何景明在书信中写道：

……现在的学生不能正确全面领悟孔孟之学，所学的知识也只是支离破碎的，缺乏经术世务之学；有些学生甚至昏暗不明，如河道塞而不畅，须近早加以疏导。近年来余积累了一些治学之经验，尤其在德教和学以致用方面有一些自己的见解。希望能与兄相聚境上，共同探讨、共同讲学。望兄能够相期而至……

书信寄出后不久，王廷相便收到了书信，并打算年后与何景明会聚汉中。后因何景明肝病复发，此约未能成行。同时，他还打算第二年抽两个月的时间到陕北各州县进行视察和督学，力争让偏远乡村的贫家子弟也能入学，接受教育。这些都随着后来疾病加重未能实现。

正德十六年春，何景明感到身体不适，动则气短，肝区疼痛并时而加剧，且腹部有些微肿。他知道自己的肝病复发了。他向省布政使司请了病假，下决心把病治好，因为他现在还不能死，他还有很多事情要做，他相信人才不仅仅是出自有钱人家的子弟，更多的在乡村包括偏远地区的农家子弟要重视，他们没钱进学堂而被埋没了。他要把陕西的教育搞上去，让更多的穷人家的子弟入学。同时，他还要把自己的三个儿子培养成才。想到这里，他对治好自己的肝病充满了信心。他请当地的一位名郎中来给自己看病。郎中经过诊断后言道：“大人气色青暗，脉象沉弦，腹微肿且有青筋露出者，属于肝郁不达、气滞血瘀之‘鼓症’，治须理血散结，通阳护肝。因大人体质偏弱，余用抵当汤加人参黄芪以提气行血。大人须服用二十日再对症换药。”郎中说完按方开了二十服，嘱每日一剂煎服。并交代了注意事项。何景明将药买回，每日服药静养。

转眼间清明节到了，何景明想到了老家的两个哥哥，寄望二兄能代自己到父母和大哥坟前多烧些纸钱，寄望父母和大哥能在那边过得舒适和安宁。

昨夜下了一场小雨，清晨天气放晴了，有几缕阳光从窗棂间照了进来，何景明侧卧在病榻上，感到了一丝暖意。这时有差官来报，三司诸公出城踏青祭祖，布政使司方伯传问何大人能否出城踏青？何景明回过差官，病体未愈，不能出城，请谢过方伯。

差官走后，何景明从床上起来，服了药，吃了些点心，然后拿起一本《正蒙会稿》坐在院子里翻看着。他十分佩服关中大儒张载的“正蒙”学思想，张载建立的气一元论客观公正地阐释了宇宙的本源，排除了佛道的唯心说，重视孔孟儒学思想的正统地位所创建的理学思想被后世所推崇。他已经将此书看过好几遍了。这时，大儿子夫和二儿子立从庠序里放学回来，见父亲坐在院子里看书，便双双整齐地站在父亲面前，道：“爹爹，孩儿回来了。”

何景明抬头看着两个儿子，点头笑了一下。这时，小儿子登从客厅里跑了出来，和两个哥哥并排站在一起，道：“爹，我也回来了。”小儿子的话把何景明逗得开心地笑了起来。何景明拿起书在手里晃了晃，问子夫道：“知道这本《正蒙》书是谁写的吗？”子夫道：“张载。”子立道：“宋代关中大儒张子厚。”何景明看着二儿子笑了笑，又问子夫道：“你知道这本书叫‘正蒙’的意思吗？”

子夫摇了摇头。子立道：“爹，我知道，‘蒙’是指不懂事的小孩，‘正’是‘正学’、‘矫正’，意思是学习要从孩提时就培养。”何景明看着二儿子立，满意地点了点头。还不到六岁的小儿子登见爹在内心里赞许立，也想表现一下道：“爹，我知道了，就是像我这么大时就要读书。”何景明将登拉进怀里，摸着他的头道：“是的，登也该到邑庠去上学了。”他知道，子夫学习不如子立，虽然夫已经14岁了，比立大两岁，但立学习刻苦，理解快，记忆力也好，看来日后比夫要强。他知道因材施教，他并不责怪夫，只是要求他要努力。夫很听话，学习也算刻苦。看着三个儿子，何景明对他们寄托着希望。此后，何景明的三个儿子都很有出息：大儿子夫，举人，进士不第，出任辽东定远左经历；二子立，进士，历官怀远县知县，德安府同知，礼部左侍郎兼翰林院侍读学士；三子登，进士，历官河北省教谕，广平府同知。受何景明"以德传家,以学明志"的家风影响,何家到了第三代更是了得,二子立的两个儿子:洛文,进士,拜相;洛书,进士,选庶吉士,检讨。这时,何景明忽然想起来有些日子没写诗了,他让大儿子夫去书房研好墨,次子和小儿子也跟着进了书房。何景明提笔在宣纸上写下《清明日病卧闻三司诸公出城》,诗道:"伏枕花辰过,闭门尊酒空。宾朋临水上,供帐出城中。柳色龙池雨,莺歌杏苑风。秦川多胜事,游赏未能同。"写罢觉得有些累,头也有些发晕,大儿子夫连忙扶住他,道:"爹,我扶你去休息吧。"何景明"嗯"了一下。三个儿子簇拥着父亲,将他扶到书房的床上躺下,小儿子登已跑进厨房,将一碗参杞汤端到床前,道:"爹,娘说这参杞汤是才熬好的,你趁热喝了吧。"

何景明看着懂事的小儿子,内心里充满了慈爱,道:"乖孩子,爹喝了,爹趁热喝了。"

第二天,胡承之又从京城回到陕西,他听说何景明病了,便来看望。何景明知道胡承之是因父亲逝世十周年,清明节回来祭祖和看望母亲的。他很钦佩胡承之的孝行,说胡承之真乃孝子也!

三月三日,是西安每年的城隍庙会。张治道、胡侍等来看望何景明,言如果身体许可,就同他们一块出城游宴、看庙会。他们见何景明气色不佳,消瘦而虚弱,便宽慰何景明好好养病,等身体康复了,兄弟们再来恭请同游。何景明对文友们时时挂念着自己表示感谢,随即写下《赠张时济陈伯行胡承之周少安三月三日出城游宴》,诗云:"芳宴开上日,才子出京华。暂别含香署,俱停访石槎。秦川平对酒,汉苑曲穿花。应供题春草,相过谢客家。"

正德十六年(1521 年)三月十二日,武宗皇帝驾崩,时年 31 岁。皇太后以遗诏遣官迎兴献王朱祐杬长子厚熜入嗣帝位,同时派出使节出使各省以安抚官民。何景明听到这一消息,内心里悲痛不已。武宗帝虽然荒诞不经,却绝顶聪明,在位 16 年中,除刘瑾专权乱政外,并未出过大乱子,只是英年早逝,太可惜了!不久,朝廷派使节张行人赍大行皇帝遗诏出使秦蜀,在宣抚司向众官员宣读大行皇帝遗诏,何景明因病不能入会,病中写下《送张行人赍大行皇帝遗诏使秦蜀》诗,以示对武宗皇帝的哀思和对张行人的赞誉。诗道:“我皇忽晏驾,君行辞直庐。九宵持使节,万里捧哀书。湖望双龙鼎,桥回驷马车。锦城花满树,争识汉相如。”张行人收到何景明的诗后,很受感动,还特意来何景明的病榻前探望。

几天后的一个下午,何景明喝完中药,躺在病床上休息。服药后身体也未见有好转,心里有些郁郁不欢。这时,他听见放学回来的三个儿子慌慌张张从外面跑到床边,喊道:“爹,爹,二爹和三爹看你来了!”

听说两个兄长来了,何景明不知哪里来的一股力气,一下子从床上坐了起来,急忙穿好上衣,准备下床时,二哥景旸和三哥景晖已站到了床跟前。兄弟三人什么话都没有说,三双手紧紧地握在一起。何景明看着多年没见的二哥和三哥,泪水禁不住夺眶而出。

何景明是一个重视亲情的人,两个哥哥的到来使他感到了无比的兴奋,他的精神一下子好了起来,病也好像离他远去了,这让何景明的家人都十分高兴,沉闷了日久的何家又多了一些欢声笑语。

景旸和景晖从信阳到西安行走了半个多月,经历了千辛万苦,就是想来看看四弟。何景明想让他们多住些日子,让王琤带着他们游览西安的名胜古迹,晚上兄弟们经常聊至很久,似乎有说不完的话。景旸和景晖在四弟景明家一连住了五天,也是何景明精神好转的五天,何景明想留他们多住几日,景旸执意要返回,说家里事多,能来西安看到四弟就放心了。晚上,何景明设宴为两个哥哥送行,把三哥景晖喝醉了,何景明也破例陪了两杯。

晚上,三哥酒醉后先自睡了,何景明与二哥在书房喝茶叙话。多年没见二哥景旸,如今已苍老了许多,头发白过大半。二哥辞官在家,家里的大小事都由他撑着,好在二哥的身体还好,不像自己这么多病。想到这里,他的心里又有了许多安慰。是夜,何景明作《送兄二首》,诗云:“两兄怜小弟,千里会长安。晓向芦沟别,宵追松寺欢。风回鸿雁急,雪度鹡鸰寒。暂聚遥分散,临岐忍泪看。”“风蓬皆万里,骨肉我三人。岐路缘何事,他乡愧此身。柳含燕甸色,花隔楚园春。伫望行车远,迢迢起暮尘。”

写完这两首诗,何景明的眼里满含着泪,他的眼前尽显亲情间的许多往事,他不愿再去回想,担心会控制不住自己的情绪,以免让自己更加伤感。而这两首诗却真实地记录了手足间的互爱和感情。

是年五月,何景明的病情不但没有好转,反而越是沉重了。腹水较重,并时有呕血,人也消瘦得厉害。何景明知道,自己恐怕是不行了,他的病跟当年京城好友王宗哲的病是一样的,是治不好的。他不能告诉夫人和孩子,如果夫人和孩子知道他的病治不好,将不久于人世,那他们必定痛苦得没法活了,他一定要瞒着他们。他每天强打精神,表现出乐观的样子。就这样,家里也不时能够听到夫人和孩子的欢声笑语。然而疾病的发展不是自己所能够控制的,他的病情一天天在加重,几乎不能起床了。乔世宁和正学书院的学生每天都来看望他,扶他起床晒太阳,给他读古典名著和诗歌。精神好些时,他就给学生们讲《易经》、《春秋》和诗歌创作等方面的知识。有学生每日陪伴在身边,他甚至忘记了疾病的折磨和痛苦,心情也异常好了起来。

心情好不等于病就好,他的身体每况愈下。他知道自己将不久于人世。每当学生们离去,他就回想自己这三年来在陕西提学任上所做过的事:三年里,陕西各府、州、县学得到了恢复和加强,特别是偏远地区的生员基本能够就地入学,同时,还建立了县、州、府学优秀生员选拔制度,扩大春秋两试考生名额,使陕西春秋两试中第的人数大大提升,而今年陕西的会试登科进士是明朝建立以来最多的一年。何景明在陕西深受学生和老百姓的欢迎,其地位和声望也越来越高,有不少老百姓和大户人家经常给何家送钱送物,都被何景明一一谢绝。老百姓言称何景明是陕西任上历年来少有的清官。每当想到这里,何景明的内心稍许得到了一些安慰。但他没有想到的是,正当自己步入中年,正是为国效力,能够为陕西的百姓造福之时,他却沉疴不起。此时,他来陕西后内心里一直燃起的那盏希望之灯一下子泯灭了,等待他的将是生命的终结和文星的陨落。这时,他看到了去年他摆放在墙角的那盆菊花,曾经开得那么茂盛,可如今已进入春夏,却还没有复苏的迹象,干枯的枝茎上生长着几片发黄的叶子,几朵残菊耷拉在枝头。他感到自己就像这盆残菊,再没有复苏的希望了。此时他已经没有力气再写诗了,他让守在身边的乔世宁摊开纸笔,他轻声吟诵着,让乔世宁代为书写《残菊》一首,这象征着他的生命虽已枯竭,但能为后世留下一点点余香。诗道：

寒从后摇落，冬至亦蹉跎。
病叶强相守，孤英无奈何。
园篱空自爱，霜霰暮还多。
幸有余香在，深杯为尔歌。

他的病本来在去年入冬时就应该静心调养，可当时并没有当回事，直到开春后病发才引起重视，可已经是“孤英无奈何”了！这首诗是何景明写的最后一首诗，是他的自我安慰诗，也是他的绝笔诗。他的功德是显见的，是永远被后人称道的。就像他诗中写的那样，“幸有余香在，深杯为尔歌”。他在诗中用“杯”字其实是“悲”字的谐音字，他不想让家人和友人为自己太过悲痛。其实，人们都为他的英年早逝而悲恸不已。

二

正德十六年(1521年)三月，武宗死后因无子嗣继帝位，首辅杨廷和与皇太后商议立兴献王朱祐杬之子朱厚熜继帝位，四月二十二日，世宗继位，改年号为嘉靖元年。世宗继位后大力革除武宗遗留的弊政，减免地方赋税，查禁各地镇守官横征暴敛得来的财物，查办王府、卫所的冒籍投充人员，禁止盐商投靠权势，清除弄权太监和遣散在朝的大小传声官，逮捕佞臣江彬，恢复武宗时遭致仕和降职官员的职务，等等。世宗的这些举措深得民心，朝臣们纷纷称赞世宗圣明。而此时在病榻上的何景明对新帝的继位似乎也看到了希望，但他感到自己的时日不会太多了，为国效力的机会也不会有了。想到这里，他不免有些伤怀。

是年五月，何景明病重的消息在陕西文友间传开了，先是段炅、张潜、王暘、张治道来看望，之后吕柟、管楫、康海、王九思、韩邦奇、韩邦靖相约前来探望。何景明几乎都是在病榻上与大家相见。文友们见何景明如今病成这样，免不了要伤心落泪，何景明反而安慰文友们，道：“余来陕西后，幸有众文友们经常来看望，余每当工作不顺心，心中郁闷时，就想到我在陕西还有你们这些知心朋友，心中的郁闷和不快顿消。我很难割舍我们之间的友谊。不过请大家放心,我何仲默是不愿离开你们的。”他说着缓缓将双手拱在一起道:“谢谢各位了!”

何景明的话虽然说得平淡,却包含着伤感和对生命的留恋。文友们都不敢再说增加伤感的话,只是说:仲默兄安心养病,身体很快就会康复的,我们都等着与你一块游山玩水,饮酒赋诗呢!

何景明的脸上泛起一丝希望的神采。

这时,王九思道:“正德十年秋我患便血症,生命垂危无药可治,后访得省城郎中王秉常,请至鄠杜就诊,药到病除,何不请王郎中前来诊治?”

康海听说后急道:“还不赶快去请王郎中来给仲默诊治。”

于是,王琤备好马车,同王九思一块到东郊万寿胡同请王郎中。这王郎中为医低调,诊治对象主要是平民,与官府打交道较少,在西安居民和周边县的老百姓中名气较大。王郎中见是鄠杜王进士到,十分高兴,立即安排家人设宴招待。王九思谢过之后把来意告诉了王郎中,请他立即动身去给何提学看病。王郎中听说是去给何提学看病,立马答应。因为何景明的名字在西安城中妇孺皆知,人们都知道他是清官,是位振兴陕西的教育和为老百姓办实事的好官。他立忙收拾了一下,便同王九思一起来到何宅。

王郎中来到何景明的病榻边,细观了何景明的面色和腹部,着实让他吃了一惊。他在心里想:何提学怎么病成这样了才就医?他仔细地诊了脉,发现左手肝脉浮而散,右手肾脉似鱼沉水底,难寻踪影,此脉是肝肾衰竭之象。他问了一下发病经过和请医用药情况,知道是医者将何提学之病当成血鼓之症,破淤过甚,导致气津过散,而今肝积未除,水鼓不消。他对何景明和王九思等道:“何提学所患的是肝积水鼓症,如今肝已实变,木不能疏土,脾土壅滞,水道不通致使水聚腹中。古医者云:‘壮人无积,虚人则有之。’治则须补虚而行水。我先给何提学开一味‘独参汤’单煎单服,配以五剂‘实脾饮’以缓泻腹水,服完后再另行其方如何?”

何景明应道:“多谢王先生费心。”

中午,王夫人已安排酒饭,文友们陪着王秉常郎中吃过饭后,王夫人问道:“王先生,您看我家相公的病能治得好吧?”

七十多岁的王郎中犹豫了一下道:“如病情不再发展,还有希望。请先将今日开的五剂药服完后,我再来给何提学诊治吧。”

临走时,王郎中把王九思叫到一边道:“王进士是何提学的好友,跟你说也不外,从脉象看何提学怕是不会太久了。多则半年,少则两到三个月。”

王九思并未将此话告诉何景明及家人。

自服了王郎中的五剂中药后腹部的水肿消减了一些,体力也稍有恢复,王郎中没请自来了,看过后,又开了十剂中药,嘱服药间如有变故请及时找他。何景明对王郎中为病人负责的态度很是感动,便按照王朗中的医嘱服药调理。

王秉常先生每隔几天都要来看望何景明,根据病情及时调整药方。不知是王郎中的服务态度感动了何景明而产生的心理作用还是中药确实有了效果,何景明感到了明显的好转,他甚至能够下床活动了,一家人都很高兴。这日,何景明坐在书房里看着正学书院学生们提交上来的诗文,看得有些累了,便坐在躺椅上闭目休息,不知不觉睡着了,并做了一个梦。梦见父亲和母亲在太爷和爷爷坟前烧纸钱,纸灰被吹到空中,像一只只黑色的蝴蝶在空中飞舞,父亲边烧纸边念叨着什么,好像是在为他祷告。之后,父亲拿着一个罗盘在一块空地上测量着什么,并听父亲说:“这块地好,就给小儿子吧。”他和大哥景韶就站在不远处看着,大哥也说那块地不错。这时,他跟着大哥景韶从山上下来,沿着山下的半亩塘走着。忽然他感到天陡地黑了,一阵旋风从他的眼前刮起来,这时大哥和父母都不见了,他正感到害怕时,却隐隐看到一个黑色的球体从山上滚落下来,落进了前边的半亩塘里,发出了骇人的响声。何景明立即被吓醒了。他回想着这个梦,这是一个不祥之兆的梦,父母已经给他选好坟地了。想到这里,他的心倒是坦然了。这时,他的眼睛落在壁上的那幅米元章的《拜石图》字画上,那还是正德三年他乞休家居时,在高铁溪先生家见到一幅米芾的《拜石图》,觉得画的意境深远,加上当时他几次上疏谏言得罪了刘瑾,为了避祸才辞官家居的,此画正适合他当时的心境,因此对这幅画十分喜爱。高先生见他如此喜爱此画,便临摹了一幅《拜石图》。高先生是临摹高手，临摹之画通过做旧处理后，能够以假乱真，难分伯仲。他让何景明选其中一幅，何景明竟随手选了米芾的真画，高先生也只好将真的《拜石图》送给了何景明。复职回京后，他在画旁提了一首《米元章拜石图》，诗道："节比岩岩志比坚，冠裳下拜也堪怜。此意世人谁解识？至今空羡米家颠。"人生就如一幅很难观懂的图画，是人的经历和思想绘成的。然而看懂和看不懂都不重要了，人的功过自有后人评说。尽管如此，他还是常常沉浸在对往事的回忆之中。

何景明病重的消息传到了京城，京城的文友都十分惦记着何景明。薛蕙与刘以正等商议要请假到陕西看望何景明，但到吏部告假时遭到了训斥，言：新帝登基不久，朝廷百废待兴，在朝官员不经皇帝御批，一律不得请事假外出。不得已，薛蕙等只得在心里为何景明祝福，希望他早日康复。一日，从浙江出游回京的张诗来看望薛蕙，得知何景明病重的消息后大吃了一惊，他立即想起何到陕西赴任前在天坛沈道士处抽签之事，他并没有告诉薛蕙这件事，只是道："君采兄不必担忧，我明日就动身去陕西看望仲默先生，把你和众文友的祝福带给他就是了。"

薛蕙道："那就有劳子言兄了。"

半个月后，张诗便来到了西安看望何景明。

两个久别的文友相见，分外亲切。张诗尊何景明为师友，很敬重何景明的为人，没想到几年不见，仲默兄已病成这样了！他拉住何景明瘦骨嶙峋的手，眼睛里噙着泪水，愧疚道："子言考虑不周，理当早来看望仲默兄的！"并将薛蕙、刘以正等欲请假来陕西未准，并遭训斥以及文友们都希望仲默兄早点康复的事说了一遍。何景明道："感谢子言兄和在京城的文友！我的病跟当年王宗哲的病是一样的，肝脏坏了是治不好的。"他说着依然紧紧抓着张诗的手，惨然地笑了一下道："我也想通了，人总是要死的，我感到庆幸的是能结识子言兄和众多文友，是我何仲默此生最大的财富。"张诗没有说什么，默默地听着。他接着道："我好久没有得到孙世其的消息了，去年春他来信说他到了云南，升任云南按察副使，我回书祝贺，后来就没有他的消息了。你跟他是好友，你以后到了云南那边，就代我向他问候一声，还有杨慎和张含都问一声好。"何景明的话说得张子言心里酸楚不已。他知道,何景明与孙继芳的感情深厚,何景明出道早,对孙继芳的影响和帮助很大,孙继芳一直尊何为师友。自己与何景明的友谊也是通过孙继芳建立的。

张诗道:"仲默兄请放心,我准备过段时间就去云南,一定把你的话带到。"他停了一下道:"仲默兄的病会好起来的,我这次来陕西还想请你一块去游终南山哩!"他说着从背囊里取出几盒高丽参,道:"这参是我托朋友从东北那边带来的,是正宗的高丽参,你服用试试吧。"

何景明知道张诗的心细,内心里十分感激。

张诗在何景明宅邸一连住了五天,每天都陪着何景明聊天,讲一些出游时遇到的奇闻趣事,有时还扶着何景明到门外散步,像亲兄弟一样亲切,着实让何景明很是开心。第六天早晨,他见何景明精神尚佳,便提出要离开几天,去高陵拜会吕柟先生,然后再到鄠杜和武功去拜会王九思和康海二位先生。何景明有些依依不舍,嘴里却道:"好的,理当去拜会他们。"

张诗收拾停当准备与何景明辞别时,这时却从外面走进一个人来。来人和张诗都有些似曾相识,只是叫不出名字。何景明早晨起来服了一碗高丽参汤,感觉体力尚佳,便笑迎道:"九川兄,是什么风把你给吹来了!"

吕经道:"听犬子说仲默兄病了,想着一定要来看看,所以这就来了。"他说着将一袋子足有十多斤的西北红枣送给何景明,道:"来时不知给你带点什么好,这西北大枣调养胃、补脾虚还好,所以就给你带了些。"

何景明感激道:"谢九川兄了,这么远的路程背这么多大枣,真亏你了。"他说着给二人作了介绍。

正德三年,张诗在吕柟处见过吕经,只是吕经一直外放为官,未曾打过交道。这次见到吕经,不好急于离开,陪着吕经在何家吃过中午饭,相约一块到高陵去拜会吕柟。吕经道:"年前仲默兄玉成犬子与德光之女联姻,这次来也想去拜会一下段德光。仲默兄因病不便前往,子言兄若是方便,就先同我去见德光兄,然后再去高陵拜会吕仲木如何?"

张诗道:"甚好,我也正打算去拜会德光兄呢。"于是二人拜别了何景明,一同去了关西段家。

二人在段家住了一晚,第二天便一同到高陵拜会吕柟。

张诗和吕经在吕柟处停留了数日,吕经因急于回宁州,就此别过。张诗转下鄠杜,拜见王九思。

张诗因尊吕柟为师,与王九思和康海等陕西文人交好。虽然他只是一游侠闲士,但为人豪爽,重交情,讲义气,颇有诗才,当年在京城的文士们都乐意与他交往。王九思见张诗来访,十分高兴,忙设宴招待。席间,二人谈到何景明的病时,张诗就把当年何景明在沈道士观中所抽的签语告诉了王九思,王九思亦把王秉常郎中诊断的情况告诉了张诗,二人皆以为何景明逃不过此劫。

王九思道:“辛巳年乃白蜡金命年,入秋则火旺,遇火必自焚,恐怕难逃过今年秋天。”

张诗本不太相信这些,但他曾听过孟洋讲当年与何景明及其二哥景暘秋试前请人测过一“景”字,而测字者言三人均能高中,后来景暘和景明中了,自己却落了榜。测一字中两人,应算是有灵验的。

王九思道:“子言此来不是要游终南山吗?距本县不远的重阳宫里有一徐姓道长,听说测字算命都十分灵验,你去了便请道长为何仲默测一字,看徐道长如何说?”

张诗听后即刻便要动身去终南山重阳宫找徐道长。王九思挽留道:“子言何必性急呢?明日我派人陪你一起上钟南山不迟。”

张诗在王九思处留宿了一晚,第二天一早,便同熟悉路径的王家家丁一起前往钟南山。在重阳宫,张诗见到了徐道长,言请徐道长给测一字。徐道长见张诗身材高大,器宇不凡,便看出问测者非官场人物,而是一游侠之士,便请张诗坐下,并沏了一壶终南山云雾茶,给张诗倒了一杯,缓缓道:“请问施主为何人而测?测什么字?”张诗道:“为朋友测。”说完想了想,不知出什么字。他不希望道长所测之字寓含着“命绝”之意,如果字不言死而言生,起码能让自己不虚此行,也能让何景明家人和朋友放心。于是他马上想到了那个预示着吉祥的“景”字,便道:“测一‘景’字吧。”他在道长给的一张纸片上写下一个‘景’字。

道长端详良久,道:"施主是测寿程还是运程呢?"

张诗道:"寿程吧。"

道长道:"此人不久也。"

张诗心里一惊,问道:"此话怎讲?"

徐道长道:"'景'在右侧加'彡'为'影',影即'隐'而非实也。"他看着张诗,摇了摇头道:"此人英年早逝也!"

张诗不解道:"此话又该怎讲?"

道长道:"日下为'京',京者为'荆',荆生于土也,日下为荆土,即入土为安之意;'影'十二画,十二减三为九,此人应在三十有九卒入荆土。"

张诗听罢不再说什么,丢下几两银子后便离开了重阳宫。

拜会康海之后,张诗无心游玩,他一直担心何景明的身体,游历约半月,便回到了西安何景明家。这时,何景明已病卧不能起,几次呕血不止,一家人都十分着急。见张诗归来,何景明的心情稍好一些。他口述让张诗代书以疾致仕辞呈:鉴于身体患病久治不愈,且日益沉重,卧床不起,特向陕西省布政使司提交致仕辞呈,回乡养病云云。陕西省布政使司接到何景明的辞呈后,左布政使张天相和右布政使许铭等省政府官员前来看望,希望何景明能留下来继续在陕西治疗,病愈后即可工作。何景明知道自己的病情,纵然能够好转也只能生活在家乡的环境里,有亲人相伴才有可能。他感谢张、许二位方伯的盛意,决意致仕回乡。张、许二人见何景明执意致仕还乡的决心,便同意他致仕东归。

何景明在陕西督学三年所取得的政绩受到陕西官员和百姓的高度赞许,省布政使司在向吏部的呈文中道:"何景明学行过人,甚称其职,虽乞归,不宜听许。然核其病有状,惟上裁之,吏部按规章,让暂致仕,病愈后,再奏请起用……"这是对何景明督学陕西的高度肯定,也是开督学致仕起用之先例。

正德十六年(1521年)七月六日,何景明离开陕西东归。陕西省政府官员与何景明在陕西的文友康海、王九思、段炅、吕柟、韩邦奇、韩邦靖、管楫、张潜、张治道、王暘以及西安城里的学生,尤其是正学书院的师生和一些老百姓数百人来为何景明送行。正学书院的学生一致要求康海先生为

他的好友何景明作文相送。康海不愧为散文大家,随笔而就《送大复先生还信阳序》,云:

大复先生居关中四年矣。今年夏六月以疾求去,上下固留不可,其官属及诸生之在正学书院者不欲遽别于先生,知予之于先生友也,于是以予为言赠先生焉。夫师生之际,教化之首,其居自不易也。近名者先要结而后辎重则,味理者崇虚饰而乏精典,兹二者其如也睹焉若亲,感焉若跃,恋焉不可一日去,而其究也沨沨焉,兴怨焉。……大复先生之来吾关中也,曰:"教化毁坏者,上下安于所习而不变也。夫安于所习而不变,则家其废坏亡求也。可不作而新之振而起之乎?"于是,其以科约,示以程式;先之以身,而董之以实;行之以严,而推之以恕。其初也,颖而弗信,畏而得亲;而其中也,幡然而悟,沛然而从。……夫诸生欲赠大复先生归,而予泛及其事,如此略情而弗言者,盖先生之于诸生以道而合,而秉执教化之责者,其理当如是也。……盖有疾而归,德合而出,群子亦行,其所无事而已矣。是何以疑先生哉?诸生曰,今闻夫子之所命矣。于是,请次弟子言赠先生焉。

虽然是受学生之请为何景明作《送归序》,但从语气中可以看出他与何景明的深厚友谊和对好友的钦佩和敬意。

何景明离开西安时,陕西好友和学生们将其送至十里长亭。张诗陪同护送何景明还信阳。吕柟、康海和王九思反复嘱托,一路要照顾好仲默兄。张诗应道:"请各位放心,我和王琤会照顾好先生和夫人的。"

好友们都上前与何景明握手送别,大家依依难舍,洒泪而别,一直目送着何景明的马车消失在东去的官道上才肯离去。

三

正德十六年(1521年)七月二十九日,何景明一行回到了信阳。

因山路难行,张诗担心路上颠簸,不敢走快。他们在路上行走了二十多天,何景明在路途中两次呕血,幸亏张诗临行前找过王郎中,王郎中特意配制了止血散让他带上,以防万一。何景明服了止血散后,才得以把呕血止住。他们乘坐两辆马车,何景明和夫人乘坐一辆,孩子们坐一辆,张诗跟车步行,有时与王琤或车夫换驾马车。天气十分炎热,坐在何景明旁边的夫人一路上都在给何景明扇风,但还是不住地淌汗。何景明一路上都没有力气说话,一直沉浸在对往事的回忆之中。

翻过秦岭,直下商南。沿途可见田地里的庄稼因干旱而枯黄,三三两两的逃荒人拖着疲惫的身体在烈日下漫无目的地行走着。张诗身穿的夏布衬褂已经被汗水浸透了。他们经过一个小溪边,何景明在车内听到有浅浅流水声,便缓缓将头伸到车窗边,看见跟随在车边的张诗已是满头大汗,衬衣已经湿透了,他心疼至极。想张诗是富家公子,为护送自己却受如此之累,他感动得泪水在眼中打转,道:"子言,真是难为你了,停下来歇歇吧!"

张诗回头见何景明那灰暗而瘦削的脸,泪水从他那灰涩的双眼里滚落了下来。张诗是个身材高大的硬汉,看到何景明如此心慈,眼泪禁不住夺眶而出。他立刻装出擦拭脸上的汗水而将泪水擦掉,强笑道:"仲默兄,我没事,身体壮实着哩。你也累了吧,就此歇歇。"他让走在前边的王琤停下来歇息。

虽然是天旱,这里却有一股清泉从山上缓缓流下,发出叮咚的泉水声。他们停在一个水潭边,十几棵高大的枫杨树将枝叶连在一起,遮住了酷热的阳光。阵阵凉风从溪涧刮过来,吹干了行人们身上的汗。这是孩子们最高兴的时刻,他们光着脚在水边玩耍,水花四溅。孩子们的笑闹声和树上的蝉鸣声打破了溪涧的宁静。张诗扶着何景明走下马车,坐在潭边的一块石头上,王洵姝拿出毛巾就着溪水给何景明洗了脸,擦了一下身上的汗,他顿时感到身上清爽了许多。

他们在溪边架锅烧了些开水,煮了锅小米粥。何景明吃了一小碗小米粥,张诗又给他服了一小碗参汤,感到身上有些气力了。大家也吃了些干粮和小米粥。他们在溪边休息了一个多时辰,然后继续赶路。

七月中旬,他们到达河南西峡。在这里,何景明想到了郏县的王尚絅。正德十三年初冬入陕西时特意绕道郏县,与好友王尚絅结成了儿女亲家,如今自己在病中,想必他并不知道,不知他现在如何?从西峡到郏县只有两天多路程，只是不能再绕道去看望他了，也许，上次见面是他们的最后一次见面了。想到这里，他的心情很是灰暗。

七月二十六日，何景明和家人回到信阳。回来后为了避免亲友和官府前来看望，他回来的消息没有向外公开，只是通知了姊夫孟洋和姐姐，以及从乌石驿臣任上回乡的戴冠。何景明见到姐夫孟洋和姐姐景晴，紧紧拉住二人的手，许久不愿松开。景晴几年不见景明，如今见弟弟病成这样，早已心疼得泪流满面。景明重握了一下姐姐的手，微笑了一下，道："姐姐不必为我担心，照顾好孩子和姐夫。"他将景晴的手和孟洋的手拉在一起，看着孟洋道："新帝登基，施以新政和改革，姐夫不久便可得到重用的。"

孟洋什么也没说，无声的泪水从眼睛里落了下来。

回来后的第三天，何景明又开始大量呕血，家人急请当地方姓名医前来就诊，方先生取伏龙肝(灶心土)煎水冲服三七粉末，呕血即止，可人却没有了说话的力气，每日只能喂食少量米粥维持生命。何景明心里清楚，知道自己没有几天时日了，他看着坐在床边垂泪的夫人，内心里涌起了一丝愧疚。想夫人跟着自己已有16个年头了，为自己生了三男二女，而养孩子的辛苦和为家庭的操劳使她没有享过一天福，真的愧对小自己两岁的贤惠善良的妻子。他缓缓地伸出手，抓住夫人的一只手，用微弱的声音道："夫人，你跟着我已经有16个年头了，却吃了16年的苦，我很对不住你……我可能要先走了，你一定要好好活下去，等孩子们长大了，让他们好好孝敬你，我也就放心了！"

夫人紧紧抓住何景明的手，哭声道："相公你不会有事的，你一定会好起来的，我不会让你先走的，要走我也要和你一块走……"

坐在客厅里的张诗、樊鹏、侄子何士、外甥朝良听到哭声，以为出了什么事，赶紧进了卧室，见先生睁着一双眼睛看着夫人，这才放下心来。

夫人道："你虽居官，却一世清贫，从陕西回来只有俸银不足30两，如今儿女都还小，倘若你有什么不测，我们该怎么办啊！"夫人说着眼泪又落了下来，滴落在何景明的手上。

为官不贪是何景明做官的准则，他认为钱为身外之物，多则助人思淫欲，少则助人思进取，他对学生和自己的孩子都是这样教育的，不要贪恋别人的荣华富贵，要凭良心做人和做事。他对夫人道：“孩子们过几年就长大了，告诫他们要自食其力，我虽然贫穷，但没有昧良心行事，我这一生也没有什么遗憾的了。”夫人拉着何景明的手，用力地点了点头。

何景明让站在床边的侄子何士去把孩子们叫过来，他好像是有话要对孩子们说。不一会，何士领着五个孩子进来，站在父亲的床边。长子夫已有 15 岁，已是半大人了；两个女儿，长女 8 岁，小女儿只有 3 岁。何景明看着站在床边的五个孩子，眼睛里充满着殷切的希望，他拉着孩子们的手，道：“孩子们，爹没有给你们留下什么遗产，但爹给你们留下的是勤奋好学、以俭求胜的家风，以后一切都靠你们自己了，要好好孝敬你们的母亲……”

孩子们都连连点头答应道：“爹，孩儿记住您的话了！”

何景明微笑了一下，松开孩子们的手，让他们出去玩耍，他有话要和大人们说。

孩子们走了，何景明显然有些累了。他喘息了一会，对站在身边的孟洋、张诗和戴冠道：“我不行了，没有几天时日了。我想我与献吉兄没有根本的过节，他一直是我信得过的朋友，我死后，想请献吉为我写墓志铭，我想他会愿意的……”何景明喘息得厉害，说完便不再言语了。此后，便一直处在昏迷中。

孟洋、戴冠和张诗对看了一眼，孟洋道：“仲默的胸怀实在是太宽了，到此时还想着与李献吉修好，若论献吉的为人怕是不会为仲默撰写墓志铭的。”戴冠道：“先生若真的走了，着人去请献吉，若推托或拒之反而有损先生之气节。”张诗道：“仲鶡所言甚是，若论其文，望之兄的文笔堪佳，况望之兄最了解仲默先生，何必舍近求远呢？”

二哥景晹和戴冠都赞成张诗所言，若何景明病逝，就由孟洋撰写墓志铭。

正德十六年（1521 年）八月九日寅时，何景明走完了他 39 年的人生历程，成为信阳历史上继司马光之后最具影响力的一位文学家。他的英年早逝，成为明中叶及后世文学界的一大憾事。

时年，信阳大旱，从六月到八月初，滴雨未下，大地一片焦渴。八月九日，文星殒落时，突然天降大雨，雷声大作，酷暑即消，焦渴的土地迅速得到滋润。人们感叹地认为，何景明之死感动了上苍，上苍以天泪和雷声为其送行。尽管这是一种巧合中的附会，却寄托着信阳人民对这位英年早逝的著名文学家的爱戴和怀念之情。

何景明去世后，夫人王氏因悲痛过度，日夜啼哭，伏在灵柩上不愿起来，不听家人和亲朋劝，茶饭不思，其真情感动了所有的人，孩子们也恸哭不止，家人和亲朋无不为之落泪。就在何景明死后的第 16 天，夫人王氏也随之而去了。何景明与王氏深厚的夫妻情也为后世谱写了一段夫妻笃爱情深的佳话。

何景明虽已远去，但他的英名却激励着一代又一代的信阳人，他永远活在人们的心中。

跋：赓续文脉　承接传统

吴圣刚

何景明，字仲默，号白坡，又号大复山人，明代“文坛四杰”、“前七子”之一，与李梦阳并称文坛领袖。显然，景明先生于当时地位显赫，影响甚广。

诚然，景明先生主要以诗文遗世，而诗至唐宋之后其势趋于暗弱，话本、小说渐盛。景明与梦阳洞悉诗之病疾，故倡导“文必秦汉，诗必盛唐”之复古运动，力挽诗之颓势，一时声名鹊起，应者云云。或曰，以文学史观之，景明并非大家、峻峰；然以明代而论之，景明乃文坛翘首无疑。

景明先生毕生为诗为文，成就为时人追慕，已载入史册。景明崇教治教，育栋梁之材，为国家所用，亦彪炳后世。景明性耿直，淡名利，有国士风，其人品广为人称道。

景明先生乃古申信阳人氏，生于原信阳西北何氏飨堂。后信阳师范学院建于其侧，大复山人之文风文气自始氤氲于其间。新世纪之初，学校扩展，景明墓园归入校园之中，遗迹乃成景观，文脉得以扶正。然则，逝者距今500年矣，虽墓冢犹在，历经沧桑，风雨剥蚀，人为摧残，徒有其形耳。为继往圣，尚贤哲，学校与信阳市政府、何氏宗亲戮力，依照旧制，于公历2011年重修景明园，香火得以延续，远近拜访者日盛。

景明园既立，须配置大复诗文、著作、事迹，方相得益彰。据悉，何景明著辞赋32篇、诗1560首、文章137目，另《校汉魏诗》14卷、《何景明诗集》26卷、《雍大记》36卷、《大复集》36卷、《谢礼直节本》，及《四篇杂言》、《学约书程》等10余种，皆因年代久远，后人疏于整理，原著散落不全；加之古言古句，于今人稍有生涩，需厘清整理注解。所幸其著多收录于《四库全书》，后人方有所依据。

学校乃育人与传承文化之场所，景明先生乃信阳先贤，文脉一支，道德文章堪称典范，乃后人研习不尽之人文宝藏。信阳师范学院之文学院视大复山人为重要学术资源，自20世纪80年代始，李叔毅、姚学贤、龚佩莲等先生即致力于何景明研究，并成立“何景明研究室”，整理、校注何景明诗文、著作、文献，整理付梓《何大复集》，为何景明研究早期成果，曾引海内外瞩目，有日本学者专赴拜谒景明墓。后又举办专题会议，研讨何景明文学业绩，各地学者数十人莅会，热烈隆重。近年，文学院复筹措人力，多方挖掘大复遗产，或校注诗文著作，或整理史迹文献，筑牢学术方向，继承人文传统，建设校园文化。《何景明传》即成果也。

文根先生钟情于大复山人，好其诗与文，于是乎回溯大复山人之过往岁月，沉溺于大复山人之精神宇宙，检索文献无数，或读或品，孜孜以求，临摹大复山人精神形骸，终与大复山人晤面，了然其为诗为文、做事为人之经过，遂成皇皇30万言《何景明传》。

《何景明传》追录大复山人生平事迹细致，其文品、官品、人品俱在字里行间，应为大复立传第一书。此著资料甚为翔实，语言平易，行文流畅，可读可品。

是为跋。

2016年5月4日于大复山旁

后　记

何景明是信阳人，明代“前七子”领袖，在中国古代文学史上有着重要的影响和地位。因其墓地在信阳师范学院西北角的大复山上，他的名字也因此融入了信阳师范学院的人文精神和人文研究之中，其思想和诗文创作已成为信阳师范学院人文研究的一个特色。

我对何景明的认识是上大学时从《中国文学史》上读到的，知道他是出生在信阳的一位很有影响的文学家。来信阳师范学院工作后，才知道他的墓葬就在师范学院后边的大复山上。当我第一次来到何景明墓地拜谒时，我被眼前的景象震惊了！墓地只是一个被残旧砖块圈起的土堆，土堆已经塌陷，里面长满荆棘，一棵皂角树从中间生长，枝丫遮盖着整个墓圈，荒废而无人管理，完全没有当年由皇帝御赐何氏墓园的任何痕迹。我的心情有几分沉重。此沉重不是因为后人漠视历史名人的远去，而是人们对这位曾经生长在信阳的历史文化名人知之甚少。此前，信阳师范学院的何景明研究者们曾提出要重修何景明墓，我也曾向当时的校领导写过信，建议发动全校教职工捐资修建何景明墓。多年之后，随着信阳师范学院的扩建，何景明墓园才得以修复和保护。此后，了解何景明的人也越来越多，何景明的人格精神及其诗文思想才得以扬续，并激励着一代又一代信阳师范学院的学子们，他的名字对信阳师范学院的影响也越来越深远。

为了让更多的人知道和了解何景明，作为信阳师范学院的一名教师，我有责任和义务为“弘扬先贤精神、秉承传统文化”做些事情，本人不揣简陋，立志要为何景明作传。从搜集资料到书稿完成先后花了五年时间，终于可以付之梨枣了，虽非尽意，窃以为喜，因为将会有更多的人通过

《何景明传》而了解何景明。何景明一生虽短暂,但却是传奇的、感人的,他是传承中国传统文化精髓的典范。他交友甚广,从《何大复集》所列出的诗文中查到的交往人群有150余人,因时代久远,要将这些人一一查实亦非易事。古人在诗文中对友人的称谓多用字而少用名。除有资料查证到的人物外,还有部分人物是现有资料上查不到的。为了保证人物的真实性,只得将明代天顺至正德年间四个朝代的《进士名录》按姓氏一一查对,既费时又费力。经过走访调查和搜集整理大量的相关资料,基本上弄清了何景明一生的行动轨迹,其诗文中所提到的交往密切的人物也大部分有了出处,这为《何景明传》的写作和完成打下了基础。

人物传记作为文学作品,不同于理论研究,其中有人物形象的描写、性格的刻画以及环境的烘托,与真实的史料及理论研究有区别。但本书的写作基本是根据史料来的,时间顺序上依据年谱的结构,将何景明从出生到病逝的人生经历按时间顺序呈现出来,与真实的史料没有太大出入,也许这样会更清晰、更真实一些。当然,追求史料的真实必然会影响作者的想象空间,制约情节的发展,很难出彩,这与作者的水平有关,请读者权当史料来读吧。

《何景明传》能够顺利出版,首先要感谢学校领导给予的支持和帮助。校长宋争辉教授欣然为该书作《序》;副校长刘彦明教授和社会科学办主任金荣权教授得知《何景明传》初稿完成后,十分重视,并将其作为"淮河文明研究中心"成果促成其得以立项和得到资助;副校长王文臣教授也对该书的写作给予支持和鼓励……没有学校领导的重视和支持,《何景明传》就不可能这么顺利出版。同时,要感谢饶龙隼先生为该书作《序》。饶先生是上海大学教授,博士生导师,全国明代文学研究会常务理事,何景明研究的权威学者。为了提高该书的质量,避免错误,我冒昧将书稿寄饶先生审阅并请作序,让我欣慰的是,饶先生并未拒之,而是在百忙中将书稿看完,校正了书中的错误,提出了宝贵的修改意见。《何景明传》的出版,得益于饶龙隼先生、付开沛先生、薛正昌先生,以及金荣权先生、丁三省先生、付瑛先生、姚学贤先生等何景明研究者的研究成果,没有他们的成果,就不可能有《何景明传》的出版。本书的写作和完成自始至终受到了文学院院长吴圣刚教授的支持和帮助，初稿完成后，他认真仔细地阅读，提出了修改意见。后勤服务总公司副总经理黄喆先生，得知我准备写作《何景明传》时，将自己珍藏的何景明研究的全部资料拿出来交给我，为本书的写作提供了重要帮助。本书在写作过程中还得到了教育科学学院领导许远理教授、陈志勇教授等的支持，学生张萌伟、陈月敏等同学做了大量的资料搜集整理工作。人民出版社的编辑老师为本书的修改、校对作了辛勤付出。在此，一并表示感谢！最后，希望《何景明传》的面世能在"续赓先贤文脉"、"学习先贤，启迪后人"中起到一定的作用。

作　者

2016 年 5 月 26 日

于信阳师范学院北泽园

附　何景明年谱新编

金荣权

何景明，字仲默，号白坡，又号大复山人，河南信阳人。生于公元1483年8月6日，逝于1521年8月5日。明代著名的文学家，为明“前七子”中的领袖人物。

何家祖居湖北罗田。元代末年，恰逢黄巾军起义，景明高祖何泰山为逃避战难，从罗田迁居信阳，住在距信阳市东北90里的黄梅乡，决心不涉官场。曾祖父何海谨承父志，结庐耕织，亦不问世事。从祖父何鑑开始，何家父子才重新入世，何鑑为阴阳典术，父亲何信两为驿丞，后辞官归家。

何信妻卢氏，生景韶、景暘二子及一女；卢氏早丧，又续娶李氏，生景晖、景晴、景明。

在何景明短暂的39年的人生旅途中，他在宦海里搏击了19年。在文学方面，特别是诗歌领域中，以经世致用的思想及精扬隽丽的文风自成一家、独树一帜，成为当时文坛领袖；更可贵的是，在权臣面前不卑不谀、敢于舍身取义，表现出正直文人的铮铮铁骨，大有“国士之风”。只惜天不假其年寿，致使先生英年早逝，实为大憾。

何景明一生著述颇丰，有《大复集》三十六卷，《雍大记》三十六卷，《学约书程》一卷，《大复论》（即“十二论”）一卷，《四篇杂言》一卷。另辑有《古乐府》三卷。

1483年（明成化十九年，癸卯）八月六日生，1岁。

据先生门人樊鹏撰《何大复先生行状》云：“李夫人方娠时，梦大红日堕怀中，已而生先生。”因而父亲为他取名景明，一为应梦兆，二也是希望儿子将来似日月光华，一举成名，光宗耀祖。

1486 年(明成化二十二年,丙午),4 岁。

这年,长兄景韶举于乡试。据称,何景明生有异质,记性奇好。孟洋《墓志铭》云:“何君秀而癯,性沉敏有度。”

1487 年(明成化二十三年,丁未),5 岁。

1488 年(明弘治元年,戊申),6 岁。

这时何景明已经开始跟随大哥景韶读书学习了。在《亡兄行状》中,他回忆当时的情形云:“景明虽庸劣无所成立,然知读书、举进士,是兄之教也。”在兄长的教导下,何景明开始显露才华,《行状》称:“大复六岁能对句,出奇字,日记数百言,知敬诸兄,至挞之,不敢诟。见群儿戏逐,即不同群。”

1490 年(明弘治三年,庚戌),8 岁。

乔世宁《何先生传》称:“八岁时即能赋诗,为文章,诸老生见者争传诵,称为神童。”汪道昆撰《何先生墓碑》亦云:“八年能文,里师谓何氏子童而神,递避席去。”

1494 年(明弘治七年,甲寅),12 岁。

是年,父梅溪公何信为临洮府驿丞,何景明随父赴任,来到陕西临洮。《何先生墓碑》云:“年十二从父会宁乘信官临洮。”《传》与《行状》、《墓志铭》均如是说。时临洮守李默庵闻知其有奇才,设馆延师,让他与儿子李汝佐一同读书,学习《春秋》,景明一心学习。当老师课间出去时,同学们有的站在老师的座位上嬉笑,独景明诵书如故。李公看到这一幕后,感叹道:“何家的孩子将是人中麟凤。”数日之后,景明即能讲说《春秋》,老师辞避不能再教了。

1495 年(明弘治八年,乙卯),13 岁。

是年,景明仍在临洮,李公对之厚爱有加,曾衣冠整齐地喊景明到跟前,以成人的礼节接待他,并对夫人说:“汝视予贵耶,他日是子贵奚啻予耶!”对此,景明终生难忘。日后,他为李公作《墓志铭》,其中回忆说:“公使与汝佐同学,朝夕惠教,即父师矣。尝谓毛夫人曰:‘汝视景明毋可以异汝佐然!’毛夫人视景明不啻不异汝佐也。”

1496 年(明弘治九年,丙辰),14 岁。

是年,景明从临洮随父归家,景明在临洮三年。《梅溪公行状》云:

“在渭源又三年。”即是。因父为丞贫,不能还家,李公馈送他们父子车马,且亲自带领卫士相送至十里长亭,为他们把盏送行。在席上,李公举杯对何信说:“吾老友。”然又举杯对景明说:“吾小友。”

1497 年(明弘治十年,丁巳),15 岁。

是年景明随长兄景韶学习《尚书》,景韶对之“口解经疑,手授简策,朝启夕励,不得相违”。只短短的九个月,景明便可以讲解《尚书》了。此时,沁水御史巡按汝宁,调试信阳诸生,阅罢景明试卷后,不禁拍案叫绝:“奇才!奇才!吾未见山川何盛,生此人也。”也许是怜才,李御史还特地到信阳一观。

1498 年(明弘治十一年,戊午),16 岁。

是年秋,景明与二兄同榜举乡试第三。艺题目为:“启贤能敬承禹之道。”《行状》云:“已而中经魁,报者至,先生卧应之。人曰:‘汝胡不喜?’曰:‘吾固知己,何喜为也!’是时才十五,形貌又小且秃笄。诸王公大人争负视,至转相负,匿府不出。所居过,人遮蔽弗得进,草书日数百张,应诸求者,一时尽呼为神童。”

而乔世宁的《传》、汪道昆的《墓碑》、门人樊鹏的《行状》,皆云:“年才十五”。此为周年记年与虚岁记年之差,为了夸张,乔世宁诸人皆以周岁数之,故云 15,实应以 16 为是。姐夫孟洋撰《墓志铭》仅云:“弘治戊午即以《尚书》魁河南乡试。”不记年龄。《皇清钦定明史名臣录》也称:“宏(弘)治十一年举于乡。”景明的好友,“前七子”之一的王廷相为《大复集序》更明言:“吾友大复何子……十有六龄即举于乡。”

1499 年(明弘治十二年,己未),17 岁。

是年参加礼部春试,以文多奇字而不中。入太学,一月之后,返回家乡。临行前,祭酒林瀚作诗赠之,这在古代是前所未有的。对林瀚的器重,景明铭刻在心,日后,景明在《送林利正同知之潮阳》一诗中如是云:“忆在成均共携手,泉山门下相识久。万里恩情若父兄,十年道义惭师友……过家登堂寿礼毕,道予问讯泉山老。”诗中的“泉山”即为林瀚。景明后来又为林瀚写过一首祝寿诗《寿泉山先生》,诗中称:“雨露知桃李。”以林的学生自居。

1500 年(明弘治十三年,庚申),18 岁。

是年景明长兄景韶知巴陵,携景明一同到住所。所以六年以后,何景明奉诏使云南,路过云溪驿时,有诗云:"云溪驿里经过处,六七年间两度行。风土不殊初到日,雨墙难认旧题名。异方见月思乡县,远客逢秋念友生。明日巴陵江上酒,弟兄相对不胜情。"又,《祭亡兄东昌公文》云:景明中举后,"逾年,兄遂令巴陵。逾三年,递仕于朝。"又云:"始在巴陵,闻鸡通衙,执烛视事……予视其劳瘁,窃怀优惕。"均可证明景韶知巴陵的时间是 1500 年,亦可证明景明目睹大哥初到巴陵的情形。

1501 年(明弘治十四年,辛酉),19 岁。

1502 年(明弘治十五年,壬戌),20 岁。

是年,景明中进士。按刘海涵年谱:"试题,首艺:'子在齐闻韶';次艺:'凡有血气'三句;三艺:'方里而井'一节。"按例,进士当改庶吉士,因景明不喜逢迎,故弗与。景明请假南归,娶张氏为妻。亲友前来祝贺。

1503 年(明弘治十六年,癸亥),21 岁。

景明完婚后回京,初识李梦阳诸人。《何先生传》云:"是时,北地李献吉,武功康德涵,鄠杜王敬夫,历下边廷实,皆好古文辞。先生与论文语合,乃一意诵习古文,而与献吉又骏发齐名,忧愤时事。"后来,景明在《李大夫行》一诗里回忆这段时光说:"忆年二十当弱冠,结交四海皆豪彦。文章天上借吹嘘,杯酒人中回顾盼。"

1504 年(明弘治十七年,甲子),22 岁。

是年,景明授中书舍人,妻张氏病逝。

孟洋《墓志铭》云:"甲子,授中书舍人。"又云:"娶张氏,二年卒。"景明对这位早逝的妻子情笃意深,为之作《悼亡诗》三首,其二云:"鸣鸡报早朝,出户履晨霜。仰视东方星,三五不成行。念子当此时,灯前理衣裳。恍然失所在,零泪空滂滂。"

1505 年(明弘治十八年,乙丑),23 岁。

是年五月,孝宗死,太子朱厚照继位,是为武宗。景明奉哀诏出使云南,路过巴陵与长兄相见。七月初七到岳阳,有《乞巧行》一诗。后经武陵至沅陵、镇远、平坝、普定、盘江,翻过关索岭,到普安县,九月到达云南。

云南君长及诸贵人请题咏，临行时，馈送大量犀象珍贝，景明悉谢不受。十月孟冬到达永宁，遇盗，作《嗤盗文》，又作《进舟赋》。然后顺江而东，大抵在年底回到信阳。

1506 年（明正德元年，丙寅），24 岁。

何景明续娶唐县王氏，五月十五，信阳大雨，景明作《观涨》诗。约五月底、六月初，回京复命。早刘瑾当权，大臣不敢抗言，景明上书许家宰，劝家宰应“守正不挠”，除去刘瑾。景明以《秋风》诗讥刘瑾，倦然有归家之志。

1507 年（明正德二年，丁卯），25 岁。

是年景明乞归。《墓志铭》云：“丁卯，何君恐祸及，谢病归，郊居著述一年。”景明自己的《述归赋序》亦言：“弱冠即仕，出入班行者，已越六岁，颇有龃龉之叹焉。”可见景明归家乃出于自愿，是年五月长兄景韶去世，景明十分悲伤，为之作《亡兄行状》与《祭亡兄东昌公文》，且为寡嫂作《寡妇赋》。

1508 年（明正德三年，戊辰），26 岁。

是年景明免官，《墓志铭》云：“瑾尽举免诸在告者，戊辰，何君免。”《述归赋序》云：“正德戊辰皇上御极之三年，诏许罢归乡里，得侍亲膳。”可见景明于是年因刘瑾而正式免官。时李梦阳策划铲除刘瑾，泄密，李下狱。景明为营救朋友而周旋，有《怀李献吉二首》，其一云：“闻君在罗网，古道正难行。无使传消息，凭谁问死生。”之后又有《寄李献吉二首》。李梦阳有《答何子问讯》诗。

1509 年（明正德四年，乙巳），27 岁。

是年四月三日，景明父梅溪公何信卒，二十六日后，母李夫人亦卒。《行状》云：“梅溪公与李夫人同时卒，先生哀毁骨立，祭未成，不饮酒，不弹琴。”是年景明喜得贵子，有《生子》诗云：“两岁归来生两雏，故园夫妇亦相娱。卢家自爱添丁好，徐氏谁言二子殊。”景明在家读书，反省往日文学创作，始觉法古不如创新，《海史集序》云：“景明学诗，自为举子历宦，于今十年，日觉前所学者非是。……古作尚有离去者，犹未尽可法也。”

1510 年（明正德五年，庚午），28 岁。

是年刘瑾被处死。同党多被牵连，因景明超然于外，故无事。《武宗实录》载："正德五年九月，吏部奏：正德二年以来，职官降调致仕，闲居为民，如某某及中书舍人何景明等五十三人，年力才识着堪任使。谕皆复其官，候有缺斟酌取用。"

1511 年（明正德六年，辛未），29 岁。

是年，景明复官。《墓志铭》云："辛未冬，何君用阁老李公荐，复授中书舍人，直内阁经筵官。"

1512 年（明正德七年，壬申）30 岁。

是年，提学副使李梦阳在江西，淮王府校士与诸生争，梦阳鞭打校士，淮王上奏皇上，皇上下旨让御史江万实查处此事。御史江万实、参政吴廷举等人弹劾梦阳，将其定罪，囚押于广信狱中。景明为救老友，挺身上书吏部尚书杨一清，为梦阳辩狱。书称："今有操独行、秉廉节、而干众恶、负集毁若李梦阳者，明公在上，何可并少加察而一援之也。"幸景明争之，狱乃白，梦阳免官归家。对此梦阳十分感激，寄景明书云："仆交游遍四海矣，赤心朋友，惟世恩、德涵与仲默耳。"又，当朝元老，大学士李东阳乞归，会有兵事，景明上书让之。《明史·武宗杠纪》载，李东阳于是年十二月致仕。又，是年刘六等带领的义军活动在河南、湖北、河北一带，京师震动。景明上东阳书中称，"近河南盗贼日益横起"，盖指此。

1513 年（明正德八年，癸酉），31 岁。

是年，景明致李梦阳《与李空同论诗书》，展开何李之争。刘海涵《年谱》以为是正德五年（1510 年），付瑛先生《李梦阳与何景明论争时间初探》（《信阳师院学报》1985 年第 2 期）认为是正德十三年（1518 年）以后，均有待商榷。原因有三：其一，景明《论诗书》云："空同丙寅间诗为合，江西以后诗为离。""江西以后"正指李梦阳提学江西之后，即正德七年（1512 年）之后，可证刘海涵正德五年说为非。其二，《论诗书》云："自仆游从，获睹作述，今且十余年来矣。"景明开始与李梦阳结识是弘治十六年（1503 年）前后，到正德八年，正好是 11 年，合乎"十余年"之说。其三，李回书批评景明"改玉改行"，讥讽景明不该成名之后便"同室操戈"。此时景明因斗刘瑾上书责李东阳、为李梦阳辩狱，名噪一时，应该说是成名了，亦能说明何李之争始于此。

1514 年(明正德九年,甲戌),32 岁。

《明史·武宗本纪》载:"九年春正月,庚辰,乾清宫灾。"景明应诏言时事,批评时弊,言辞激切。《行状》云:"乾清宫灾,上书陈时政,言:人事不修,天变将复作。至诋曰:义子某不当畜也,某宦官不当宠也。因留中不出,人为之寒心。"

1515 年(明正德十年,乙亥),33 岁。

是年三月,前临洮太守,福建都转运盐使司运使李默庵卒,四月子汝佐报丧于景明,景明为之作《墓志铭》,并有《祭李默庵先生文》。是时,景明声振朝野,四方学士咸愿知何君,车马填门巷。即元老巨卿亡不欲出门下。幸臣钱宁欲交欢景明,持古画请景明题墨,景明曰:"此名画,不可点毁。"留一年而不题,最终奉还。

1516 年(明正德十一年,丙子),34 岁。

按:刘海涵《年表》称:是年师御史客死于京,中官廖鹏赠之棺,因此欲结欢士大夫。景明叱之云:"吾友生平不苟受也,岂以死污之哉。"乃出金葬师御史,拒绝廖鹏赠棺。按一般情况,在京官员非有罪,九年后均可升官,而景明任中书舍人已十余年,不得升迁。故有《入京篇》云:"托身日月有光辉,举翼风云多会遇。可怜汉室盛衣冠,扬雄蓬巷独饥寒。终岁校书空闭阁,十年执戟不迁官。公孙射策取卿相,李广冯唐徒自叹。"盖以自况耳。

1517 年(明正德十二年,丁丑),35 岁。

是年升吏部验封司员外郎,仍值内阁。

1518 年(明正德十三年,戊寅),36 岁。

是年五月,景明升任陕西提学副使。刘海涵《年表》则云七月,证据是,高鉴于八月十四日卒,景明道赴关西过家哭丧,且作《墓志》。实则不确。《皇明史概·大政记》三十三卷云:"正诸十三年五月,丁巳,何景明升副使陕西督学。"《国榷》五十卷云:"正德十三年五月壬戌,吏部员外郎何景明为陕西提学副使。"二记虽具体日期不同,但"五月"即是一致的。至关中,作《学约》示已成才的诸生。

1519 年(明正德十四年,己卯),37 岁。

是年春,景明按试略阳,撰《略阳县迁建庙学记》云:"己卯春,余董学事，由徽州入峡，浮白水江，下略阳。”景明教关中士以经术世务，关中士气习文艺，自此大变。陕西边临胡地，数县路出胡境，旧时提学不亲临，只调试其县诸生，景明云：“即如此是弃之矣。”竟亲临县中按试。田大旱，其山上有泉，景明至登山，投祭文于泉，须臾大雨。商州学地狭，旁有王母祠、大官家庙，州人神其祠，景明下令毁之以扩建学校。

1520 年（明正德十五年，庚辰），38 岁。

是时，权臣廖鹏之弟寥銮镇守关中，横行无忌，蔑视地方长官。景明执打其随从。又，《陕西通志》载：“时知府有不受约束者，语之曰：‘君子不以作人为事，但与俗吏伍耶！’其人顿服。”又云：有同知欲加刑于生员父，生员闯公堂救之，因而获罪，景明救之，乃获免。又，是年二月，景明在高陵会康海。《康对山集》卷十有《喜仲默至》诗云：“二月高陵县，逢君发庆阳。十年方邂逅，百年几徜徉。”

1521 年（明正德十六年，辛巳），39 岁。

正月，作《学约古文序》。二月，因积劳成疾，病倒且呕血。六月，乞归。会道路疲劳与炎热，至家六日卒，时为八月五日。《世宗实录》载：“正德十六年七月甲子，陕西提学副使何景明以疾求致仕。抚按言景明学行过人，甚称其职，虽乞归不宜听许，然核其病有状，惟上裁之。吏部请如先朝例，虽乞归不宜听许，病愈有司奏闻起用。报可。”又，《行状》云：“先生卒正德十六年八月五日。”当年六月至八月旱，卒之日甫敛。大雨风雷，白昼晦冥。

景明一生富贵功名不齿诸口，平生手不持一钱。读书必至夜分以为常，与人讲论终日不倦。安贫乐道，不念家产。居官勤事，以禄自守，复丝毫弗苟受，然又好予。卒后，阅囊中，仅余三十金。死之日，语妻曰：“若无多患，第不昧天理足矣！”

十六日后，妻悲伤过度，亦卒。是年十月七日，合葬于典术公墓侧，门人乔世宁为之作传，樊鹏撰《行状》，姐夫孟洋撰《墓志铭》。

［此年谱原载于《信阳师范学院学报》（哲学社会科学版）1995 年第 1 期）］

责任编辑:韦玉莲
装帧设计:肖　辉　孙文君
插图绘制:孙文君

图书在版编目(CIP)数据

何景明传/韩文根 著. —北京:人民出版社,2017.1
ISBN 978-7-01-016977-4

Ⅰ.①何…　Ⅱ.①韩…　Ⅲ.①何景明(1483—1521)-传记
Ⅳ.①K825.6

中国版本图书馆 CIP 数据核字(2016)第 282972 号

何景明传

HEJINGMING ZHUAN

韩文根　著

人民出版社 出版发行
(100706　北京市东城区隆福寺街 99 号)

北京中科印刷有限公司印刷　新华书店经销

2017 年 1 月第 1 版　2017 年 1 月北京第 1 次印刷
开本:710 毫米×1000 毫米 1/16　印张:23
字数:342 千字

ISBN 978-7-01-016977-4　定价:55.00 元

邮购地址 100706　北京市东城区隆福寺街 99 号
人民东方图书销售中心　电话 (010)65250042　65289539